Wolf-Dieter Storl, Paul Silas Pfyl
Bekannte und vergessene Gemüse

PIPER

Zu diesem Buch

Unsere alltäglichen Gemüse sind weit mehr als blosse Vitaminspender: Sie sind voller Geheimnisse, und zum Teil finden sich unter ihnen auch Heilpflanzen mit klinisch erwiesenen medizinischen Wirkungen. So weiss man heute, dass die Bohne, eine Liane aus den Dschungeln Südamerikas, gegen Altersdiabetes hilft. Der Brüsseler Chicorée ist eigentlich die blau blühende Wegwarte, eines der wirksamsten Leberheilmittel. Die aus Indien stammende Aubergine, die zu den Nachtschattengewächsen gehört, war in Europa als Hexenpflanze und als »Apfel der Verrückten« lange verpönt. 50 Gartengemüse, darunter auch einige seltene, heute vergessene Gemüse- und Salatpflanzen, werden spannend und gut lesbar in einer einzigartigen Verbindung von Garten- und Kochbuch, Ethnobotanik, Kulturgeschichte und alten wie auch neuesten medizinischen Erkenntnissen porträtiert. Mit zahlreichen Originalrezepten des kreativen Kochkünstlers Paul Silas Pfyl.

Wolf-Dieter Storl ist promovierter Kulturanthropologe und Ethnobotaniker und lehrte 20 Jahre an verschiedenen Universitäten in den USA, in Indien und Europa. Seit 1988 lebt er als freischaffender Autor mit seiner Familie auf einem Einödhof im Allgäu. Er hat viele erfolgreiche Bücher veröffentlicht, schreibt für Zeitschriften und hält Seminare und Vorträge. Weiteres zum Autor: www.storl.de
Paul Silas Pfyl war Naturheilpraktiker, Ernährungstherapeut und Küchenchef. Er leitete vor seinem Tod im Oktober 2006 das Institut für Ernährung und Gesundheit zur Ausbildung für Ernährungstherapeuten, Kräuterheilkunde und Naturheilpraktiker, gab Seminare und war Produzent für Naturheilprodukte, Buchautor und Schweizer Fernsehkoch, ausserdem Dozent der Schweizerischen Ärztegesellschaft für Ernährungsheilkunde.

Wolf-Dieter Storl, Paul Silas Pfyl

Bekannte und vergessene Gemüse

Geschichte, Rezepte, Heilkunde

Mit zahlreichen Abbildungen

Piper München Zürich

Mehr über unsere Autoren und Bücher:
www.piper.de

Brahman ist Nahrung.
Nur wer sich gewahr wird, dass er Gott isst,
isst wirklich.
Taittireya Upanischad

FSC
Mix
Produktgruppe aus vorbildlich bewirtschafteten Wäldern und anderen kontrollierten Herkünften
www.fsc.org Zert.-Nr. GFA-COC-001223

Ungekürzte Taschenbuchausgabe
Piper Verlag GmbH, München
1. Auflage Juni 2006
6. Auflage April 2011

Umschlag: semper smile, München
Umschlagabbildung: 2000 Manuscriptum Verlagsbuchhandlung
Papier: Munken Print von Arctic Paper Munkedals AB, Schweden
Druck und Bindung: CPI – Clausen & Bosse, Leck
Printed in Germany ISBN 978-3-492-24727-6

INHALT

PFLANZEN, DIE MIT DEN MENSCHEN TANZEN

Alle Tiere und auch die Menschen sind für ihr Leben auf die grüne Vegetation angewiesen. Die Pflanzen sind, wie es in den Veden heißt, unsere Mütter oder bestenfalls unsere weisen älteren Geschwister. Weit entfernt davon, dass Pflanzen lediglich primitive, geist- und seelenlose protoplasmische Gebilde darstellen, wie es uns einige reduktionistisch denkende Wissenschaftler weismachen wollen. Fragt nur die Menschen, die im innigen Kontakt mit der Natur leben, die letzten Jäger und Sammler, die Schamanen der Naturvölker oder auch die alten Gärtner und Gärtnerinnen! Sie wissen, dass in den Gewächsen mehr steckt; sie sprechen sogar von einer empfindsamen Pflanzenseele, von einem bewussten Geist der Pflanze. Nur ist diese pflanzliche »Geist-Seele« nicht so offen gelegt, so veräußerlicht wie beim Menschen, sie ist tiefer verborgen, sie ist »andersweltlich«, jenseits der normalen, nach außen gerichteten Sinne. Die Pflanzenseele ist den inneren Sinnen zugänglich. Wenn man still ist, wenn man lauschen kann, kann man sie im Spiegel der eigenen Seele wahrnehmen. Wir können auch mit ihr reden, wir können viel von ihr erfahren, von ihrem Wesen, ihren Heilkräften, und erleben dann jede Pflanzenart als eine mächtige Persönlichkeit, als ein weises Wesen, das auf seine Art und Weise in sich Himmel und Erde verbindet und eine lange Geschichte hat. Eine Pflanze – sogar ein Gartengemüse – kann dem Menschen durchaus ein guter Freund, ein Schutzgeist, ein Lehrmeister werden.

Mit Pflanzen – oder auch mit Tieren, Geistern und Göttern – kommunizieren, das konnten die innig auf ihre natürliche Mitwelt eingestimmten Eingeborenen. Im ersten Buch der Bibel erfahren wir, dass die Urmenschen – Adam und Eva – mit den Geschöpfen reden konnten. Schamanen der Naturvölker haben diese Fähigkeiten lange erhalten. Unter den heutigen Lebensumständen scheint das um einiges schwieriger zu sein: Oft bedarf es dazu der harten Askese, bestimmter Meditationstechniken oder der Anwendung psychedelischer Pflanzen, und dennoch reicht die so erworbene spirituelle Sicht oft nicht weiter als auf die nahe liegende Dimension der ätherischen Bildekräfte und »Schwingungen«. Man braucht jedoch nicht unbedingt ein Schamane oder Mystiker zu werden, um die Pflanzen als Persönlichkeiten zu erkennen – und zwar als sehr interessante Persönlichkeiten! Geduldiges

Beobachten beim Gärtnern, eine Liebe zu den Pflanzen und ein Interesse für die Kulturgeschichte können uns manches über das Pflanzenwesen offenbaren.

In diesem Buch wollen wir aufzeigen, dass dies auch für jene Pflanzen gilt, die unseren Gemüsegarten besiedeln. Bei ihnen handelt es sich um besonders menschenfreundliche Wesenheiten, anthropochore Pflanzen, wie die Botaniker sagen, also Pflanzen, »die mit den Menschen tanzen«.

Vom Naturgarten zum pflanzlichen Zoo

Normalerweise ist die Vegetation Ausdruck der sie formenden Kräfte: des Klimas, des Grundgesteins, der Höhenlage, der Temperatur und ihrer Schwankungen, der Jahreszeiten. Auf diese Weise entsteht das typische Landschaftsbild, und dieses prägt wiederum die jahreszeitlichen Feste, die Lebensgewohnheiten und auch die geistige Welt der Menschen, die dort leben. Die eingeborenen Urvölker lebten ausschließlich von den Pflanzen und Tieren, die in ihrer Umgebung natürlicherweise wuchsen und gediehen. Sie bildeten mit ihnen eine Einheit. Die Resonanz mit ihrer Umwelt war vollkommen.

Heutzutage ist das anders; nicht nur im Supermarkt erkennt man die Zeichen einer zunehmenden Globalisierung. Auch der moderne Garten ist zum Tummelplatz biotopfremder Pflanzen aus aller Welt geworden. Da ist der Chinakohl aus Ostasien, die Tomate und Bohne aus den Dschungelgebieten Südamerikas, der Topinambur aus den Steppen Nordamerikas, die Aubergine aus Indien neben dem Okra aus Schwarzafrika. Von überall her kommen sie. Und alle haben sie ihre besonderen Ansprüche und Pflegebedürfnisse, die den Gärtner auf Trab halten. Viele von ihnen sind Riesen im Vergleich zu ihren Wildformen; sie haben größere Zellen und weniger Zellulose als ihre unkultivierten Verwandten; auch verzichten die meisten auf Gift- und Bitterstoffe, auf Stacheln und Dornen. Sie haben sich dem Menschen überantwortet, er muss für sie sorgen, sie bewässern, vor Wildfraß und vor vergleichsweise robusteren, vitaleren Wildkräutern schützen.

Viele Zeitgenossen glauben, dass der Gartenbau einen Fortschritt gegenüber dem Wildbeutertum bedeutet, dass wir Menschen dadurch die dumpfen pflanzlichen Lebensformen bezwungen, ihnen durch Zucht und Auslese die für uns günstigen Eigenschaften abgerungen haben. Doch vielleicht waren es die Pflanzen, die den Menschen überlistet haben, für sie zu sorgen und sie großflächig anzubauen?

Wie aus den genauen Untersuchungen durch Kulturanthropologen und Ethnobotaniker hervorgeht, hatten es die primitiven Jäger und Sammler tatsächlich leichter. Sogar die Shoshonen oder die San (Kung-Buschmänner), Wildbeuterstämme, deren Lebensraum Karstlandschaften oder Wüsten sind, genießen eine ausgewogenere Diät und »arbeiten« weniger – nicht mehr als zwei Stunden pro Tag –, um ihre materiellen Bedürfnisse zu befriedigen (Sahlins 1972). Die ganze Landschaft ist ihr »Garten«, die Götter und Naturgeister sind die Gärtner. Das Ernten besteht aus geselligen Sammelausflügen der Frauen und Kinder. Wenn bei den Naturvölkern überhaupt etwas angebaut wird, wenn der Grabstock als Pflanzstock benutzt wird, dann ist es meistens, um den Samen oder Spross einer geistbewegenden Zauberpflanze in den Boden zu bringen.

Bei unseren Vorfahren war es ähnlich. Der römische Geschichtsschreiber Tacitus berichtet in seinem Werk »Germania«, dass den wilden keltisch-germanischen Barbaren, die in den Wäldern nördlich der Alpen lebten, wenig an der Gartenarbeit gelegen war: »Sie wetteifern nicht in harter Arbeit mit der Üppigkeit und Größe des Bodens, um Obstgärten anzupflanzen, Wiesen abzutrennen, Gärten zu bewässern, einzig Getreide will man vom Boden haben« (Tacitus 26).[1] Getreide und Milch (Weichkäse) waren die wichtigsten Nahrungsmittel. Das Korn wurde vor allem zu Brei (Mus) oder Bier verarbeitet. »Als Getränk dient eine Flüssigkeit aus Gerste oder Weizen, zu einer gewissen Weinähnlichkeit vergoren« (Tacitus 23). Zum Mus gab es immer etwas »Zugemüse« oder eben Ge-müse. Das waren die Wildkräuter, die zur entsprechenden Jahreszeit auf der Wiese oder am Waldrand gesammelt wurden. Auch die Samen der Wildkräuter, etwa die eiweißreichen, schleimigen Samen des Breitwegerichs, wurden als »Getreide« (sprachlich abgeleitet von *tragen*, *zusammentragen*) von den Frauen gesammelt.[2] »Die Speisen sind einfach; wildes Obst, frisches Wildbret oder Quark« (Tacitus 23).

1 Eigentlich mochten die Römer die harte Gartenarbeit ebenso wenig. Wie in anderen antiken Hochkulturen verrichteten die Sklaven diese Arbeit.

2 Die sorgfältige Analyse des Mageninhalts von Moorleichen, die im heutigen Dänemark vor knapp zweitausend Jahren dem Schamanengott Odin geopfert wurden – es handelt sich um hingerichtete Verbrecher –, geben einen Einblick in die Bandbreite der als »Gemüse« verwendeten Wildkräuter. Beim Tollund-Mann bestand die Henkersmahlzeit aus Gerstenbrei mit Lein- und Hanfsamen, dazu die zermörserten Samen von Leindotter (*Camelina sativa*), Knöterich, Ampfer, Spargel, Gänsefuß, Ackerveilchen, Hohlzahn usw. (Glob 1969: 30).

Dennoch gab es bei diesen Völkern Gärten. Es waren die so genannten Lauchgärten, die die Frauen anlegten. Unter der Bezeichnung Lauch (altnordisch *laukr*) verstanden die Germanen saftige, grüne Gewächse, die vor allem die Vitalität, insbesondere die Manneskraft, stärken. Diese Gärten wurden mit Flechtwerk aus Haselgerten und gewundenen Weidenruten umzäunt, um fressgieriges Vieh fernzuhalten. Neben Lauch, eventuell Bärlauch, Erbsen, Gutem Heinrich, Linsen, Raps, Kohlrüben, Pastinaken, Schnittlauch und Mangold, wuchsen dort auch Obstbäume, Gewürz- und Heilkräuter, wie Mohn und Nachtschattengewächse, sowie Faser- und Färbepflanzen, wie Hanf, Lein, Wau und Waid.

Erst die Römer brachten den Barbarenstämmen eine echte Gartenbaukultur und neue Gemüsesorten, wie etwa Saubohnen, Rote Bete oder die Küchenzwiebel.

Mit dem Christentum und den Verordnungen des fränkischen Kaisers Karl des Großen fanden immer mehr mediterrane Pflanzen Platz in den Gemüsegärten. Nach der Entdeckung Amerikas und der Kolonialisierung weiter Teile der Erde kamen viele weitere ungewöhnliche Gemüsearten zu uns, die es sich mit einer Selbstverständlichkeit in unseren Gemüsebeeten gemütlich machten. Alle diese Pflanzen werden wir in diesem Buch näher betrachten, und Paul Silas Pfyl, der bekannte Ernährungstherapeut und Fernsehkoch, stellt zu jedem ein einmaliges Kochrezept zum Schlemmen und Schmausen vor. Schliesslich werden noch einige seltene oder in Vergessenheit geratene Gemüse porträtiert und etwas von der »planetarischen Küche« des Bauernphilosophen Arthur Hermes erzählt.

Nahrung als Medizin: Die Heilkraft gewöhnlicher Gemüse und Wildpflanzen

Genauso wie man das Auto an der Zapfsäule immer wieder auftanken und gelegentlich mit Öl, Schmiere und im Winter mit Frostschutzmittel versorgen muss, ist der Mensch angehalten, seine körperliche Biomaschine regelmäßig mit dem richtigen Treibstoff zu versorgen. Dabei soll es – so wird gesagt – egal sein, ob die Energieträger (Kohlehydrate, Fette), die Aufbaustoffe (Eiweiße) und die Ergänzungsstoffe (Vitamine, Mineralien) vom Hamburgerstand, aus dem Feinschmeckerlokal oder aus einem überteuerten Bioladen stammen. Hauptsache, die Zusammensetzung der »Bausteine« stimmt. Dieses noch heute in den Schulen propagierte mechanistische Bild der Ernährung passt in eine Zeit, in der das Denken von der Metapher der Maschine geprägt ist.

Womit ernähren wir uns?

In der Flut von Informationen, ausgeklügelten Nährwerttabellen und sich oftmals widersprechenden Empfehlungen renommierter Experten geht etwas Wesentliches vergessen: Die Nahrungsmittel, die den Menschen und den Tieren das Leben schenken, bestehen letztlich aus pflanzlicher Substanz oder, genauer gesagt, aus kosmischer Lichtenergie, aus dem Sonnenschein, den die Pflanzen mit Hilfe der lichtsensiblen Chlorophyllkörperchen auffangen. Die grünen Blätter kann man sich ohne weiteres als »Lichtfallen« vorstellen. Die Lichtenergie ermöglicht es der Vegetation, die von anderen Lebewesen ausgeatmete Kohlensäure aufzuspalten, mit Wasser zu verbinden und zu jenem energiereichen Elementarzucker (Glukose) zu synthetisieren, der die Ausgangsbasis aller organischen Verbindungen und die Grundlage der Ernährung bildet. Auf diese Weise werden auf unserem Planeten pro Jahr um die 200 Milliarden Tonnen organische Materie aufgebaut.

San-Bushmann: Jäger und Sammler im Garten der Natur.

Aristoteles und andere Philosophen der Antike sprachen von der irdischen Materie als ungeformte, dunkle Urmasse, als *Chaos*. Diesem Urstoff stellten sie den *Kosmos*, die ordnende, gestaltende Lichtkraft, gegenüber. Wenn die kosmischen Harmonien das Chaos durchdringen, nimmt die Schöpfung Gestalt und Form an, und schließlich wird so die Materie verlebendigt und beseelt.

In diesem Sinn ist auch die Funktion der grünen Vegetation zu verstehen. Pflanzen sind Vermittler. Sie verbinden die dem Licht innewohnenden organisierenden, ordnenden Kräfte mit der amorphen, chaotischen Materie. Mittels der Lichtenergie vitalisieren und beleben die Pflanzen die rohen, »leblosen« Erdenstoffe, die Urelemente Feuer, Luft, Wasser und Erde, so dass diese auch den anderen Lebewesen als Nahrung, als Mittel zum Leben dienen können. Dass das Licht aus dem Kosmos ordnend und harmonisierend auf die Lebewesen einwirkt, erkennt man sofort, wenn man sich die Kartoffeltriebe ansieht, die sich in einem dunklen Keller bilden. Bleich, richtungs- und formlos winden sie sich, solange sie im Dunkeln sind. Sobald sie ans Tageslicht kommen, richten sich die Triebe plötzlich auf und fügen sich in ein harmonisch geordnetes Wachstum ein.

Nicht nur die Sonne, sondern auch der Mond und die Planeten vermitteln den Lebewesen ordnende Impulse. Wenn wir naturgemäß gezogene Getreide, Früchte und Gemüse essen, wirken die von den Pflanzen vermittelten kosmischen Lichtkräfte dann auch aufbauend, ordnend und harmonisierend auf unseren Organismus. Dies kann sogar bis zur Harmonisierung unserer Gefühle und Gedanken reichen. Der Körper ist schließlich aufs innigste mit unserer seelischen und geistigen Natur verbunden.

Das wunderbare Geschehen, das unsere Wissenschaft als *Photosynthese* bezeichnet, beschrieben die alten Inder auf der Grundlage tiefer Meditation und innerer Schau auf eine andere Art und Weise. Sie erlebten Pflanzen als hoch entwickelte Wesenheiten, die sich im Zustand des tiefen *Samadhi* befinden.[3] Unbewegt, in der Erde fest verwurzelt, geben sie sich ganz dem Himmel hin und nehmen dabei die im Licht vorhandenen und von Sonne, Mond und Sternen ständig herabstrahlenden schöpferischen Urharmonien in sich auf. Die Pflanzen »verspeisen« kosmische und stellare Energien – so die *Upanischaden* –, um sich dann selbst als Opfer hinzugeben, indem sie sich von anderen verspeisen lassen. »Aus Speise entstehen die Geschöpfe, die auf der Erde wohnen; sie leben durch die Speise und gehen schließlich in Speise ein« (*Anandavalli Upanischad*). Wenn Mensch oder Tier ihren Hunger an den Früchten, Knollen, Blättern, Stengeln oder Samen einer Pflanze stillen, dann werden kosmische Licht- und Wärmequanten in Körperwärme umgewandelt, aber auch in die Wärme der Gefühle, die Hitze der Leidenschaft und schließlich in das innere Licht des Bewusstseins.

Das Licht, das die Pflanzen aufsaugen, wurde von den Rishis und Sehern des alten Indien letztlich als die Liebesstrahlung der Gottheit

3 Samadhi ist der wonnevolle Zustand der tiefsten Versenkung, des Einsseins mit dem göttlichen Ursprung.

gedeutet: »Brahman ist Nahrung. Nur wer sich gewahr ist, dass er Gott isst, isst wirklich«, so die *Taittireya Upanischad.* Auch als sichtbar gewordenes Om, als Urton, wurde das Licht, welches die Pflanzenwesen ständig meditieren, aufgefasst. Urlicht und Urton teilen sich, sie spalten und zersplittern sich in die unzähligen Schwingungen, welche die kosmische Harmonie ausmachen. Und in jeder Schwingung – so sahen es die vedischen Seher – konnte sich eine entsprechende göttliche Wesenheit, ein Deva[4] oder ein Engel, verkörpern. So konnten die Seher sagen, dass die Pflanzen kosmische Wesenheiten in sich aufnehmen. In Pflanzengestalt treten diese ins materielle Dasein. Jede Pflanzenart ist, je nachdem, wie sie sich gegenüber dem Licht und den kosmischen Rhythmen verhält, empfänglich für die ihr entsprechenden Devas. Indem die Menschen aus bestimmten Pflanzen Speisen, Heilmittel oder geistbewegende Psychedelika bereiten, ermöglichen sie einer solchen Devawesenheit, den Makrokosmos (die äußere Natur) zu verlassen und in den menschlichen Mikrokosmos einzukehren, um dort ihre Wirkung zu entfalten. Im menschlichen Mikrokosmos manifestieren sich diese Engel und Gottheiten dann in unterschiedlich nuancierten Stimmungen und Gefühlen, in Träumen und Gedanken, Intuitionen und Inspirationen.

Sogar sich wiederverkörpernde Ahnen finden ihren Weg aus dem Jenseits über die aus Gemüse und Getreide bereiteten Speisen in den Körper des Mannes und der Frau, die sie zeugen und wieder gebären werden. Wenn es wirklich so ist, wie es die indischen Seher verkünden, dann soll es uns nicht wundern, dass bei den meisten traditionellen Völkern dem richtigen Anbau der Nahrungspflanzen und der Zubereitung der Speisen größte Sorge getragen wird. Es geht nicht nur um die richtige Zusammenstellung der materiellen Nährstoffe: Essen ist Religion, ist Verbundenheit mit den Göttern, Ahnen, ja mit dem göttlichen Selbst.

Die *ayurvedische* Ernährungslehre unterscheidet drei Grundeigenschaften (*gunas*) der Nahrungsmittel, die es diesbezüglich zu beachten gilt:

1. Als *Sattva* gelten jene Nahrungsmittel, die rein und voll kosmischen Lichts sind, sie vermögen die Seele dem Göttlichen gegenüber zu öffnen. Es handelt sich dabei um unverdorbene pflanzliche Produkte, die naturgemäß angebaut wurden oder wild in der freien Natur am

4 Aus dem Sanskrit, sprachlich verwandt mit lat. *divus*, göttlich, altlat. *deivos*, Gott. Ein Deva ist eine himmlische Lichtwesenheit.

richtigen Standort und gemäß den natürlichen Rhythmen wachsen. Auch Milch, Milchprodukte und Honig gehören zu dieser Kategorie. Es ist die Nahrung der spirituellen Sucher, der Meditierenden und Studierenden.

2. Eine andere Energie haben die *Rajas*-Nahrungsmittel. Das sind Speisen, die weniger der Seelenruhe und Kontemplation dienen als der Steigerung von Aktivität und Kraft. Hierzu zählen Fleisch und scharfe Gewürze. Es ist die angemessene Nahrung der Tatmenschen und Macher, der Krieger und Sportler.

3. Als *Tamas* werden Nahrungsmittel bezeichnet, die den Körper träge, die Seele stumpf und den Geist wirr machen. Als *tamasisch* gilt Fleisch von Tieren, die nicht artgemäß gehalten oder gequält wurden und in Todesangst verendeten, ebenso Gemüse, die mit künstlichem Licht, ohne Bezug zum lebendigen Boden und zu den Rhythmen der Sonne und des Mondes auf Nährlösungen kommerziell gezogen und nur mit Hilfe der Agrarchemie am Leben gehalten werden. Dies ist die Speise der niedrigen Naturen, der Gewaltmenschen oder gar der menschlich verkörperten Dämonen. Sicherlich kann man auch die genmanipulierten Nahrungsprodukte dazu rechnen, in denen der göttliche Bauplan durcheinander gebracht wird; sie vermitteln der Seele und dem Körper Missinformationen und chaotische Schwingungen.

Wir haben die Freiheit zu entscheiden, was wir als Nahrung zu uns nehmen, und können dadurch selbst bestimmen, welche Kräfte wir in uns stärken und fördern wollen. Wir bestimmen, ob Engel (*Devas*) oder Dämonen (*Rakshasas*) in unseren Mikrokosmos Einzug halten. So wird die Nahrung, die wir auswählen, zu unserem selbst erzeugten Schicksal. Ernährung ist, richtig verstanden, karmaträchtig. Mit sattvischen Lebensmitteln fördern wir unseren geistigen Fortschritt, mit tamasischem »Fraß« bewirken wir das Gegenteil. Auch die Buddhisten sehen es so.

Derartige Erkenntnisse sind nicht nur dem asiatischen Kulturkreis eigen. Auch bei uns gab es immer wieder Stimmen, die darauf hinwiesen: »Sage mir, was du isst, und ich sage dir, wer du bist«, so formulierte es der französische Schriftsteller und Gastronom Jean Anthelme Brillat-Savarin (1825). Auch Shakespeare lässt in seinem Drama «Julius Caesar» Cassius in Bezug auf Caesar fragen: »Mit was ernährt er sich, dass er so mächtig geworden ist?« Und vor einigen Jahren entzückte der Künstler und Naturforscher Herman de Vries seine Zuhörer mit einem Vortrag, der praktisch aus der Auflistung aller Pflanzen bestand, die er in seinem Leben zu sich genommen hatte. Er sagte, es sind die Pflanzenarten, die »ich in mich aufgenommen habe, woraus ich jetzt bestehe, die mich aufgebaut haben zu dem, was ich jetzt bin.« Von Rudolf Steiner schließlich stammt die Aussage: »Wir essen nicht nur das, was sich materiell vor unseren Augen ausbreitet, sondern wir essen mit das Geistige, das sich hinter dem Materiellen verbirgt!«

Jede Pflanzenart hat eine eigene, charakteristische Schwingung, die sich auf den Menschen, der sie zu sich nimmt, überträgt. Diese Schwingung ist Ausdruck davon, wie sich die jeweilige Art gegenüber den einströmenden kosmischen Impulsen, vor allem zur Sonne, verhält. Manche Gewächse bevorzugen schattige Standorte, manche die direkte Sonne, manche mögen es heiß, andere kühler, manche öffnen ihre Blüten früh am Morgen, andere am Spätnachmittag, wiederum andere nach Sonnenuntergang.

Wir wissen, dass die Sonne, je nach Jahreszeit und Stand im Tierkreis, eine andere Wirkung hat, eine andere Qualität aufweist. Wenn sie sich im Skorpion, Schützen oder Steinbock befindet, ist sie schwächer, als wenn sie sich durch die Zwillinge, den Krebs oder den Löwen bewegt. So genannte Kurztagpflanzen – etwa Reis, Hirse, Baumwolle, Dahlie, Topinambur, Chrysantheme oder Sojabohne – blühen, wenn die Sonne den Herbstpunkt in der Jungfrau erreicht und die Tage kürzer werden als die Nächte. Langtagpflanzen, wie Karotte, Kohl, Bohnen, Rüben, Spinat oder Salat, brauchen dagegen mehr als zwölf Stun-

Shiva-Shankar, der Grosse Gott, der alle Eigenschaften – Sattras, Rajas und Tamas – in sich vereint.

den Sonnenschein pro Tag, um zum Blühen zu kommen. Daher kommen sie in den Tropen nie zum Blühen.

Die meisten Pflanzen blühen im Sommer und fruchten im Herbst, je nach Art kann es aber zu manchmal merkwürdigen Verschiebungen kommen. Nahrungspflanzen, insbesondere Getreide und Obst, stehen in harmonischem Einklang mit dem Sonnenzyklus des Jahres, daher wirken sie auf uns harmonisierend und aufbauend. Gewächse, wie die Herbstzeitlose oder die Nieswurz, die durch ihre Blüte im Winter aus dem kosmischen Rhythmus herausfallen, erweisen sich meist als starke Giftpflanzen, die auch auf unseren Körperrhythmus zerstörerisch wirken können. Sie sind unter Umständen jedoch wichtige Heilmittel, die durch einen »Gewaltakt« eine notwendig heftige somatische Reaktion auslösen können.

Nicht nur der Jahreszyklus, sondern auch die Tageszeit ist für Pflanzen von Bedeutung. In den frühen Morgenstunden ist die Wirkung des Sonnenlichts anders als am Mittag oder am Abend. Traditionelle Gärtner und Kräutersammlerinnen wissen das und halten sich daran. Je nach Stand der Sonne verändert sich das Lichtspektrum und gibt den Blumen Signale, die Blütenknospen zu öffnen oder zu schließen, zu duften oder den Duft zurückzuhalten. Auf dieser Einsicht beruht die »Blütenuhr«, die sich der Botaniker Carl von Linné in seinem Garten in Uppsala anlegte und auf der er die genauen Tagesstunden ablesen konnte. Ebenso gibt es Duftuhren. Standort, Breitengrad und Längengrad, die sich auf den Einstrahlungswinkel des Lichts auswirken, haben ebenfalls ihren Einfluss. Goethe erkannte das auf seiner italienischen Reise, wo ihm altbekannte Pflanzen in ganz anderen Ausgestaltungen zu Gesicht kamen. Konjunktionen, Oppositionen, Trigone und andere Aspekte des Mondes und der Planeten modifizieren die Sonneneinwirkung ebenfalls und lassen sich nicht nur am Wetter, sondern auch am Wachstumsverhalten, an Form und Gestalt der Pflanzen – auch an den Inhaltsstoffen und deren Konzentration – ablesen. Die Alchemisten und mittelalterlichen Ärzte konnten auf der Basis dieser Signaturen ganze Pflanzentaxonomien aufstellen. Sie erkannten anhand der »Physiognomie« der jeweiligen Pflanze, welche planetarischen Kräfte (oder gar welche Planetengötter) in ihr zum Ausdruck kommen. So gehörte die Rote Bete etwa dem Mars, mit Beteiligung von Jupiter und Saturn. Das Schöllkraut mit seinem gelben, leberwirksamen Saft galt als »Jupiterpflanze, tingiert durch Luna«. Es ist nicht Aberglaube, der hier zum Ausdruck kommt, sondern eine anwendbare, astrologisch orientierte

Naturbeschreibung, deren bildhafte Sprache wir heutzutage leider nicht oder kaum mehr verstehen.

Schamanennahrung

Jede Pflanzenart hat also ihr eigenes Verhältnis zu dem einströmenden kosmischen Licht. Jede Art nimmt eine andere Licht*qualität* auf, baut sie in ihre Zellen und Gewebe ein und vermittelt sie dann an jene weiter, die sie als Nahrung verzehren. Die selektive Aufnahme der ordnenden kosmischen Lichtkräfte macht eine Art zum besonderen Arzneimittel, eine andere zum Färbemittel und eine dritte zum Nahrungsmittel. Dass jede Pflanzenart ihre eigenen Kräfte, ihre eigene Wirkung auf Geist und Seele hat, haben aufmerksame Beobachter und Meditierende vieler Kulturen erkannt. Aus diesem Grund beschränken sich insbesondere die Schamanen der Naturvölker, die indischen Sadhus und die Medizinleute der Indianer nicht auf wenige Grundnahrungsmittel und schon gar nicht auf das, was im Supermarkt feilgeboten wird, sondern sie essen absichtlich breit gefächert. Sie sind darauf bedacht, besonders viele verschiedene Pflanzenarten in ihre Ernährung aufzunehmen, denn sie spüren, dass ihnen dadurch ein weiteres Spektrum von »Informationen« zukommt, dass sie sich dadurch wacher, aufmerksamer, lebendiger und gesünder fühlen.

Nahezu universal ist der Glaube – eigentlich ist es kein Glaube, sondern eine innere Erfahrung –, dass jedes Nahrungsmittel im Menschen eine bestimmte Resonanz erzeugt oder bestimmte Einstimmungen ermöglicht. In den ethnografischen Aufzeichnungen der Völkerkundler stoßen wir immer wieder auf Aussagen von Medizinleuten und Schamanen, die Folgendes andeuten:

Isst der Mensch, was die Natur im Einklang mit den Jahreszeiten hervorbringt und was in seiner unmittelbaren natürlichen Umwelt wächst, kann er sich umso leichter auf die Elementarwesen und Geister einstimmen und ihre Eingebungen empfangen. Er wird dann in heilsamer Harmonie mit dem Jahresrhythmus und der Spiritualität des Landes leben. Das ist für schamanische Heiler besonders wichtig, da viele Krankheiten von erzürnten Elementarwesen – die Germanen sprachen von »Elfengeschossen« – oder auch von Tieren geschickt werden.

Isst der Mensch, was seine Vorfahren traditionell gegessen haben, hat er es leichter, sich auf die Ahnengeister und ihre Inspirationen einzustimmen – dann werden ihm die richtigen »Ahnungen« zukommen. Das glauben auch noch heute die aufgeschlossenen Japaner, die sich weigern, den viel billigeren amerikanischen Reis zu importieren, und stattdessen nur japanischen Reis essen. Das Getreide stellt für sie eine Verbindung zu ihren Vorfahren dar: In jedem Haushaltsschrein und Shintotempel werden den Ahnen und Gottheiten Reiswein (Sake) und Reiskörner geopfert; im Gegenzug vermitteln die Ahnen ihren Nachkommen Fruchtbarkeit und Lebenskraft. Sich mit den Ahnen, die unerkannt noch in unseren Seelentiefen »leben«, zu versöhnen ist wichtig für die geistige und körperliche Gesundheit. Auch das ist ein Aspekt der Ernährung.

Der Bauernphilosoph Arthur Hermes (1890–1986) machte diese Überzeugung zum Eckstein seiner Lebensweise. Der Garten, den er jedes Jahr anpflanzte – im Laufe des Sommers glich er eher einem Dschungel als einen Garten –, enthielt eine besonders reiche Vielfalt an Gemüse. Darunter auch seltene Arten und alte, angeblich längst »ausgestorbene« Sorten. Ohne großes Aufsehen sprach er innerlich mit jeder Pflanzenart, denn in seiner geistigen Schau stellte sich jede Art als eine Verkörperung eines spirituellen Wesens dar. Er säte und pflanzte seine Schützlinge im Einklang mit den Gestirnen. Was kräftige Wurzeln machen sollte, pflanzte er, wenn der Mond im Erdzeichen war. Was Samen und Frucht hervorbringen sollte, wurde in einem Feuerzeichen der Mutter Erde angetragen. Und damit der Kohl und das Blattgemüse recht saftig werden, wurden sie im Wasserzeichen gesetzt. Kompost, Jauche und die Asche vom Holzherd dienten als Düngung, niemals verwendete er mineralischen Kunstdünger aus der Tüte. Er wurde nicht müde zu betonen: »Die mit Kunstdünger aufgepäppelten Gemüse sind schwerer, wässriger, sie saugen sich mit Materie voll, was für die Händler zwar interessant ist, aber sie enthalten so weniger Lichtkräfte. Licht wiegt zwar nichts, macht aber die Qualität aus, die Haltbarkeit, die Nährkraft, die Fortpflanzungskraft. Kunstdüngergemüse kann uns auch nicht die volle Kraft geben, die wir für unsere geistige Arbeit brauchen. Es ist den ordnenden, kosmischen Lichtkräften gegenüber abgestumpft und macht auch uns eher dumpf und chaotisch.« Weiter erklärte er: »Sonne, viel Sonne brauchen die Pflanzen! Die Sonne am Himmel, aber auch die Sonne, die in unserem Herzen scheint!« Als »innere Sonne« bezeichnete er die liebevolle Pflege und die guten Gedanken, die er seinen Zöglingen zugute kommen ließ. Auch die Bewunderung ihres Wachstums, ihres Duftes, der schönen

Formen ihrer Blätter und Blüten sei wichtig, dies sei eine »geistige Düngung«.

Wie bei den Indianern oder anderen Naturvölkern hörte sein Garten nicht am Rand der bestellten Beete auf, sondern erstreckte sich über die Hecke bis in die Wiese hinein. Dort sammelte er Wildgemüse und Wildkräuter für den Salat und die Suppe. Unkräuter gab es in seinem Universum nicht, nur Nahrungs-, Gewürz- und Heilpflanzen, allesamt wertvolle Gaben der Mutter Erde. Er schätzte die Kräfte auch dieser wild wachsenden Pflanzen. Die Wirkung der gesammelten Kräuter und Wildgemüse prüfte er meditativ. Wie manch ein Schamane (oder auch ein homöopathischer Arzt bei der Heilmittelerprobung) kam er dabei zu neuen, wertvollen Einsichten: Eine Pflanzenart wirkt kühlend, eine andere gibt Hitze, diese regt die Verdauungssäfte an, jene wirkt tonisierend, eine weitere wiederum zusammenziehend oder beruhigend.

Auch der Medizinmann der Tsistsistas, Bill Tallbull, nahm so viele Wildgemüse wie nur möglich in seine Ernährung auf. Jede Pflanze, erklärte er mir, hat wie auch der Mensch vier »Seelen«. Die aufgedunsenen Gewächse jedoch, die auf den Feldern der weißen Farmer wachsen, haben nur drei, manchmal auch nur zwei »Seelen«. Die kommerziellen Ackerfrüchte, die nur mit Hilfe von Herbiziden, Fungiziden, Insektengiften und künstlicher Bewässerung am Leben bleiben, seien nicht geeignet, alle vier »Seelen« des Menschen zu ernähren. Wer sich ständig davon ernähre, stumpfe unweigerlich ab. Er funktioniere zwar noch, aber seine feinen geistigen Sinne verkümmerten. Deshalb, so der alte Indianer, haben die Weißen keine Visionen mehr; weder die Sprache der Tiere noch die der Geister verstehen sie.

Sami-Schamanen (Lappland) (nach Scheffer 1673).

Wenn Arthur Hermes und der alte Tsistsistas-Schamane Recht haben, dann ist es um die moderne Menschheit wirklich schlecht bestellt. Ethnobotaniker heben hervor, dass der Großteil der Menschheit sich von weniger als einem Dutzend Pflanzenarten ernährt. Die vier wichtigsten Kohlehydratspender – Weizen, Reis, Mais, Kartoffel – ernähren mehr Menschen als die nächsten 26 Pflanzenarten zusammen. 90% der Weltbevölkerung ernähren sich von nur 20 Arten. Der Durchschnittsamerikaner isst 30 verschiedene Pflanzenarten pro Jahr und weniger als 50 im gesamten Leben – und das bei 15 000 essbaren Pflanzen, die in den USA wachsen (Hartmann 1999: 58). Bei uns wird das Angebot an Obst und Gemüse im Supermarkt oder auf dem Wochenmarkt immer kleiner – auch wenn die Verpackungen immer bunter werden. Wer sich an die vielen Sorten erinnern kann, die die Bauern und Gärtner noch vor einigen Jahrzehnten feilboten, wird das bestätigen können. In den letzten Jahrzehnten haben Ölmultis die meisten selbständigen Saatguthersteller aufgekauft, mit dem Resultat, dass die Sorten standardisiert werden. Dadurch kommt es zum rapiden Schwund an genetischer Vielfalt.

Nahrung hat immer etwas Kultisch-Religiöses an sich. Nahrungstabus und Nahrungsbevorzugungen sind Teil der kulturellen Identität. Man denke an den strikten Vegetarismus der indischen Jaina, das Fleisch- und Bohnenverbot der Pythagoräer, die Regeln der koscheren Küche bei den orthodoxen Juden. Auch unsere so genannt moderne, industriell aufbereitete Ernährung, Mikrowellengerichte, Fastfood und die aus aller Welt eingeführten kunstgedüngten, neuerdings auch genmanipulierten, massenproduzierten Agrarprodukte unterstützen einen bestimmten, von den Machthabern sanktionierten Seinsmodus. Sie unterstreichen die vermeintliche Alleingültigkeit der in allen Schulen gelehrten, quasi offiziellen positivistischen und materialistischen Ideologie. Diese Industrieprodukte sind kaum geeignet, ein spirituelles Wahrnehmen, einen Dialog mit transsinnlichen Wesenheiten oder den Zugang zu höheren Seinsregionen zu fördern. Doch genau davor fürchten sich die meisten Zeitgenossen, weil sie glauben, den konkreten Boden der »Realität« dabei zu verlieren. Die einzige »Transzendenz«, die eine derartige Ernährung zu unterstützen in der Lage ist, ist eine Science-Fiction-Mentalität, etwa den materialistischen Traum vom kostspieligen Terraforming auf dem Mars, von Starwars und Flügen ins All – nebenbei bemerkt: der Schamane fliegt ohne Raumkapsel! – oder in die Gaukelwelt einer elektronischen »virtual reality«. Das

Reden mit Naturgeistern, Ahnen, Engeln und Pflanzendevas, wie es traditionelle Völker weltweit kennen, wird durch Designerfood und Fastfood dagegen eher erschwert. Wer also bestrebt ist, seine Chakren zu öffnen oder genügend Lichtenergie anzusammeln, die es ihm ermöglicht, auf natürliche Weise feinfühlig und hellhörig zu werden, die ihm sozusagen Antennen wachsen lässt, der sollte unbedingt die Ernährungskomponente mit beachten und natürlich gezogene Gemüse und Wildpflanzen in seine Ernährung aufnehmen.

Der Garten

Dem echten Gärtner, der wahren Gärtnerin haftet immer etwas von einem Zauberer an. Ein Garten ist ein magischer Ort. Trotz Aufklärung und Agrarchemikalien wird noch immer – heimlich oder auch offen – nach Mondregeln gepflanzt und mit den Pflanzen gesprochen. Es werden magische Gebräue aus Brennnesseln und Schneckengehäusen verrührt. Überall werden Gartenzwerge, Bambis und andere bunt bemalte Terrakottafiguren aufgestellt, die auf geheimnisvolle Kräfte und auf die unsichtbaren Elementarwesen hinweisen, welche am Wachstum mitwirken. Die Beete werden mit Buchsbaumhecken, Blumenrabatten, Hecken und Zäunen kunstvoll eingefasst und von der profanen Außenwelt abgeschirmt. Wege gliedern den Garten, und ein Hauptweg führt

Gärtner auf einem alten Holzschnitt.

Gärtner Pötschke.

meistens zu einer Mitte, oft ein mit Steinen geziertes und mit schönen Blumen bepflanztes Rondell, das Herz des Zauberorts.

Auch wenn sie sich ähneln, gleicht kein Garten dem anderen, denn er entsteht aus der Zusammenwirkung der äußeren Natur mit der inneren Natur des Gärtners. Der Gärtner projiziert sozusagen seine Seele nach außen und schafft einen Raum, in dem Naturgeister und Devas wirken können. Ein echter Garten ist immer ein Ort des Staunens und des Heilens. Der Anblick eines solchen Gartens vermag verstockte Seelen zu öffnen und ihnen ein befreiendes »Ah!« zu entlocken.

Die Sorgfalt, mit der Gärtner den Garten anlegen, ihn gliedern und gestalten, erinnert an den »Cargo-Kult« der Melanesier. Während des Zweiten Weltkriegs beobachteten die Eingeborenen, wie amerikanische GIs auf ihren Inseln Landepisten für Transportflugzeuge bauten und wie sich dann aus den Bäuchen der fliegenden Kolosse Unmengen an Nahrungsmitteln und Vorräten ergossen. Diese letzten Steinzeitmenschen waren überzeugt, dass die Flugzeuge aus der anderen Welt, aus der Welt der Ahnen, kamen. Und in der Hoffnung, dass die Ahnen auch ihnen Geschenke bringen würden, begannen sie mit viel Aufwand mitten im Urwald Landeplätze anzulegen.

Tatsächlich ist ein sorgfältig gepflegter Garten ein Landeplatz für menschenfreundliche Lichtwesen aus transsinnlichen Dimensionen. Alle Völker, die Gartenbau oder Hortikultur betreiben, verstehen die

Nahrung ist heilig, die Mahlzeit ist Gottesdienst.

Pflanzen, die in den Beeten Gestalt annehmen, sprießen und wachsen, als sich verkörpernde himmlische Wesenheiten. Es sind Devas, die sich zum Wohl der Menschen und Tiere in eine pflanzliche Form opfern. Die Ethnologie spricht diesbezüglich vom *Hainuwele-Mythos*. Der Begriff ist aus der Kultur der Pflanzer in West-Ceram, Melanesien, entlehnt. Der Mythos erzählt von Hainuwele, einem himmlischen Mädchen, einer Göttin, die auf die Erde kam und die Urmenschen besuchte. Bei einem Tanzfest wurde sie getötet, zerstückelt und im feuchten Erdboden begraben. Aus ihren Körperteilen entstanden die Nahrungspflanzen. Die nordamerikanischen Gartenbauvölker kennen einen ähnlichen Mythos. Sie erzählen, dass ihre Hauptnahrungsmittel, Mais, Bohnen und Speisekürbisse, drei himmlische Schwestern sind, die durch die Wolken zur Erde herabfielen und sich in Pflanzen verwandelten. Wie wir alten Mythen entnehmen können, glaubten auch unsere neolithischen Vorfahren, dass die Feldfrüchte verwandelte, geopferte Gottheiten sind. Sogar der christliche Mythos beinhaltet in seinem Kern die antike Vorstellung des Opfertods des Sonnengottes und dessen Auferstehung in den beiden wichtigsten Pflanzen des antiken Mittelmeerraums, Weizen und Weinrebe.

Für den gestandenen Materialisten sind diese alten Mythen natürlich nichts als abgestandener, abergläubischer Nonsens. Wer sich jedoch intensiv mit Pflanzen beschäftigt, weiß, dass sie weit mehr sind als das, was eine Wissenschaft, die sich nur auf das Äußere beschränkt, wahrnehmen kann. Pflanzen sind – wie der große Pflanzenkenner Goethe feststellte – »sinnlich-übersinnliche« Wesenheiten. Sie können die Seele ansprechen, sie können sich auf wundersame Weise in Träumen offenbaren, sie haben eine lange Geschichte der Interaktion mit den Menschen hinter sich. Bei den Gartenpflanzen handelt es sich um besonders menschenfreundliche Wesenheiten. Es sind tatsächlich verwandelte Engel mit bekannten und oftmals unbekannten Heilkräften.

Heilkräfte der Gemüse

Die Gemüsepflanzen, die jeder aus dem Garten kennt, sind also mehr als nur Nahrungsmittel, die aus einer bestimmten Menge an Kohlehydraten, Eiweißen und sonstigen stofflichen Verbindungen bestehen. Sie sind Verkörperungen von Pflanzendevas, die uns nicht nur ernähren können, sondern auch unsere Gebrechen und Leiden lindern und uns sogar heilen können. Intuitiv wussten das die Grossmütter schon lange. Sie kochten besondere Suppen, die Kraft gaben – etwa eine Selleriesuppe, die dem Mann für den ehelichen Beischlaf Lust und Kraft verlieh – oder zum Erhalt des häuslichen Friedens und Wohlergehens beitrugen. Der Garten war eine Apotheke voll erwiesener Heilmittel.

Jedes Gemüse, jedes Küchenkraut, ja sogar jede Blume und jedes »Unkraut«, das im Garten wächst, kann letzten Endes eine Heilpflanze sein. Denn jede Pflanze hat, wenn wir sie in der geeigneten Dosierung und Zubereitung zu uns nehmen, eine Wirkung auf unseren Körper und unser Befinden. Jede Pflanze verschiebt das innere, körpereigene ökologische Gleichgewicht in die eine oder andere Richtung. Pflanzen, die uns besonders ansprechen, sollten wir durch und durch kennen lernen, über sie meditieren und mit ihnen Zeit verbringen. Vielleicht werden wir ein neues Heilgeheimnis entdecken. Viele der Angaben zur Heilkraft der Gartengemüse hat der Autor über die Jahre hinweg mit Erfolg selbst geprüft und angewendet.

Hinweis zu den planetarischen Zuordnungen

Seit der Antike hat man die Pflanzen nach ihren planetarischen Signaturen klassifiziert. Dabei verließ man sich auf die äußeren Eigenschaften, wie Festigkeit, Aussehen, Farbe, sowie den Standort der jeweiligen Pflanze, aber auch auf ihre innerlichen Wirkungen, auf den Geschmack und das Befinden, die sie in uns erzeugt. Diese Eindrücke bezog man dann auf die sieben sichtbaren Wandelsterne. Die neu entdeckten, unsichtbaren, den Sinnen unzugänglichen transsaturnischen Planeten (Uranus, Neptun, Pluto) spielten im traditionellen System der Herbalastrologen oder astrologisch orientierten Kräuterärzte keine Rolle. Wir halten uns hier an die überlieferten Zuordnungen. Näheres dazu in meinem Buch »Der Kosmos im Garten« (AT Verlag, 2001).

In jeder Pflanze sind selbstverständlich alle sieben Planeten als Wirkkräfte vorhanden. Ein Planet ist jedoch meist vorherrschend und übt den primären Einfluss aus. Wenn unter verschiedenen Autoritäten Differenzen bezüglich der Zuschreibung von Planetenzugehörigkeiten bestehen, ist dies auf ihren Blickwinkel zurückzuführen: Unter Umständen hebt der Mediziner einen anderen Aspekt der Pflanze hervor als der Theologe, Färber oder Gärtner.

Wie anders doch in anderen Kulturen und anderen Zeiten das Wesen der Pflanzen aufgefasst wurde! Die australischen Ureinwohner sind überzeugt, dass die Götter sich ins Dasein träumen. Jeder Baum, jede Staude und jedes Kräutlein wird von seiner spezifischen Gottheit oder seinem archetypischen Geist aus dem Traumland in die physische Erscheinungswelt hineingeträumt. Auch die Scholastiker des christlichen Mittelalters orteten die Engelwesenheiten der Pflanzen in übersinnlichen Sphären: Es seien die Exousiai, Dynameis und Kyriotetes die aus fernen Himmelsregionen nahe der Sonne, des Mars und des Jupiter ihre Liebesstrahlungen auf die feuchte, dunkle Erde herabschicken, wo sie mit Hilfe der Elementarwesen pflanzliche Gestalt annehmen. Die Indianer und andere naturnahe Völker sprechen und verhandeln mit den Pflanzen, finden »pflanzliche Verbündete«, die sie nähren, heilen oder schützen können. Für die Ackerbau betreibenden Völker gelten die Gemüse und Getreide, die sich der menschlichen Fürsorge und Pflege überantwortet haben, als ganz besonders menschenfreundlich. Man erlebt sie als »Persönlichkeiten«. Sie ähneln dem Menschen, nur sind sie ganz anders organisiert. Sie haben zwar wie wir einen belebten materiellen Körper, ihre Geistseele ist aber nicht inkarniert, sondern bleibt auf der transsinnlichen, »spirituellen« Ebene. Um sie dort zu erreichen, geht man in die Versenkung oder auf schamanische Reise.

Auch wenn uns zivilisierten Menschen weitgehend die schamanischen Flügel gestutzt worden sind, können wir die Pflanzen dennoch als Persönlichkeiten erfahren. Dazu müssen wir wieder lernen, die Pflanzen ganzheitlich zu betrachten, sie in allen Aspekten wahrzunehmen, in ihren wunderbaren Formen und Farben, ihrer Anwendung in Brauchtum und Heilkunde, in den mit ihnen verbundenen Sagen, Märchen und Geschichten, wie sie von den Völkern auf der ganzen Welt überliefert wurden.

AUBERGINE, EIERFRUCHT

Solanum melongena

Familie: Nachtschattengewächse

Andere Namen: Tollapfel, Melanzaapfel, Eierbaum, Spanische Eier, Blaue Tomate
Heilwirkung: fördert den Stuhlgang, senkt den Cholesterinspiegel, verbessert den Appetit, erweichend
Symbolische Bedeutung: Mysterien der Nacht; Leidenschaft; Shiva geweiht
Astrologische Zugehörigkeit: Mond

Die Aubergine oder Eierfrucht ist wie die Tomate, die Kartoffel und der Paprika ein Nachtschattengewächs. Sie stammt aber nicht wie ihre Vettern aus dem tropischen oder subtropischen Amerika, sondern ist in der Alten Welt zu Hause, und zwar in Indien. Dort nahm sie ihren Anfang als ein sehr stacheliges Gewächs mit auf der Unterseite graufilzigen Blättern und kleinen bitteren Früchten. Vor vielen tausend Jahren, lange vor dem Eindringen der vedisch-arischen Hirtennomaden, züchteten die dravidischen Bauern und andere Ureinwohner des Subkontinents das inzwischen weltweit geschätzte Gemüse, dessen Früchte bis zu einem Kilo schwer werden können.

Die Muslime, die im 10. Jahrhundert plündernd über den indischen Subkontinent herfielen, raubten nicht nur Gold, Edelsteine und Gewürze, sondern sie nahmen auch viele der ihnen unbekannten Heilkräuter und Gartenpflanzen mit. Bald wurde die Eierfrucht im gesamten islamischen Reich, von Persien bis Andalusien, Bestandteil des Gemüsebaus und der Esskultur. Im 13. Jahrhundert erreichte die Pflanze Italien und Frankreich und findet als »Melongena« Erwähnung in den Schriften des Universalgelehrten Albertus Magnus.

In der französischen Bezeichnung Aubergine spiegelt sich die lange Reise dieser Pflanze wider: Das Wort entstammt dem katalanischen *albergina*, dieses dem arabischen *al-badingan*, dieses wiederum dem persischen *batinghan*, welches irgendwann einer der alten indisch-dravidischen Sprachen entlehnt wurde. Die heutigen Hindus kennen die Eierpflanze als *baingan* (oder in Hindi-Englisch als *brinjal*).[5]

5 Der Sanskritname für die Aubergine ist *Vrintaka*.

Die Europäer trauten der seltsamen Pflanze mit den weißen bis schwarzvioletten, ei- oder wurstförmigen Früchten ebenso wenig wie sie den spanischen Mauren trauten. Zudem entging es ihnen nicht, dass es sich um ein Nachtschattengewächs handelt, ähnlich der Tollkirsche oder dem bittersüßen Nachtschatten, aus denen die Hexen und andere Feinde des Christentums höllische Salben kochten. »Mala insana« oder Melzano, »Tolläpfel«, »Apfel der Verrückten« waren einige der Benennung der verdächtigen Pflanze. Außer den glänzenden, tiefpurpurnen Früchten – sie sind fast zu schön, um gegessen zu werden – ist die Aubergine in allen Teilen tatsächlich giftig. Kraut und Wurzeln enthalten Solaninalkaloide, die Brechreiz, Magenentzündung und andere Beschwerden hervorrufen. In Südeuropa, wo ihr das mildere Klima zusagt, lernte man sie viel früher als Gemüse zu schätzen als nördlich der Alpen, wo sie von Gelehrten, Apothekern und Geistlichen vor allem als Kuriosität, als exotische Zierpflanze angepflanzt wurde. Inzwischen gibt es in den Mittelmeerländern Auberginenspezialitäten, die dem Gourmet das Wasser im Mund zusammenlaufen lassen. In Griechenland werden die Früchte (*militzanes*) in Streifen geschnitten wie Pommes, gesalzen, für eine Stunde in die heiße Sonne gelegt, getrocknet, anschließend in Eier-Mehl-Teig getaucht und in Olivenöl so lange frittiert, bis sie goldbraun sind.

Bekannt aus der südfranzösischen Cuisine ist *Ratatouille*, ein Eintopf mit reifen Tomaten, Eierfrucht, Zucchini, Paprika und Zwiebeln, die zuerst kurz in Olivenöl angeschmort und mit Knoblauch, Basilikum und Petersilie gewürzt werden. Bei den Italienern sind Auberginen *al funghetto*, das heißt, mit Petersilie und Knoblauch in Öl gebraten, beliebt. Ebenso schmackhaft ist die Aubergine *alla pizzaiola*, das heißt, sie werden grob gewürfelt und mit geviertelten Tomaten in eine ofenfeste Form gefüllt, mit Origano und Knoblauch gewürzt, mit Olivenöl beträufelt und mit Semmel-

Auberginenblüte.

brösel bestreut. Die Japaner marinieren die Eierfrucht, *Nasu* genannt, gerne in Miso, einer salzigen Sojapaste.

In seiner indischen Heimat ist die Eierfrucht wichtiger Bestandteil der regionalen Küche. In Ostindien wird sie in einer Würztunke, mit den bitter schmeckenden Neem-Blättern und Gelbwurz (Kukurma), mariniert und dann in Senföl frittiert. In Zentralindien legt man sie zuerst in eine Salzlake, dann wird sie kurz in der Pfanne sautiert, mit Joghurt übergossen und längere Zeit mit der niedrigen Temperatur, so wie sie ein schwelender getrockneter Kuhfladen erzeugt, gekocht. Wer einmal in Nordindien war, hat sicherlich mit dem folgenden Auberginengericht Bekanntschaft gemacht: Die Eierfrucht wird auf offener Flamme geröstet, dann zusammen mit Ingwer, grüne Chilipfeffer und frischen Korianderblättern zu einem recht scharfen, aber erfrischenden Mus zerstampft.

Die ayurvedische Heilkunde hat auch Heilendes an der Brinjal entdeckt. Die unreifen Früchte gelten als kardiotonisch und cholesterinsenkend. Sie sollen für Zuckerkranke besonders bekömmlich sein. Sogar eine antikarzinogene Wirkung wird ihnen zugesprochen. Jedenfalls verordnete der weise Charaka, der Hippokrates der indischen Medizin, einen heißen Breiumschlag aus Eierfruchtmus zur Linderung bei bei Entzündungen, Schwellungen und Tumoren. Ansonsten wirkt das Gemüse appetitanregend und verdauungsfördernd.

Die Eierfrucht ist in Indien ein Volksgemüse. Es gehört zur Nahrung der einfachen Dorfbewohner, der ärmeren Schichten. Man findet es in jedem Garten. Es ist keine *sattvische* Nahrung, die der Seele Licht und Leichtigkeit vermittelt, sondern – das zeigt schon seine dunkelpurpurne Farbe – es ist eher von dumpfer, schwerer, *tamasischer* Natur; es entspricht angeblich dem eher dumpfen, erdhaften Bewusstseinszustand der ländlichen Bevölkerung. In diesem Sinne ist es auch nicht den lichten Göttern, dem freundlichen Vishnu oder weisen Brahma, geweiht, sondern dem dunklen, wankelmütigen Shiva. Wie das einfache Volk, das ihn liebt und verehrt, ist Shiva auch nicht der feinen Speisen, wie sie die Brahmanen essen, würdig. Das, obwohl Shiva, von allen verkannt, eigentlich der Gott der Götter und Ursprung aller Wesen ist. Die dunkle, längliche Aubergine gleicht auch seinem wichtigsten Symbol, dem *Lingam*, dem göttlichen Glied, aus dem – wenn es purer Wonne mit dem *Yoni* der Göttin verbunden ist – das Universum hervorgeht. In der bengalischen Poesie symbolisiert die tiefpurpurne Auberginenfrucht den sommerlichen Himmel in dem Augenblick, wenn, kurz nach dem Sonnenuntergang, die Nacht hereinbricht. Die weiße Eierfrucht stellt dagegen den trüb weißen Morgenhimmel dar, wie er im Sommer kurz vor dem Sonnenaufgang erscheint. So oder so gehört das tamasische Nachtschattengewächs der geheimnisvollen Nacht, dem nächtlichen Mysterium der Tiefe, der Sensualität und Leidenschaft, wenn sich der dunkle Gott mit seiner Shakti vereint.

Der Gärtner sollte wissen, dass die Eierfrucht unter gleichen Bedingungen wie die Tomate angebaut werden kann. Sie braucht vor allem Wärme. Vier warme Sommermonate sind notwendig, bis der Strauch, ein Meter hoch, blüht und fruchtet. Das ist kein Problem in den Mittelmeerländern, aber nördlich der Alpen muss man – ebenfalls wie bei den Tomaten – die Jungpflanzen im Gewächshaus vorzüchten und dann in den frostfreien Tagen, nach den Eisheiligen, in sonnige Beete auspflanzen oder gar unter Plastikfolie ziehen. Am besten, man sät die Samen, die innerhalb einer Woche keimen, schon gegen Ende Februar oder Anfang März.

Wie die Tomaten braucht die Aubergine guten, mit Kompost gedüngten Boden und genügend Wasser. Da sie gut auf Phosphor reagiert, kann man sie mit verjauchtem, verdünntem Hühner- oder Taubenmist mehrmals nachdüngen. Die Früchte sollten geerntet werden, ehe die Samen voll reif sind, denn sonst wird das Fruchtfleisch bitter. Kartoffelkäfer mögen die Pflanze fast mehr als die Kartoffel selber; ansonsten aber gibt es wenige Schädlinge, die sich für sie interessieren.

Junge Auberginenpflanze.

Auberginenpüree mit Birnensenf auf Alfalfa

4 kleine Auberginen • 2 EL Sesamsamen • 2 EL Olivenöl • Kräutersalz, Muskatnuss und schwarzer Pfeffer • 4 EL Senf • 1 reife Birne • Alfalfasprossen

Die Auberginen mit einer Gabel rund herum einstechen und im Backofen bei 200 Grad oder über einem offenen Feuer rösten, bis die Haut schwarz und das Fruchtfleisch weich ist. Die Haut abziehen und das Fruchtfleisch in eine Schüssel geben, den Sesam und das Olivenöl dazugeben und alles mit einer Gabel zerdrücken, bis eine schöne Masse entsteht. Mit Kräutersalz, Muskatnuss und Pfeffer abschmecken.

Den Senf mit der Birne pürieren.

Das Auberginenpüree auf Alfalfasprossen anrichten und mit dem Birnensenf servieren.

Gebratene Auberginen mit Kräuterjoghurt

4 Auberginen • 2 Knoblauchzehen, gehackt • 1 TL Zitronensaft • Kräutersalz, Pfeffer • 4 EL Mehl • 4 EL Olivenöl

Joghurtsauce:
frische Kräuter (z.B. Salbei, Rosmarin, Thymian), gehackt • 1 EL Olivenöl • 250 ml Naturejoghurt • 5 Knoblauchzehen, gehackt • Kräutersalz

Die Auberginen in Scheiben schneiden und mit dem Knoblauch und dem Zitronensaft etwa 1 Stunde marinieren.

Für die Joghurtsauce die Kräuter im Olivenöl knusprig braten, erkalten lassen und mit dem Joghurt mischen. Den Knoblauch beigeben und mit Kräutersalz abschmecken.

Die Auberginenscheiben mit Kräutersalz und Pfeffer würzen, kurz im Mehl wenden und im Olivenöl goldbraun braten. Zusammen mit der Sauce servieren.

BOHNE

Phaseolus vulgaris, Phaseolus coccineus, Vicia faba

Familie: Schmetterlingsblütler
Andere Namen:
Phaseolus vulgaris: Gartenbohne, Grüne Bohne, Weiße Bohne (reife Samen), Stangenbohne, Welsche Bohne, Indianerbohne, Türkische Bohne, Veitsbohne, Brechbohne, Gemüsebohne, Windknaller, Faseli
P. vulgaris var. *nanus:* Buschbohne, Strauchbohne, Zwergfaseolen, Lüttke Jungens, Schnäggbone, Schnäggerli
P. coccineus: Feuerbohne, Blumenbohne, Scharlachbohne, Fleischbohne, Prahlbohne, Prunkbohne, Zierbohne
Vicia faba: Schweinebohne, Saubohne, Pferdebohne, Ackerbohne, Dicke Bohne, Dullebohne, Puffbohne, Teufelsbohne
Heilwirkungen/Indikationen: Harn treibend; nützlich bei Altersdiabetes; senkt schädliches LDL-Cholesterin; reguliert Dickdarmfunktion
Symbolische Bedeutung: Seelen der Verstorbenen, Tod und Wiedergeburt, Sexualität, Armut, Narretei und Dummheit
Planetarische Zugehörigkeit: Venus

Ursprünglich war unsere grüne Gartenbohne eine Schlingpflanze der südamerikanischen Tropen. Noch heute gehört die Wildbohne (*P. aborigineus*) zum Sammelgut der Indianer des Urwaldgebiets. Die Bohne ist eigentlich eine Giftpflanze. Wenn man die Früchte oder die Samen roh isst, dauert es nicht lange, bis sich kolikartige Bauchschmerzen einstellen. Der Körper versucht, die Eiweißtoxine durch Erbrechen und heftigen Durchfall loszuwerden. Im Extremfall kann die Vergiftung zum Kreislaufkollaps mit tödlichem Ausgang führen.

Die alteuropäische Ackerbohne.

Man würde annehmen, dass die Eingeborenen ein derartiges Giftgewächs unbeachtet beiseite liessen. Die südamerikanischen Indianer sind jedoch wie keine andere Kulturgruppe absolute Meister der pflanzlichen Pharmakologie. Sie verstanden es, die giftigen Wurzeln des Maniok (Cassava, *Manihot esculenta*), ein blausäurehaltiges Wolfsmilchgewächs, zu einem ihrer Hauptnahrungsmittel zu machen. Sie kochten komplizierte Pflanzenmischungen zu potenten Pfeilgiften (Curare).[6] Sie lernten, aus der getrockneten Rinde und den Blättern der Ayahuasca-Liane (*Banisteriopsis caapi*) eines der potentesten Schamanengebräue herzustellen. Das Zaubergetränk, das ihnen die Welt der Geister offen legt und echte Telepathie hervorruft, wirkt nur, wenn es mit anderen – DMT-haltigen – Kräutern und Wurzeln zusammen gekocht wird. Die einzelnen Zutaten allein, ohne die anderen eingenommen, sind psychedelisch absolut unwirksam. Das Gebräu ist dermaßen kompliziert in seiner Zusammensetzung und Wirkweise, dass es unmöglich durch bloßes Experimentieren hätte entstehen können. Erst in den siebziger Jahren gelang es westlichen Wissenschaftlern, die Zusammensetzung zu entschlüsseln. Die Indianer brauchten dafür weder aufwendige Forschungsapparate noch Labors. Wie Ethnologen berichten, haben ihre Schamanen die Fähigkeit, unmittelbar mit den Pflanzengeistern zu kommunizieren und diese nach ihren Geheimnissen zu befragen. Auf ähnliche Weise muss es ihnen gelungen sein, die verborgenen Eigenschaften der Bohne als vorzüglicher Eiweißspender auszumachen.

Der Anbau der Bohne verbreitete sich über Jahrtausende in der gesamten westlichen Hemisphäre. Die ältesten Funde in Peru werden auf 6000 Jahre vor unserer Zeitrechnung datiert. Durch sorgfältige Auslese entstanden immer mehr Sorten in verschiedenen Farben und Größen. Dass die Bohne zusammen mit dem Mais zum Grundnahrungsmittel der meisten Indianerkulturen wurde, hat seinen guten Grund. Als Lebensmittel ergänzen sie sich auf wunderbare Weise. Zusammen enthalten sie alle essenziellen Aminosäuren, die der Mensch für seine Ernährung braucht, und können deshalb das Fleisch als Proteinquelle ersetzen. Das war zum Beispiel für die Azteken wichtig, deren Bevölkerungszuwachs es im Laufe der Zeit unmöglich machte, jeden mit genügend tierischem Eiweiß zu versorgen. Wildbret war kaum

6 Curare, aus verschiedenen Pflanzensäften zusammengesetzt, tötet Affen und andere Baumbewohner, ohne dass es ihr Fleisch ungenießbar macht. Es entspannt die Muskeln der getroffenen Tiere, so dass sie sich nicht mehr an den Ästen festklammern können und zur Erde herabfallen.

Der Bohnenkönig.

mehr vorhanden, und außer dem Truthahn, dem Chihuahua-Hund und den Leibern jener Gefangenen, die sie der Sonne opferten, gab es kaum Fleisch zu essen. Noch immer sind Bohnen (*habituelas*) und Mais – in Form von *Tortillas*, *Enchiladas* oder *Tacos* – das alltägliche Nahrungsmittel der Mexikaner. *Frijoles*, gebackene Bohnen, gehören zur kulinarischen Identität der Mexikaner wie die Knödel zu derjenigen der Bayern oder Rösti zu den Schweizern.

Die nordamerikanischen Waldlandindianer pflanzten Bohnen, Mais und Kürbisse in Hügelbeeten an, wobei die Maispflanzen den Bohnenranken als Stützen dienten. Im Herbst waren die Speicher randvoll mit Maiskörnern und Bohnen gefüllt. In den Augen der Indianer galten die drei Kulturpflanzen als menschenfreundliche Göttinnen, die auf die Erde herabgefallen waren und Pflanzenkörper angenommen hatten. Die »drei himmlischen Schwestern« wurden in heiligen Zeremonien, die im Winter stattfanden, gefeiert. Das *Succotash* der Algonkien – Maiskörner und Bohnen zusammen gekocht – ist wie Truthahn und *Pumpkin Pie* (Kürbistorte) noch heute ein typisches nordamerikanisches Gericht. Das Leibgericht der Kanadier, *Baked beans*, ist ebenfalls indianisch. Dabei werden rote Bohnen zusammen mit Schweine- oder Bärenschinken in einen Gusseisentopf gefüllt, in einer Erdgrube in die Glut eines schwelenden Feuers gestellt, mit Erde zugedeckt und einen halben Tag lang gegart, ehe es ausgegraben und verzehrt wird.

Vom 16. Jahrhundert an eroberte die »welsche (fremde) Bohne« die Gärten Europas. Dabei verdrängte sie die schon in der Bibel erwähnte alteuropäische Ackerbohne (Favabohne, *Vicia faba*), die seit dem späten Neolithikum im Nahen Osten angebaut wurde. Ackerbohnen wurden in den Pfahlbausiedlungen des Alpenvorlands gefunden. Germanen und Kelten bauten sie schon in vorrömischen Zeiten als Menschenspeise und Viehfutter an – vor allem in den Küstenregionen, wo die sonst so wichtigen Erbsen wegen der Bodenversalzung nicht sonderlich gediehen. Mit dem Erscheinen der Indianerbohne wurde die Favabohne zur gemeinen Pferde-, Sau-, Schweine- oder Viehbohne degradiert. Sie galt nur noch als minderwertige Futterbohne. (Erst im 20. Jahrhundert wurde die Dicken Bohne als Gemüse oder kalt als Salatbeigabe wiederentdeckt.) Nicht nur wurde diese einheimische Leguminose entehrt und von der Gartenbohne verdrängt, der gesamte Reichtum uralter Bräuche und volksmedizinischer Anwendungen wurde kurzerhand auf den feschen Neuankömmling übertragen. Von nun an war es die amerikanische Bohne, der die närrischen Bohnenfeste und Bohnenlieder der Winterzeit galten.

In ganz Westeuropa, insbesondere in den Niederlanden, wählt man am Dreikönigstag den Bohnenkönig. Am Vorabend wird ein Kuchen gebacken, in dem eine Bohne versteckt ist. Wer das Stück mit der Bohne bekommt, wird zum König gekrönt; er darf sich eine Königin auswählen und genießt beim Tanzen und Schmausen besondere Vorrechte. Beim Bohnenfest wird tüchtig gezecht, Spaß und Unfug getrieben, und das gesamte Spektrum der menschlichen Torheiten wird in derben, oft obszönen Bohnenliedern besungen. Eine Strophe aus einem Hamburger Bohnenlied (18. Jh.) lautet: »Ihr Junggesellen müsst nicht den Jungfern Netze stellen mit euren Bohnen und wohl gar mit eurem prallen Schinkenpaar.« In den alemannischen Bohnenliedern schließt jede Strophe mit dem Kehrreim: »Nun gang mir aus den Bohnen!« Noch heute sagen wir, wenn etwas über das Maß des Erlaubten hinausgeht: »Das geht übers Bohnenlied!«

In ganz Westeuropa werden Bohnen mit Dummheit, Verrücktheit und Narretei assoziiert. In England heißt es von einem Spinner: »Seine Bohnen stehen in voller Blüte!« Einem Betrunkenen oder geistig Verwirrten sagt man in Norddeutschland nach: »Er ist in den Bohnen.« Und mancher Gedanke ist »keine Bohne wert«. Doof wie Bohnenstroh und dennoch lustig und äußerst sympathisch ist auch Mr. Bean (Herr Bohne), der populäre britische Komiker. Ja, und warum hat die Bohne eine Naht? Weil sie vor Lachen platzte und genäht werden musste!

Manchmal wird der Bohnenkönig während des Festes emporgehoben und malt mit einem Stück Kreide den Segen CBM an einen Balken, wodurch sämtliche bösen Geister vertrieben werden. Das aber ist ein späterer, christlicher Zusatz zu dem frech-fröhlichen altheidnischen Fest, das schon die Römer zum Jahresende feierten. Auch diese so genannten *Saturnalien* waren ein typisches winterliches Narrenfest, in dem die Ordnung umgekehrt wurde und Chaos herrschte: Herren bedienten Sklaven, Frauen und Männer tauschten die Rollen, man gab sich hemmungslos verbotenen Vergnügen hin und feierte feuchtfröhliche Orgien. Die Ausschweifungen waren dem Göttergroßvater Saturn, dem greisen Gott mit Sense und Saatsack, geweiht. Saturn herrscht über Zeiten des Untergangs und des Neubeginns – sei es im Weltenjahr, im Erdenjahr oder im Leben des Einzelnen. Als er noch jung war, war Saturn Weltenherrscher. Er brachte den ersten Menschen den Ackerbau bei und schenkte ihnen die ersten Sämereien. Damals brauchten die Menschen noch keine Gesetze, es gab keine Klassen- oder Standesunterschiede, an Sinnenfreuden und Wohlstand bestand kein Mangel. Während der Saturnalien gedachten die Römer ihrer Ursprünge und erinnerten sich an dieses Goldene Zeitalter. Durch das Los der Bohne bestimmten sie den König der Saturnalien, der einen Monat vor dem Fest sein Amt antrat. Der Auserwählte durfte sich als Verkörperung des Gottes allen seinen Launen, Begierden und Leidenschaften ungestraft hingeben. Am Abend des Festes aber endete seine Herrschaft, und dann musste er sich vor dem Altar Saturns die Kehle durchtrennen.

In den Saturnalien erkennen wir die letzten Ausläufer der archaischen Chaos- und Fruchtbarkeitsfeste des vorrömischen Mittelmeerraums mit ihren für uns kaum mehr verständlichen Opferpraktiken und Orgien. Während solcher Narrenfeste verwischt sich die Grenze zwischen dem Menschlichen und dem Übersinnlichen, zwischen der hiesigen und der jenseitigen Welt. Die Toten kommen dem Menschen nahe und bringen Kräfte des Lebens und der Wiedergeburt. Ähnliche orgiastische Winterfeste, die mit der Fruchtbarkeit der Äcker und des Stammes zu tun haben, kannten auch andere Völker. Bei dem mittwinterlichen *Fools festival* der Irokesen und Algonkien machten die Übersinnlichen, die Gottheiten der Nahrungspflanzen, die Menschen besessen und raubten ihnen durch ihre numinose Gegenwart vorübergehend die Sinne.

Vielerorts galten Bohnen als angemessene Opferspeise für die Verstorbenen. Man fand Bohnen in ägyptischen Gräbern (5. Dynastie, 2500 v.u.Z.) ebenso wie in vorgeschichtlichen Totenfeldern in Peru. Auch bei den Germanen, Kelten und Slawen waren Ackerbohnen – neben Erbsen, Hirse, Haselnüssen und Hanfsaat – eine bevorzugte Totenspeise. Sie waren überzeugt, der Genuss der Hülsenfrüchte rege bei den Lebenden die Wollust an und würde es den verstorbenen Ahnen leichter machen, sich wieder zu verkörpern.

Nach der Bekehrung dieser Völker zum Christentum wurden die Ackerbohnen zur Fastenspeise. Noch über das Mittelalter hinaus scheute man sich, während der zwölf Weihnachtstage die einstige Totenspeise zu essen: Man befürchtete, unfruchtbar oder von schrecklichen Träumen geplagt zu werden. Alter Aberglaube besagt, dass es Not, Zwietracht oder Tod in der Familie gibt, wenn man von Bohnen träumt. Wenn eine Bohnenstaude weiße Blätter (Chlorose) bekam, befürchtete man ebenfalls einen Todesfall. Mit dürren Bohnen konnte man sogar einen Feind totbeten: Dazu sprach man sieben Wochen lang morgens und abends einen Fluch und warf drei Bohnen über die Schulter in den Mist, wo sie – wie der Feind – verrotten würden.

Bohnen gehörten zum Totenkult der Antike. Bohnenblüten galten bei den Griechen allgemein als Todessymbol. Homer nennt Bohnen die »Speise der (gefallenen) Helden«. In der Nacht des Maivollmonds, wenn die Totendämonen (Lemuren) auf die Erde herabsteigen, ging der römische Hausherr durch das Haus und streute, ohne sich umzusehen, neun schwarze Bohnen aus. Dabei sprach er: »Mit diesen kaufe ich mich und die Meinen los!« Ein weiteres Bohnenfest, *Fabaria* genannt, fand zu Ehren der Todesgöttin Carna am 1. Juni statt. Die Römer opferten ihr Bohnen und Speck, damit sie Schutz vor jenen Nachtvampiren gewähre, die den Schlafenden die Lebenskraft aussaugen.

Gerade weil die Bohnen mit den Verblichenen und der Sexualität zu tun haben, galten sie den Priestern der Antike als unrein. Ägyptische Priester durften sie nicht berühren, und die römischen *Flamines* – das waren die Feueranbläser bei den Opferzeremonien – durften sie nicht einmal erwähnen. Bekannt ist das Speiseverbot der Orphiker und Pythagoräer. Diese Mystiker behaupteten, Bohnen zu essen wäre, »wie den Kopf der eigenen Eltern zu verzehren.« Eine Gruppe Pythagoräer ließ sich lieber von Soldaten niedermetzeln, als durch ein Bohnenfeld

Älteste Darstellung der Gartenbohne (Leonhart Fuchs, 1543).

zu fliehen. Man glaubte nämlich allgemein, dass Bohnen die Seelen der Toten beherbergen. In diesem Zusammenhang wird auch die Aussage des Philosophen Diogenes Laertios verständlich, dass »Bohnen am meisten von der Substanz enthalten, die bei uns die Beseelung ausmacht«.

Im alten Griechenland wurden die Magistraten mittels schwarzer und weißer Bohnen gewählt. Wem eine weiße Bohne zufiel, der hatte das Amt gewonnen. Warum aber verwendete man Bohnen? Eben gerade, weil in ihnen die Totenseelen leben. Die Ahnen, die vieles wissen, was den Lebenden verborgen bleibt, sollten mitentscheiden, wer des Amtes würdig ist. Wie aber kamen die Griechen und andere Völker dazu, in den Bohnen Seelen zu vermuten? Der französische Pflanzenkenner und Klassizist Jacques Brosse antwortet darauf, man brauche nur eine Bohnenschote zu öffnen: Der Same erinnere an einen Embryo; das griechische Wort für Bohne, *kyamos*, entstammt dem Zeitwort *kyeo*, »im Schoß tragen« (Brosse 1992: 149).

Im archaischen Griechenland wurde ein Auserwählter zum Jahresende geopfert. Er verkörperte das sterbende Jahr, die Rückkehr des Lebens in den Schoß der Mutter Erde. Der zu Opfernde wurde mittels des Bohneloses gewählt. Es waren die Totengeister, die das Los lenkten. Dabei symbolisiert die Bohne den »Embryo« des neuen Jahres – das «Neujahrsbaby» –, dessen Erdenleben nach den Wintersonnenwendnächten beginnt.

Dass Bohnen tatsächlich etwas Seelenhaftes, Astrales an sich haben, hat auch Rudolf Steiner erkannt. Die Wurzeln der Bohnen und anderer Leguminosen sind mit Knöllchen besetzt, in denen symbiotische, Stickstoff bindende Bakterien leben. Steiner bezeichnet den Stickstoff, den die Bohnengewächse begierig aufsaugen, als »Inkarnationsstoff astraler Wesensbereiche«. Ohne dieses Element kann sich kein seelisches Wesen physisch verkörpern. Tiere sind verkörperte Seelen (Anima); ihr Leib besteht vorwiegend aus (stickstoffhaltigem) Eiweiß. Pflanzen dagegen sind normalerweise überwiegend Gebilde aus Kohlehydraten. Ihre »Seelen« bleiben unverkörpert in »jenseitigen Bereichen«. Bohnen und andere Leguminosen enthalten jedoch so viel Eiweiß, dass man sie praktisch als »Tier-Pflanzen« bezeichnen könnte. (Da sie so viel Protein enthalten, können sie das Fleisch in unserer Ernährung weitgehend ersetzen.)

Bohnengewächse, egal ob *Phaseolus* oder *Vicia*, offenbaren sich auch sonst als besonders stark astralisierte (beseelte) Pflanzenwesen. Sie blühen nicht sternstrahlig (aktinomorph), wie etwa das Gänseblümchen, sondern tierhaft zweiseitig symmetrisch (zygomorph), mit einem Oben und Unten, einem Hinten und Vorn. Die Blüte erinnert an einen Schmetterling. Die linkswindenden Ranken dieses Schmetterlingsblütlers wachsen schnell, die Blätter falten sich nachts zusammen, die Staubfäden bewegen sich zur Selbstbestäubung – Beweglichkeit ist immer Ausdruck des Beseeltseins! Pflanzen, die dermaßen stark astralisiert sind, sind meistens giftig. Dass dies auch für Bohnen zutrifft, haben Rohkostfanatiker, die sich mit rohen oder nur kurz erhitzten Bohnen einen Krankenhausbesuch eingehandelt haben, erfahren müssen.

Welche Heilkraft steckt nun in diesen seltsamen Gartenbeetbewohnern? Die Ärzte des Mittelalters und der Renaissance sahen in der weißen Blüte und in der Form des Samens (er ähnelt der Niere oder den Hoden) die Signatur der Venus. Diese Planetengöttin beherrscht die Harnorgane und ist zuständig für die körperliche Schönheit. Der Kräuterarzt Nicholas Culpeper (1616–1654) sagt über Zubereitungen aus der Favabohne (*Vicia*): Destilliertes Blütenwasser reinigt Haut und Gesicht. Eine Abkochung der grünen Hülsen löst Nierensteine und treibt Harn. Gemahlene Bohnen, mit Bockshornkleesamen und Honig gemischt, werden auf Ausschläge, blaue Flecken und Prellungen aufgetragen. Ein Pflaster aus Bohnenmehl, mit etwas Wein, Essig und Öl vermengt, lindert Schmerzen und Schwellungen der Hoden. Der »französischen Bohne« (*Phaseolus*) schreibt er ebenfalls eine Harn treibende, nierenstärkende Wirkung zu.

Im Grunde genommen stimmen diese Indikationen noch heute. Volksmedizinisch verschreibt man eine diuretische, harnsäurehemmende Abkochung aus den getrockneten Schalen der Gartenbohne (*Phaseolus*) bei Wasseransammlungen und Rheuma, ein Dekokt, das heute auch bei beginnender Altersdiabetes eingesetzt wird; die Guanidin-Derivate haben eine insulinähnliche Wirkung. Bohnenmehlwickel (mit Milch und Öl angerührt) werden noch heute bei Geschwülsten aller Art mit Erfolg verwendet. Zur Behandlung von Hautflechten werden Bohnenschalen fein gemahlen und als Pulver aufgetragen. Indianermedizin wie Volksmedizin kennt bei »Hexenschuss« Umschläge aus heißem Bohnenbrei.

Neuere Forschungen zeigen, dass die Bohne auch sonst viel für unsere Gesundheit leisten kann. Bohnen können zwar Blähungen verursachen – »in jedem Böhnchen steckt ein Tönchen« –, helfen aber bei der Regulierung der Dickdarmfunktion, verhindern Verstopfung und beugen Hämorrhoiden vor. Außerdem senken sie das schädliche LDL-Cholesterin und den Blutzuckerspiegel und enthalten – wie auch Erbsen – krebshemmende Proteaseinhibitoren. Die Wirkstoffe werden von Bakterien im Darm freigesetzt.

Eintopf von grünen Bohnen mit Kartoffeln und Dörrzwetschgen

600 g Kartoffeln, ungeschält gewürfelt • 2 Zwiebeln, grob gehackt • 2 EL Butter • 1 kg grüne Bohnen, gefädelt • 1 l Gemüsebouillon • etwas frisches Bohnenkraut • 12 Dörrzwetschgen • 1–2 Knoblauchzehen, nach Belieben • Meersalz, schwarzer Pfeffer

Die Kartoffeln und die Zwiebeln in der Butter 10 Minuten dämpfen; sie dürfen ruhig etwas braun werden.

Die Bohnen dazugeben und kurz mitdämpfen. Mit der Bouillon auffüllen, das Bohnenkraut, die Dörrzwetschgen und nach Belieben Knoblauchzehen hinzufügen und alles zugedeckt auf kleiner Hitze weich dämpfen. Mit Salz und Pfeffer abschmecken und heiss servieren.

Tipp: Dieser Eintopf schmeckt am besten, wenn er noch 1 Stunde nachzieht.

Grüne Bohnen in Knoblauchbutter

20 Knoblauchzehen, geschält, ganz • 6 EL Butter • 1 kg grüne Bohnen, gefädelt • 100 ml Gemüsebouillon • Pfeffer, Meersalz • 4 EL Sauerrahm • 1 TL Rosenpaprika

Die Knoblauchzehen in der heissen Butter auf kleiner Hitze zugedeckt 20 Minuten dünsten.

Die Bohnen dazugeben, mit der Gemüsebouillon ablöschen und zugedeckt weich dämpfen.

Mit Pfeffer und Meersalz abschmecken, den Sauerrahm und den Rosenpaprika darunter ziehen. Mit heissen Ofenkartoffeln sofort servieren.

Tipps: Die Knoblauchzehen ganz lassen, nicht schneiden; sie schmecken so viel besser und entfalten ein wunderbares Aroma.

Statt gewöhnlichen Pfeffer verwende ich gerne den so genannten Langen Pfeffer, der zart nach Nelken, Zimt und Muskat duftet und einen feinen Rauchgeschmack hat.

Dicke Bohnen mit Ziegenkäse und Brennnesseln

600 g rohe Dicke Bohnen, enthülst • 1 EL Rotweinessig • 3 EL Olivenöl • 1 Zwiebel, fein gehackt • 1 Bund Schnittlauch, fein geschnitten • Kräutersalz, schwarzer Pfeffer • 4 kleine frische Ziegenkäse • 4 EL Brennnesseln, fein gezupft • Kresse zum Anrichten

Die Dicken Bohnen kurz (4–6 Minuten) in kochendem Salzwasser überwallen. Dann abgiessen und in frischem Wasser neu aufsetzen. Auf kleiner Hitze zugedeckt weich kochen. Abschütten und leicht erkalten lassen.

Den Essig mit dem Olivenöl gut verrühren, die Zwiebel und den Schnittlauch dazugeben, mit Kräutersalz und Pfeffer abschmecken. Die Bohnen dazugeben und etwa 1 Stunde ziehen lassen.

Die Ziegenkäse in den Brennnesseln wälzen, bis sie damit schön eingehüllt sind. Die Bohnen auf etwas Kresse anrichten und die Ziegenkäse dazulegen.

Tipp: Zu diesem wunderbaren Gericht passt ein feines frisch gebackenes Schwarzbrot.

Eintöpfe aus wunderbarem Gemüse und frischen Kräutern reissen mich immer wieder zu neuen Variationen hin. Hier ist eine davon:

Eintopf von Dicken Bohnen mit Knoblauchpesto

800 g Dicke Bohnen, enthülst • 4 Tomaten, grob gewürfelt • 2 Zwiebeln, grob gewürfelt • 2 Karotten, grob gewürfelt • 1 Stange Lauch, in Scheiben geschnitten • 1 kleiner Sellerie, grob gewürfelt • 1 l Gemüsebouillon • 2 Lorbeerblätter, 1 Gewürznelke, frischer Thymian • Muskatnuss, Pfeffer • 100 ml Rahm

Knoblauchpesto:
2 ganze Knoblauchknollen, geschält • Meersalz • 1 TL Gelbwurz • 100 ml Olivenöl • 1 Sträusschen Petersilie, fein gezupft

Die Bohnen zusammen mit dem übrigen Gemüse in der kalten Bouillon aufsetzen. Aufkochen, Lorbeerblätter, Nelke und den Thymian dazugeben und alles zugedeckt auf kleiner Hitze weich garen. Vom Herd nehmen und zugedeckt 1 Stunde nachziehen lassen. (Das Nachziehenlassen verleiht dem Eintopf sein volles, rundes Aroma.)

Inzwischen den Pesto zubereiten: Den Knoblauch mit Meersalz und dem Gelbwurz im Mörser zu einer feinen Paste zerreiben. Das Olivenöl und die Petersilie dazugeben und gut mischen.

Den Bohneneintopf mit Muskatnuss und Pfeffer abschmecken, nochmals aufkochen, den Rahm dazugeben und zusammen mit dem Pesto sofort servieren.

CHICORÉE, ZICHORIENSALAT, RADICCHIO

Cichorium intybus

Familie: Korbblütler

Andere Namen: als Gemüse und Salat: Zichorie, Schigorre, Zuckerhut, Fleischkraut, Witlof; *als Wildpflanze:* Wegwarte, Wegluege, Wegleuchte, Sonnenbraut, Sonnenwirbel, Eisenhart, Verwünschte Jungfer, Faule Gretel (weil sie nicht lange »arbeitet«, sondern früh am Tag ihre Blüten schließt), Deutscher Kaffee, Hindläufte, Hirschsprung

Heilwirkungen/Indikationen: Leber- und Gallemittel, Diuretikum, Augennahrung; senkt das Blutfett, entgiftet den Darm, stabilisiert die Darmflora; Chelattherapie

Symbolische Bedeutung: treue Liebe, bittere Sehnsucht; Symbol der Liebe der Vegetationsgöttin für den Sonnengott oder der Seele zum höheren Selbst

Planetarische Zugehörigkeit: Jupiter, Saturn

Der Zichoriensalat ist – neben Lauch und Feldsalat – die letzte Gemüseart, die im Spätherbst auf den sonst schon abgeernteten Gartenbeeten dem Rauhreif trotzt und den kalten Winden die Stirn bietet. Zu den in unseren Breiten angebauten Zichorienarten gehören der Zuckerhut, auch Fleischkraut genannt, der rötliche Radicchio und der Brüsseler Chicorée. Der Zuckerhut hat einen großen Kopf, der an Masse und Kompaktheit dem Kohlkopf ähnelt; sein relativ zartes, fleischiges Kraut erträgt selbst starke Fröste. Es kann roh als Salat genossen oder als Gemüse gekocht werden. Als Gemüse soll er geschmacklich besonders gut zu Rindfleisch passen. Diesem Fleischkraut nahe verwandt ist der italienische Radicchio, dessen weinrote, weiß gerippte Blätter jeden winterlichen Rohkostteller schmücken. Die dritte bedeutende Züchtung dieser Pflanzenart ist der Brüsseler Chicorée. Diese knackige, gelblich-weiße, torpedoförmige Salatpflanze, die gelegentlich auch Witloof (niederl. »Weißlaub«) genannt wird, ist inzwischen in jedem Supermarkt erhältlich. Die meisten Kleingärtner verzichten auf den Anbau von Brüsseler Chicorée, da dieser aufwendig ist. Die Samen werden im Frühjahr ausgesät; im Herbst werden die Pfahlwurzeln ausgegraben und im Dezember in Boxen in guten Humus gepflanzt, mit etwa 25 Zentimeter Sand bedeckt und an einem warmen Ort (um die 14°C) zum Austreiben gebracht. Die Temperatur eines Kuhstalls ist dafür ideal. Sobald die zarte und – wegen dem Lichtentzug – mild schmeckende Sprossknospe über den Sand hinauswächst, wird der Chicorée geerntet.

Gartenwegwarte (Joachim Camerarius, 1586).

Die wenigsten wissen, dass es sich bei der Zichorie um keine andere Pflanze als die gewöhnliche himmelblau blühende Wegwarte handelt, die an vielen Weg- und Straßenrändern wächst und gedeiht. Lässt man den Zichoriensalat im Gartenbeet stehen, mausert er sich im folgenden Jahr zur typischen sparrig verzweigten Wegwartenstaude. Der milchige Korbblütler, der über die ganze nördliche Erdhälfte verbreitet ist, blüht von der Mittsommerzeit an bis in den Herbst hinein; die Blüten öffnen sich jedoch nur an sonnigen Tagen. Jede Blüte blüht nur einen Tag lang, und zwar genau von 5 Uhr morgens bis 11 Uhr vormittags. Dieser kosmisch-solare Rhythmus ist so exakt, dass der schwedische Botaniker Carl von Linné die Wegwarte mit in seine »Blütenuhr« pflanzte, die er im botanischen Garten in Uppsala anlegen ließ. In Westeuropa scheint dieser Rhythmus heutzutage jedoch gestört zu sein: Seit einigen Jahren blüht die Blume bis in den Nachmittag hinein und richtet sich auch nicht mehr unbedingt der Sonne zu. Vermutlich sind von den Menschen erzeugte elektromagnetische Störungen dafür verantwortlich.

Wegen der sehr bitteren, fleischigen Wurzeln wurde die Wegwarte gegen Ende des 18. Jahrhunderts in Zucht genommen und feldmäßig angebaut. Mit gerösteter Zichorienwurzel ließ sich der damals sündhaft teure Kaffee strecken, so dass der dünnste «Muckefuck» tief schwarz wurde und »kräftiger« (bitterer) schmeckte. Die kaffeeliebenden Sachsen nannten dies einen »getarnten Blümchenkaffee«[7]. Der knausrige Preußenkönig Friedrich der Große förderte den großflächigen Anbau der Wegwarte, da ihm daran gelegen war, so wenig Devisen wie nur möglich für importierten Luxus auszugeben. Um 1830 kamen flämische Gärtner darauf, die Wurzel in Kisten unter einer sauberen Schicht aus Torf und Sand austreiben zu lassen und die blanchierten Sprossknospen als frischen Wintersalat (Brüsseler Chicorée oder Witloof) zu vermarkten. Ein Vorläufer dieser Spezialität war der Brauch, die Frühlingstriebe der wilden Wegwarte mit einem Korb oder Topf zu überdecken und dann die gebleichten Triebe als »Kapuziernerbärte« oder *Barbe de capucin* zu essen.

Kaum jemand weiß heutzutage, dass die Wegwarte einst eine hoch verehrte, ja eine heilige Pflanze war. Schon in vorkeltischer Zeit galt das Kräutlein als pflanzliche Verkörperung der Vegetationsgöttin, der holden Tochter der Mutter Erde. Ihr Geliebter und Gemahl ist der strahlende Sonnengott, der Sohn des hohen Himmels. Mit ihren anmutigen blauen Augen hält sie ständig Ausschau nach ihrem Helden. Für die Griechen war das Kräutlein die verwunschene Nymphe Clythie, die Geliebte des strahlenden Phöbus (Sonnengott Apollon). Ein alter Name der Blume, der gelegentlich noch heute verwendet wird, ist *Sponsa solis* oder Sonnenbraut.

Göttermythen hatten im Weltbild des christlichen Mittelalters keinen Platz. Die Wegwarte wurde nun zu den anderen gallig bitteren Kräutern gesellt, welche die Passion des Heilands symbolisierten und welche die Kinder Israels in Erinnerung an die Knechtschaft in Ägypten als »Passah-Kräuter« aßen. Und dennoch erzählte man weiter die Geschichte von dem Sonnenkraut, das eine verwunschene Jungfer sei, die da einsam am Wegrand stehe. Der stolze Ritter, dem sie ihre Treue gelobt hatte, sei mit dem Kreuzzug nach Osten, nach Jerusalem, geritten. Jahrelang stand sie da und weinte sich ihre blauen Äuglein aus. Als ihre Eltern sie mahnten, doch einen anderen zu nehmen, antwortete die junge Frau trotzig: »Eh ich lass das Weinen stehn, will lieber auf die Wegscheid gehn, ein Feldblum' zu werden« – worauf der liebe Gott sie tatsächlich in eine Blume verwandelte.

7 So genannt, weil man durch den Kaffee hindurch das Blumenmuster der Tasse sehen kann.

Auch in der traditionellen Blumensprache verkündet die blaue Wegwarte treue Liebe. Wenn die Dame ihrem Ritter stillschweigend eine solche Blüte zukommen ließ, wollte sie ihm ohne Worte sagen:

«Wie die Wegwarte immer zur Sonne sich dreht,
So lasse ich mich durch nichts von dir ablenken,
Mit Herz, Leib und Seel',
Dir die Liebe zu schenken.«

In katholischen Regionen wurde aus der treuen Sonnenbraut später die Armesünderblume oder die Verfluchte Jungfrau. Die fromme Legende erzählt von einem hartherzigen Mädchen, das vom Heiland verflucht wurde, weil es ihm, als er müde und durstig vorbeiwanderte, den erfrischenden Trunk Wasser verweigerte. Nun muss sie büßend am Wegrand stehen – bis zum Jüngsten Tag.

Dennoch ging im Mittelalter die Kunde von der großen Liebe der Sonnenbraut zur Sonne nicht vergessen. Immer wieder wurde die Wegwarte im Liebeszauber oder zum Liebesorakel verwendet. Mädchen pflückten die Blütenknospen vor Sonnenaufgang und steckten sie, den richtigen Spruch[8] murmelnd, in ihr Mieder. Öffnete sich die Blüte, galt das als gutes Omen, das Glück in der Liebe verhiess. Verheiratete Frauen mischten die Blüten unter die Speise ihrer Männer, damit diese ihnen treu blieben. Um ein mächtiges Zaubermittel zu erhalten, grabe man die Wurzel im Zeichen des Löwen (astrologisches Haus der Sonne) oder gegen 2 Uhr zur Vesper am Peterstag (29. Juni) mit einem Hirschgeweih oder einem Stück Holz von einem Baum, in den der Blitz eingeschlagen ist, aus: Jeder Mensch, den man mit dieser Wurzel berührt, *muss* einen lieben. Empört über diesen heidnischen Zauberglauben behauptete dagegen die Äbtissin Hildegard von Bingen, dass derjenige, der eine solche Wurzel bei sich trägt, von anderen gehasst werde. Auch als Schutzamulett konnte man eine solche Wurzel bei sich tragen. Sie würde jede Fessel sprengen, auch wenn man im Schlaf gefesselt werde. Unter das Kopfkissen gelegt, sollte sie helfen, Diebe im Traum sichtbar zu machen.

Mit dem alten Brauch, die Wurzel mit einem Hirschgeweih zu graben, hat es seine Bewandtnis. Der Hirsch ist nämlich der Sonnengott selbst in Tiergestalt. Er ist der Cernunnos der Kelten, der Gefährte der Weißen Göttin. Die Wegwarte wird, da sie mit dem Sonnen-

8 Ein Spruch, aus Deutsch-Böhmen überliefert, lautet: »O Wegwart an des Pfades Rand, / Es pflückt ums Glück dich meine Hand, / Schenk mir den Liebsten, Wegwart, / Auf den du hast umsonst geharrt!«

hirsch läuft, auch Hintläufte oder Hirschsprung genannt. Der Hubertus-Hirsch, dem ein goldenes Licht – das Licht Christi, der geistigen Sonne – zwischen dem Geweih erstrahlt, ist eine spätere christliche Umdeutung der Mythe des archaischen Sonnenhirschs. Indem der Zauberer und Wurzelgräber ein Hirschhorn als Grabwerkzeug benutzt, identifiziert er sich mit dem Sonnengott, dem Einzigen, der es wagen darf, die hehre Pflanzengöttin zu berühren. Auch mit einem vergoldeten Werkzeug durfte der Kräutersammler die heilige Wurzel graben, denn das edle Metall trägt ebenfalls die Signatur der Sonne.

Gelegentlich haben Wegwarten weiße Blüten. Diese galten als besonders mächtig. Zur richtigen Zeit und mit dem richtigen Spruch gegraben, macht die Wurzel der weiß blühenden Zichorie ihren Besitzer hieb- und stichfest oder verleiht ihm Unsichtbarkeit. Am besten sammelte man die weiß blühende Wegwarte am Tag der Himmelfahrt Marias (15. August). Ohne ein Wort zu reden und ohne angeredet zu werden (das wäre ein ungutes Omen) ging man vor Sonnenaufgang und sprach, das Gesicht nach Osten gerichtet, die Pflanze mit folgenden Worten an: »Gott grüß Euch, ihr lieben Wegwarten allzumal, die ihr hint' und vor mir seid. Stillt Blut und heilt Wunden und alles insgesamt und behaltet Eure Kraft, die Euch Gott und die heilige Maria gegeben hat!« Mit drei Kreuzzeichen gesegnet, wurde sie dann mit einem Stock, einem Geweih oder einer Goldmünze – auf keinen Fall aber mit Eisen! – ausgegraben. Schnell band man sie an einen Stab fest, denn der Geist in der Pflanze sei »flüchtiger als ein Reh oder Hirsch«.

Ein überlieferter Spruch deutet an, dass sich mit dem Kräutlein auch Dämonen vertreiben lassen: «Dost, Hartheu und Wegscheid (Wegwarte) tun dem Teufel viel Leid.» Da ist es verständlich, dass die Wurzel als stärkendes Mittel den Frauen bei Geburtsnöten in die Hand gedrückt wurde.

Die Zichorie ist nicht nur Salat- oder Zauberpflanze. Sie ist auch ein wertvolles Heilmittel, vor allem bei Leber- und Galleleiden. Mit dem bitteren, leberwirksamen Aufguss der Wegwartenstengel habe ich mich einst in Indien von Gelbsucht kuriert. Die Wegwarte wird in Indien während den Wintermonaten feldmäßig angebaut. Im Gangestal wird in den heißesten Tagen des Jahres aus den gemahlenen Samen zusammen mit anderen Kräutern ein köstliches, kühlendes Sommergetränk (*thandai*) hergestellt.

In der europäischen Volksmedizin braut man aus der im Herbst gesammelten Wurzel einen entschlackenden, blutreinigenden Tee, der bei Nierenproblemen, Rheuma, Gicht und Milzschwäche eingesetzt wird. In der galenischen Humoralpathologie gilt *Cichorium* als »bitter, dünn, erdig, kalt zum zweiten Grad und trocken zum zweiten Grad«. Die galenischen Ärzte setzten diese Pflanze mit der Saturnsignatur ein, um die bittere schwarze Galle aus dem Organismus herauszuschwemmen und zugleich die Seele von dem Gift bitterer, dunkler, melancholischer Gedanken zu befreien. Der Herbalastrologe Nicholas Culpeper, der die Wegwarte als Pflanze Jupiters klassifizierte, schreibt: »Zichorie bewegt die phlegmatischen Humore, treibt Blockierungen von der Leber, Galle und Milz.« Noch heute gilt die Wegwarte in der Phytotherapie als entgiftendes Leber- und Bauchspeicheldrüsenmittel.

Auch das indische Ayurveda schätzt die Heilkraft der als *kasni* bezeichneten Pflanze. Ein Aufguss aus den gemahlenen Samen gilt als Tonikum bei schwacher Funktion von Leber, Milz oder Galle. Das Wurzelpulver wird bei Appetitlosigkeit, Magenverstimmung und Fieber verabreicht. Der Saft der Wurzel wird zusammen mit Karotten- und Selleriesaft bei Augenproblemen getrunken. Auch die Europäer kannten das destillierte Wegwartenblumenwasser als »edel artzney zu den hitzigen und dunckelen Augen« (Hieronymus Bock). «Das edle Kraut Wegwarte macht gut Augenschein», so ein alter Spruch.

Die Wirkung der Wegwarte als Leber- und Gallentonikum ist inzwischen wissenschaftlich bestätigt worden. Zudem erweist sie sich als ideal für die Chelattherapie: Durch Kationenbindung vermag sie Schwermetalle (Kadmium, Blei, Quecksilber) zu binden und bewirkt so, dass diese Stoffe nicht ins Blut gelangen, sondern ausgeschieden werden. Dasselbe gilt auch für den Zichoriensalat. Er hilft, Blutfett und Blutdruck zu senken (was sich auch günstig auf Herz und Kreislauf auswirkt), entgiftet und stabilisiert die Darmflora.

Noch eine moderne Anwendung wollen wir hier nicht vergessen. Aus der Wegwartenblüte bereitete Edward Bach die Blütenessenz *Chicory*. Er verordnete die Tröpfchen besitzergreifenden, sich festklammernden Menschen, die viel Liebe, Mitgefühl und Aufmerksamkeit brauchen, um nicht dem Selbstmitleid zu verfallen. Es ist, nebenbei gesagt, gerade dieser Persönlichkeitstyp, der oft an Verdauungs- und Darmproblemen leidet. Die Essenz verhilft ihnen zu selbstloser Liebe – zur Liebe der Seele zum höheren Selbst.

Blattsalatpotpourri mit Zwetschgenessig und Sesamöl

Sauce:
1 EL Zwetschgenessig oder Rotweinessig • 3 EL Sesamöl • 1 TL Senf • frische Kräuter (Petersilie, Borretsch, Liebstöckel, Zitronenmelisse, Schnittlauch), gezupft • 1 TL Honig • Kräutersalz, Pfeffer • 40 g Sesam, geröstet

Chicorée und Cicorino rosso, gerüstet • einige Dörrzwetschgen

Alle Zutaten für die Sauce mischen.

Die Salate zusammen mit einigen Zwetschgen anrichten und mit der Sauce beträufeln.

Chicorée gefüllt mit Rettichsprossen mit Brennnessel-Knoblauch-Dressing

2 mittelgrosse Chicorées • 40 g Rettichsprossen • 2 EL Obstessig • 1 TL Kressesenf oder grober Senf (Dijon) • 4 frische Knoblauchzehen, gehackt • 100 g frische Brennnesseln, fein gehackt • 1 EL Weizenkeimöl • 4 EL Sesamöl • Kräutermeersalz • etwas Dill

Die Chicorées längs halbieren und mit den Rettichsprossen belegen.

Für die Sauce den Essig mit Senf, Knoblauch und den fein gehackten Brennnesseln mischen. Unter ständigem Rühren die Öle beigeben und mit Kräutersalz abschmecken.

Die Sauce über den angerichteten Chicorée verteilen und mit Dill garnieren.

ERBSE

Pisum sativum

Familie: Schmetterlingsblütler

Andere Namen: Erbis, Ärps, Arwken (Mecklenburg), Art, Ortjes (Friesland); *Schoten*: Krülln (Detmold), Ründeli (St. Gallen), Kiefererbsen, Käfe, Chäfen (Schweiz)

Heilwirkungen/Indikationen: hemmt die Empfängnis, senkt den Cholesterinspiegel, stärkt die Abwehrkräfte (Krebsdiät), wirkt vorbeugend gegen Blinddarmentzündung

Symbolische Bedeutung: Zwergen- und Totenspeise, Fruchtbarkeitssymbol

Astrologische Zugehörigkeit: Venus

Der Erbsendeva, die geistige Wesenheit, die sich uns in der Gestalt der Erbsenstaude kundtut, ist ein ausgesprochener Menschenfreund. Erbsensamen gehörten neben Wicken, wilden Pistazien, wilden Mandeln und verschiedenen Wildgetreiden schon zum Sammelgut der mesolithischen Wildbeuter im Nahen Osten und in Westasien. Als vor ungefähr 9000 Jahren die ersten Stämme sesshaft wurden, ihren Emmer (eine Weizenart) und ihre Gerste anbauten, schlich sich dieser Schmetterlingsblütler als Unkraut in die Äcker und entwickelte sich zu einem wertvollen Eiweißspender. Die Erbse wanderte dann mit den Wanderfeldbauern das Donautal hinauf nach Norden und wurde in der Zeit der Bandkeramiker, der ältesten mitteleuropäischen Ackerbaukultur, angebaut. Da die Erbsenstaude wie alle Hülsenfrüchte mit Hilfe von Knöllchenbakterien Stickstoff bindet, trug sie wesentlich zum Erhalt der Bodenfruchtbarkeit bei. Dank dieser Pflanze konnten die matrilinearen Wanderfeldbauern länger an einem Ort verweilen, ehe die Abnahme des Anbauertrags sie zwang, ein neues Stück Urwald zu brandroden. Die Erbsenkörner wurden gekocht und als Mus gegessen. Sie waren neben Getreidebrei ein Hauptnahrungsmittel dieser Stämme.

Erbsengemüse aus unreifen grünen Erbsen (Zuckererbsen) oder gar aus den Schoten (Kefen, Kiefererbsen) kannte man damals noch nicht. Erst im 17. Jahrhundert fingen holländische Gärtner an, Zuckererbsen zu züchten und zu vermarkten. Frische grüne Erbsen waren unglaublich teuer. Unter den Wohlhabenden war diese neue lukullische Gaumenfreude jedoch absolut *en vogue*. Die französische Königin, Gemahlin des »Sonnenkönigs« Ludwig XIV., klagte, »dass die Prinzen nur noch Erbsen essen wollen«.

Um eine Kulturpflanze, die schon seit langem und sehr intensiv kultiviert wird, ranken sich im Laufe der Zeit immer mehr Aberglaube, Brauchtum und Ritual. So kam es, dass die Erbse wie kaum eine andere Gemüsepflanze eine zentrale Rolle in den Märchen und in der Volkskunde Europas spielt. So klein die Erbsen auch sind, hat doch mancher Märchenheld mit ihrer Hilfe eine Königstochter und ein Schloss gewonnen. Erbsenbrei gilt als Lieblingsspeise der Zwerge, Heinzelmännchen und hilfreichen Hausgeister. Um sie zu erfreuen, stellte man ihnen einst in der Weihnachtsnacht ein Schüsselchen Erbsenmus in eine dunkle Ecke der Stube. Im Märchen der Heinzelmännchen von Köln machten sich diese heimlich nachts in den Werkstätten und Küchen zu schaffen und nahmen den Handwerkern viele verdrießliche Arbeiten ab. Sie tischlerten, nähten, backten Brot, wuschen Wäsche, putzten und kehrten. Wäre da nicht die neugierige Schneidersfrau gewesen, die unbedingt wissen wollte, wie sie aussehen. Gegen Mitternacht streute sie Erbsen auf die Treppe, machte Licht und ertappte die erschrocken stolpernden und fliehenden Wichtel. Darauf verließen diese die Stadt Köln für immer, so dass die Menschen fortan ihre Arbeit selbst tun mussten. Die Geschichte sollte eine Warnung an jene sein, die aus Neugierde oder Sensationslust die Geheimnisse der Elementarwelt offen legen wollen. Wie die Heinzelmännchen zu Köln entziehen sich die ätherischen Wesen dem ungeläuterten Blick, dem kalten Licht des alltäglichen, gemeinen Verstandes. In dem Märchen von Aschenputtel treten Tauben an die Stelle der hilfreichen Hausgeister. Sie helfen dem Mädchen, die Erbsen – »die guten ins Töpfchen, die schlechten ins Kröpfchen« – aus der Asche herauszuklauben, so dass sie trotz der unmöglichen Auflagen dennoch zum königlichen Ball gehen kann.

Die Volkssage erzählt aber auch von Zwergen, die nachts die Erbsenfelder plündern, die Schoten öffnen und die Halme zertreten. Um dem Treiben Einhalt zu gebieten, soll man vor Mitternacht in das Erbsenfeld gehen und mit Ruten oder Peitschen heftig über die Beete schlagen. Vielleicht gelingt es einem, einigen Zwergen die Tarnkappe abzuschlagen. Wenn man dann einen der kleinen Plünderer fängt, kann man ihn gegen eine Gabe auslösen. Auf diese Weise ist mancher in Besitz einer Schätze anzeigenden Wünschelrute gekommen. Noch besser allerdings ist es, den Zwergen zu erlauben, weiterhin Erbsen zu pflücken, dafür aber jedes Jahr einen reichlichen Erntesegen zu verlangen.

Bauernvölker auf der ganzen Welt, von China bis Afrika, kennen die rituelle Totenspeisung. Sie geben den Verstorbenen zu essen, was diese schon während ihres Lebens gerne und oft gegessen haben. Als Gegenleistung erhoffen sich die Lebenden den Segen der Jenseitigen zum Gedeihen der Äcker, der Haustiere und der Nachkommen. Schon bei den Ägyptern (12. Dynastie, 1900 v.u.Z.) war die Erbse als Totenspeise bekannt. Die Zigeuner kennen sie noch heute. Da die Erbse schon bei den Urahnen der Europäer zum täglichen Brot gehörte, ist es nicht verwunderlich, dass sie auch bei uns als Totenspeise gilt. Erbsen oder Erbsenmus erfreuen die Verstorbenen und Ahnengeister dermaßen, dass sie den erwünschten Segen gerne spenden. Dieser universelle Glaube oder besser gesagt diese Anerkennung übersinnlicher Wirklichkeiten hat sich bei uns – trotz christlicher Warnung vor sündhafter *superstitio* und trotz wissenschaftlicher Aufklärung – in der ländlichen Bevölkerung bis in unsere Zeit als »Aberglaube« erhalten. So heißt es etwa, dass derjenige, der in der Karwoche Erbsen isst (oder kocht oder bloß enthülst), bald eine Leiche im Haus hat oder selbst stirbt. Wer in der Neujahrsnacht auf einem Büschel Erbsenstroh sitzt, wird erfahren, wer bald sterben muss. Erbsen sollten auch nicht während den zwölf Rauhnächten gegessen werden, sonst bekomme man Pickel und Schwären am Gesäß, die Hühner würden nicht mehr legen oder man werde schwerhörig. Oder, wie es in der Oberpfalz heißt, die eiserne Bertha, die Percht – eine archaische europäische Göttin des Todes und der

Die Gartenerbse.

Wiedergeburt –, schneide einem den Bauch auf und fülle ihn mit Erbsenstroh.

Warum dieses Speiseverbot? Weil es allgemein bekannt war, dass die Toten- und Ahnengeister während der heiligen Tage auf Besuch kommen. Besonders während der zwölf Nächte der Wintersonnenwende – den Rauh- oder Rauchnächten – sind sie anwesend. Da sie durch den Rauchfang kommen, muss der Schornstein sauber geputzt sein und eine Schüssel Erbsen-, Hanfsaat- oder Hirsebrei für sie bereit stehen. In Böhmen war es noch lange Brauch, am Heiligen Abend eine Portion Erbsenmus kreuzförmig in alle vier Ecken der Stube zu schütten; auch wenn gesagt wurde, dies sei »für die Mäuse« bestimmt, war es wahrscheinlich ursprünglich den Ahnengeistern zugedacht. Weil das Erbsenmus in den heiligen Nächten als Totenspeise dient, ist es in dieser Zeitspanne für die Lebenden tabu.

Fast alle Völker kennen den Leichenschmaus. Es ist das Abschiedsfest, an dem der Tote noch selbst teilnimmt, ehe er den schwierigen Weg in die Weite des Jenseits nimmt. In Mecklenburg gibt es beim Leichenschmaus traditionell Erbsensuppe. In Freiburg war es Brauch, den Hinterbliebenen bei der Totenwache um Mitternacht Erbsensuppe zu servieren.

Die alten Europäer erlebten die Zeit nicht wie wir heute linear, sondern als Kreis. Im Jahreskreis stehen sich Mittwinter und Mittsommer diametral gegenüber. Während im Mittwinter die Erbsen für Lebende tabu, gefährlich oder gesundheitsschädlich sind, haben sie im Sommer die gegenteilige Wirkung. Wird der Genuss der Kultspeise zur Wintersonnenwende mit Schwären und Pickeln bestraft, so wirkt er zu Johanni heilend bei diesen Hauterkrankungen. Die Schwaben kennen die am Johannisfeuer gekochten heilkräftigen Erbsen als »Sadihanserschen« (St.-Johannes-Erbsen).

Da es im Glauben der traditionellen Völker die verstorbenen Ahnen sind, die die Fruchtbarkeit schicken, ist es nicht verwunderlich, dass die Erbsen auch im Fruchtbarkeitszauber für Haus und Stall und als Kultspeise bei Hochzeit und Geburt eine Rolle spielen. In den Rauhnächten mischte die Bäuerin den Hühnern Erbsen ins Futter, »damit sie gut legen« und damit der Hahn recht »munter«, das heißt geschlechtstüchtig bleibt und ordentlich kräht. Als erstes Futter schüttete der ostpreußische Bauer zu Neujahr seinen Schweinen Erbsen in den Trog. Zu Lichtmess oder am Karfreitag schlägt der Obstbauer einen mit Erbsen gefüllten Sack gegen die Stämme der Obstbäume. Sollen im

Herbst doch so viele Äpfel oder Birnen an den Zweigen hängen, wie es Erbsen im Sack hat.

Was sich im Stall und Obstgarten bewährt, kann auch beim Menschen seine Wirkung nicht verfehlen. Vielerorts gehörten und gehören Erbsen zum Hochzeitsessen. Die Braut wird mit Erbsen und Getreide beworfen, oder es werden ihr Erbsenkörner in die Schuhe gesteckt. In Werder werden am Polterabend Erbsen gegen die Fenster geworfen.

Der heutige moderne Mensch mag den Kopf schütteln, wenn er mit solchem Aberglauben konfrontiert wird. Was wissen wir jedoch über die Macht der Imagination, über die Kräfte der Visualisation, über ihren subtilen Einfluss auf feinstofflicher Ebene?

Die alten Bauernvölker stellten sich die Lebenskraft, die das Pflanzenwachstum vorantreibt und den tierischen Begattungstrieb be-

Neugierde vertreibt die Heinzelmännchen von Köln.

feuert, als einen schwer zu bändigenden, kraftstrotzenden »Dämon« vor. Dieser Fruchtbarkeitsdämon wurde zu bestimmten, heiligen Zeiten in ländlichen Mysteriendramen bildhaft dargestellt. Dem europäischen Landvolk erschien er als »Kornwolf«, »Getreidemutter«, Bock« oder auch als »Erbsenbär«. In den Winternächten, vor allem in der Weihnachts- und Fastnachtszeit, wurde er von einem in Erbsenstroh gehüllten Burschen dargestellt. Wie ein Tanzbär an der Kette wurde der ungestüme Fruchtbarkeitsdämon von einem »Bärenführer« durch das Dorf geführt. Junge Frauen brummte er an und versuchte sie zu haschen. Der *Indiculus* (Synode von Liftinae, 743 n.u.Z.), der kirchliche Bann heidnischer Bräuche, versuchte zwar, diese »unflätigen Feste im Februar« zu unterbinden, aber sie lebten munter weiter – bis in die Neuzeit. In Thüringen zottelte der Bär, Gaben erbettelnd, im Frühjahr durch die Dörfer. Im Rheinland tobt der Erbsenbär am Aschermittwoch brüllend durch die Gassen. Frauen versuchen ihm etwas von dem Erbsenstroh auszurupfen, um es ihrem Federvieh ins Nest oder sich selbst unter das Ehebett zu legen. Das Erbsenstroh, in das sich der Bär eingehüllt hatte, wird dann im öffentlichen Frühjahrsfeuer verbrannt. Volkskundler erkennen darin ein Überbleibsel archaischer Opferfeste, bei denen ein Jüngling oder potente männliche Tiere der Erdgöttin geopfert wurden. Die Fastnacht oder besser Fasnacht hat übrigens wenig mit dem kirchlichen Fasten zu tun. Es sind vielmehr die *Fasel*nächte (ahd. *vaselen* = gedeihen, fruchten), in denen Gespenster, fruchtbarkeitsbringende Elementarwesen und eben der Erbsenbär umgehen, um dem Frühling und dem wiederkehrenden Lebensgrün den Weg zu bahnen.

Im Herbst, wenn die Felder gemäht werden, flieht der Vegetationsdämon vor den Schnittern und verbirgt sich in der letzte Garbe. Diese wird geschmückt und in einem Triumphzug in die Ortschaft gebracht. Mancherorts bekommt derjenige, der sie ausdrischt, Hörner aufgesetzt und wird in Erbsenstroh gehüllt. In ihm nimmt der Vegetationsdämon, der Erbsenbär, vorübergehend sichtbare Gestalt an.

Bei den alten Germanen galt der Erbsenbär als Verkörperung des kräftigen, stark behaarten Gewittergottes Donar (Thor), dessen Beiname »Götterbär« (*Asbjörn*) ist. Wenn Donar, der Lieblingsgott der Bauern, im Gewittersturm, seinen Blitzhammer schleudernd, über das Land fegt, werden die Felder grün. Bei der Hochzeitsfeier wurde ein Fetisch seines Hammers der Braut in den Schoß gelegt, denn auch sie sollte »grünen«. In Ostdeutschland gehörte noch im 20. Jahrhundert der Erbsenbär mit zum Brautzug – zweifellos ein Rest des archaischen Fruchtbarkeitszaubers. Vielerorts war es Brauch, am Donnerstag, dem Tag Donars, Erbsensuppe mit Speck zu essen. Noch immer gibt es Schwaben, die an den Adventsdonnerstagen fleißig Erbsensuppe löffeln – es heißt nämlich, dass dann im kommenden Jahr das Geld nicht ausgehen wird. (Der Götterbär ist als Erntegott nämlich sehr reich!) In den »Klopfnächten«, wie die letzten drei Adventsdonnerstage in Süd- und Mitteldeutschland genannt werden, hagelt es oft trockene Erbsen gegen die Fensterscheiben. Die Priester sagen zwar, dass sich dadurch das »baldige Erscheinen des Erlösers andeutet«; wahrscheinlicher aber ist, dass sich damit die herumstreifenden Toten- und Fruchtbarkeitsgeister ankünden. Das Prasseln erinnert auch an den Hagel, der oft Donars Anwesenheit ankündigt.

Die Erbse war als wichtige Kulturpflanze nicht nur beliebt, sie galt praktisch als heilig: Jede Erbse hat als Signatur – es ist der Nabel des Samens – einen Abendmahlskelch eingraviert. Die mittelalterliche Imagination versah die Pflanze sogar mit einer Schutzpatronin, nämlich der heiligen Notburga von Rattenberg. Im Unterinntal, wo sie lebte, wachsen angeblich Erbsen wild und ungesät in Erinnerung daran, dass sie die Armen oft mit Erbsenmus speiste. Sie ist übrigens auch als »Feierabend-Patronin« bekannt. Als junge Magd wollte man sie zwingen, über den Feierabend hinaus zu arbeiten. Sie aber weigerte sich, hängte ihre Sichel an einem Sonnenstrahl auf und hielt ihre Abendandacht.

Von einem dermaßen verehrten Gewächs wäre zu erwarten, dass es eine wichtige Rolle in der Heilkunde spielt. Das ist aber kaum der Fall. Stillende Mütter behandelten zwar gelegentlich aufgesprungene Brustwarzen mit gekochtem Erbsenmus. Dabei handelt es sich aber nur um Sympathiemedizin, da die Brustwarzen Erbsen ähneln. Wenn bei der hochschwangeren Frau die Wehen begannen, setzte man Erbsen über das Feuer; sobald sie kochen – glaubte man –, erfolge die Geburt. Das wichtigste volksheilkundliche Einsatzgebiet war jedoch die zauberische Anwendung gegen Warzen. Die Warze wird mit einer – am besten einer gestohlenen – Erbse abgerieben, diese dann in ein Tüchlein gebunden und weggeworfen. Wer das Tüchlein zufällig aufhebt, bekommt dann die Warze.

Erst im 20. Jahrhundert offenbarte diese Hülsenfrucht ihre verborgenen medizinischen Eigenschaften. Erbsen eignen sich gut für die Diabetikerdiät, da sie schädliches LDS-Cholesterin und geringfügig auch den Blutzucker senken. Ebenso sind sie in der Aids- und Krebsdiät von Nutzen, da sie Proteasehemmstoffe enthalten, die Sauerstoffradikale fangen und Entzündungen abklingen lassen. Dass Erbsengerichte gegen Blinddarmentzündungen vorbeugen, war ein Zufallsergebnis britischer Untersuchungen aus dem Jahr 1986.

Überraschend ist die Entdeckung von Dr. S. N. Sanyal (Universität Kalkutta), dass die Erbse, die ja als Fruchtbarkeitssymbol gilt, reich an empfängnisverhütenden Stoffen ist. Sie enthält M-Xylohydrochinon, das die Fruchtbarkeit dämpft, indem es in die Progesteron- und Östrogenproduktion eingreift. Dr. Sanyal konnte zeigen, dass dadurch die Fruchtbarkeit der Frau zwischen 50% und 60% reduziert und bei Männern die Spermienzahl erheblich verringert wird. Die praktisch hundertprozentig wirksame »Pille« lässt sich durch Erbsenextrakte jedoch dennoch nicht ersetzen. Was der Forscher entdeckte, kannte die asiatische Volksmedizin schon lange. Indische Frauen kochen sich zur Verzögerung der Empfängnis eine Suppe aus Erbsenhülsen. In Tibet, wo die Bevölkerungszahl über Jahrhunderte stabil blieb, sind Erbsen ein Hauptbestandteil der Ernährung (Carper 1996: 180).

Warum produziert die Erbse, wie übrigens auch andere Hülsenfrüchte, Sexualhormone? Ökologen vermuten, dass diese Pflanzen damit bei ihren Fraßfeinden eine Art Geburtenkontrolle ausüben. Besonders in schlechten Jahren, wenn es zu kalt oder zu trocken ist, erzeugen sie reichlich solche Hormone; in guten Jahren dagegen ist der Gehalt gering und hat kaum Einfluss auf die Fertilität der Tiere.

Noch immer steht der Deva dieses menschenfreundlichen Schmetterlingsblütlers in einem regen Dialog mit sensiblen Menschen. Anhand der Erbse entdeckte der Augustinermönch Gregor Mendel die Gesetze der genetischen Vererbung. In seinem Klostergarten in Brünn (Mähren) kreuzte er unermüdlich jahrelang glatte gelbe Erbsensorten mit runzeligen grünen und notierte die Resultate. Kaum jemand interessierte sich für das verschrobene Hobby des Mönchs. Inzwischen sind seine Zuchtversuche zum Grundstein der Genetik geworden.

Auch der Findhorn-Garten im nördlichen Schottland verdankt seinen Ruhm dem Erbsendeva. Von ihm empfing die Sensitive Dorothy Maclean die allererste Botschaft eines Pflanzendevas. Das ist kein Zufall: Nicht nur ist der Deva der Erbse den Menschen zugeneigt, auch Dorothy Maclean liebte die Pflanze, liebte, wie sie wuchs, blühte und duftete; seit ihrer Kindheit war sie begeistert vom Geschmack der Erbsensuppe. Liebe und Interesse sind die Schlüssel, wenn man mit Pflanzendevas kommunizieren will. »Wenn die Menschen nicht so dumm und böse wären, würden wir mit ihnen zusammenarbeiten, und wahre Wunder würden geschehen!« So lautete die erste Botschaft, die Dorothy in ihrer Meditation als innere Stimme von der Erbse empfing.

Kalte Erbsensuppe mit Wasserminze

400 g Kartoffeln, mit der Schale gewürfelt • 1,2 l Gemüsebouillon • 800 g frische Erbsen, enthülst • schwarzer Pfeffer, Meersalz • 1 Prise Vanillepulver • etwas Honig • 100 ml Rahm • frische Wasserminze oder Pfefferminze

Die Kartoffeln in der Bouillon auf kleiner Hitze weich dämpfen. Die Erbsen am Schluss dazugeben und nochmals kurz aufkochen. Die Suppe etwas ziehen lassen, dann pürieren und erkalten lassen. Die Suppe mit Pfeffer, Meersalz, Vanille und Honig abschmecken. Den Rahm darunter ziehen und kalt, mit Wasserminze garniert, servieren.

Tipp: Zu dieser kalten Suppe passen sehr gut in Olivenöl gebratene Brotscheiben.

Erbsensalat mit Knoblauchcroûtons

600 g frische Erbsen, enthülst • 200 g Tomaten, gewürfelt • 2 Zwiebeln, fein gehackt • 1 Bund Petersilie, fein gezupft • etwas Liebstöckel • etwas Honig • 1 EL Balsamicoessig • 3 EL Haselnussöl • Meersalz, Pfeffer

Knoblauchcroûtons:
150 g Brotwürfel • 8 Knoblauchzehen, ganz • 2 EL Olivenöl

Die Erbsen mit Tomaten und Zwiebeln in eine Schüssel geben.

Petersilie, Liebstöckel und Honig mit dem Essig und dem Haselnussöl zu einer Sauce mischen und über das Gemüse giessen. Mit Meersalz und Pfeffer abschmecken und 10 Minuten ziehen lassen.

Die Brotwürfel mit den Knoblauchzehen im Olivenöl auf kleiner Hitze goldbraun braten. Über den Salat streuen und servieren.

FELDSALAT, NÜSSLISALAT

Valerianella locusta, Valerianella olitorius

Familie: Baldriangewächse

Andere Namen: Ackersalat, Rapünzchen, Rabünzel, Winzerl, Mausöhrchen, Lämmerweid, Lämmerzunge, Lämmersalat, Schafmäuli, Fettmännchen, Schmalzkraut, Kornsalat, Weingärtensalat, Rebensalat, Wintersalat, Mädchensalat, Sonnenwirbelin, Hützerlin, Ritscherli

Heilwirkung: beugt Frühjahrsmüdigkeit vor, antiinfektiös, blutreinigend, Stuhlgang harmonisierend

Symbolische Bedeutung: Grüne Lebenskraft, die dem Winter und demTod widersteht; Lichtbringer; Attribut der Göttinnen Persephone, Brigit und Freya

Planetarische Zugehörigkeit: Saturn

Im Winter ist der Feldsalat allgegenwärtig. Überall bekommt der gesundheitsbewusste Gast die frischgrünen, nussig schmeckenden Blättchen serviert. In den Supermärkten teilt der Nüsslisalat – so wie man ihn in der Schweiz nennt – die Auslagen mit dem Brüsseler Chicorée und den Endivien. Kaum ein Hobbygärtner, der nicht im August oder September seine schon abgeernteten Kartoffelbeete damit einsät, um im Winter und im Frühjahr die anmutigen glänzenden Blattrosetten zu ernten. Erstaunlicherweise ist der Feldsalat als Gärtnerzögling gar nicht alt. Er wurde erst gegen Ende des 17. Jahrhunderts in Kultur ge-

Feldsalat: einst der Gött Persephone heilig.

nommen, und zwar im mittleren und westlichen Europa. Vorher war er lediglich eines der zahllosen Ackerunkräuter. John Gerard, ein englischer Kräuterarzt, der zur Zeit Shakespeares lebte, bekundet seine Verwunderung darüber, dass sich die Ausländer – die Holländer und Franzosen –, die vorübergehend in England lebten, diesen »Lämmersalat« in ihre Gärten säen, um ihn zur Fastenzeit zu verspeisen. Auch wenn diese Äußerung Gerards die früheste Erwähnung der Pflanze als Gartengewächs ist, bedeutet das keineswegs, dass man sie nicht bereits früher als Suppengrün oder Salat schätzte. Im Gegenteil, in der Zeit, bevor die Landwirte mit Mineraldünger und chemischen Spritzungen hantierten, war der Ackersalat eine häufig vorkommende Wildpflanze. Er wucherte auf Brachäckern, zwischen den Stoppeln der abgeernteten Kornfelder und vor allem in den Weinbergen. Dort wurde der Feldsalat, Kornsalat oder Weinbergsalat von der Landbevölkerung körbeweise geholt. Man brauchte ihn so wenig auszusäen wie Löwenzahn, Sauerampfer oder Wasserkresse. Er wuchs als freies Geschenk der gütigen Natur.

Schon die allerersten sesshaften Bauern in Europa assen Feldsalat. Urgeschichtler haben die Samen des Kräutleins bei den jungsteinzeitlichen und bronzezeitlichen Pfahlbauern am Bodensee, am Zürichsee und anderen Seen des Alpenvorlands gefunden. Wahrscheinlich kannte schon Ötzi, jener jungsteinzeitliche Wanderer, den man jüngst eingefroren in einer Gletscherspalte im Ötztal gefunden hat, den Genuss des Feldsalats. Botaniker vermuten, dass das Kräutlein ursprünglich als Wildpflanze im ganzen Mittelmeerraum und im Kaukasus einheimisch war. Wie die Samen vieler anderer Ackerunkräuter wurden die nussähnlichen Früchtchen als »Verunreinigung« im Saatgut der einwandernden Brandrodungsfeldbauern in die Gebiete nördlich der Alpen mit eingeschleppt.

Wie es bei Wanderfeldbauern und anderen primitiven Pflanzervölkern noch immer der Fall ist, spielten die Ackerwildkräuter eine wichtige Rolle als Heilpflanzen, Psychedelika, Gewürz-, Suppen- oder Salatkräuter. Meistens wurden sie bestimmten Gottheiten, Geistern oder totemischen Tieren zugerechnet und hatten einen festen Platz im ackerbäuerlichen Kult und Ritual. Der Feldsalat ist zwar keine Heil- oder Rauschpflanze mit einer bestimmten starken Wirkung und auch kein Gewürz, aber als Salatpflanze, die dem Frost widersteht, hatte er eine wichtige Aufgabe: Er vermochte den Menschen während der lichtarmen Jahreszeit den Winterdämon, den bösen Scharbock (Skorbut), vom Leibe zu halten. Dieser Bösewicht stiehlt dem Leib die Lebensenergie, lockert die Zähne, lässt den Gaumen bluten und die Haut schlaff und schorfig werden. Die zarten und dennoch so widerstandsfähigen dunkelgrünen Blättchen sind fähig, den Scharbock in die Flucht zu treiben, denn sie enthalten sehr viel Ascorbinsäure. (Das Kunstwort Ascorbin ist dem Griechischen entlehnt von: *a* = nicht, und Skorbut.)

Vieles deutet darauf hin, dass der Feldsalat der Großen Göttin, der Herrin der Vegetation, geweiht war, die mit dem im Frühling zunehmenden Licht als Lichtjungfrau die dunklen Tiefen der Erde verlässt, Leben und Lebensfreude wiederbringt. Wie der Wegerich und andere winterharte, kälteresistente Kräuter war auch diese Pflanze in der Antike der Persephone oder Proserpina heilig. Bei den Kelten hieß die Göttin, die das Licht und das Lebensgrün wiederbringt, Brigit, bei den Germanen Ostera, »die aus dem Osten Hervorleuchtende«. Die strahlende, weiß gewandete göttliche Jungfrau galt als die Muse der Dichter, Propheten und Heiler. Sie erscheint in der Jahreszeit, in der der Schnee taut und die Lämmer geboren werden. Daher ist eines ihrer Attribute das sanftmütige Lamm, mit dem auch dieser Salat seit langem assoziiert wird: Lämmersalat, Lämmli (Baden, Elsass), *lamb's lettuce* (England), *laitue brebis* (Frankreich) oder Schaufmäule (Franken) heißt die Pflanze. Im Mittelalter nannte man sie Lämmerweid oder *pastus agnorum*, welches »von Lämmern gern gegessen und ihnen ein anmütig Futter ist«, wie Tabernaemontanus 1588 schreibt.

Wenn der Frühling vorbei ist, schießt aus den Blattrosetten ein mehrfach gabelig verzweigter Stengel empor. Bald erscheinen dann zierliche blassblaue Blüten, aus denen die eiförmigen Samen, die »Nüssli«, hervorgehen. Im Juni stirbt das einjährige Kräutlein ab. Wenn man das blühende Kraut isst, merkt man am Geschmack, dass es sich eindeutig um ein Baldriangewächs handelt. Der Duft, wenn auch nicht so stark wie beim Baldrian selbst, versetzt Katzen in Verzückung. Der Gartenexperte Jürgen Dahl berichtet, dass in seinem Garten die Katzen den Feldsalat quadratmeterweise verwüsten. Glücklich schnurrend wälzen sie sich unentwegt im Beet herum. Verhaltensforscher glauben, dass die ätherischen Öle, insbesondere aber ein Iridoid (Actinidin) auf die Katzen wie ein Sexuallockstoff wirkt.

Wie Rudolf Steiner hervorhebt, sind die Baldriangewächse Licht- und Wärmepflanzen. Sie haben – so der Anthroposoph – eine besondere Beziehung zum »Phosphorprozess« in der Natur. Phosphor (griech. für »Lichtträger«) ist Stoff gewordener Licht- und Wärmeäther. Steiner bezeichnete den Baldrian als pflanzlichen Phosphor und stellte daraus ein biodynamisches Präparat her, das – im Herbst auf die Tomaten gespritzt – die durch die Kälte verursachte Braunfäule vermindern soll. Auch beim Feldsalat ist es diese »phosphorische« Wirkung, die Licht- und Wärmestrahlung, die es den zarten Blattrosetten ermöglicht, trotz Schnee und Kälte frisch und grün zu bleiben. Auf der Ebene der feinstofflichen Energien ist es dieselbe Ausstrahlung, die das Kräutlein für die wärmeliebenden Katzen so attraktiv macht. Katzen sind nach Steiners Ansicht »Phosphortiere«.

Die Katze ist ein Lieblingstier der Großen Göttin, der germanischen Freya ebenso wie der Diana der Antike, der indischen Durga oder der ägyptischen Isis. Die holde Freya, deren Wesen die Liebe und die Lebensfreude verkörpert, fährt in einem mit Wildkatzen bespannten Wagen über das Land. Sie wurde wie die keltische Brigit mit dem edlen Lebensgrün assoziiert. Ihr zu Ehren sammelten die Frauen im Frühjahr frische grüne Kräuter – die »Grüne Neune« – die, als Kultspeise zubereitet, den Körper von den Wirkungen des Winters befreite und mit

Feldsalat oder Nüsslisalat.

»Die Frau blickte in den Garten hinab. Im Beet wuchsen die schönsten Rapunzel ...«

dem erwachenden Lebensgeist des neuen Jahres verband. Die sattgrünen Rosetten dieser Salatpflanze gehörten mit zu diesen Kräutern.

Rapünzchen – auch Rabünzel, Rewinzel, Feldrapünzchen, Rabuntchen – ist eine weitere Bezeichnung des Feldsalats. Ursprünglich nannte man so vor allem die Rapunzel-Glockenblume (*Campanula rapunculus*). Diese »echte« Rapunzel, deren Blätter und fingerdicke weiße Wurzeln im Mittelalter im Winter oder frühen Frühling als Salat gegessen wurden, ist heutzutage weitgehend in Vergessenheit geraten (siehe Seite 288). Als »Rapunzel« werden auch die Ährige Teufelskralle (*Phyteuma spicatum*) und die Nachtkerze (*Oenothera biennis*) bezeichnet – allesamt wertvolle Vitaminspender.

Bei dem Namen Rapunzel denken wir unwillkürlich an das Mädchen im gleichnamigen Märchen. Vermutlich ist auch in diesem Märchen etwas vom ureuropäischen Mythos der Göttin und der weiblichen Initiation verborgen. Rapunzel mit ihrem langen goldenen Haar, das sie zwanzig Ellen in die Tiefe herablassen kann, erinnert an die archaische Sonnen- und Vegetationsgöttin, die von der Winterhexe vorübergehend gefangen gehalten wird, aber auch an die heranreifenden Mädchen, die in der abgesonderten Pubertätshütte von der Stammesältesten erzogen wurden. Rapunzels Eltern, so erfahren wir in Grimms Märchen, »hatten in ihrem Hinterhaus ein kleines Fenster, daraus konnte man in einen prächtigen Garten schauen, der voll der schönsten Blumen und Kräuter stand. Er war aber von einer hohen Mauer umgeben, und niemand wagte hineinzugehen, weil er einer Zauberin gehörte. Eines Tages stand die Frau«, die mit dem Mädchen schwanger war, »am Fenster und sah in den Garten hinab; da erblickte sie ein Beet, das mit den schönsten Rapunzeln bepflanzt war; und die sahen so frisch und grün aus, dass sie das größte Verlangen empfand, von den Rapunzeln zu essen. In der Abenddämmerung stieg ihr Mann über die Mauer in den Garten der Zauberin und stach in aller Eile eine Hand voll Rapunzeln und brachte sie seiner Frau. Sie machte sogleich einen Salat daraus und aß sie in voller Begierde auf.« Als der Mann am nächsten Tag abermals in den Garten stieg, wurde er von der Zauberin ertappt. Diese zürnte, dann sprach sie: »›Ich will dir gestatten, Rapunzeln mitzunehmen, so viel du willst, allein ich mache eine Bedingung: du musst mir das Kind geben, das deine Frau zur Welt bringen wird.‹ Der Mann sagte in der Angst alles zu, und als die Frau in Wochen kam, so erschien sogleich die Zauberin, gab dem Kinde den Namen Rapunzel und nahm es mit sich fort« (Brüder Grimm 1991: 97).

Es gibt verschiedene Deutungen des lateinischen Namens des Feldsalats. Einige Sprachforscher behaupten, *Valerianella* («der kleine Baldrian«) beziehe sich auf den römischen Arzt Valerius, andere, auf den germanischen Sonnengott Baldur oder auch auf die römische Provinz Valeria, die sich zwischen der Donau und der Dra befand. Wahrscheinlicher aber beruht die Namensgebung auf *valere* (lat., »gesund sein, stark sein«). Eine treffende Bezeichnung! Auch wenn der Feldsalat keine Arzneipflanze an sich ist, so ist er dennoch ein Quell der Gesundheit. Das glänzende frische Blattgrün wirkt harmonisierend auf den Stuhlgang, antiinfektiös, blutreinigend und erweichend. Es enthält viel biologisch optimal verwertbares Eisen, was gut für die roten Blutkörperchen ist, dazu Calcium, Phosphorsäure und Magnesium. Dank der relativ großen Mengen Vitamin A wirkt sich der Nüsslisalat bei Infektionen günstig aus; er hilft, das Hautgewebe zu regenerieren, und beschleunigt die Vernarbung. Die in dem Kräutlein vorhandene Ascorbinsäure (Vitamin C) vermag der Frühjahrsmüdigkeit vorzubeugen, das Riboflavin (Vitamin B_2) ist Bestandteil wichtiger Stoffwechselenzyme, und Thiamin (Vitamin B_1) wirkt sich positiv auf die Nerven und den Kohlehydratstoffwechsel aus. Der Salat enthält auch Fett – 0,5 Gramm auf 100 Gramm Salat –, weshalb er in Westfalen als »Fettkes« und in Franken als »Schmalzkraut« bezeichnet wird.

Der Feldsalat wird dem Planeten Saturn zugeordnet, da er im Winter, der Saturnzeit des Jahres, grün bleibt – er enthält, wie Arthur

Hermes sagt, »saturnische Wärme« – und da die winzigen Blüten blau sind. Dem in dieser zarten Pflanze enthaltenen Saturn ist jedoch auch ein gehöriger Schuss Merkur und Venus beigegeben.

Nüsslisalat mit Safran und Erdbeeren

100 g Nüsslisalat (Feldsalat) • 100 g Frühlingszwiebeln, geschnitten • 12 Erdbeeren, halbiert

Sauce:
4 EL Gemüsebouillon, kalt • 1 EL Obstessig • 2 EL Olivenöl • etwas Safran • Cayennepfeffer • Petersilie, gehackt • Kräutersalz, Pfeffer

Den Nüsslisalat mit den Zwiebeln in eine Schüssel geben.

Für die Sauce die Bouillon mit Essig und Olivenöl mischen. Mit Safran, Cayennepfeffer, Petersilie, Kräutersalz und Pfeffer abschmecken.

Die halbierten Erdbeeren in die Sauce geben und 5 Minuten ziehen lassen.

Den Salat vorsichtig mit der Sauce mischen und mit einem frisch gebackenen Schwarzbrot servieren.

FENCHEL

Foeniculum vulgare

Familie: Schirmblütler
Andere Namen: Knollenfenchel, Gemüsefenchel, Zwiebelfenchel, Finnkohl, Feinkohl, Fenis, Finkel, Änes, Enis, Frauenfenchel, Kinderfenchel
Heilwirkung: krampflösend, blähungstreibend, menstruationsfördernd, entgiftend, Milch treibend, Schleim lösend, magenstärkend, milzwirksam; Frauen- und Kindermittel
Symbolische Bedeutung: Vermittelt himmlisches Feuer, Geistesklarheit, Hellsichtigkeit, Erfolg, Sieg. Geweiht dem Prometheus und Dionysos; Antidämonium; Attribut der christlichen Heiligen Johannes und Ägidius
Planetarische Zugehörigkeit: Merkur

Fenchelsamentee bei Verdauungsstörungen, Husten oder als Säuglingstee gegen Koliken oder Blähungen, davon wussten schon unsere Großmütter und Urgroßmütter. Auch, dass dieser Tee bei stillenden Müttern den Milchfluss anregt, war bekannt. Als Gemüsepflanze war der Fenchel bis vor wenigen Jahren jedoch praktisch unbekannt. Inzwischen wird das feine, würzige Gemüse immer populärer. Das hat mehrere Gründe:

Zum einen kommt der Knollenfenchel den Bedürfnissen unserer gestressten, gesundheitsbewussten Wohlstandsgesellschaft entgegen. Er ist reich an Ballaststoffen, steigert die Zelltätigkeit, entwässert, entschleimt und entgiftet. Er entkrampft den Darm und beruhigt die Nerven. Roh als Salat ist der Gemüsefenchel ein wahres Gesundheitselixier. Für Übergewichtige gilt er als ideales »Abspeckgemüse«. Schon vor dreihundert Jahren schrieb der englische Arzt William Cole: »Sa-

Prometheus und der Adler. Detail aus einer schwarzfigurigen Trinkschale, ca. 540 v. Chr., Hellas.

men, Blätter und Wurzeln werden von jenen, die fett und träge geworden sind, in Getränken und Suppen verwendet, um wieder schlank und rank zu werden.« Als neulich Wissenschaftler an Mäusen die Giftigkeit von Fenchelöl prüfen wollten, entdeckten sie, dass die Versuchstiere (bei höheren Dosen) an Körpergewicht verloren. Fenchel bindet Fett schon im Darm, so dass sich weniger Triglyzeride (Fettmoleküle) in die Körperzellen einnisten und als Speckpolster ablagern können.

Das aus den Samen destillierte aromatische, schwach gelbe Fenchelöl wirkt blähungs- und gärungswidrig, krampfstillend, entspannend auf die glatte Muskulatur und regt die Galle an. In kleineren Dosierungen steigert Fenchelöl die Ausscheidung der Schleimhäute in Magen und Darm und in der Lunge (Hustenmittel). Die Wurzel dieser zweijährigen Pflanze, im März des zweiten Jahres geerntet, gilt in der Volksheilkunde – neben Petersilie, Sellerie und Spargel – als eine der vier »eröffnenden Heilwurzeln«. Wie anthroposophische Heilpflanzenkundler hervorheben, sind diese Wirkungen typisch für die Familie der Doldenblütler. Irgendwie wirken sie alle entweder hemmend oder fördernd auf das Drüsensystem. Der Fenchel regt die Drüsen an: »Einem atonischen Astralleib wird die Herrschaft über einen trägen Flüssigkeitsorganismus wiedergegeben« (Pelikan 1975: 87). Er durchwärmt, löst, entkrampft.

Im Mittelmeerraum und in Westasien wachsen verschiedene, nah verwandte Fenchelarten als Wildpflanzen. Und überall, wo diese aromatischen, lichthaften Doldenblütler mit ihren hellgrünen, fein gefiederten Blättern und ihren gelben Blütenschirmen anzutreffen sind, gelten sie als heilig und heilkräftig.

Im alten Griechenland war der Wildfenchel Heil- und Zaubermittel und spielte in Mysterienkulten eine Rolle. Der drei Meter hohe Riesenfenchel war dem Feuerbringer Prometheus geweiht. Dieser Titan, dessen Name »Vordenker« bedeutet, verbarg das von den Göttern gestohlene Himmelsfeuer im Stengel einer Fenchelpflanze und brachte es den Menschen. (Wahrscheinlich handelt es sich bei der Überlieferung um eine Urerinnerung: Bei ihren Wanderungen von einem Lagerplatz zum anderen hielten die steinzeitlichen Wildbeuter im Mittelmeerraum die wertvolle Glut mit dem langsam glimmenden Mark eines trockenen Fenchelstengels am Leben.) Der Pflanze, die das Himmelsfeuer vermittelt, trauten die Griechen auch zu, das Licht der Augen zu stärken. Wie der römische Naturhistoriker Plinius behauptet, fressen Schlangen nach ihrer Häutung Fenchel und reiben sich an der

Dionysos auf dem Esel mit dem Thyrsosstab.

Staude, um mit dem Saft ihre Sehschärfe zu erneuern. Mittelalterliche Ärzte verschrieben Augenbäder mit Fencheltee. Ägypter und Kopten kennen diese Rezepturen noch heute.

Das Zepter, der Thyrsosstab, mit dem Dionysos, der griechische Gott des Rausches, die verzückten Mänaden, Satyrn und Silenen regierte, sei ein mit Pinienzapfen und Efeuranken verzierter Fenchelstengel gewesen. Es wird auch überliefert, dass die Schauspieler in den dionysischen Mysterienspielen Kränze aus Fenchellaub trugen.

Der Fenchel hieß im Altgriechischen *marathon*. Marathon oder »Fenchelfeld« hieß auch der Ort an der Ostküste Attikas, wo die Griechen im Jahr 409 v. u. Z. die übermächtigen persischen Invasoren schlugen. Ein Bote lief 42 Kilometer im Dauerlauf, um die Siegesnachricht nach Athen zu bringen. Durch dieses Ereignis wurde der Fenchel für die Griechen zum Symbol für Mut, Sieg und Erfolg. In den Olympischen Spielen wird noch immer der Marathonlauf rituell nachvollzogen. Krieger – später auch die römischen Gladiatoren – aßen Fenchel oder rieben sich mit Fenchelsaft ein, um siegreich aus dem Kampf hervorzugehen. Die Sieger wurden mit dem duftenden Fenchellaub gekrönt.

Mit einem derart starken Kraut lassen sich auch Krankheitsgeister besiegen. Der pflanzenkundige Dioskurides verschrieb die Marathonpflanze bei Blasen- und Nierenleiden, bei Übelkeit und brennendem Magen, beim Biss giftiger Tiere, als Augenmittel, als Frauenkraut bei Menstruationsstörungen und, »um den Frauen die Brüste mit Milch zu füllen«. Diese Indikationen haben sich bis in die Neuzeit bewährt.

Für die Römer war diese in Italien ebenfalls einheimische Wildpflanze von nicht minderer Bedeutung. Samen, Kraut und Wurzel des Doldenblütlers galten als wichtige Heilmittel. Der Begründer der Humoralpathologie Galenus (129–199) bestimmte die medizinischen Eigenschaften des Fenchels als »warm zum 3. Grad« und »trocken zum 1. Grad«. Die Wirkung wurde als wärmend, harntreibend, milchtreibend, menstruationsfördernd, verdünnend und bei Stauungen und Blockierungen der Drüsenfunktionen als öffnend, zerteilend und lösend beschrieben. In anderen Worten, Fenchel reinigt von »schlechten Säften«.

Die Römer schätzten das Kraut nicht nur als Medizin, sondern auch als Gewürz- und Salatpflanze. Mit Fenchelsamen würzten sie Essig, Brot, Fleischbrühen und eingemachte Oliven, mit dem Kraut den Salat und die Suppe.

Auch wenn römische Legionäre viele ihrer Lieblingspflanzen in den transalpinen Kolonien anbauten, so waren es doch vor allem die christlichen Mönche, die das Gewürz- und Heilkraut im kühleren Norden einbürgerten. Den Fenchel könnte man durchaus als »pflanzlichen Verbündeten« der Missionare und Verkünder des neuen Glaubens bezeichnen. Der Fenchel war eine echte Mönchsmedizin. Gegen die Kräuter der Heiden stand er seinen Mann. Der Schirmblütler wurde fester Bestandteil der Klostergärten. Er wird im St. Galler Klosterplan ebenso aufgelistet wie im »Hortulus« des Mönchs Walahfrid Strabo. Kaiser Karl, der unermüdliche Bezwinger der Heiden, verordnete den Anbau auf den kaiserlichen Hofgütern.

Fenchel galt als eines der besten Mittel zur Vertreibung von Dämonen. Ebenso wie er die »Säfte« im Leib purgiert, reinigt er auch die astrale Atmosphäre. Wie andere duftende Kräuter – Dill, Liebstöckel, Dost, Quendel, Salbei oder Raute – verjagt er unholde Hexen, deren Astralleiber unsichtbar umherschwirren, und fördert das Licht, das den Geist erhellt. Die fromme Legende erzählt, dass der Fenchel zu jenen Kräutern gehörte, die dem am Kreuz hängenden Heiland die Schmerzen linderten. Im »Neunkräutersegen» der frisch bekehrten Angelsachsen heißt es:

«Kerbel und Fenchel, zwei gar mächtige,
die Kräuter erschuf der weise Herr,
der Heilige im Himmel, als er [am Kreuze] hing;
er setzte und sandte sie in die sieben Welten,
den Armen und Reichen allen zur Hilfe.«

Eine derart machtvolle Pflanze fand bald im Volkschristentum die ihr gebührende Stelle. In der Fastenzeit war Fenchel obligatorisch als Gewürz für Fischgerichte. Die Armen aßen das Fastenkräutlein auch ohne Fisch. Die angelsächsischen Lachner, schamanische Heiler, brauten aus Fenchel und anderen Kräutern einen Heiltrunk gegen Belästigung durch den Teufel – damit waren Hörner tragende Naturgottheiten oder der schamanische Woden (Wotan) gemeint. Eine deutsche Volkssage erzählt, dass man mit Fenchel ebenso gut Zwerge und Elfen vertreiben kann wie mit Weihwasser. Diese können nämlich Schabernack treiben oder mit ihren »Elfengeschossen« den Menschen sogar Schmerz und Krankheit zufügen. In England trugen Kinder zur Abwehr des »bösen Blicks« ein Säckchen mit Fenchelsamen um den Hals. Und die Hebamme des eben geborenen Till Eulenspiegel soll gesagt haben: »Ich bringe dem Glückskind Engelwurz, das bewahrt den Menschen vor Wollust, und Fenchel, der vertreibt den Teufel.«

Der altkeltische Cernunnos.

Vor allem aber spielte der Fenchel in der Johanniszeit, dem ehemaligen altheidnischen Sommersonnenwendfest, eine Rolle. Damit sie zu Johanni auf dem Dorfplatz unbesorgt tanzen und zechen konnten, stopften die französischen Bauern Fenchelgrün in die Türschlösser ihrer Stuben. Dabei sprachen sie: »Wenn durch das Loch ein Zauberer kommen will, so lass es ihn wohl fühlen, Fenchel, und er wird Furcht haben einzutreten.« Auch glaubten die Franzosen, dass ein neun Mal durchs Johannisfeuer gezogener Fenchelstengel vor Bezauberung schützt. In England hängte man zu Johanni ebenfalls Fenchelkraut an Türen und Fenster. Die Hexen, die ins Haus wollen, stehen nämlich unter Zwang, die zahllosen Blattspitzen des Krauts zu zählen, und da sie sich ständig verzählen, müssen sie am Morgen unverrichteter Dinge wieder abschwirren. In Ostpreußen bestrich der Bauer am Johannisabend die Euter und die Hörner der Kühe mit Fenchel; in Italien wurde dem Vieh zum Schutz Fenchel an die Hörner gebunden.

Am 1. September, dem Tag des heiligen Ägidius, feiern die Spanier eine regelrechte Fenchelweihe. Ägidius, ein frommer Eremit, lebte im 7. Jahrhundert in einer Waldklause in der Provence. Eine von Jägern verwundete Hirschkuh fand in seiner Einsiedelei Schutz. Da sich der Heilige von dem Tag an von der Milch der Hindin ernährte, wurde er zum Patron der stillenden Mütter und zum Viehpatron. In Frankreich, wo er Saint Gilles genannt wird, ersetzte Ägidius den geweihtragenden altkeltischen Gott Cernunnos als den »Schutzherrn der Tiere«. In Deutschland ist der »Fenchelpatron« – regional als Till, Gild, Gill oder Ilg bekannt – einer der »vierzehn Nothelfer«.

Selbstverständlich war auch die heilige Hildegard von Bingen von einer derart »christlichen« Pflanze entzückt. Auch sie empfiehlt den Fenchel als Tiermedizin. »Feniculum«, verkündet sie, »erheitert den Menschen, fördert die Verdauung, beseitigt Mundgeruch, als Kollyrium (Augenwasser) hilft er gegen Entzündung der Augenbindehaut, als Kompresse gegen Sehschwäche, als Umschlag gegen Kopfschmerzen, als Räucherung zusammen mit Dill gegen schmerzhaften Nasenschleimfluss, als Einreibung gegen Melancholie, als Salbe gegen entzündliche Anschwellung des männlichen Gliedes, als warmer Umschlag nützlich zur Geburtserleichterung, außerdem wirksam gegen Lungenleiden, starken Husten, Herzschmerzen, Magen- und Darmkoliken und als Mittel gegen Trunksucht.« Der Trunkenbold, sagt sie, »mag Fenchelkraut oder Fenchelsamen essen, und er wird sich danach besser befinden, weil die milde Wärme und die gemäßigte Kraft des Fenchels die durch den Wein hervorgerufene Tollheit in ihm bändigen.« Wahrlich weise Worte, auch für Mönche, deren Trunksucht sprichwörtlich war. Tatsächlich wirkt das Anethol, der Hauptwirkstoff des Fenchels, entgiftend und vermag die toxische Wirkung des Alkohols und – wie es im Altertum hieß – von Schlangenbissen, giftigen Pflanzen und Pilzen herabzusetzen.

Den Knollenfenchel, der in unseren Gärten wächst und unsere Gemüseteller ziert, kannte die Heilige Hildegard noch nicht. Erst den italienischen Meistergärtnern der Renaissance gelang es, aus dem mediterranen Heil- und Gewürzkraut das beliebte Edelgemüse, den *Finocchio*, mit seinen weißlichen, zwiebelartig verdickten, grundständigen Blattscheiden zu züchten. Auch der in Süditalien gerne gegessene Fenchelstengel, *Carosella* (*F. vulgaris* var. *azonicum*), stammt aus dieser Zeit. Überhaupt war die Renaissance eine Sternstunde für dieses würzige Gewächs. Nicholas Culpeper, der den Fenchel unter die Herrschaft des

Merkurs und das Zeichen der Jungfrau stellt, ist ebenso begeistert von der Pflanze wie der deutsche Kräuterarzt Tabernaemontanus, der volle zwölf Seiten braucht, um alle Heilanwendungen des Fenchels zu beschreiben.

Der Fenchel, die »heilige Pflanze Italiens«, hat sich inzwischen überall auf der Welt, wo auch die Weinrebe gedeiht, verbreitet. Man findet ihn verwildert in Südafrika ebenso wie in Argentinien oder Kalifornien. Auch als klassisches Gewürz für Fischsuppen – auch die berühmte Hamburger Aalsuppe bedarf des Fenchels – und Salate ist er zum Kosmopoliten geworden.

Fenchelsuppe mit Pistou

4 Fenchel, in Würfel geschnitten • 2 Zwiebeln, in Würfel geschnitten • 3 EL Olivenöl • 100 ml Weisswein • 800 ml Gemüsebouillon • 2 EL Fenchelsamen • Meersalz, weisser Pfeffer

Pistou:
5 Knoblauchzehen • 1 Tomate, gewürfelt • 1 Bund frisches Basilikum, grob gezupft • 80 g Parmesan, gerieben • 2 EL Olivenöl • schwarzer Pfeffer

Den Fenchel und die Zwiebeln im Olivenöl gut andünsten. Mit dem Weisswein ablöschen und mit der Bouillon aufgiessen.

Die Fenchelsamen in einer Bratpfanne ohne Fett rösten. Im Mörser mahlen und in die Suppe geben. Die Suppe mit Meersalz und Pfeffer würzen und 30 Minuten kochen lassen.

Für den Pistou den Knoblauch und die Tomate im Mörser zerreiben. Die restlichen Zutaten dazugeben und zu einer schönen Sauce verarbeiten. Mit dem Pfeffer abschmecken. Den Pistou zur Suppe servieren.

GURKE

Cucumis sativus

Familie: Kürbisgewächse
Andere Namen: Gukummer, Gommer, Kummer, Agurken, Umurke, Murggen; Schlangengurken, Einleggurken
Heilindikationen: dermatologisches Hautpflegemittel, basenüberschüssiger Blutreiniger, Diuretikum, Wurmmittel (Samen)
Symbolische Bedeutung: Fruchtbarkeit, Wiederverkörperung, angenehme Kühle, Lustigsein
Astrologische Zugehörigkeit: Mond

Die Gurke ist ein kriechendes Rankengewächs aus der Familie der Melonen und Kürbisse. Ihr Verlangen nach reifer, alter Komposterde, nach Feuchtigkeit und mäßigem Schatten ebenso wie ihr Bedürfnis nach Wärme lassen uns vermuten, dass wir es hier mit einer Dschungelpflanze zu tun haben. Das stimmt auch. Sie kommt aus Indien, wo sie seit über viertausend Jahren angebaut wird. Die mutmaßliche Wildform wächst noch immer in den subtropischen Tälern der Südhänge des Himalaya. Sie ist sehr bitter und diente den dravidischen Ureinwohnern wahrscheinlich zunächst als Heilmittel, ehe eine milder schmeckende Zuchtform selektiert wurde. Zum Verdruss der Gärtner wird auch die Kulturform der Gurke noch immer manchmal bitter, besonders wenn man aus Versehen ihre Stengel knickt oder wenn es zu trocken ist.

In ihrer indischen Heimat ist die in vielen verschiedenen Sorten erhältliche Gurke (Sanskrit *chirbhita*, *urvaruka* oder *sukasa*; Hindi *khira*) noch immer ein äußerst be-

Gurkenpflanze (Joachim Camerarius, 1586)

liebtes und besonders in der Vormonsunzeit, wenn die Tagestemperatur im Gangestal auf 45 Grad Celsius ansteigt, begehrtes Gemüse. Sie ist auch praktisch die einzige Gartenpflanze, die in dieser unerträglichen Hitze, in der sogar Fliegen und Mücken wegsterben, noch gedeiht. *Khira* gilt als kühlend und erfrischend. Sie wird als Gemüse gekocht und mit Reis und Linsen serviert oder – noch besser – roh gegessen, geviertelt und mit etwas Zucker bestreut oder mit einer Prise gewürztem Salz (*masala*). Beliebt sind auch gewürztes Gurkenwasser, Joghurt mit geraspelter Gurke (*raita*) oder in Essig eingelegte Gurken.

Als Heilmittel wird die Pflanze wie eh und je geschätzt. Nach ayurvedischer Lehre wirkt ihr Genuss auf die Körperflüssigkeiten oder Humore (*Dosa*), indem sie das feurige, trockene *Pitta* verringert und zugleich den Schleim (*Kapha*) und die kühlende Luft (*Vata*) vermehrt. Der Geschmack (*Rasa*) wird als süß, erdig und feucht beschreiben, die Wirkung auf den Körper (*Virya*) als kühlend, beruhigend, erfrischend. Auch auf das Gemüt wirkt sie kühlend und dämpfend. Man denke an die englische Redewendung »cool as a cucumber« für jemanden, der sich nicht aus der Fassung bringen lässt.

In der traditionellen indischen Medizin werden so viele Anwendungsmöglichkeiten aufgelistet, dass man sie gar nicht alle anführen kann. Gurkensamen – oft mit Zucker und Wegwartensamen zu Sirup gekocht – werden als harntreibendes Mittel verschrieben. Eine Emulsion der Samen, mit Zucker verabreicht, hat sich bei Niereninsuffizienz, Harnröhrenentzündung und Blasenkatarrh bewährt. Gegen Harngrieß wird frischer Gurkensaft getrunken. Patienten mit Magen- und Darmgeschwüren, Verstopfung oder Übersäuerung laben sich an Gurkensaft und Gurkensuppe. Cholerakranken verabreicht man alle zwei Stunden ein Glas Gurkenkrautsaft mit Kokosnussmilch, was zur Erhaltung des Elektrolythaushalts beiträgt und die Dehydrierung (Entwässerung) verhindert. Bei Ausschlägen und schlechter Haut wird Gurkensaft innerlich und äußerlich angewendet (Bakhru 1995: 105).

Wenn sich ein Volk so lange und intensiv mit einer Pflanze beschäftigt wie die indischen Bauern mit der Gurke, findet dies unweigerlich seinen Niederschlag in Symbolik, Brauchtum und Religion. Der Geist (Deva) einer Pflanze tut sich nämlich nicht nur in Blatt- und Blütenform, in Wachstumsrhythmen und Inhaltsstoffen kund, sondern ebenso in den Bildern, welche die Träume, Imaginationen und Meditationen der Menschen beseelen. In der indischen Vorstellung wird die Gurke als heiliges Gewächs sogar mit dem großen Vishnu, dem Erhalter des Universums, insbesondere mit seiner Erscheinung als *Krishna*, in Verbindung gebracht. Wenn im August der Geburtstag des süßen kleinen Krishnababys gefeiert wird, schmücken die Hindus ihren Hausaltar mit Blumen, Lichtern und einer reifen Gurke. Als Jüngling ist der dunkle Gott dermaßen schön, dass ihm alle Frauenherzen zufliegen. In den Nächten, wenn der Mond voll ist und die flimmernde Tageshitze der nächtlichen Kühle weicht, spielt er sanft auf seiner Hirtenflöte. Dann verlassen alle Frauen ihre Wohnstätten, ihre schlafenden Ehemänner und eilen zum heimlichen Stelldichein mit dem wahren Liebhaber ihrer Seelen. Und jede meint, der sanfte Jüngling, mit dem sie die Liebeswonnen teilt, sei allein für sie da. Es ist aber nicht gemeiner Ehebruch, von dem diese Mythe erzählen will, sondern von *bhakti*, von der bedingungslosen Hingabe, von der Gottesliebe jener Menschenseele, die alles Weltliche hinter sich lässt.

Die Gurke gilt in ganz Südasien, auch bei den Buddhisten, vor allem als Symbol der Fruchtbarkeit. Eine Legende erzählt von einem mächtigen König namens Sagara. Obwohl er mit zwei Königinnen vermählt war, hatte er keine Nachkommen. Ein Weiser, von der Tugendhaftigkeit Sagaras überzeugt, segnete die beiden Frauen und erklärte, die eine würde einen, die andere aber 60000 Söhne gebären. Tatsächlich wurden die Königinnen alsbald schwanger. Wie prophezeit, brach-

Krishna: Gott der liebevollen Hingabe.

te die eine einen gesunden Knaben zur Welt, die andere jedoch nur eine Gurke. Diese enthielt aber 60000 Samen, die der Vater sorgfältig in Milch legte, worauf sie sich in 60000 kräftige Jungen verwandelten.

Noch immer glauben indische Frauen, deren Kinderwunsch unerfüllt blieb, an die Zauberkraft der Gurke. An einem besonders heiligen Tag fasten sie und schwören, in der Hoffnung, die Götter werden sich ihrer erbarmen, zeitlebens nie wieder ihr Lieblingsobst oder -gemüse zu essen. Meistens handelt es sich dabei um die Gurke. Oder sie pilgern mit ihren Ehegatten zu heiligen Brunnen und Felsspalten, wo sich Kinderseelen aufhalten sollen. Dort beten sie, legen ihre alte Kleidung ab und tauschen sie gegen neue und opfern außerdem eine Gurke. Ein solcher Kinderbrunnen ist Lolarka Kund in Varanasi. Wer meint, es handle sich dabei nur um Aberglauben, sollte im August – am »Tag der still stehenden Sonne« – den Kund besuchen. Hunderte Barbiere sind dann damit beschäftigt, vielen Tausenden von Kleinkindern das Kopfhaar zu rasieren, welches die dankbaren Eltern den Göttern als Opfer hinterlassen.

Schon ziemlich früh in der Geschichte der Landwirtschaft trat die Gurke ihre Reise in alle Herrgottsländer an. Über Mesopotamien gelangte sie im 7. Jahrhundert v. u. Z. zu den Hellenen. Diese lernten die Gurke (*siküos*) als kühlende Speise zu schätzen und bauten sie großflächig an. Die ehemalige »Mohnstadt« Mekone bei Korinth wurde bald zur »Gurkenstadt« Sikyon. Die Römer verfielen der kühlenden Frucht ebenfalls. Kaiser Tiberius ließ für sie Gewächshäuser bauen und aß sie täglich, im Winter wie im Sommer. *Cucumis* nannten die Römer die Nutzpflanze, daher die englische Bezeichnung *cucumber*, die französische *concombre* und verschiedene süddeutsch-alemannische Wendungen wie Kummer, Kümmerling, Gommer oder Gukummer. Bei den Kelten und Germanen jedoch fand die von römischen Legionären eingeführte Frucht wenig Anklang. Zwar befahl Karl der Große (um 800), auch *cucumeres* in seinen Ländereien anzubauen, aber ob das nun Gurken oder Melonen waren, wissen die Gelehrten nicht. Im Mittelalter scheint die Pflanze in Westeuropa ganz in Vergessenheit geraten zu sein. Hildegard von Bingen kennt sie jedenfalls nicht.

Auch in den Fernen Osten, nach China, verbreitete sich der Anbau dieser »Melone der Barbaren« (*hugua*). Die gelben, reifen Früchte schmoren zwar gelegentlich mit anderen Gemüsen im Wok, aber so ganz konnten sich die Chinesen mit dem Gewächs nie anfreunden. Die Gurke gilt bei ihnen als eher »giftig«. Nicht dass man sich damit tatsächlich vergiften könnte und davon stirbt, aber sie gilt als dermaßen Yin-überschüssig, dermaßen kühl und wässrig, dass sie das Yin-Yang-Gleichgewicht verschieben kann, was wiederum Krankheit begünstigt. Als kühlendes, harntreibendes, abführendes und entgiftendes Heilmittel kommt sie in der chinesischen Phytotherapie jedoch in Frage. Blätter und Wurzeln werden bei Ruhr und Durchfall, die Triebe bei Ruhr und Harnwegerkrankungen verschrieben. Heute noch werden die Triebe gekocht und der Sud bei Bluthochdruck eingenommen. Der frische Saft der Gurkenblätter soll gegen plötzliche Blähungen bei Kindern helfen. Die frische zerstampfte Wurzel wird auf Schwellungen gelegt. All dies sind Anwendungen, mit denen wir in Westeuropa keine Erfahrung haben.

Sieht man von Indien ab, ist der Gurkendeva – die geistige Wesenheit, die sich in der Pflanze kundtut – keiner Volksgruppe näher getreten als den Slawen. Polen, Tschechen, auch die Wenden und Sorben im östlichen Deutschland und andere slawische Bevölkerungsgruppen lieben die Gurken geradezu. Unser Wort Gurke ist slawischen Ursprungs und geht auf das altpolnische *ogurek* zurück.[9] Die ersten nachweislichen Fundstellen von Gurkensamen befinden sich in Osteuropa und Ostdeutschland. Archäologen fanden in Krakau Samen, die irgendwann zwischen 650 und 950 n. u. Z. in den Müll geworfen wurden. In Breslau fand man Samen aus dem 11. Jahrhundert, in Tschechien aus dem 14. Jahrhundert. In Westeuropa tauchen sie erst im 16. Jahrhundert auf, und dann auch nur in der Handelsmetropole Amsterdam.

Gustav Hegi, der Meister der mitteleuropäischen Pflanzenkunde, beschreibt die Slawen als leidenschaftliche Verehrer der Gurken. Er schreibt, dass bereits die Wenden, die südöstlich von Berlin an der Spree siedelten, auch ohne Mistbeete die schönsten Früchte zu ziehen wussten. »Noch heute ist der Spreewald die Gurkenkammer von Berlin. Überhaupt spielen in Norddeutschland die nach slawischer Sitte in Salz eingelegten sauren Gurken oder in Essig, Meerrettichstückchen, Pfeffer und Senf eingemachten Essig- oder Senfgurken als billiges Volksnahrungsmittel namentlich in den heißen Sommermonaten eine große Rolle. Die eher ruhigen, geschäftsarmen Sommermonate Juli und August hat der Volksmund bekanntlich mit dem Namen ›Saure-

9 In der Antike lernten die Griechen die Gurke von den Ägyptern kennen. Sie nannten das Gewächs *ágouros* von *áoros*, unreif, da die Beerenfrüchte grün geerntet werden. Aus dieser Bezeichnung sind die slawischen Namen hervorgegangen, denn die kultivierten Gurkenarten gelangten im frühen Mittelalter von Griechenland (Byzanz) zu den Westslawen.

gurkenzeit‹ belegt. Die ›sauren Gurken‹ schmecken infolge einer Milchsäuregärung sauer, wobei die im Salzwasser sich entwickelnden Milchsäurebazillen aus dem Zucker der Gurke Milchsäure bilden, ohne dass auch nur ein Tropfen Essig hinzukommt.« Solche milchsäurevergorenen Salzgurken sind übrigens höchst gesundheitsfördernd. Sie helfen zum Beispiel nach einer Antibiotikabehandlung, den Darm wieder mit nützlichen Bakterien zu besiedeln.

Soziologen berichten, dass bei Auswanderern die herkömmliche Ernährung den wichtigsten Bestandteil ihrer ethnischen Identität ausmacht. Auch wenn Tracht, Brauchtum oder sogar die Sprache längst aufgegeben wurden, klammern sich die Neueinwanderer in dem fremden Land noch lange an die Speisegewohnheiten ihrer Vorfahren, die Italiener an ihre Pasta, die Iren an ihr Cornedbeef mit Kohl, die Deutschstämmigen an Bier, Wurst und Buletten (Hamburger), die Schotten an Haferbrei und Gerstensuppe. Auch die Enkel polnischer Einwanderer, die in Ohio meine Freunde und Nachbarn waren, verhielten sich nicht anders. Die saure Gurke hatte – wie auch die Krakauer Wurst – für sie praktisch einen sakralen Status. Sie durfte bei feierlichen Zusammenkünften und Festen nie fehlen. Sie stellte die Kommunion mit dem »Stammesgeist« dar. Besonders gute saure Gurken machte die alte Bäuerin Kostecki. Schon die Aufzucht ihrer geliebten *ogoreki* erforderte größte – der Ethnologe würde sagen – rituelle Sorgfalt. Das Gurkenbeet wurde großzügig mit altem kompostiertem Kuhmist gedüngt. Ausgesät wurde nach Mond und Tierkreiszeichen. Viele der geheimnisvollen Pflanzregeln sind mir entgangen, denn mit den Gurken wurde nur polnisch gesprochen. Frau Kostecki säte die Samen im Zeichen der »Wassertiere«, der Fische oder des Skorpions, damit sie saftig und glatt werden. Auch das Ernten und Einlegen der Gurken fand im Einklang mit dem Lauf der Gestirne statt. Einige der Früchte ließ sie reifen, so dass sie prall, gelb und dickschalig wurden. Diese wurden geschält und mit Senfkörnern und anderen Gewürzen zu »Senfgurken« gekocht. Die anderen, denen das Schicksal bestimmte, Salz-, Gewürz- oder saure Gurken zu werden, pflückte sie unreif. Während die angloamerikanischen Nachbarn ihre *pickles* mit einer heißen Brühe aus Essig, Zucker und Gewürzen übergossen, legte die polnische Bäuerin ihre Gurken in eine Salzlake mit oder ohne Kräuter und überließ sie der Milchsäuregärung. Auf keinen Fall durfte das im Zeichen der Fische geschehen, denn dann würden die Gurken verderben und wie ungewaschene Füße riechen. Die Fische sind schließlich die »Füße« des kosmischen Kalendermanns, und wahrscheinlich wusch er sich diese noch seltener als die Bauern. Aus ähnlichem Grund würde Frau Kostecki die Gurken auch nicht einmachen, wenn sich der Mond im Skorpion, dem Genitalbereich des Tierkreismannes, befindet.

In ganz Ostdeutschland und den angrenzenden Gebieten stößt der Volkskundler auf eine ähnliche »sympathetische Magie«. Überall säen die Bauern die Gurken in den Wasserzeichen. Allein der Krebs ist ungünstig; er lässt sie »krebsen«, das heißt, sie treiben viele Ranken, aber wenige oder nur krumme Früchte. Sät man sie, wenn der Mond sich in den Zwillingen befindet, dann verdoppelt sich die Ernte, aber die Qualität ist nicht besonders gut. In den Feuer- und Luftzeichen sollte man sie gar nicht aussäen oder auspflanzen, auch nicht im Zeichen der Jungfrau, denn dann blühen sie zwar reichlich, ergeben aber wenig Frucht.

Zum Aussäen suchte sich das Landvolk besonders heilige oder kraftgeladene Tage aus, etwa Walpurgis, Fronleichnam oder die kalte Sophie (15. Mai). Die Brandenburger hofften, dass die zu Walpurgis gesäten Gurken so schnell aufgehen, wie die Hexen den Bocksberg hinaufreiten. Die Mecklenburger hielten die Zeitspanne, in der die Himmelfahrt Christi eingeläutet wird, für die beste Zeit. In dem archaisch bildhaften Denken der ländlichen Bevölkerung galten die »Mannsbildtage« (bei den Kalenderheiligen) für geeigneter als die »Weibsbildtage«, um diese phallische Frucht zu säen, auszupflanzen oder zu pflegen. Überhaupt bedürfen die Gurken der männlichen Fürsorge. Im östlichen Europa ist es oft der Opa, der alte Herr des Hauses, der sich um das Gurkenbeet kümmert. Mit seinem Urin bewässert und gedüngt, gedeihen die Pflänzchen am besten. Auf jeden Fall ist es einer menstruierenden Frau verboten, das Gurkenbeet zu betreten oder sie auch nur anzuschauen, sonst verkümmern die Gurken. Man glaubte ja auch, dass es dem männlichen Glied ähnlich ergehe, wenn es mit einer Frau während der Monatsblutung in Berührung kommt.

Die Gurke hat auch etwas Lustiges an sich. Manch einer »gurkt durch die Landschaft«, und eine ulkige Person wird in Sachsen als »eene putz'ge Gorke« bezeichnet. »Le Concombre masqué«, eine grüne maskierte Gurke, die unter den Gemüsen im Garten die Macht an sich gerissen hatte, geisterte in den achtziger Jahren durch die französische Cartoonwelt. Wie der Sektenguru Bhagwan trug dieser ulkige »Meister des Universums« ein fließendes Gewand und eine Strickmütze. In Berlin sagt man noch heute von jemandem, der sich wie der »Concombre

Beliebte Cartoonfigur: die maskierte Gurke.

masqué« manch eine Frechheit oder Unanständigkeit erlaubt: »Wat nimmt sich der Mensch for 'ne Jurke raus!« Übrigens wird gemunkelt, dass Mick Jagger Teil seiner erotischen Ausstrahlung diesem Gemüse zu verdanken hat: Angeblich steckte er sich vor seinen Auftritten eine wohlbemessene Gurke in die hautenge Hose.

In Jonathan Swifts »Gullivers Reisen« versuchen die Liliputaner, aus Gurken Sonnenstrahlen zu extrahieren. Mit dem in Flaschen eingefangenen Licht wollten sie an unfreundlichen Regentagen die Luft erwärmen. Was den Liliputanern im Reich der Fantasie nicht gelang, vollbrachte ein deutscher Wissenschaftler in Wirklichkeit. 1975 untersuchte der Biophysiker Fritz-Albert Popp Gurkenkeimlinge mit einem lichtverstärkenden Apparat (Photomultiplier) und lieferte so zum ersten Mal den Beweis, dass lebende Zellen Licht abstrahlen. Die Gurken standen also Pate bei der Taufe der gegenwärtig so wichtigen Biophotonenforschung.

In der heutigen Zeit ist die Salatgurke vor allem wegen ihrem hohen Diätwert zum wirtschaftlichen Faktor geworden. Jeder Supermarkt führt sie zu jeder Jahreszeit. Die Salatgurke regt Darm- und Nierentätigkeit an, wirkt dadurch entschlackend und gibt jenen Unglücklichen, die zur Fülle neigen, Hoffnung, die kulturell vorgeschriebene schlanke Linie doch noch zu erreichen. Neuere Forschungen zeigen auch, dass die Gurke für Diabetiker ideal ist, da sie ein Ferment enthält, welches die Bauchspeicheldrüse entlastet. »Gurkenmilch« und geraspelte Gurken reinigen die Haut und machen sie schön. Anstelle von chemischen Schönheitscremen bevorzugen viele Models und Filmsternchen frische Gurkenscheiben für ihre kostbare Hülle. Aber auch wenn es modern ist, beruht das Schönheitsgeheimnis auf altem Frauenwissen – »ein Weiybiche artzney, allerhand flecken vnd makeln dem angesicht zu vertreiben«, wie es in einem alten Kräuterbuch heißt.

Zu guter Letzt noch etwas für den Gärtner: Legt man die Samen vor der Aussaat über Nacht in Milch, dann keimen sie schneller. Gurken mögen Nesselbrühe und Steinmehl zur Kräftigung, guten reifen Kompost sowieso und als Schutz gegen Mehltau eine Dusche mit Schachtelhalmtee.

Gurkensuppe mit Sauerrahm und Sauerampfer

2 kleine Gurken, in Würfel geschnitten • 2 EL Sonnenblumenöl • 800 ml Gemüsebouillon • Kräutersalz •20 kleine Blätter Sauerampfer, ganz • 4 EL Sauerrahm

Die Gurkenwürfel kurz im Sonnenblumenöl dämpfen, mit der Bouillon auffüllen und 10 Minuten bei kleiner Hitze kochen lassen. Mixen und erkalten lassen.

Die Suppe mit Kräutersalz abschmecken. Den Sauerampfer darunter mischen und mit je einem Löffel Sauerrahm servieren.

KARTOFFEL

Solanum tuberosum

Familie: Nachtschattengewächse
Andere Namen: Tartoffel, Toffel, Tüffel, Erdapfel, Herdöpfel, Erpel, Erdbirne, Arbun, Erdschoke, Grundbirne, Grombir, Bodenbirne, Patatten, Bobbedoli, Bobbele
Heilwirkung: Magenkost; Saft bei Sodbrennen und Magengeschwüren, Packung bei Gelenkentzündungen, Rheuma, Lymphknotenschwellung; Basenbilder
Symbolische Bedeutung: Dummheit, Egoismus, geistloser Materialismus
Astrologische Zugehörigkeit: Mond

Die Kartoffel, nach dem Reis weltweit die meistangebaute Nahrungspflanze, gehört nicht nur zur Agrarindustrie. In fast jedem Gemüsegarten gönnt man ihr einen Ehrenplatz. Sie wächst für jeden, auch denjenigen, der sonst keinen »grünen Daumen« hat. Kinder helfen gerne beim Stecken, und das Ernten macht ihnen fast so viel Spaß wie Ostereiersuchen. Sogar der hartgesottenste Verstandesmensch wird im Kartoffelbeet zum Magier: Er pflanzt die Saatknollen kurz nach dem Vollmond oder blättert im Saatkalender der Maria Thun nach, um den günstigen Tag zu erwischen, wenn sich der Mond in einem Erdzeichen (Stier, Jungfrau, Steinbock) befindet. Im alemannischen Raum achtet der Gärtner auf den »nidsigehenden Mond«, wenn Luna von den hohen Tierkreiszeichen in die niederen hinabsteigt und dabei angeblich Lebenskräfte mit in die Erde hinunternimmt. Alte Bauernregeln halten den Mond in der Jungfrau als ungünstig, denn dann blüht die Staude fortwährend, ohne dass die Knollen dick werden; im Steinbock gepflanzt gibt es lauter harte, kleine Erdäpfelchen. Im Wassermann und in den Fischen gibt es wässrige, im Krebs wurmige, zerfressene und schorfige Knollen. Günstig sei dagegen der Mond in den Zwillingen und in der Waage, denn da verdoppelt sich die Ernte; gut sind auch der Löwe und der Stier, was sehr große Kartoffeln zur Folge hat. Trotzdem: »Der dümmste Bauer die dicksten Kartoffeln« – sicherlich weil er sich lieber vom Instinkt leiten lässt, statt sich an komplizierte Regeln zu halten.

Man kann sich heute das Leben ohne Kartoffeln kaum mehr vorstellen. Wie ihre eigene Mundart hat jede Region ihre eigene Erdäpfelspezialität. Die Schweizer haben ihre »Rösti«, die Rheinländer ihren »Riiveskuchen«, die Sachsen ihren Kartoffelkuchen zum Kaffee und »grüne Klöße« zur Weihnachtsgans. Für die Norweger sind »Lefsas« (dünne Kartoffelfladenbrote), für die Amerikaner »Baked potatoes« sakrale Feiertagsspeisen. Die Kartoffel ist seit je beliebt. Eine einfache Kartoffelsuppe war sogar Kaiser Wilhelms Lieblingsgericht. Pommes und Chips gehören zum modernen Lebensgefühl ebenso wie Coke und Hamburger.

Pommes frites, im 18. Jahrhundert in Paris erfunden, galten lange als vornehm. Kartoffelchips, das beliebte Knabberzeug aus den USA, wurde einst aus Versehen von dem Indianer Georg Crum erfunden, der als Koch in einem Nobelhotel in Saratoga Springs in New York arbeitete. Ein Gast, der die französische Spezialität bestellt hatte, ließ den Teller zurückgehen, weil die Stäbchen zu dick seien. Crum machte eine neue Portion mit dünneren Pommes, doch auch diesmal reklamierte der Gast. Darüber war der Koch so aufgebracht, dass er beschloss, die Kartoffeln so dünn zu schneiden und so knusprig zu frittieren, dass der Gast sie nicht mehr mit der Gabel aufspießen konnte. Anstatt sich aber zu ärgern, war dieser höchst begeistert von den hauchdünnen Kartoffelscheiben. Bald darauf wurden die »Saratoga Chips« zur Spezialität des Hauses (Panati 1998: 141).

Kartoffelgerichte waren nicht immer so beliebt. Als die Spanier die Knollenfrucht gegen Ende des 16. Jahrhunderts aus Südamerika mitbrachten, wurde das Nachtschattengewächs eher misstrauisch beäugt. Jeder weiß, dass die Nachtschattenpflanzen – etwa die Tollkirsche oder der Stechapfel – recht giftig sein können. Apotheker und Pfarrer waren die Ersten, die diese »amerikanischen Trüffeln« anbauten. (Das Wort Kartoffel entstammt dem italienischen *tartufolo*, »Trüffel«.) Sie vermuteten aphrodisische und andere heilende Kräfte in der Pflanze. In Deutschland wurde die erste Kartoffel in einem Apothekergarten in Breslau 1587 gepflanzt. Auch die Fürsten interessierten sich für das exotische Gewächs, reichten die pflanzliche Kuriosität von Hof zu Hof weiter und ließen in den Küchen damit experimentieren. Sir Walter Raleigh, dem ein befreundeter Aristokrat das Saatgut zukommen ließ, zog sich eine heftige Solanumvergiftung zu, als er statt der Knollen die Beeren erntete und kochte. Ähnlich erging es Queen Elisabeth I., die sich das gekochte Kraut der Kartoffel servieren ließ, die ihr Francis Drake, Seeräuber im Dienst Ihrer Majestät, als Geschenk aus der Neuen Welt mitgebracht hatte. (Die Kartoffel enthält zwar keine Tropanalkaloide

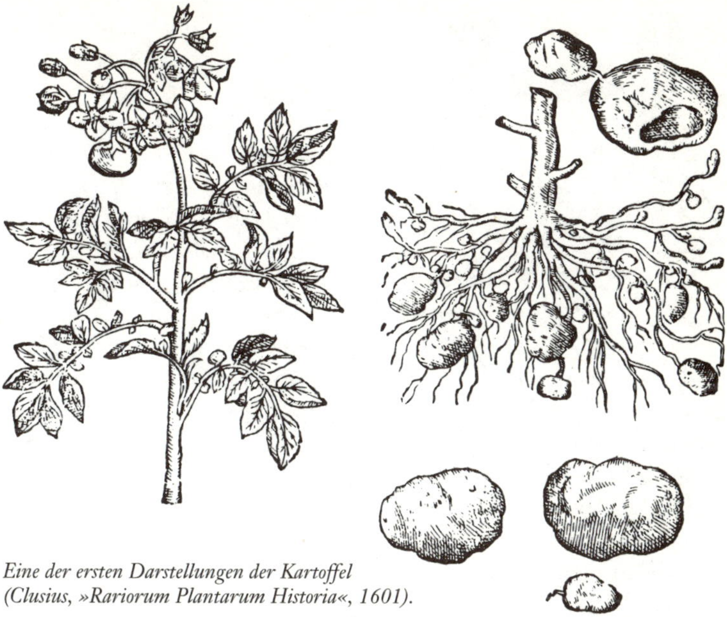

Eine der ersten Darstellungen der Kartoffel (Clusius, »Rariorum Plantarum Historia«, 1601).

wie die Tollkirsche, wohl aber Solanin, das in den grünen Teilen der Pflanze gelagert ist und so giftig wie Strychnin ist. Schon geringe Mengen verursachen Bauchweh, Krämpfe und Durchfälle. Bei Insekten stört das Gift die Bildung des Häutungshormons, auch schützt es die Knolle vor Fäulniserregern.)

Die Bauern und das einfache Volk wollten von der Kartoffel zuerst nichts wissen. Aufgrund ihrer Signatur befürchteten sie, Lepra, Geschwülste und Skrofeln (Lymphknotenschwellung) zu bekommen, wenn sie die Knollen verspeisten. Hier und da wurde die Kartoffel behördlich verboten. So untersagte etwa der Rat von Besançon 1630 den Anbau, »da die Kartoffel Gifte enthält, welche die Aussätzigkeit auslösen können«. Die Puritaner und die russischen Orthodoxen aßen keine Kartoffeln, da sie nicht in der Bibel, dem Wort Gottes, erwähnt werden und konsequenterweise vom Teufel stammen. Noch heute sind die Anthroposophen ähnlicher Meinung: Vor allem Krebskranke sollten diese aufgedunsene, wuchernde Knolle – wahrlich ein Kind der Dunkelheit und Vermittlerin eines geistlosen Materialismus – meiden.

Erst die Not lehrte den Menschen, die Kartoffel zu schätzen, und zwar zuerst in Irland, als die Engländer im 17. Jahrhundert im Begriff

Kartoffelförmiges Gefäß der Chimu-Kultur (Peru).

waren, ihre erste Kolonie zu errichten. Wo bei den Aufständen der Iren ansonsten die Getreidefelder der Taktik der verbrannten Erde oder dem Getrampel der Kavalleriepferde zum Opfer fielen, blieben die Knollen unversehrt unter dem Erdboden erhalten und halfen, drohende Hungersnöte zu überleben. Die englischen Gutsherren beschlagnahmten die besten Böden, um darauf Weizen anzubauen und Rinder weiden zu lassen, die für den Export bestimmt waren. Bald bestand die Nahrung der Iren fast nur noch aus Kartoffeln und magerer Milch. In Deutschland wurden – um 1680 – die ersten Kartoffelfelder im bitterarmen Vogtland bestellt. Bei der armen Landbevölkerung Mitteldeutschlands hieß es dann:

«Kartoffeln in der Früh,
Zu Mittag in der Brüh,
Des Abends mitsamt dem Kleid,
Kartoffeln in Ewigkeit!«

Die aufgeklärten Herrscher des 18. Jahrhunderts erkannten bald das Potenzial der Kartoffel. Adam Smith, der große Ökonom und Prophet des modernen Kapitalismus befürwortete den Massenanbau von Erdäpfeln als Billignahrungsmittel für die unteren Schichten. Die Knollen, die mit weniger Arbeitsaufwand pro Anbaufläche mehr Nährwert und mehr Masse erzeugen als das Getreide, kämen der Wirtschaft zugute.[10] Mehr Bauern könnten dadurch von der Scholle befreit werden – so die Rechnung des Ökonomen – und in den Fabriken arbeiten. In Frankreich lenkte der Apotheker Antoine Parmentier die Aufmerksamkeit Ludwigs XVI. auf die Kartoffel als Volksnahrungsmittel. Leider aber wollte das Volk nichts davon wissen. In der Hungersnot von 1780 ließ der kluge Taktiker in und um Paris Kartoffelfelder anlegen, die er tagsüber von bewaffneten Truppen bewachen ließ. Am Abend, wenn sich die Wächter zurückzogen, plünderten die Pariser die Felder. Das war natürlich genau das, was Parmentier beabsichtigt hatte, denn

10 Tatsächlich lassen sich mit Kartoffeln pro Hektar umgerechnet 7 500 000 Kilokalorien erzeugen, mit Getreide dagegen nur um die 4 200 000 Kilokalorien – und das mit weniger Zeit- und Arbeitsaufwand.

Antoine-Auguste Permentier der 1780 in Frankreich die Kartoffel beliebt machte.

bald fanden die Franzosen Geschmack an der *pomme de terre*. Die Herrscher Preußens und Russlands gingen weniger raffiniert vor; sie befahlen ihren Untertanen per Dekret den Anbau der Erdäpfel und belegten das Mehl gleichzeitig mit hohen Steuern. So wurde zwischen 1690 und 1790 der Getreidekonsum halbiert. Es dauerte nicht lange, bis das Volk die Kartoffel – und auch den hochprozentigen Kartoffelschnaps – schätzen lernte.

Wildkartoffeln wurden nachweislich schon vor 10000 Jahren von Jägern und Sammlern in Chile (Monte Verde) gesammelt. Später bauten die Vorfahren der Inkas die Knollen – *papas* genannt – feldmäßig an den feucht-nebeligen Berghängen der Anden, wo es für Mais zu kalt ist, auf bewässerten Terrassenfeldern an. Um die dreitausend verschiedene Züchtungen kannten sie: weiße, gelbe, rote, purpurne, braune, große und kleine, süße und bittere, wobei die bitteren als Lamafutter dienten. Für die Inkas stellten die Kartoffeln die Verbindung zur Erdmutter und zu den Ahnen dar. Die Indianer brachten den Geist der Kartoffel mit dem Jaguargott in Verbindung, der gelegentlich mit blutigen Riten beschwichtigt werden musste. Auch beteten sie die Axomama, die Kartoffelmutter, an. Sie schmückten diese Göttin – ähnlich wie die europäischen Bauern die letzte Getreidegarbe – und huldigten ihr in einer »Kartoffelerneuerungszeremonie«. Noch immer breiten die Indios nach der Ernte die Knollen auf dem Boden aus, lassen sie in der kalten Bergluft über Nacht gefrieren, stampfen anschließend mit den Füßen das Wasser aus und trocknen sie. Diese gefriergetrockneten Kartoffelchips, *chuños* genannt, sind ihr Hauptnahrungsmittel.

Der Deva der Kartoffel ist wahrlich ein mächtiges Wesen. Er hat das Schicksal der Menschheit verändert. Mit den aus den Vorratskammern der Inkas geraubten *chuños* ernährten die Spanier die Sklaven, die in den Minen von Potosí das Silber zu Tage förderten, mit welchem die spanischen Fürsten ihr Weltmachtstreben und die katholische Gegenreformation finanzierten. Aber trotz des geraubten Schatzes wanderte das geopolitische Machtzentrum – dank der Kartoffel – von Südeuropa nach Nordeuropa. Den Erdäpfeln entspricht das feuchtkalte atlantische

Klima eher als das heiße, trockene des Mittelmeerraums. Sie wurden zur idealen Winternahrung, insbesondere wegen ihrem hohen Vitamin-C-Gehalt. Die Knolle bereitete dem Skorbut, der die Menschen im Winter matt und schlapp machte, der den Gaumen bluten ließ, Gliederschmerzen und Infektionsanfälligkeit verursachte, ein Ende. Mit Kartoffeln ließen sich ganze Heere von Fabrikarbeitern und Soldaten durchfüttern. Und der Kartoffelschnaps half, die Brutalität der frühen Industrialisierung besser zu ertragen. So wurde die ertragreiche Knolle zur Ernährungsgrundlage der industriellen Revolution in Nordeuropa.

Die Kartoffel bewirkte eine eigentliche Revolution der Ernährung: Haferbrei, Hirse, Wurzelgemüse wie die Pastinake und andere Nahrungsmittel verschwanden vom Esstisch. Die Knolle, die nun bei fast jeder Mahlzeit gegessen wurde, enthält – neben Vitamin C – auch reichlich andere Vitamine, daneben leicht verdauliches Eiweiß und Aminosäuren (Lysin, Leucin, Valin u.a.), Stärke und Spurenelemente (Aluminium, Nickel, Zink, Jod u. a.). Nicht die Fortschritte in der ärztlichen Kunst, sondern vor allem die Einführung der Kartoffel und die dadurch verbesserte Ernährungslage trugen dazu bei, dass die Europäer gesünder wurden, länger lebten und sich stark vermehrten.

Im Jahre 1845 trat in Irland plötzlich und unerwartet zum ersten Mal die Kartoffelfäule (*Phythophthora*) auf. Die geernteten Kartoffeln wurden schwarz und faulten. Der Pilz wirkte umso verheerender, da die Kartoffeln in den Monokulturen genetisch aus einem einzigen Klon bestanden. Durch drei aufeinander folgende Jahre Missernten wurde die irische Bevölkerung halbiert: Ein Viertel der Iren verhungerte, und ein weiteres Viertel – knapp zwei Millionen Menschen – wanderte vor allem nach Nordamerika aus. Die Yankees jedoch wollten die Neuankömmlinge nicht haben. Durch die über mehrere Generationen hinweg genossene einseitige Ernährung aus Kartoffeln und Magermilch waren die Iren kleinwüchsig geworden. Zudem waren sie dem Alkohol zugetan. Die Amerikaner befürchteten, dass die irischen »Zwerge« die amerikanische Rasse verderben würden. Bald stellte sich heraus, dass die Kinder der Einwanderer dank besserer Ernährung genau so groß wurden wie jeder andere Amerikaner auch. Auch anderswo in Europa schlug die Schwarzfäule zu, so dass viele Millionen arme Bauern, vor allem aus Skandinavien und dem deutschsprachigen Raum, den schweren Entschluss fassen mussten, in die Neue Welt auszuwandern. Die Mehrzahl der heutigen US-Amerikaner sind Nachkommen dieser Kartoffelflüchtlinge.

Inka bei der Kartoffelernte (Spanische Darstellung 16 Jh.)

Selbstverständlich wurde die Knolle, die in einem Zug den Mittagstisch erobert hatte, auch bald von der Volksheilkunde entdeckt. Die Ärzte des 17. Jahrhunderts, die noch nicht so recht zwischen der eigentlichen Kartoffel und der Batate[11] (Süßkartoffel) unterscheiden konnten, glaubten zuerst, dass die längliche Knolle die Manneskraft stärken könne. Für Shakespeare sind die *potato fingers* Symbol der Geilheit. Henry Hudson, ein britischer Kommentator von Shakespeares Werken, schreibt dazu: »Wollust und Lüsternheit, so sagt man, haben Kartoffelfinger, denn von der Kartoffel glaubte man, dass sie den Körper stärke und fleischliche Lust erzeuge.« Von diesem Irrtum ist man bald abgerückt. In der Volksheilkunde gilt eine in der Tasche getragene rohe Kartoffel als Mittel gegen Rheuma. Umschläge aus Kartoffelbrei oder Einreibungen mit frischem Kartoffelsaft finden bei Gicht, Rheuma und Hexenschuss Anwendung. Rohe, geriebene Kartoffeln mit Öl werden bei Verbrennungen, Sonnenbrand und rissiger Haut aufgetragen, heiße Kartoffelpackungen bei Entzündungen, Schwellungen, Bronchitis,

11 Die englische Bezeichnung für die Kartoffel, *potato*, entstammt dem spanischen *batata*. Dies wiederum war die Bezeichnung der karibischen Tainoindianer für die Süßkartoffel (*Ipomea batatas*).

Lymphdrüsenschwellung, Ischias und anderen Schmerzen. Der rohe Saft wird bei Magengeschwüren getrunken.

Kartoffeln sollen angeblich dick und träge machen. Die pummeligen Jugendlichen, die ihre Freizeit, *potato chips* mampfend, vor dem Fernseher verbringen, nennt man in den USA *couch potatoes* (Sofakartoffeln). Es sind aber nicht die Kartoffeln, die dick machen, sondern das Öl oder Fett, in dem die Chips, Pommes oder Bratkartoffeln gebraten werden. Kartoffeln sind an sich gut für die schlanke Linie. Sie sind Basenbildner und verhindern Magenübersäuerung, Verstopfung und Leberstörungen. Neuere Forschungen deuten darauf hin, dass sie möglicherweise krebshemmend wirken, denn sie enthalten Proteasehemmstoffe, die Viren und Karzinogene neutralisieren, Chlorogensäure, die Zellentartungen vorbeugt, und sie haben zudem eine antioxidatorische Wirkung.

Trotzdem gibt es heute immer noch skeptische Stimmen. In der anthroposophischen Literatur lesen wir, dass »das innere schöpferische Denken in Europa zurückgegangen ist von dem Augenblick an, als die Kartoffelnahrung populär geworden ist«. Es sei richtig, dass die Erdäpfel auf den Geist abstumpfend wirken, dass sie dumm und selbstgenießerisch egoistisch machen und somit für den Geisteszustand der heutigen Menschheit mitverantwortlich sind. Die Kartoffel, behauptet Rudolf Steiner, »werde im Kopf verdaut«. »Kartoffelgenuss fördert in keiner Weise die innere Regsamkeit, wirkt hingegen lähmend auf das Sensorium, kann selbst auch auf die Dauer das Mittelhirn und die Entwicklung des Hirnstamms und seiner Funktion schädigen« (Walter 1971: 102). Ein übermäßiger Kartoffelgenuss der Eltern bereite der Geistseele des Kindes Schwierigkeiten, in das Kopforgan richtig einzudringen, so Steiners Schüler Rudolf Hauschka.

Oliven-Kartoffel-Ravioli mit Rosenkohlpüree und gebratenem Knoblauch

Teig:
250 g Dinkelvollkornmehl • 2 Eier • 2 Eigelb • 3 EL Olivenöl • 2 EL Gemüsebouillon

Füllung:
100 g Zwiebeln, fein gehackt • etwas frische Thymianblätter • 2 EL Olivenöl • 60 g schwarze Oliven, ohne Stein, gehackt • 200 g Kartoffelpüree • Kräutersalz, Pfeffer, Muskatnuss

Eigelb zum Bestreichen • 50 g Butter, leicht gebräunt

Alle Zutaten zu einem Teig verarbeiten, 4 Stunden kühl stellen.

Für die Füllung die Zwiebeln mit dem Thymian im Olivenöl braten, bis sie schön braun sind, mit den restlichen Zutaten mischen und abschmecken.

Den Teig ausrollen und Rondellen von 8 cm Durchmesser ausstechen. In die Mitte jeweils etwas Füllung geben, den Rand mit etwas Eigelb betreichen. Den Teig darüber schlagen, so dass Halbmonde entstehen; die Ränder gut andrücken. Die Ravioli auf ein gefettetes oder mit Backpapier belegtes Blech geben und mit Eigelb bestreichen. Im Ofen bei 180 Grad 10 Minuten backen. Mit heisser Butter servieren.

Tipp: Statt selbst gemachtem Teig kann man auch fertigen Blätterteig verwenden.

KOHL

Brassica oleracea

Familie: Kreuzblütler

Andere Namen: Kappes, Kraut, Kumst

Spielarten des Kohls: Rot-, Weiß-, Spitz-, Wirsing-, Markstamm-, Rosen-, Blumenkohl, Brokkoli, Kohlrabi, Kohlrübe, Rübsenkohl

Heilwirkung äußerlich: frische Umschläge bei Geschwüren, Phlegmonen, Brand, Röteln, Gürtelrose, schlecht heilenden Wunden, Neuralgien, Tumoren, Nagelbettentzündungen, Gebärmutterentzündung; *innerlich:* Kohlsaft bei Magen- und Zwölffingerdarmgeschwüren, Gallenblasenentzündung; Sauerkrautsaft wirkt Blut reinigend, entgiftend, stärkt die Abwehrkräfte, mindert Arterienverkalkung und normalisiert die Darmflora.

Symbolische Bedeutung: überschüssige Lebenskraft, jupiterische Fülle, Gewinn; Dumpfheit, Gegner des Rauschgottes Dionysos; Sankt Bartholomäus

Astrologische Zugehörigkeit: Mond, Jupiter; Samenkörner des Kohls, Rotkohl = Mars; Wirsing = Merkur

Die Wildform des Kohls wächst noch immer als dickblättriges Kraut an den Küsten des Mittelmeers und der Nordsee. Vor allem auf Helgoland – einst die heilige Insel der Wikinger – kann man ihn in seiner üppigen Pracht bewundern. Eine Wachsschicht schützt die fleischigen Blätter vor salzhaltigem Nebel und die scharf schmeckenden Senfölglykoside vor kalten Meereswinden. Die Blüten, die im zweiten Jahr erscheinen, sind schwefelgelb.

Schon die steinzeitlichen Wildbeuter schätzten das nahrhafte Wildgemüse und seine ölhaltigen Samen. Die »anthropochore« (menschenliebende) Pflanze kam praktisch von selbst zu den ersten Bauern. Auf entblößten, mit stickstoffhaltigen Abfällen gedüngten Böden fand der Wildkohl – zuerst als »Unkraut« – eine geeignete ökologische Nische. Dort gab er sich bereitwillig den Wünschen der Menschen hin, die im Laufe der Zeit viele verschiedene Sorten züchteten – vom Kohlrabi bis hin zum Baumkohl, der bis zu fünf Meter hoch werden kann. Blumenkohl, Brokkoli (Spargelkohl), Grünkohl, Wirsing, Rosenkohl, Rotkohl, Weißkohl, Spitzkohl und Federkohl gehören alle zu derselben

Die vielen Spielarten des Kohls (aus »Paraoisi in Sole«, 1629).

Art *Brassica oleracea;* zur selben Gattung gehören Speiserüben (*Brassica rapa*), Steckrüben (*B. napobrassica*), der zarte, bleiche Chinesenkohl (Wong Boc, *B. pekinensis*) und der robustere Boc Choi oder Pak Choi (*B. chiniensis*). Der Kohl ist sozusagen der Hund unter den Gemüsen, denn auch dieser ließ sich wie kein anderes Tier vom Menschen formen. Vor allem die keltischen Bauern Mitteleuropas machten sich die Mühe, das Wildkraut in einen echten Gartenbewohner zu verwandeln. Fast alle heutigen Namen dieser Gemüsepflanze sind keltischen Ursprungs: *kol*, *kal*, *kap* oder *bresic* – daher die lateinische Bezeichnung *Brassica*. Bis nach Asien drang der keltische Name: *kapsta* heißt der Kappes bei den Tartaren, *kopi* oder *gobhi* im Land der Hindus.

Für die alten Griechen – sie kannten nur zwei Blattkohlsorten – war der Kohl eine heilige Pflanze. Der Kohl sei, so die Mythe, aus den Schweißtropfen des Götterkönigs Zeus entsprungen, als dieser wegen einem widersprüchlichen Orakel ins Schwitzen kam. Deswegen konnte man beim Kohlkopf Eide schwören oder mit Kohl unreine Geister von Kindern und Wöcherinnen fernhalten.

Eine andere antike Legende erzählt, dass das Gemüse aus den Tränen des Königs Lykurgos, dem Verächter des Weingottes Dionysos, hervorging. Lykurgos vertrieb die ekstatischen Weintrinker und ließ die Rebstöcke abschlagen. Darauf schlug ihn der Gott des Rausches mit Wahnsinn, so dass er seinen eigenen Sohn, den er für einen Weinstock hielt, tötete. Selbst seinen eigenen Fuß hieb er sich im Wahn, es sei ein

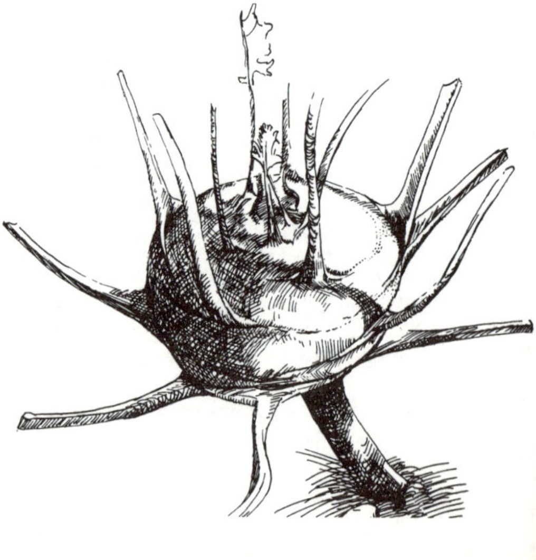

Auch der Kohlrabi ist eine Spielart des Kohls.

Weinstock, ab. Die Mythe will damit sagen, dass der Kohl einen dumpfen Kopf macht und als Gegenspieler der Weinrebe dem alkoholischen Rausch entgegenwirkt. Auch die Römer waren überzeugt, dass der Kohl vor Trunkenheit schützt. Cato (234 bis 149 v.u.Z.), der den Kohl für das beste aller Heilmittel hielt, schrieb: »Wer auf einem Gastmahl viel trinken und essen will, soll vorher rohen Kohl mit Essig essen – dann kann er zechen, so viel er will.« Für Catos Landsmann, Plinius (23–79 n.u.Z.), ist der Kohl das Allheilmittel, die Panazee, dank der die Römer sechs Jahrhunderte lang keine Ärzte brauchten. In den alten Zeiten der Republik hätten sie sämtliche Beschwerden mit Kohl geheilt. Erst als sie dekadent wurden und verweichlichten, lieferten sie sich den verschlagenen griechischen Ärzten und ihren teuren Medikamenten aus.

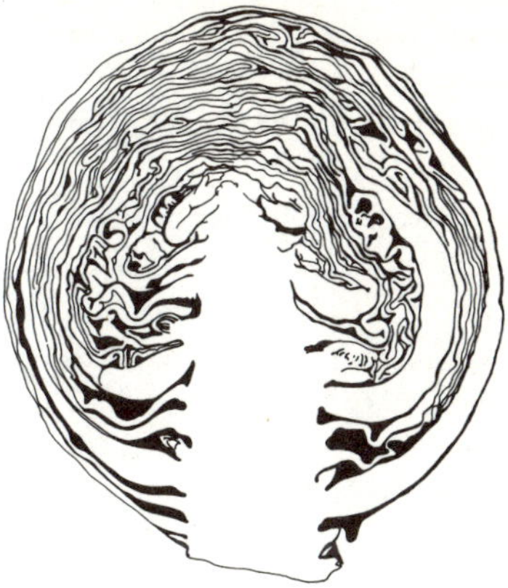

Halbierter Kopfkopf.

Die modernen Kohlsorten entstanden erst im Mittelalter: der dicke, runde Kopfkohl im kühlen nördlichen Europa. (Hildegard von Bingen kannte schon den Rotkohl und den Weißkohl.) Das Einstampfen und die Milchsäurevergärung des Kohls als Sauerkraut ist eine frühe Erfindung der Westslawen – die Römer lagerten die Kohlblätter noch in Essig ein. Im 17. Jahrhundert wurde in Savoyen der Wirsingkohl, in Norditalien der Blumenkohl und der Broccoli gezüchtet. Der Rosenkohl entstand im 18. Jahrhundert in Belgien.

Kohl wird heute auf der ganzen Welt angebaut, besonders gut gedeiht er aber im nördlichen Mitteleuropa, wo ihm das allgemein kühle, nasse atlantische Klima entgegenkommt. Für das einfache Volk in Mittel- und Osteuropa, für die Niederländer, Elsässer, Polen, Russen und vor allem die Deutschen war der Kohl neben Brei und Brot die unverzichtbare alltägliche Speise. Im Sommer und Herbst aß man das frische Kraut; im Winter und Frühling holte man es aus dem Keller, aus der Sandmiete oder aus dem Sauerkrautbottich. So kam es, dass der Kohl den dumpfen bäuerlichen Alltag symbolisierte, die Speise des dummen Michels. »Krauts« ist noch heute die Bezeichnung der angelsächsischen Völker für die als eher humorlos empfundenen Deutschen. Und auch »boche«, mit dem die Franzosen ihr östliches Nachbarvolk bezeichen, hat etwas mit dem Kohlkopf zu tun: Es entstammt dem altfranzösischen *caboche* (= Dickkopf) und wurde als *cabbage* (Kohl) ins Englische entlehnt.

Von der Heilkraft des Kohls erfuhr ich erstmals als Gärtner in einer biodynamischen Gärtnerei in Genf. Tagtäglich kam eine Familie, um ihren Großvater, der an Hautkrebs litt, mit frischen, ungespritzten Wirsingkohlblättern zu versorgen. Ein besseres Heilmittel gäbe es nicht, versicherten sie mir. Eine typische volksmedizinische Anwendung. Seit je walzen die Großmütter frische Kohlblätter mit dem Nudelholz und legen diese dann auf Geschwüre, schlecht heilende Wunden, Verbrennungen, Gicht, »Fingerwurm« (Nagelbettentzündung), Schorf, Zellgewebsentzündungen, Rotlauf, Brand (Gangrän), Pocken, Gürtelrose, Neuralgien und Tumoren. Die Wickel werden morgens und abends gewechselt und die erkrankten Stellen mit Kamillentee gereinigt. Eine durchaus vernünftige Behandlungsweise, wie Naturärzte versichern. Noch immer verschreibt der bekannte Berner Arzt Jürg Reinhard Kohlumschläge, um Eiter aus dem Gewebe zu ziehen. Bei Unfruchtbarkeit, Gebärmutterunterentwicklung, nach zu langer oder zu früher Einnahme der Pille lässt er über Nacht ein Kohlblatt auf den Unterleib auflegen. Der große Kräuterheiler Maurice Mességué nennt den Kohl einen »dicken, großzügigen König«, den »roi du jardin potager«, »die Apotheke der Armen«, und behauptet schmunzelnd, »eine Kohlsuppe könnte (fast) einen Toten auferstehen lassen«. Auch er lässt zerstampfte Kohlblätter bei allen möglichen Leiden auflegen. Bei Rheuma und Muskelschmerzen empfiehlt er einen heißen Umschlag der Blätter. Innerlich wirkt der Saft blutreinigend und ist bei Leber- und Darmbeschwerden angesagt.

In der Volksheilkunde gilt sogar der Urin des Kohlessers als heilkräftig. Der Renaissancearzt Hieronymos Bock schreibt, dass Geschwüre verschwinden, wenn sie in dem Harn, der nach Rotkohlgenuss entsteht, gebadet werden. Die Dämpfe des gekochten Kohls wurden eingeatmet, um Kater und Kopfschmerzen nach ausgiebigen Gelagen zu lindern. Vor allem aber konnte man sich mit Kohl oder Sauerkraut den winterlichen Scharbock (Skorbut) vom Leib halten. Kohl wurde deswegen als Kultspeise zu Weihnachten, Neujahr, Fasnacht oder Ostern gegessen. Das edle Kraut enthält mehr Vitamin C als Orangen. Die Holländer, die auf ihren Weltumsegelungen im 17. und 18. Jahrhundert immer Sauerkraut mit sich führten, kannten kaum die Verluste

Gärtner Pötschke beim Sauerkrautstampfen.

an Mannschaft, welche die anderen Seemächte, vor allem die Briten, heimsuchten. Es galt praktisch als Wunder, dass Captain Cook, der drei Jahre in der Südsee unterwegs war, nicht einen einzigen Mann an den Skorbut verlor. Zu verdanken hatte er dies dem deutschen Naturforscher Georg Forster, der ihn veranlasste, sechzig Fässer Sauerkraut an Bord zu laden. Der ehrgeizige Kapitän Cook ließ die Matrosen, die sich weigerten, ihre tägliche Portion Sauerkraut zu essen, mit Peitschenhieben bestrafen.

Mehr noch als die verschiedenen Wirkstoffe ist es die überquellende Lebenskraft, die den Kohl zur wirksamen Medizin macht. Zerstampfter Kohl verstrahlt »ätherische Bildekräfte« (R. Steiner), die wie in einer Art Frischzellentherapie vom kranken Gewebe aufgenommen werden. Wohl wegen seiner Wachstumsfreudigkeit und strotzenden Vitalität sagte man in Frankreich, Belgien und im ostfriesischen Saterland, dass die Mütter sich ihre Kinder aus dem Kohlbeet holen.

Wie kaum eine andere ist diese wichtige Nahrungs- und Heilpflanze von magischem Brauchtum und Tabus umrankt. Zur Aussaat oder zum Pflanzen wurden die christlichen Hauptfeiertage, Karfreitag, Gründonnerstag, oder die Namenstage großer Heiliger – etwa der 17. März, Tag der Gärtnerpatronin Gertrude – gewählt. Man säte bei Glockengeläut, »damit die Köpfe so groß wie Glocken werden«, oder bei zunehmendem Mond, »dann werden die Köpfe dick«; man legte einen großen Stein ins Beet, »so hoch und fest sollten sie werden«. Die Bäuerin sprach beim Setzen: »Häupter wie mein Kopf! Blätter wie mein Schürz! Und Strünke wie mein dickes Bein!« Schwangere sollten den Kohl setzen, damit er gut gedeiht und dickbäuchig wird. Man mied ungünstige Tage wie den 1. April – »da gibt es lauter Narren« – oder ungünstige Sternzeichen wie den Schützen – »da schießt er ins Kraut« –, den Steinbock – »da wird er hart und holzig« – oder den Krebs – »dann fressen Würmchen an den Wurzeln«. Auch beim Sauerkrauteinlegen war man vorsichtig: Geschieht dies im Zeichen der Fische, hieß es, wird das Kraut schleimig. Die Samen wurden vor der Aussaat in Weihwasser eingeweicht oder in Aschermittwochsasche gelegt. Während des Setzens bewarfen Männer und Frauen einander mit Erde oder versuchten einander umzustoßen. Dabei handelt es sich um die letzten Ausklänge eines archaischen Fruchtbarkeitszaubers, nämlich den Beischlaf auf dem Acker.

Gegen gefräßige Raupen wurde ein »Wurmsegen« gesprochen oder der Acker mit Wasser aus einem Petrus geweihten Brunnen besprengt. (Hier tritt Petrus als Wetterherr an die Stelle des Gewittergottes Donar, der mit seinem Hammer Würmer und Drachen aller Art bekämpft.) Bei Raupenbefall lief die Bäuerin um Mitternacht splitternackt mit einem Birkenbesen dreimal um den Krautacker und rief: »Zur Kirmes, ihr Jungfrauen« oder »Juchee, Rippen, Rappen. Sollt mir auf der Kirchweih tappen.« Bartholomäus, der »geköpfte Heilige«, galt als Patron des Kohlackers. Am Bartholomäustag (24. August) durfte niemand ins Kohlfeld gehen, weil man sonst den »Barthel« verjage, der an diesem Tag die Köpfe fest und dick macht. Auch am Gallustag (16. Oktober) durfte man nicht in den Kohl, sonst wird dieser »bitter wie Galle«. Ein Spaziergang durch den Kohlgarten am Tag der Enthauptung des Johannes jedoch lässt die Kohlköpfe gut gedeihen. Zu Jakobi (25. Juli) rief man den Kohlpflanzen zu: »Jakob, du Dickkopp, Häupter wie mein Kopp!« Ein weiterer Kohlheiliger war Stephan. Am Stephanstag (26. Dezember) durfte man keinen Kohl essen, denn der Heilige verbarg sich vor der Verfolgung in einem Kohlfeld.

Mit dem Niedergang der ländlichen Kultur im letzten Jahrhundert erloschen nicht nur diese magischen Bräuche, sondern man vergaß auch die Heilkraft des Kohls. Neuere Forschungen bestätigen jedoch das alte Wissen der Volksmedizin. Als frischer Saft oder Rohkost ist Kohl heute ein wichtiges diätetisches Hilfsmittel bei Magen- und Zwölffingerdarmgeschwüren. Klinische Untersuchungen zeigen, dass Kohl zur Vorbeugung von Darmkrebs beiträgt. Sauerkraut, am besten roh gegessen, ist in unserer »übersäuerten« Zeit – wir essen zu viel Eiweiß und Zucker – die ideale basische Nahrung. Sauerkrautsaft ist eines der besten Gesundheitsgetränke; es wirkt entgiftend, fördert den Stuhlgang, stärkt die Abwehrkräfte, mindert Arterienverkalkung, normalisiert die Darmflora und versorgt uns mit Vitamin C.

Entgegen den Erwartungen hat »Kohldampf schieben« (= sehr hungrig sein) nichts mit dem Kohl zu tun, sondern entstammt der Gaunersprache. Dem Begriff liegt wahrscheinlich das Zigeunerwort *kalo* (= schwarz, arm, hungrig) zugrunde. *Dampf* bedeutet im Rotwelsch »Hunger«. Auch »Kohl« in der Bedeutung »Geschwätz«, »dummes Zeug reden« beziehungsweise in der Wendung »jemanden verkohlen«

hat nichts mit der Gemüsepflanze zu tun, sondern entstammt dem jiddischen *cholem* (= unnützes Geschwätz) aus dem hebräischen *quol* (= Stimme).

Mancher Gesell ergriff seinen Wanderstab, wenn die Meisterin immer wieder dieselben faden Kohlgerichte aufwärmte. So heißt es denn auch im Volkslied:

«Sie, sie, sie und sie, Frau Meist'rin, leb' sie wohl!
Ich sag's ihr grad' frei ins Gesicht,
Ihr Speck und Kraut, das schmeckt mir nicht.«[12]

Im übertragenen Sinn bedeutet »alten Kohl aufwärmen« eine erledigte Angelegenheit neu auftischen. Davon wussten schon die Römer zu berichten: Der Dichter Juvenal schuf das geflügelte Wort: »Immer wieder aufgewärmter Kohl tötet den Schullehrer.«

Gedämpfter Amaranth auf Weisskabissalat mit Thymian

60 g Amaranth • ½ l Gemüsebouillon • 1 EL Rosenpaprika • einige Thymianblätter • Olivenöl • 300 g Weisskohl (Kabis), fein geschnitten, gut massiert • 4 EL Mayonnaise • 1 TL Honig • 40 g Rosinen • 1 TLOlivenöl • 1 TL Obstessig • 1 Prise Zimt • Kräutersalz, weisser Pfeffer • 30 g Alfalfasprossen

Den Amaranth in der Bouillon zugedeckt etwa 15 Minuten dämpfen. Mit dem Paprika abschmecken. Den Thymian in wenig Olivenöl knusprig braten und darunter mischen.

Den Weisskohl mit Mayonnaise, Honig, Rosinen, Öl und Essig gut mischen. Mit Zimt, Kräutersalz und Pfeffer abschmecken. Den Weisskabissalat auf dem Alfalfa anrichten und den lauwarmen Amaranth dazu servieren.

12 Ähnlich der alte Auszählreim der Kinder: »Eins, zwei, drei, vier, fünf, sechs, sieben, / Sauerkraut und Rüben, / die haben mich vertrieben. / Hätt' meine Mutter Fleisch gekocht, / wär' ich bei ihr geblieben.«

Gerstensuppe mit Sauerkraut und Joghurt

80 g Vollgerste, über Nacht eingeweicht • 100 g Sauerkraut, fein gehackt • 2 Lorbeerblätter • 2 EL Olivenöl • 1,4 l Gemüsebouillon • gemahlener Koriander, Kräutersalz, schwarzer Pfeffer • 4 EL Joghurt • etwas fein gezupfter Liebstöckel

Die Gerste und das Sauerkraut mit dem Lorbeer im Olivenöl andünsten, mit der Bouillon auffüllen und bei kleiner Hitze weich dämpfen. Mit Koriander, Kräutersalz und Pfeffer abschmecken.

Den Joghurt mit dem Liebstöckel verrühren und dazu servieren.

Sauerkrautstrudel an Wildrahmsauce

300 g Blätterteig • 250 g Sauerkraut, fein gehackt • 50 g Gorgonzola, in Würfel zerteilt • 40 g frische Heidelbeeren • 2 Wacholderbeeren, gemahlen • Kräutersalz, Pfeffer

Sauce:
100 g Zwiebeln • 1 EL Olivenöl • 2 EL Honig • 1 EL Obstessig • 200 ml Rotwein • 400 ml Gemüsebouillon • 4 kleine Tannenäste • 20 g Linsenmehl • 100 ml Rahm • Kräutersalz, Pfeffer

Den Teig ausrollen. Das Sauerkraut darauf verteilen, mit den Käsewürfeln und den Heidelbeeren belegen, mit dem Wacholder sowie etwas Kräutersalz und Pfeffer würzen. Den Teig zum Strudel einrollen und im Ofen bei 180 Grad etwa 35 Minuten backen.

Für die Sauce die Zwiebeln im Olivenöl dünsten, Honig und Kräutersalz dazugeben. Mit Essig und Wein ablöschen und mit der Gemüsebouillon auffüllen. Die Tannenzweige und das Linsenmehl dazugeben und alles etwa 1 Stunde kochen lassen. Mit Pfeffer abschmecken, mit dem Rahm binden, durch ein Sieb passieren und zum Strudel servieren.

Rotkohlkuchen mit Rosmarin-Sesam-Schaumsauce

800 g Rotkohl, fein geschnitten • 1 Lorbeerblatt • 1 Nelke • 1 kleine Zimtstange • 1 l Gemüsebouillon • 2 Eigelb • 1 ganzes Ei • etwas Rahm

Sauce:
2 Zweige frischer Rosmarin • 3 EL Sesam • 1 EL Olivenöl • 50 g Frischkäse • frisch geriebener Meerrettich • Kräutersalz, Pfeffer

Den Rotkohl mit Lorbeer, Nelke und Zimtstange in der Bouillon weich dämpfen. Es sollte am Schluss sehr trocken sein und der Rotkohl weich. Abkühlen lassen, dann mit den Eigelben, dem Ei und dem Rahm mischen. In eine Form geben und im Ofen bei 200 Grad 30 Minuten backen.

Für die Sauce den Rosmarin und den Sesam im Olivenöl anbraten, mit Kräutersalz und Pfeffer würzen. Abkühlen lassen und mit dem Frischkäse und dem Meerrettich mischen.

Die Sauce zum heissen Rotkohlkuchen servieren.

Grünkohl mit Senf und Kümmel

4 EL Butter • 1 TL Kümmel • 2 EL schwarze Senfkörner• 500 g Grünkohl, fein geschnitten • 200 g Kartoffeln, gewürfelt • 200 ml Weisswein • 300 ml Gemüsebouillon • 1 TL Honig • Meersalz, schwarzer Pfeffer • 4 EL Sauerrahm

Die Butter erhitzen, Kümmel und Senf darin anbraten, dann den Grünkohl und die Kartoffeln hinzufügen. Mit dem Weisswein ablöschen, mit der Bouillon auffüllen und das Gemüse zugedeckt weich kochen. Mit dem Honig, Meersalz und Pfeffer abschmecken. 2 Stunden zugedeckt stehen lassen, dann nochmals aufkochen und mit dem Sauerrahm servieren.

Rosenkohlpüree mit Kräuterkartoffeln

900 g Rosenkohl, fein geraspelt • 2 EL Butter • 400 ml Gemüsebouillon • 100 ml Rahm • Muskatnuss

2 EL Olivenöl • 100 g frische Kräuter (Rosmarin, Thymian, Salbei) • 800 g Kartoffeln, gewürfelt • Kräutersalz, Muskatnuss

Den Rosenkohl in der Butter anbraten, mit der Bouillon ablöschen und den Rahm hinzufügen. 10 Minuten bei kleiner Hitze kochen lassen. Mit etwas Muskatnuss abschmecken.

Das Öl in einer Pfanne erhitzen, die Kräuter mit dem Kräutersalz darin kurz anbraten, die Kartoffeln dazugeben und bei kleiner Hitze weich braten. Zusammen mit dem Rosenkohlpüree servieren.

Gegrillte Kohlrabi mit Bärlauchpesto

4 frische Kohlrabi • 2 EL Zitronensaft • Kräutersalz

Bärlauchpesto:
etwas Bärlauch • 50 g Petersilie, gezupft • 4 EL Olivenöl • 1 TL Honig • Pfeffer, Meersalz

Die Kohlrabi in 1cm dicke Scheiben schneiden, mit dem Zitronensaft marinieren und mit Kräutersalz würzen. Auf dem Grill garen, bis sie schön weich sind.

Für den Pesto den Bärlauch mit etwas Meersalz und der Petersilie im Mörser gut verreiben. Das Olivenöl und den Honig dazugeben, mit Pfeffer abschmecken und das Ganze nochmals sehr gut mischen. Zu den Kohlrabi servieren.

KOPFSALAT, LATTICH

Lactuca sativa

Familie: Korbblütler

Andere Namen: Lätsche, Latscher, grüner Salat, Milch-, Kebbel-, Chöpfli-, Kopp-, Blätter-, Häupelsalat

Unterarten, Züchtungen: Eis- oder Krachsalat; Schnitt- oder Pflücksalat; Römischer Salat (Kochsalat), Spargelsalat (Stengel wie Spargel zu kochen)

Heilwirkung: Schlaf- und Beruhigungsmittel, Laktagogum, sexuell abregend, fruchtbarkeitssteigernd

Symbolische Bedeutung: Keuschheit, Reue, Schlaf, Fertilität; Jungfrau Maria; Attribute der phallischen Gottheiten, Min und Adonis

Planetarische Zugehörigkeit: Mond

> »Fünf Köpfe bringen einen guten Salat zustande:
> Ein Geizhals, der den Essig träufelt,
> ein Verschwender, der das Öl gibt,
> ein Weiser, der die Kräuter sammelt,
> ein Narr, der sie durcheinander rüttelt,
> ein Künstler, der den Salat serviert.«
> *A. Brillat-Savarin, 1755–1826*

Die meisten von uns arbeiten sitzend und fahren im Auto sitzend zur Arbeit. Wir entspannen uns, indem wir vor dem Fernseh- oder Computerbildschirm sitzen. Und dennoch sollten wir schlank, sexy und sportlich sein – das verlangt die Gesellschaft von uns, der Partner, der Arzt, die Nachbarn, die Arbeitskollegen. Da ist es kein Wunder, dass der vitaminreiche, frische und – mit bloß 14 Kalorien je 100 Gramm Frischsubstanz – kalorienarme grüne Salat unseren Teller erobert hat. Kreative Salatbeilagen gibt es zu fast allen Mahlzeiten, und oft besteht die ganze Mahlzeit aus einem gemischten Salat. Für berufstätige, aktive Menschen, die keine Zeit finden, den Kopfsalat zu putzen und zu zerschnipseln, haben die Supermärkte sortierte, gewaschene, geschnittene, trockengeschleuderte und säuberlich in Plastikfolie verpackte knackige Mischungen im Angebot. Noch etwas vorgefertigte Soße darauf – und schon ist das Fitnessgericht fertig.

Das Bild eines Incubus (nach Francis Barrett, London 1801).

Die Gartenkataloge enthalten Dutzende von Sorten und Züchtungen des Kopf-, Blätter- oder Schnittsalats; auch für das kleinste Gartenbeet ist etwas dabei. Die dreißig Eis- oder Krachsalatarten, Friséesalat, Eichblattsalat, Pflücksalat, Römischer Salat und die vielen Kopfsalatarten sind alle miteinander verwandt: Sie gehören alle zur Gattung der Lattiche (*Lactuca sativa*). Dazu gehört auch der aus China kommende Spargelsalat (*Lactuca sativa* var. *asparagina*), dessen dicke Stengel nicht roh gegessen, sondern wie Spargel gekocht werden. In Amerika ist er als *celtuce* bekannt; die Samen wurden Mitte des letzten Jahrhunderts von einem amerikanischen Missionar eingeführt.

Ein zeitgenössischer Schriftsteller bezeichnet die Erfindung des Salats als »eine der größten Kulturleistungen der Gastronomie (...) eine gesunde und erfrischende Beilage zu heißen Speisen« (Mercatante 1980: 195). Der grüne Salat war jedoch nicht immer so beliebt. Noch unsere Großeltern aßen das »Kaninchenfutter« höchstens am Sonntag als kühlende Beilage zum fetten Sonntagsbraten. Die Salatblätter wurden stundenlang in Essigwasser eingeweicht, dann gezuckert und in einem ziemlich welken Zustand serviert.

Wahrscheinlich waren es christliche Mönche, welche die Salatpflanze aus dem Mittelmeerraum mit in den kühlen Norden brachten und in ihren kleinen Klosterbeeten anpflanzten. Überhaupt scheint der eigentliche Kopfsalat erst nördlich der Alpen in den Klostergärten gezüchtet worden zu sein. Lattiche werden im 9. Jahrhundert in den Anweisungen erwähnt, die Karl der Große für seine Ländereien erließ. Im Entwurf des Klostergartens von St. Gallen findet sich auch ein Beet für Lattich.

Der Salat stand im Ruf, unkeusche Gelüste, erotische Träume und die darauf folgende unfreiwillige Pollution (Samenerguss) zu verhindern. Da die Versuchung durch nächtliche Buhlteufel, durch verführerische *Incubi* und *Succubi* für die armen Mönche und Nonnen eine regelrechte Plage war, gab es kaum einen Klostergarten ohne Beete für Lattiche und andere Keuschheitspflanzen (Anaphrodisiaka) wie den Dill, die Raute oder den Keuschlamm (Mönchspfeffer). Die Mönche kannten die antiken Schriften, etwa die des Dioskurides, der da schrieb: »Der Gartenlattich ist gut für den Magen, kühlt etwas, macht Schlaf, erweicht den Bauch und befördert die Milchabsonderung (...) Sein Same getrunken hilft denen, die an häufiger Pollution leiden, und hindert den Beischlaf.« Die Pythagoräer, denen es darauf ankam, die Lebensessenz nicht in der Sexualität zu vergeuden, sondern zu vergeistigen, nahmen deswegen den Lattich in ihre Diät auf. In der antiken »Säftelehre«, in der sich die Klosterbewohner auf jeden Fall gut auskannten, galt der Lattich als feucht und kühlend bis zum dritten Grad. Er kühlt nicht nur den Körper, sondern auch die Leidenschaften.

In der christlichen Symbolik – etwa in den Renaissancebildern des letzten Abendmahls – stellen Salatblätter nicht nur die Enthaltsamkeit dar, sondern auch bittere Reue und Busse. Bis auf die zarten, jungen Blätter ist der Lattich nämlich eine bittere Pflanze; wenn man ihn auswachsen und blühen lässt, wird er immer milchiger und bitterer. Die blassgelbe Blüte war einst Symbol der keuschen Jungfrau Maria.

Die »Kräuterväter« des 16. Jahrhunderts, Verfasser der ersten gedruckten Kräuterbücher, nahmen das Motiv des Salats als Triebtöter wieder auf: »Lattichsaft auf das Gemächt[13] gestrichen, vermindert unkeusche Lust und hemmt den natürlichen Samen« und: »Alle, die Keuschheit zu halten gelobt, sollten nichts denn Rauken und Lattichkräuter essen« (Matthiolus). »Lattich stets als Kost gebraucht, vertreibt die Geilheit« (H. Bock). Nur scheint die Pflanze nicht immer gewirkt zu haben. Ein mittelalterlicher Bericht erzählt von einer Nonne, die von einem Salat aß, auf dem ungesehen ein Teufel hockte. Da sie vergessen hatte, das Kreuz über die Salatschüssel zu schlagen, fuhr er in sie ein und ließ sich kaum vertreiben.

13 Bezeichnung für das männliche Glied.

Wenn es so ist, dass der zarte Korbblütler eher triebdämpfend wirkt, verwundert es umso mehr, dass er im alten China zur Beschwörung eines reichen Kindersegens verwendet wurde. Im Niltal, wo der Blattsalat zuerst aus dem Wildsalat gezüchtet und als Gartengemüse angebaut wurde, war er sogar Min, dem Gott der sexuellen Fruchtbarkeit, geweiht.[14] Diesem »Stier, der auf den Frauen ist und Samen schafft den Göttern und Göttinnen«, diesem »Begatter, der die Frauen mit seinem Glied befruchtet«, wurden in den Tempeln kleine Salatgärtchen angelegt. In den sakralen Prozessionen zu Ehren des Gottes trugen die Ägypter Schalen mit frischen, grünen Lattichpflänzchen. Ethnobotaniker wie Christian Rätsch vermuten, dass die Beziehung zwischen dem ithyphallischen Gott und dem Lattich auf der Analogie des weißen Milchsaftes und der Samenflüssigkeit beruht.

Min, altägyptischer Fruchtbarkeitsgott.

Im alten Griechenland wurde der Lattich dem beliebten sterbenden und wieder auferstehenden phallischen Jüngling Adonis geweiht. Lattichsamen wurden mit in die rituellen Adonisgärtchen gesät, die, kaum ergrünt, wieder vertrockneten. Die Liebesgöttin Aphrodite (Venus), die um ihren toten Liebhaber Adonis trauerte, bettete seinen Leichnam auf ein Lager aus Lattichblättern.

Wie nun lässt sich der Widerspruch – Anaphrodisiakum und Fertilitätskraut – lösen? Der geniale Kräuterheiler Maurice Mességué nimmt an, dass dieses Eunuchenkraut (*herbe des eunuques*) zwar die Geilheit dämpft, aber, da es viel Vitamin E (Tocopherol, griech. für »geburtenbringend«) enthält, gleichzeitig die Fortpflanzung begünstigt. Auf jeden Fall rät der indische Ayurveda schwangeren Frauen, viel Lattich zu essen. Indische Wissenschaftler berichten, dass Salat sich günstig auf die Bildung der Schwangerschaftshormone (Gestagene) auswirkt und die Gefahr einer Fehlgeburt vermindert. Auch stillende Mütter sollten – nach ayurvedischer Sicht – den Lattich nicht verschmähen, da diese milchreiche Pflanze auch die Milch in den Brüsten

14 Die älteste Darstellung aus Ägypten stammt aus der 4. Dynastie vor rund 4600 Jahren.

mehre. Die Indianer Nordamerikas ließen sich ebenfalls von dieser Signatur leiten. Sie brauten einen Tee aus den Blättern des nahe verwandten Wildsalats (*Lactuca virosa*), um einen stockenden oder versiegenden Milchfluss wieder anzuregen. Die moderne Forschung bestätigt inzwischen, dass die Volksmedizin die Signatur richtig deutet. Der Milchsaft im Lattich regt die Ausschüttung des Stillhormons Prolaktin an. Zudem beruhigt Prolaktin bis hin zu träumerischer Benommenheit – es steht mit den körpereigenen Opiaten in Beziehung –, vermindert aber zugleich die sexuellen Bedürfnisse. Wenn die Indianer den Milchsaft des Lattichs als Beruhigungsmittel für schreiende Säuglinge verwenden, dann machen sie sich dieselbe empirische Erfahrung zunutze wie Maurice Mességué, der seinen an Schlaflosigkeit leidenden Patienten drei Salatköpfe als Abendspeise zumutet. Damit sie diese Menge bewältigen, lässt er die Salatköpfe kochen oder dünsten, wodurch sie an wässriger Masse, aber nicht an Wirkung verlieren. Dieses Rezept ist nicht seine persönliche Erfindung, sondern stammt von den Römern. Vor dem Zubettgehen aßen sie gekochten und gesalzenen Lattich. Unser alltägliches Wort »Salat« entstammt dem italienischen *insalata* (= gesalzene Speise; vom lateinischen *sal* = Salz). Der römische Arzt Galen schreibt: »Als ich älter zu werden begann und das richtige Maß der Zeit schlafend hinbringen wollte, war ich teils durch die Gewohnheit, des Nachts wach zu liegen, teils weil im Alter der Schlaf von selbst oft fehlt, nur dadurch imstande, mir wohltätigen Schlaf zu verschaffen, dass ich des Abends eine Portion gekochten Salates aß.«

Der Kopfsalat ist ein milchiger Korbblütler wie auch der Löwenzahn, der Wiesenbocksbart oder die Gänsedistel. Er ist eine einjährige Langtagespflanze, das heißt, er »schießt« in die Blüte, wenn die Tage länger werden als die Nächte. Er hat wie seine nächsten Verwandten, der Stachellattich (*L. serriola*) und der Giftlattich (*L. virosa*) – mit denen er sich sogar kreuzen lässt –, kleine blassgelbe Blüten. Wenn er blüht, enthält er am meisten Milch. Der getrocknete Milchsaft (*Lactucarium*) war schon in der Antike ein Heilmittel. Lactucarium – das »kalte Opium« (*Opium frigidum*) – wirkt als beruhigendes Narkotikum, erzeugt aber keine Sucht. Es kam zusammen mit dem Saft des Opiums, des Schierlings und des Bilsenkrauts in die »Schlafschwämme«, welche die mittelalterlichen Ärzte als Betäubungsmittel bei operativen Eingriffen und die Henker bei Hinrichtungen verwendeten. Echtes Opium konnte damit gestreckt werden. Auch Hexensalben enthielten den latexähnlichen Saft des Lattichs. Hildegard von Bingen war nicht gut auf den

»unnützen Saft des Unkruts« zu sprechen, da er »das Gehirn des Menschen leer und dumpf macht«.

Die Volksheilkunde kennt Lactucarium als kühlendes, schmerzstillendes, schlafförderndes Mittel sowie als Heilmittel bei Augenentzündungen. Man legte mit dem weißen Saft getränkte Lappen auf die siechen Augen. Die Sage erzählt, dass Adler immer wieder einige Lattichblätter fressen, um ihre Sehkraft zu erhalten. Weiter wurden der Saft oder die frischen Blätter des Lattichs beim Verbinden schmerzlicher Geschwüre eingesetzt und zur Heilung des Kopfgrinds und von Flechten benutzt. Die Indianer benutzten ihn ebenfalls zur Behandlung von Hautausschlägen und *Poison ivy* (Ausschlag durch Giftsumach).

Inzwischen hat die Heilkunde das Lactucarium wiederentdeckt. Pharmakologische Untersuchungen haben gezeigt, dass es ähnlich dem Codein eine beruhigende und hemmende Wirkung auf die Atmung hat, aber schwächer und weniger gefährlich ist. Der Saft findet daher bei Krampfhusten, Keuchhusten und Asthma Verwendung. Auch als Rauschdroge kam der getrocknete Saft vorübergehend zu Ehren. In den siebziger Jahren wurde er als legales Rauschmittel und Haschischersatz unter dem Namen »Lettucene« in Zeitschriften für Entspannungsdrogen angeboten. Schnell stellte sich aber heraus, dass der dadurch bewirkte »Trip« langweilig und uninteressant ist und das Mittel zudem recht unangenehm schmeckt – von einer »Einstiegsdroge«, »die zu Hirnsschäden führt«, wie damals die FAZ fabulierte, also keine Spur! Dank der in ihm enthaltenen verdauungsfördernden Bitterstoffe ist der Salat die ideale Rohkost bei Stuhlträgheit. Außerdem verringert er die Säurebildung im Blut und gehört deswegen zur Schonkost für Herz- und Nierenkranke.

Für viele Okkultisten stellen Pflanzen mit weißem, milchigem Saft etwas ganz Besonderes dar. Mellie Uyldert wie auch die Theosophen und Anthroposophen sehen in ihnen Vertreter einer längst vergangenen Entwicklungsstufe der Erde, und zwar der Lemuris, als der Mond noch nicht geboren war und die Erde wie das Eidotter im Eiweiß als kosmischer Embryo im milchigen Fruchtwasser schwebte. Damals sei das am höchsten entwickelte Bewusstsein das des träumenden Schlafes gewesen, und die Sexualität sei noch nicht erfunden worden. Gewächse wie der Mohn, die Wolfsmilch oder der Salat enthalten noch Reste dieser milchigen Uratmosphäre. Wie die Muttermilch heute half diese makrokosmische Milch den jungen Geschöpfen, sich auf Erden zu inkarnieren.

Für manche ist das sicherlich »esoterischer Salat«. Redensartlich bedeutet »Salat« ein unannehmbares Durcheinander: »Da haben wir den Salat!«, den Kabelsalat beim PC, den Blechsalat bei der Massenkarambolage, den Bandsalat bei verwickelten Tonbändern, den Wellensalat, wenn sich Rundfunksender überlagern.

Kopfsalat mit Heidelbeeren und Minze

Etwas frische Minze, gezupft • 1 EL Obstessig • 4 EL frische Heidelbeeren • 3 EL Sesamöl • 1 TL Senf • 1 TL Honig • Meersalz, schwarzer Pfeffer • 1 Kopfsalat, gerüstet

Die Minze mit dem Essig, den Heidelbeeren, dem Sesamöl, Senf und Honig mischen. 10 Minuten ziehen lassen, dann mit Meersalz und Honig abschmecken.

Die Sauce gut mit dem Kopfsalat mischen.

Tipp: Servieren Sie ein kräftiges Brot dazu.

KÜRBIS, SQUASH

Cucurbita pepo

Familie: Kürbisgewächse

Andere Namen: Kerbs, Kirwes, Chürpe, Terk (Türke), Türkenköpfe, Pfeben, Pumpern, Plutzer

Heilwirkung: Fruchtfleisch: Diätspeise für Magenkranke, Fettleibige und Nierenkranke. *Samen:* Mittel bei Wurminfektionen, Prostatahyperplasie und Harnwegerkrankungen

Symbolische Bedeutung: Weltenei (Indianer, Afrikaner), Ureinheit von Ying-Yang, Glücksbringer, langes Leben (China), Kürze und Hinfälligkeit des Lebens (christliche Symbolik); Totenverehrung; Sommerende, Halloween und Martinstag

Planetarische Zugehörigkeit: Mond und Jupiter

Den üppig rankenden Kürbis mit seinen großen rauhen Blättern, seinen goldgelben Blüten und den dicken, runden, orangefarbenen Früchten gibt es erst seit der Neuzeit in unseren Gärten. Kolumbus war der erste Europäer, der ein Kürbisfeld zu Gesicht bekam, und zwar am 3. Dezember 1492 auf Kuba. Der Entdecker der Neuen Welt wusste aber gleich, dass er eine Art »indische« *Cucurbita* oder *Curbita* vor sich hatte. So nämlich nannten die Gelehrten der damaligen Zeit die ihnen bekannten Melonen (*Cucumis*) und Flaschenkürbisse (*Lagenaria*) der Alten Welt. So auch kam der indianische Kürbis zu seinem heutigen Namen: Aus *Cucurbita indica* wurde im deutschen Sprachraum dann *Curbiz*, *Körbes* und zuletzt im offiziellen Schriftdeutsch Kürbis.

Außer der Gurke und allenfalls der giftigen Zaunrübe – mit ihr wurde vor allem gezaubert – schenkte man in Nordeuropa den Kürbisgewächsen wenig Beachtung, zumal sie alle recht wärmebedürftig und frostempfindlich sind. Zwar waren die wässrig-süßen Melonen in den Mittelmeerländern seit der Antike eine beliebte Erfrischungsspeise – wie etwa das Eis heute –, und aus dem Flaschenkürbis (Kalebasse) mit seiner harten, trockenen Fruchthülle machten schon die Römer und Griechen Behälter, Trinkgefäße und Rasseln, sonst aber spielten diese Gewächse keine besondere Rolle. Dieser amerikanische Kürbis war jedoch von anderem Kaliber.

Für die Indianer Nord- und Südamerikas war der Kürbis Hauptnahrungspflanze und eine der ältesten Kulturpflanzen. Es war eine vom

Ehe der Kürbis nach Europa kam, schnitzten die Bauern zu Allerheiligen (Halloween) Laternen aus Rüben.

Himmel herabgestiegene verkörperte Göttin wie auch der Mais und die Bohnen. Höhlenfunde von Kürbissamen aus Oaxaca (Mexiko) und anderswo werden auf rund 10000 Jahre v.u.Z. datiert. Es handelt sich dabei um Wildsorten, die klein und bitter waren, aber wegen der eiweißreichen und ölhaltigen Samen gesammelt wurden. Im Laufe der folgenden Jahrtausende gelang es den indianischen Pflanzern, Hunderte von Kürbissorten in jeglicher Form und Farbe heranzuzüchten – darunter den Krummhalskürbis, die Kaisermütze (Patisson), die wie ein auf die Erde verirrtes Ufo aussieht, den riesigen Hubbardkürbis, der dem farbenfrohen Turban eines türkischen Sultans ähnelt, den kleinen Apfelkürbis, den gelben Bananenkürbis und viele andere, deren Fruchtfleisch mild und bekömmlich ist.

Noch heute wird von den amerikanischen Gärtnern eine verblüffenden Vielfalt dieser bunten Gesellen, allesamt *Squash* genannt, angebaut. Da die ersten weißen Siedler für diese ungewöhnlichen Gemüse keine eigene Bezeichnung hatten, übernahmen sie das Algonkienwort *askutasquash* (= roh gegessen). In Britannien, wo man unter »Squash« entweder einen gepressten Zitrusfruchtsaft oder eine Art Hallentennis mit Weichgummiball versteht, wird der Gemüsekürbis als »vegetable marrow« (= Pflanzenmark) bezeichnet. Zwei Kategorien von Squash oder Kürbis unterscheiden die Amerikaner: den Wintersquash (*C. maxima; C. moschata*), der einen runden Stiel hat und der reif gegessen wird, und den Sommersquash (*C. pepo*), der einen viereckigen Stiel hat und meist im unreifen Zustand gegessen wird. Zur letzteren Gruppe gehört der eigentliche Gartenkürbis, von dem hier die Rede ist, sowie die sehr beliebten Zucchini oder Zucchetti. Die Zucchinipflanze ist äußerst ergiebig. Sie blüht ständig, und jede Pflanze bringt ununterbrochen die grünen, langen, gurkenähnlichen Früchte hervor. Auch wenn jeden Tag Zucchinigemüse, Zucchinibrot und Zucchinieintopf gegessen wird, wächst mehr nach, als eine Familie bewältigen kann. Ein Ausweg aus dem Dilemma ist, die großen gelben Blüten der einhäusigen Pflanze zu ernten und in Bierteig zu frittieren. Ein delikater Genuss!

Der Riesenkürbis (*C. maxima*) bringt wahrscheinlich die größten Früchte des Pflanzenreichs hervor. Der Rekord wurde mit einem Exemplar von hundert Kilogramm und einem Durchmesser von einem Meter erreicht.

Da die meisten dieser Kürbissorten wochenlange ununterbrochene Sommerhitze brauchen, lassen sie sich – bis auf Zucchini, Patisson und Gartenkürbis (Speisekürbis) – in unserem eher kühlen, atlantischen Klima nur schwer anbauen.

Wie bei den indianischen Ureinwohnern ist der Kürbis, insbesondere der Speisekürbis (*pumpkin*), für die heutigen Amerikaner eine Art Kultgemüse. An Thanksgiving, dem amerikanischen Dankesfest, das jedes Jahr am vierten Donnerstag im November stattfindet, wird der »American Way of Life« mit einem Festessen im Kreis der Familie zelebriert. Der Truthahnbraten mit Preiselbeeren, die gekochten Maiskolben, der gebackene Squash und der leckere »Pumpkin Pie« (Kürbistorte), der zum Nachtisch serviert wird, sollen an die puritanischen Pilgerväter erinnern, die den Atlantik überquert hatten und in ihrer Siedlung in Massachusetts im Winter 1620 kläglich verhungert wären, hätten nicht die Wampanoag sie reichlich mit diesen Nahrungsmitteln versorgt. Daran, dass diese Indianer kurz darauf von den gleichen Pilgervätern vertrieben und fast ausgerottet wurden, denkt kaum jemand beim Feiertagsschmaus.

Seit dem 16. Jahrhundert wächst der große Gartenkürbis nun schon in den Gärten und auf den Feldern Europas. Die Bewohner der Alten Welt empfanden die große Frucht des amerikanischen Speisekürbisses als eher merkwürdig bis fremdartig. Die massive orangefarbene Beere – botanisch gesehen ist es tatsächlich eine Beere –, die wie ein auf die Erde herabgefallener Vollmond aussieht, bewegte überall die Fantasie. Im Kunstmärchen wird die Frucht zum Symbol der magischen, lunaren Wirklichkeit. Vor dreihundert Jahren verwob der französische Märchenerzähler Charles Perrault den Kürbis in seine Fassung des uralten Märchens vom Aschenputtel. Die gute Fee verwandelt darin einen Kürbis in eine goldene Kutsche, in der das arme Mädchen zum Ball im Königsschloss fahren kann. Die Schimmel, die das Gefährt ziehen, sind verwandelte Mäuse, die mitfahrenden Lakaien sind Eidechsen. Nur muss das Mädchen aufpassen: Um Schlag Mitternacht ist der Zauber vorbei, und die Kutsche wird wieder zum Kürbis.

Auch im modernen »Märchen« ist der Kürbis indirekt Ausdruck des Andersweltlichen. Die angeblich in der Mojavewüste gestrandeten Außerirdischen, die »galaktischen Boat People«, mit ihren großen Köpfen, Schlitzaugen und winzigen Ohren, werden von den Amerikanern allgemein als »Pumpkinheads« (Kürbisköpfe) bezeichnet.[15] Ihre Köpfe ähneln tatsächlich den Jack o' Lanterns, den ausgehöhlten Kürbislaternen, die zu Halloween in den USA vor praktisch jedem Haus aufgestellt werden. Als Halloween bezeichnen die Amerikaner den Abend vor Allerheiligen, an dem die Kinder als Hexen, Gespenster und Geister verkleidet, von Haus zu Haus ziehen, Äpfel, Nüsse oder Süßigkeiten erbetteln oder Schabernack treiben. Schon die Kelten kannten das Totenfest (Samain) und feierten es am Novembervollmond, wenn die Totengeister vorübergehend ihre Gräber verlassen und auf Erden wandeln. Um den Segen der Toten zu empfangen und sich zugleich vor Spuk und Schabernack zu schützen, stellte man ihnen etwas zu essen vor die Tür und zündete ein Lichtlein an. Als Laterne diente den Kelten eine ausgehöhlte Kohlrübe. Die Nachfahren der Kelten, die das inzwischen säkularisierte Gruselfest mit nach Amerika brachten, ersetzten die Rüben durch die viel größeren Kürbisse. Im Zuge der Amerikanisierung unserer Gesellschaft hält das Halloweenfest mitsamt den Kürbislaternen inzwischen auch bei uns wieder Einzug.[16]

Als »Mondgewächse« haben die Kürbisse sowieso mit den Verstorbenen zu tun, denn, wie der europäische christliche Volksglaube besagt, wandert die Seele der Verstorbenen auf ihrem Weg in die höheren geistigen Sphären zuerst zum Mond. Auch die mexikanischen Indianer füttern ihre Verstorbenen mit Kürbisgemüse und stellen für sie Kürbislaternen auf, in die fratzenartige Gesichter mit schrägen Augen und spitzen Zähnen geschnitzt sind. In der Slowakei war es Brauch, Knoblauch und alte Kürbisstengel in einem Kessel zu kochen und dem Waschwasser beizugeben, mit dem Tisch und Stühle in dem Zimmer

15 *Pumpkinhead* bedeutet im Amerikanischen auch so etwas wie »Muskopf« oder »Blödmann«.

16 Das altkeltische Fest Samain, das auch den Tod des Sommers darstellte, wurde nicht nur auf Halloween (Allerheiligen), sondern vor allem auch auf den Martinstag (11. November) übertragen. Das Martinsfeuer zeigte das Ende der Erntezeit an. Noch heute kennen wir die Martinsumzüge mit Lichtern und Laternen, die Heischgänge der Kinder. Auch hier wurden Rüben ausgehöhlt und mit brennenden Kerzen versehen.

Ausserirdischer »Pumkinhead«.

gewaschen werden, in welchem ein Toter aufgebahrt war. Auch das ganze Zimmer wurde mit dem Gebräu besprengt – dies, damit der Tote nicht als Widergänger umgehe.

Bei seinem Einzug in die Alte Welt ging jede Region, jede Kultur mit dem kuriosen Gemüse anders um. Für die Chinesen wurde der Kürbis zum Symbol der Ureinheit von Yin und Yang, für die Afrikaner zum Weltenei, das die Samen aller Wesen enthält. Bei den Türken versinnbildlicht die Frucht wegen ihrer Samenfülle den weiblichen Eierstock und schützt vor dem »bösen Blick«. Auch in Kairo wird der Kürbis gegen den bösen Blick aufgehängt.

Im ländlichen Südafrika wurde der Kürbis auch Bestandteil der Folklore und Heilkunde. Die Zulus und andere südafrikanische Völker kochen die gelben Blüten zu einer Art Mus (Relish), das zum Maisbrei gegessen wird. Die gerösteten Samen sind ein beliebter Snack. Und die kräuterkundigen Schamanen der Zulus, die *njangas*, kochen die Blätter und legen sie bei Lungenentzündung als heiße Kompressen auf die Brust; gegen Gliederreißen verabreichen sie einen Tee aus den Wurzeln und die gemahlenen Samen bei Bandwurmbefall.

Die Spanier, deren Heilkunde streng zwischen »warmen« und »kalten« Qualitäten unterscheidet, bereiteten aus den Kernen eine Medizin (*Semena frigida majora*) zur Abkühlung heftiger Liebesglut und zur Verringerung des (heißen) Spermas. Der Londoner Arzt Nicholas Culpeper bestätigte 1643 die »kühle« Natur der Pflanze, indem er sie unter die Herrschaft des kühlen Planeten, des Mondes, stellte.

Die Franzosen in Süd- und Westfrankreich bauen noch heute die Riesenkürbisse, *potiron* genannt, nur als Viehfutter an und können sich gar nicht vorstellen, dass sie auch für den Menschen schmackhaft sein können. Die Osteuropäer und auch die Ostdeutschen freundeten sich schneller mit dem Kürbis an als ihre westlichen Nachbarn. Sie gingen mit der Frucht auf altbekannte »slawische« Weise um: Man säuerte das Fruchtfleisch ein, so wie man es von der verwandten Gurke – die »heilige« Pflanze der Slawen – gewohnt war. Auch die heiße Kürbissuppe und das eher fad schmeckende Kürbiskompott ist in Mittel- und Osteuropa beliebt.

Die Bauern übertrugen den Analogiezauber, der für andere große Gemüse galt, auf den Kürbis: Man sät den Samen zu Himmelfahrt, wenn die Glocken läuten, »damit sie so groß wie Kirchglocken werden«. Die Samen sollen in einem großen Eimer oder Korb getragen werden. In Breslau musste sich eine dicke Frau mit großem Hintern auf die Samen setzen, damit sie so groß werden wie ihr Gesäß. Beim Säen soll man tüchtig lügen, also »einen dicken Bären aufbinden«. In Lau-

»Santa Maria«, Flaggschiff des Kolumbus, des ersten Europäers, der den Kürbis zu Gesicht bekam.

sanne brachten die Bauern ihre Kürbissamen am Tag der Verkündigung Marias (25. März) in die Kirche, um sie segnen zu lassen. Die Früchte sollten anschwellen, wie der Bauch der schwangeren Jungfrau. Die Bauernregeln besagen: »Der heilige Stanislaus (7. Mai) macht die Kürbisse graus [groß].« oder: »Sankt Urban (25. Mai) brengt an großen Turban.« Wenn man die Samen vor Sonnenaufgang zu Walpurgis oder am 1. Mai sät – diese Feste liegen im Jahreskreis genau gegenüber von Halloween bzw. Samain –, dann gehen sie so schnell auf, wie die Hexen fliegen. In der Bretagne werden sie am Karfreitag gesät, damit sie »groß auferstehen«.

Für die Indianer war der Kürbis nicht nur Nahrungs-, sondern auch Heilmittel. Die Maya benutzten den Saft in Salben gegen Verbrennungen. Die Azteken bereiteten ein Mittel aus Kürbissamen – kombiniert mit Zwiebeln und dem Traubenkraut (*Chenopodium ambrosioides*), das auch bei uns gelegentlich auf Schuttplätzen wächst – gegen Spul- und Bandwürmer; aus dem Fruchtfleisch stellten sie ein Mittel für Blasen- und Nierenkrankheiten her. Die Katawaba kauten die Samen bei Nierenproblemen; die Cherokee und Menominee verwendeten sie als harntreibendes und harnreinigendes Mittel bei Bettnässen, Wassersucht, brennendem Harnlassen und Krämpfen der Harnorgane.

Die europäische Volksmedizin verfährt ähnlich. Kürbis gilt als Diät- und Heilspeise für Magen-, Nieren- und Blasenkranke. Frisches Kürbisfleisch wird auf Furunkel, Abszesse, Krampfadern und brandige Stellen aufgelegt. Es heilt diese unter anderem auch durch die »Abstrahlung reiner Lebenskraft«. Kürbisöl ist ein gutes Wundheilmittel, besonders bei Brandwunden und aufgesprungener Haut. Als Wurmmittel sind Kürbiskerne noch heute aktuell. Dazu werden um die 300 Gramm Samen gegessen. Die Würmer sterben nicht, werden aber gelähmt und können dann nach einer halben Stunde mit einem halben Esslöffel Rizinusöl ausgetrieben werden. Pfarrer Kneipp ließ zu diesem Zweck Kürbiskerne zusammen mit Wermuttee einnehmen. Inzwischen hat die Forschung entdeckt, dass die Samen – sie enthalten Delta-7-Sterole, die dem männlichen Geschlechtshormon Dihydrotesteron ähneln, sowie Vitamin E und Selen, das entzündungshemmende, antioxidative Wirkung hat – bei gutartiger Prostatavergrößerung hilfreich sind. Kürbiskerne sind auch für die Aids-Forschung interessant, da das darin enthaltene Peponin angeblich die Vermehrung der HIV-1-Enzyme blockiert.

Gärtnertipp: Der Kürbis, ein frostempfindlicher Starkzehrer, braucht guten, reifen Humusboden. Früher pflanzte man ihn auf alte Komposthaufen. Vor dem Säen kann man die Kürbiskerne in Milch aufquellen lassen. Zusammen mit Stechapfel und Kapuzinerkresse gepflanzt gedeihen sie besonders gut und werden nicht von Blattläusen befallen.

Kürbissalat mit Heidelbeersauce

3 EL Mayonnaise • 1 EL Olivenöl • 1 TL Honig • 4 EL Heidelbeeren • 1 TL Obstessig • etwas frischer Ingwer, gerieben • Kräutersalz, weisser Pfeffer • 200 g Kürbis, fein geraspelt • einige Blätter Endiviensalat

Die Mayonnaise mit dem Olivenöl, dem Honig, den Heidelbeeren und dem Essig mischen. Mit Ingwer, Kräutersalz und Pfeffer gut abschmecken. Den Kürbis mit der Sauce vermengen und auf Endiviensalat anrichten.

Tipp: Dazu passt gut ein kräftiges Kümmelbrot.

Kürbis an Steinpilzrahmsauce

100 g Zwiebeln, fein gehackt • 200 g frische Steinpilze, geschnitten • 2 Lorbeerblätter • 4 Salbeiblätter • 2 EL Olivenöl oder Zitronenolivenöl • 200 ml Weisswein • 200 ml Gemüsebouillon • 200 ml Rahm • Maismehl nach Bedarf • Kräutersalz • 900 g Kürbis, in Würfel geschnitten

Die Zwiebeln und die Steinpilze zusammen mit den Lorbeer- und Salbeiblättern im Olivenöl anbraten, mit dem Weisswein ablöschen. Mit der Bouillon und dem Rahm auffüllen, aufkochen lassen und mit Maismehl leicht binden. Mit Kräutersalz abschmecken und etwa 20 Minuten auf kleiner Hitze kochen lassen. Den Kürbis beigeben und 5 Minuten zugedeckt ziehen lassen.

Vor den Servieren nochmals kurz aufkochen.

Tipp: Passt sehr gut zu feinen Butternudeln.

Kürbiskuchen mit Honig

Teig:
350 g Mehl • etwas Salz • 100 g weiche Butter • 150 g Quark

400 g Kürbis, fein geraspelt • 80 g Mandeln, gemahlen • 300 ml Rahm • 200 g Quark • 2 ganze Eier • 3 EL Honig • Garam Masala • etwas frisch geriebener Meerrettich oder Meerrettich aus dem Glas

Das Mehl mit Salz in einer Schüssel mischen, die Butter und den Quark dazugeben und zu einem Teig kneten, 1 Stunde ruhen lassen.

Den Teig ausrollen und eine gebutterte Kuchenform damit auslegen.

Den Kürbis und die Mandeln auf dem Teig verteilen.

Für den Guss den Rahm mit dem Quark und den Eiern mischen, mit Honig, Currypulver und Meerrettich abschmecken. Den Guss über dem Kürbis verteilen und den Kuchen im auf 200 Grad vorgeheizten Ofen 45 Minuten backen. Warm servieren.

LAUCH, PORREE

Allium porrum

Familie: Liliengewächse
Volkstümliche Namen: Porreelauch, Porlauch, Borre, Lauch, Fleischlauch, Welschzwiebel, Breitloof, Winterlauch
Heilwirkung: hemmt Fäulniserreger und Pilze im Darm; senkt Cholesterin- und Blutfettspiegel; hilft bei Verstopfung, Venenbeschwerden, Hämorrhoiden, Gicht, Hexenschuss und Harnwegserkrankungen
Symbolische Bedeutung: Sieg, Schutz gegen Verwundung; Gesundheit, Heldenmut, männliche Tugend; walisisches Nationalsymbol
Planetarische Zugehörigkeit: Mars, Mond

Während die Schweizer, vor allem die Walliser, den Lauch als Gartengemüse schätzen, mögen oder kennen ihn die Amerikaner überhaupt nicht, und in Deutschland verwendet man ihn meist lediglich als Suppengrün. Es lohnt sich jedoch, dieses robuste, mit der Zwiebel und dem Knoblauch verwandte Liliengewächs besser kennen zu lernen. Porreelauch ist pflegeleicht, beansprucht wenig Platz im Garten und kann problemlos in seinem Beet im Freien überwintern. Mit den schwefeligen ätherischen Ölen, die ihn auch zum wertvollen Heilmittel machen, wehrt sich die Pflanze gegen das Erfrieren. So wird es zum wichtigen Winter- und Frühjahrsgemüse. Es enthält eine ganze Palette von Vitaminen – A, B, C und das Fruchtbarkeitsvitamin E – sowie seltene Mineralstoffe wie Zink (gut für Bindegewebe und körpereigene Hormone), Mangan (wichtig für den Stoffwechsel und den Geschlechtstrieb) und Selen (unterstützt das Immunsystem). Ein Lauchgericht mit Frühlingskräutern und frischen Eiern hilft, die bleierne Frühjahrsmüdigkeit zu überwinden.

Porree ist ein altes Gartengemüse, das im östlichen Mittelmeerraum mindestens schon seit viertausend Jahren kultiviert wird. Im alten Ägypten war es nicht nur tägliche Kost, sondern galt wie die Zwiebel als Symbol des Universums, wobei jede Lage der Blätter eine Stufe oder Schicht der jenseitigen Götter- oder Dämonenwelt darstellte. Im 4. Buch Mose lesen wir, wie sich die Kinder Israels bitterlich bei Moses beklagten und weinten, dass sie nur fad schmeckendes Manna zu essen bekämen: Sie dachten »an die Fische, die wir in Ägypten umsonst zu es-

Lauch gehörte mit zu den Opfergaben für die verstorbenen (Ägypten, 12. Dynastie).

sen bekamen, an die Gurken und Melonen, an den Lauch, an die Zwiebeln und den Knoblauch« (4. Mose 11, 5). Die Griechen und Römer weihten den Lauch dem Apollo. Wer von den delphischen Griechen beim Fest des Sonnengottes Apollo der Göttermutter Leto den größten Porreelauch brachte, dem gebührte die Ehre, eine Portion von dem Göttermahl mit zu verspeisen. Nirgends wurde so viel *Porrum* gegessen wie im alten Rom. Es war das Leibgericht Neros, der sich für einen großen Musiker hielt. Angeblich verspeiste der wahnsinnige Kaiser jeden Tag etwas rohen Lauch, in Olivenöl getaucht, um seine klare, wohltönende Sängerstimme zu erhalten. Daher sein Beinamen *Porrophagus* oder Lauchesser.

Dass die germanischen Stämme den Porree kannten, ehe sie mit den Römern in Kontakt kamen, ist eher fraglich. Der welsche Porree wurde aber, nachdem die Römer ihn einführten, gleich zu den anderen als »Lauch« bezeichneten Arten gezählt – und diese galten allesamt als heilig, heilkräftig und magisch wirksam. Fast jedes grüne, sprießende Frühlingskräutlein, das nach den langen, dunklen Wintern die Lebensgeister wieder erweckt, den Männern Kraft, den Frauen ein Lächeln und den Kindern rote Backen verleiht, wurde als »Lauch« (*laukr, lock, leac*) bezeichnet. Diese Laucharten, Geschenk der holden Freya, verkörperten das edle Lebensgrün[17]. Die frischen grünen Spitzen und Blätter galten als Speerspitzen oder Schwerter, welche die verstockten, lebensfeindlichen Eis- und Frostriesen und die Dämonen der Krank-

17 Noch im Mittelalter sprach Hildegard von Bingen ganz im Einklang mit dem germanischen Volksgeist von dem edlen Grün (*Viriditas*): »Es gibt eine Kraft von Ewigkeit und diese Kraft ist grün.«

heit und des Siechtums in die Flucht schlagen. (Das englische Wort für Knoblauch, *garlic*, enthält noch diesen Gedanken: *gar* = Speer, *lic* = Lauch.)

Die Germanen kannten sogar eine Lauchrune (*laukr-runa*, *laguz*). Diese hat die magische Kraft, Blockiertes zu lösen, tief Eingefrorenes wieder aufzutauen und in Fluss zu bringen. Die Runenkundigen ritzten die Lauchrune in Holzbalken und röteten sie mit Opferblut oder Ocker, um den Hofbewohnern Gesundheit und den Äckern Wachstum und Gedeihen zu vermitteln. Wie der Lauch selbst schützt die Rune vor dem Austrocknen der Lebenssäfte, schützt den männlichen Samen und die Manneskraft. Auch den Milchfluss stillender Mütter sollte die Lauchkraft schützen.

Schon das Wort »Lauch« galt als zauberkräftig: Es wurde in papierdünne Münzen (Brakteaten) gehämmert, um dem Träger – dem Reisenden oder Krieger – die Erhaltung der Gesundheit zu verbürgen. Lauch wurde in den Trunk gelegt, wenn man sich nicht sicher war, ob der Met oder das Bier nicht mit Lüppekräutern (Giftpflanzen) versetzt war. Er würde das Gift neutralisieren oder anzeigen. »Und lege Lauch in den Trank«, so der Rat im Brunhildenlied. Mit Lauchgrün wurden Edle verehrt:

«Dem Volke schien ein Fürst geboren,
Sie wünschten sich Glück zu goldener Zeit.
Der König selber ging aus dem Schlachtlärm,
Dem jungen Edling edlen Lauch zu bringen.«
(aus dem Helgilied)

Der Lauch galt als Edler unter den Gewächsen. So singt Gudrun: »So war mein Sigurd; wie hoch aus den Halmen edles Lauch sich hebt (...) wie der Hirsch hoch ragt über Hasen und Füchse.«

Um Verwundungen zu vermeiden und den Feind zu überwinden, trugen die germanischen Krieger Lauch am Leib. Noch aus dem Mittelalter wird berichtet, dass Knappen und Ritter die Wurzel des Berglauchs (*Allium victorialis*), auch Siegwurz, Neun Hemden oder Allermannsharnisch genannt, als Amulett um den Hals trugen. In England war es bis ins 16. Jahrhundert Sitte, als Zeichen der Herausforderung sich einen Lauchstengel an den Hut oder Helm zu stecken.

Umzäunte Lauchgärten (*laukagardr*), die sich die Frauen neben dem Haus anpflanzten und die der holden Freya, der Göttin des Lebens und der Liebe, geweiht waren, sind schon aus vorrömischer Zeit belegt. Von den Angelsachsen sind vier Laucharten überliefert, die in solchen Gehegen gediehen: Zwiebel (*ynne-leac*), Knoblauch (*gar-leac*), Schnittlauch und Porree (*por-leac*). Anderswo kam noch der Bärenlauch dazu. Die Frauen, denen es oblag, die Bewohner von Haus und Stall gesund zu halten, fanden im Lauch, egal welcher Art, einen verlässlichen Verbündeten. »Lein und Lauch« ist die überlieferte Formel für Gesundheit und Gedeihen. Die Redewendung bezieht sich vor allem auf die Wundbehandlung mit dem antiseptisch wirkenden Lauchkraut und dem frischen Leintuch als Verband. Mit dem Lauchsaft ließen sich auch heimtückische Würmer vertreiben. Gemeint waren aber nicht nur Eingeweidewürmer, sondern die unsichtbaren »Elfen- und Geisterwürmer«, die sich in den Organen einnisten und dem Menschen die Lebenskraft wegsaugen. Lauchsaft mit Milch wurde gegen den »Ohrwurm« in das entzündete Ohr geträufelt. Mit Lauchsaft und dem Rauch von Bilsenkraut ging man gegen die nagenden, roten Zahnwürmer vor, die die Zähne aushöhlen (Storl 2000: 109). Im Frühling bereiteten die Frauen einen Eierkuchen mit frischem Lauch. Wer davon

Die holde Freya, die den Menschen den Lauch schenkte.

aß, würde das ganze Jahr hindurch gesund bleiben. Noch im christlichen Mittelalter blieb diese heidnische Kultspeise als Fastenspeise erhalten.

Auch für die Kelten waren die Laucharten heilige Gewächse. Ihr schwefeliger Geruch erinnerte die Inselkelten an den des einschlagenden Blitzes. Deshalb wurde der Lauch als Attribut dem keltischen Donnerer und Blitzeschleuderer Aed (Aeddon), einem Stammvater der Menschen und Sohn der Sonne, geweiht. Der Gott ist Besitzer eines magischen Speers, sein Fluch kann Wasser austrocknen und verdunsten lassen, aber er ist auch ein wunderbarer Heiler, der sogar die Toten zu neuem Leben erwecken kann.

Im keltischen Britannien wird der Porree noch heute verehrt. Er ist das Nationalsymbol der Waliser. Bei den walisischen Bauern ist es Brauch, ehe sie mit der Arbeit des Pflügens beginnen, eine gemeinsame Mahlzeit einzunehmen, zu der jeder einen Stengel Porree beiträgt. Die Symbolik ist eindeutig: Der Lauch hat nicht nur eine phallische Form, sondern gilt auch als potenzfördernd; das Pflügen galt in der archaischen bildhaften Imagination als Koitus, als das Eindringen in die weibliche Erde, um diese für den Samen empfänglich zu machen.

Der Lauch ist das Regimentszeichen der berühmten Welsh Guard und ziert als Symbol noch heute die Mützen der walisischen Truppe. Bei Shakespeare – im Drama »König Heinrich V.« – vernehmen wir, dass auch in den mittelalterlichen Kriegen der Briten gegen die Franzosen die walisischen Kriegsknechte Porreestengel an ihren Helmen trugen. Ein englischer Fähnrich, der sich über den walisischen Brauch lustig machte, wurde daraufhin von den erbosten Walisern gezwungen, Lauch zu essen. »To eat a leek« bedeutet als Redewendung seither, jemanden zu zwingen, seine Worte zurückzunehmen.

Im 6. Jahrhundert, als die Angelsachsen Wales besetzen wollten, wurde der Porree zum Identifikationsymbol der freien Waliser. Bischof Dafydd (David, Taffy), ein Asket in der Tradition der alten Druiden – er aß nur trockenes Brot und Gemüse, trank lauteres Wasser und badete in eiskalten Gewässern –, befahl den Männern, Lauch am Hut zu tragen, um sich von den Feinden zu unterscheiden. In der entscheidenden Schlacht gelang es den Walisern, die übermächtigen Sachsen zu vertreiben. Dafydd wurde daraufhin zum Schutzheiligen von Wales erklärt. An seinem Namenstag am 1. März stecken sich die Waliser noch heute Lauch an den Hut und veranstalten Umzüge.

Auf den Britischen Inseln blieb Porree ein beliebtes Gemüse. Unter den männlichen Einwohnern von Northumberland findet jedes Jahr ein Wettbewerb um den größten, längsten und dicksten Porreestengel im Garten statt. Die Männer verbringen so viel Zeit damit, dass die Frauen – ähnlich den »Fußballwitwen« bei der WM – als *leek widows* (Lauchwitwen) bemitleidet werden.

In ländlichen Gegenden Englands ist es noch Brauch, dem Freier durch die Speise, die ihm serviert wird, zu verstehen zu geben, ob er als Schwiegersohn willkommen ist oder nicht. Werden ihm Rüben und Kartoffeln aufgetischt, kann er gleich wieder gehen. Mehlbrei und Kaffee lassen ihn wissen, dass er zwar als Bräutigam nicht geeignet ist, aber als Freund geschätzt wird. Bekommt er jedoch Eierkuchen mit grünem Lauch vorgesetzt, dann ist er der Richtige für die Tochter.

Noch heute gelten die verschiedenen Laucharten – Porree, Knoblauch, Bärlauch – als gute Waffe im Dienst der menschlichen Gesundheit. Das ätherische Öl (Allicin) übt eine milde Reizwirkung auf Magen und Darm aus, regt Leber, Galle und Bauchspeicheldrüse an und hemmt die Fäulniserreger, die Blähungen, Koliken und Durchfall verursachen können. Es räumt mit den wuchernden Pilzen auf, die sich aufgrund falscher Ernährung im Verdauungstrakt verbreiten. Überhaupt wird der Porree von Naturärzten als »Darmgesundungsgemüse« für angeschlagene Junkfood-Junkies geschätzt. In erkälteten Atemwegen fördert das schwefelige Lauchöl die Ausscheidung des zähen Schleims. Porree, in Milch gekocht, zerstampft und mit Honig verrührt, ist ein gutes Lungen- und Hustenmittel. In den Arterien trägt es zur Senkung des Cholesterin- und Fettspiegels bei. Seine blutverdünnende (fibrinolytische) Wirkung kommt ausgeleierten Venen zugute.

Die französische Volksheilkunde empfiehlt Lauch, mit Kartoffeln in Milch gekocht, als Diätspeise bei Nierenentzündung und anderen Nierenerkrankungen. Eine Abkochung aus den Samen wird bei Harnbeschwerden getrunken. Frauen mit Blasenleiden tut es gut, ab und zu Porree zu essen. Zerquetschte Porreezwiebeln und -blätter können bei Gicht und Hexenschuss aufgelegt oder, in Milch eingeweicht, auf Geschwüre gelegt werden.

Diese Empfehlungen stehen im Gegensatz zu den Aussagen einiger Heilpraktiker und Naturköstler, die hartnäckig an der Behauptung festhalten, der Lauch sei eher »giftig«. So ist etwa zu lesen: »Es gibt aber auch schädliche Gemüse, die wir vielleicht lieber von unserem Tisch verbannen oder zumindest nur ganz selten essen sollten. Eines davon ist Lauch (*Allium porrum*)« (Werdin 1995: 30). Die heilige Hildegard soll behauptet haben, dass der Lauch, roh gegessen, so schlecht sei wie eine nutzlose Giftpflanze, weil er das Blut und die menschlichen Säfte in das Gegenteil verkehre. Doch wer würde Porree schon roh essen wollen? Zu viel roher Lauch kann tatsächlich giftig sein – das sind aber auch einige andere rohe Gemüse, wie Bohnen oder Kartoffeln. Im alten Rom hat sich ein Beamter mit Porree sogar das Leben genommen: Als der Statthalter Mella wegen schlechter Verwaltung der ihm anvertrauten Provinz zu Kaiser Tiberius zitiert wurde, tötete er sich, indem er einen Liter reinen Porreesaft trank.

Lauchkuchen mit Biersauce

2 Stangen Lauch, in feine Streifen geschnitten • 400 g Kuchenteig • 2 Eier • 200 ml Rahm • 200 g Quark • 150 g Bergkäse, gerieben • Meersalz, schwarzer Pfeffer, Muskatnuss

Biersauce:
1 l Bier • 150 g Rucola (Rauke), fein gezupft • 2 Lorbeerblätter • Linsenmehl oder Kichererbsenmehl • Meersalz, Pfeffer

Den Lauch in Salzwasser 20 Minuten leicht kochen lassen. Abschütten und erkalten lassen.

Den Teig ausrollen und ein gefettetes Kuchenblech damit auslegen. Den Teig mit der Gabel einstechen.

Den gut abgetropften Lauch darauf verteilen.

Für den Guss Eier, Rahm und Quark mischen, mit Meersalz, Pfeffer und Muskat abschmecken. Den Guss über den Lauch geben und das Ganze mit dem Käse bestreuen.

Im auf 180 Grad vorgeheizten Ofen 1 Stunde backen.

Für die Sauce das Bier aufkochen, Rucola und Lorbeerblätter dazugeben und 20 Minuten kochen lassen. Mit Meersalz und Pfeffer abschmecken. Gut mixen und mit dem Linsenmehl leicht binden.

Den Lauchkuchen mit der Biersauce heiss servieren.

MÖHRE, KAROTTE

Daucus carota

Familie: Schirmblütler, Doldengewächse

Volkstümliche Namen: Mohrrübe, Gelbe Wurzel, Gelbe Rübe, Rüebli, Wurzel, Vogelnest

Heilwirkung: Wurzeln: verdauungsfördernd, immunstärkend, antioxidativ, wurmtreibend; *Blätter*: wundheilend; *Samen*: entwässernd, Blut reinigend, Milch bildend bei stillenden Müttern, menstruations- und empfängnisfördernd

Symbolische Bedeutung: Lichtbringer; Signatur der Liebesgötter, Mars und Venus; Königin Anna (England)

Planetarische Zugehörigkeit: Merkur und Venus; Wurzel = Mars

Die Möhre oder Karotte ist ein zweijähriger Doldenblütler, der im ersten Jahr seine Wurzel und seine Blattrosette ausbildet und die Kraft der Erde aufsaugt. Im zweiten Jahr wird er von kosmischen Lichtkräften erfasst, schießt in die Höhe und bildet eine fein gegliederte, weiß strahlende Dolde, die Käfern, Fliegen und kurzrüsseligen Insekten reichlich Nektar bietet. Charakteristisch bei der blühenden Pflanze ist das Vorhandensein einer einzigen purpurbraunen Blüte inmitten der weißen Dolde. Darwinistische Biologen können sich den Sinn dieser »Mohrenblüte« nicht erklären. In England nennt man die blühenden wilden Möhren, da sie wie sorgfältig gehäkelte Spitzen aussehen, *Queen Anne's lace*, also die »Spitzen der Königin Anna«. Die Mohrenblüte soll entstanden sein, als sich die gute Königin beim Spitzennähen in den Finger stach und ein Blutstropfen in die Mitte der Stickerei fiel. In den osteuropäischen Ländern heißt die dunkle Blüte »der Mädchen ihre Schand« oder »Ehre des Mädchens«. Sie gilt als Signatur und deutet an, dass die Pflanze etwas mit Monatsblutung, fleischlichen Gelüsten und Fruchtbarkeit zu tun hat. In Siebenbürgen heißt es, dass das Fehlen oder die Größe des Blütenflecks mit der Ehrbarkeit der Jungfrauen in Beziehung steht. Früher sei der Fleck größer gewesen, heute aber sei keine Scham mehr unter den jungen Leuten. Wenn eines Tages die Möhrenblüten überhaupt keinen Fleck mehr aufweisen, dann ist es nicht mehr lange bis zum Weltuntergang.

Während des Reifens der Samen zieht sich die Blütendolde vogelnestartig zusammen – daher der Name »Vogelnest«. Die kleinen borstigen Früchte werden verbreitet, indem sie an Kleidern vorbeistreifender Menschen und Fell von Tieren hängen bleiben. Die Gartenmöhre und die von Sibirien bis Europa und Nordafrika einheimische Wilde Möhre gehören zur selben Art. Sie bestäuben einander ohne weiteres. In Amerika verwilderten die Gartenmöhren der weißen Siedler und wandelten sich schnell in ihre wilde Urform zurück. Inzwischen haben sie dort riesige Flächen Brachland erobert.

Die Wissenschaftler können sich nicht einigen, wo die Karotte zuerst kultiviert wurde, ob in Zentralasien, im Mittelmeerraum oder in Nordeuropa. Zwar wurden Samen in den Abfällen steinzeitlicher Pfahlbauern am Bodensee gefunden, aber sicherlich waren das die Früchte der Wilden Möhre. Diese lassen sich nämlich nicht von denen der kultivierten Sorten unterscheiden. Wahrscheinlich verwendeten die Pfahlbauern die Möhre weniger als Nahrungsmittel, sondern eher als Heilpflanze.

Die älteste Nachricht von der Möhre stammt aus Griechenland, wo die faserige, fingerdicke, weißliche Wurzel gelegentlich gekocht und gegessen wurde. Der kräuterkundige Arzt Dioskurides (60 n. u. Z.) erwähnt, »dass die Blätter, mit Honig zerstampft, auf krebsige Geschwüre aufgetragen werden, dass die Samen eine erwärmende Kraft haben und getrunken den Harn, die Monatszeit [Menstruation] und die Leibesfrucht treiben, das Bauchgrimmen und alten, langwierigen Husten vertreiben; und schließlich dass die gesottene Wurzel gegen den Biss von Schlangen und giftigen Tieren hilft«.

Ob die *carvitas*, deren Anbau Karl der Große auf seinen Ländereien befahl, oder das *morkrud* der heiligen Hildegard wirklich die Möhre war, ist ungewiss. Das slawisch-germanische Wort *mohra* hat lediglich die Bedeutung von »essbarer Wurzel« und kann ebenso die Gelbe Rübe, die Pastinake wie auch die Zuckerwurzel (*Sium siasarum*) bezeichnen. Die knackige, orangefarbene Karotte, die heutzutage in unseren Gärten gezogen wird und die inzwischen weltwirtschaftliche Bedeutung erlangt hat, gab es damals noch nicht.[18] Die gelbe, orangerote Mohrrübe wurde im 16. oder 17. Jahrhundert zuerst in den Niederlanden gezüchtet.[19] Auf der Flucht vor dem Wüten spanischer Besetzer unter dem berüchtigten Herzog Alba brachten Holländer diese Sorte mit nach England, Frankreich und in andere Länder, wo sie gleich zum Modegemüse wurde. Die feinen Damen waren so begeistert von der Pflanze, dass sie sich ihre Hüte mit den farnartigen Blattwedeln schmückten. Bald verdrängte das neue Wurzelgemüse die älteren Sorten, die Pastinaken und Zuckerwurzeln, nicht nur aus den Gartenbeeten, sondern praktisch aus dem Bewusstsein der Europäer.

Die Bauern und Gemüsegärtner übertrugen Brauchtum und Sympathiezauber, mit denen sie die anderen Rüben- und Wurzelarten bedachten, auch auf die rötlich gelbe Karotte. Sie säten den Karottensamen aus dickbäuchigen Gefäßen, damit die Wurzeln dick werden, und zwar taten sie dies am Gründonnerstag und anderen vielversprechenden Tagen. Die Schlesier wählten den Tag des heiligen Benedikt (21. März), denn bei ihm sind die »Bene dick«, das heißt, die gelben Rüben werden dick wie Beine. Auch auf die Tierkreiszeichen achtete

18 Nach Berechnung der FAO steht die Karotte mit 6 Millionen Tonnen Jahresproduktion an dritter Stelle der weltweit angebauten Frischgemüsepflanzen.

19 Die ersten Beschreibungen und Abbildungen der orangefarbenen Gartenmöhre stammen aus dem 16. und 17. Jahrhundert. Hieronymus Bock (1546) spricht von »geel [gelben] Rüben«, Joachim Camerarius (1586) erwähnt als Erster die »Carota«.

man. Man säte sie aus, wenn der Mond sich in einem Erdzeichen befand – die Anthroposophen, die den Kalender der Maria Thun befolgen, machen das noch immer so. Im Krebs gesät bekommen sie lauter zwieselige Würzelchen, im Skorpion werden sie wurmstichig, in den Zwillingen teilen sie sich, aber im Zeichen der Fische werden sie schön glatt. Und damit sie besonders gut gerieten, wälzten sich am Pfingstmorgen die Bäuerinnen heimlich nackt auf den Möhrenäckern.

Die Möhre ist eine »durchlichtete Pflanze«. Sie nimmt die kosmischen Lichtenergien dermaßen in sich auf, dass die Blattsubstanz praktisch dahinschmilzt und feine, filigran gefiederte Wedel bildet. Die Lichtenergien, die sich in den Pflanzen vor allem im Duft (ätherische Öle), in Farbe und Zucker materialisieren, durchdringen die ganze Pflanze, bis in die rötlich gelben Pfahlwurzeln hinab. Die Lichtkräfte sind es auch, die für die spezifischen Heilkräfte dieses Doldenblütlers verantwortlich sind.

Möhren sind ein gut bekömmliches Wurmmittel. Eingeweidewürmer befallen den Menschen, wenn seine Lebenskraft, sein »ätherischer Leib«, geschwächt ist. Die Würmer, Geschöpfe eines feuchtmondhaften, dunkel-moderigen Milieus, meiden das Licht. Rohe geraspelte Möhren sind ihnen zu »hell«, zu »sonnig« – und so verlassen die Parasiten notgedrungen den Darm. Die ätherischen Öle der Karotte, die die Würmer vertreiben, wirken auch Bakterien hemmend. Für bakteriellen Durchfall bei Säuglingen gibt es kaum ein besseres Mittel als Karottenbrei.

Goethe beschrieb einmal das Auge als »sonnenhaft«, als »vom Licht für das Licht gebildet«. Da ist es nicht verwunderlich, dass die Möhre als Lichtpflanze auch unserer Sehfähigkeit zugute kommt. Das Karotin, eine Vorstufe des Vitamins A, das für die fröhliche orange Farbe der Wurzel verantwortlich ist, stärkt und schützt die Netzhaut, so dass man – wie der Volksmund behauptet – nachts besser sehen kann. Das Karotin, welches das Sonnenlicht in die Karotte hineinzaubert, hat – wie die moderne Forschung bestätigt – auch andere wichtige Funktionen. Es ist ein Antioxidans, ein Radikalenfänger, der Krebs auslösende, marodierende aggressive Sauerstoffradikale unschädlich macht. Studien belegen, dass Personen mit viel Karotin im Blut ein deutlich geringeres Risiko haben, an Magen- oder Lungenkrebs zu erkranken als Personen mit einem niedrigen Karotinspiegel. Das Provitamin stärkt unsere Abwehrkräfte; die Makrophagen, die »Killerzellen« unseres Immunsystems, benötigen es. Überschüssiges Karotin wird in der Haut abgelagert und schützt dort vor schädlichen UV-Strahlen.[20] Nur fünfzig Gramm Möhren decken bereits den täglichen Bedarf des menschlichen Organismus an Karotin.

Besonders im Winter, wenn unser Körper unter »Lichthunger« leidet, tun uns die Gelben Rüben gut. Das zeigte sich in Norwegen, wo jeden Winter in den düsteren Monaten die Leistung der Schüler stark abfiel. Als das »Osloer Frühstück« – Haferflocken (über Nacht in Milch eingeweicht und mit etwas Rohzucker gesüßt), denen man am Morgen frisch geraspelte Möhren hinzufügte – als obligate Schulspeisung eingeführt wurde, wurden die Kinder deutlich aufmerksamer und munterer.

Die Lichtkräfte der Möhre sind es auch, die im menschlichen Mikrokosmos bis in die unteren Leibeschakren, in den Darm wie auch in die Harn- und Geschlechtsorgane, einstrahlen. Die Volksmedizin verschreibt einen Tee aus dem blühenden Möhrenkraut bei Wassersucht, chronischer Nierenerkrankung, Harnwegerkrankungen und, da er Harn treibend und Blut reinigend wirkt, auch bei Gicht.

Schon immer wurde die Möhre mit dem Geschlechtstrieb und der Empfängnis assoziiert. Das hat wohl weniger mit der phallusartigen Signatur der heutigen Gartenkarotte zu tun als mit den kosmischen Lichtkräften, die diese Pflanze zu vermitteln vermag. Wie uns die wahrhaft Sehenden mitteilen, sind wir selbst Lichtwesen, die sich, vom Feuer der Leidenschaft unserer Eltern angezogen, in einem materiellen Körper inkarnieren. Besonders die Wilde Möhre – sie hat spindeldürre Wurzeln und ist stark aromatisch – wurde als Aphrodisiakum und Geschlechtstonikum genutzt. Noch bis vor wenigen Jahren sammelten die jungen Frauen auf den Hebriden die Wurzeln der Wilden Möhre, um sie ihren Partnern bei Tanzfesten oder am Wochenende zum Kauen zu geben. Auch die Griechen kauten Möhrenwurzeln als Lenzmittel. Der Renaissancebotaniker Hieronymus Bock (1539) lässt uns wissen, »die Rübsamenwurzel bekommt der Frucht im Mutterleib [macht fruchtbar], desgleich all denen, so tröpffelecht harnen vnnd sonst im [Ehe]Werck unvermöglich [impotent] sind«. Wenn also Bugs Bunny, der freche, Möhren knabbernde Hase aus dem Cartoon, den lispelnden, unbedarften Sonntagsjäger Elmer Fudd neckend fragt:

20 Mir ist eine Raucherin bekannt, die beim Versuch, mit dem Rauchen aufzuhören, jedes Mal, wenn sie das Bedürfnis nach einer Zigarette spürte, ersatzweise zu einer Karotte griff. Sie aß so viele Karotten, dass sich ihre Haut orange färbte.

»What's up, Doc?« (Wie steht's, Doc?)[21], dann ist das eine Anspielung auf uralte Assoziationen: Hasen wie auch Möhren verkörpern seit eh und je sexuelle Potenz und Fruchtbarkeit. Moderne Phytochemiker sagen es auf ihre Art: Die Pflanze enthält Porphyrine, welche die Ausschüttung gonadotropher Hormone durch die Hypophyse anregen.

Bugs Bunny, der freche, Möhren knabbernde Hase.

Auch die Samen haben eine Wirkung auf die sexuelle Sphäre. Wilhelm Pelikan, der anthroposophische Pflanzenkundler, schreibt, »die Früchte sollen menstruations- und konzeptionsfördernd sowie harntreibend und entwässernd sein, wobei der Flüssigkeitsorganismus wieder unter die Herrschaft des Astralleibes gebracht wird« (Pelikan I 1975: 81). Die alten Griechen bereiteten aus Möhrensamen einen Trunk oder führten sie in Pulverform als Zäpfchen ein, um Empfängnis oder die Mensis zu fördern. Die islamische Unani-Heilkunde verwendet Möhrensamen zur Herstellung von Liebeselixieren, dem *ma'jun pumba dara* (um den Samenfluss zu steigern) und dem *ma'jun rah-ul-mominin* (zur Entspannung). Die Ägypter kochen die Samen in Honig als Stimulationsmittel. Auch Matthiolus (16. Jh.) schreibt: »Die Samen bewegen unkeusche Gelüste.« (An dieser Stelle ist eine Warnung angebracht: Die Samen wirken auch als Emmenagogum, also abortiv, und sind für Schwangere indiziert.) Ansonsten wirken die Samen blähungswidrig, Harn treibend und regen bei stillenden Müttern den Milchfluss an.

Das Karottenkraut gilt als antiseptisches Diuretikum; es wird bei Blasen- und Prostataentzündung und vorbeugend gegen Steinleiden morgens und abends als Tee getrunken. Die Blätter können zu einem Brei zerstampft und bei schlecht heilenden Wunden, Brandwunden oder Erfrierungen aufgelegt werden. Die frischen jungen Blätter eignen sich als Suppengemüse. Der Koch oder der Gärtner braucht also

21 Die deutsche Synchronisation übersetzte Bugs' Standardspruch »What's up, Doc?« mit »Was liegt an?«

die Blätter nicht wegzuwerfen, sondern kann sie für einen Heiltee oder als Suppenwürze trocknen und aufbewahren.

Nicht nur steckt die Karotte voller Heilkraft, sie hat auch die Imagination beflügelt. Eine alte Sage erzählt von einem Samenhändler, der über den Rhein reiste. Aus einem Samen, der ihm aus dem Sack gefallen war, wuchs eine Riesenmöhre heran. Der Bauer, der sie fand, konnte damit zwei Ochsen über den Winter mästen. Die Hörner der Tiere wurden so groß, dass, wenn man zu Martini (11. November) – dem Anfang der närrischen Jahreszeit – in sie hineinblies, der Ton erst zu Georgi (23. April) wieder herauskam.

E.T.A. Hoffmann erzählt in seiner »Königsbraut« von dem Fräulein Ännchen von Zabeltau, einer jungen Gärtnerin, die von dem Gemüsekönig Daucus Carota I. in das unterirdische Reich der Würmer und Wurzeln entführt wurde. Sie wurde erst wieder gerettet, als der Gnom das Jammern seiner zerschnipselt im Kochtopf siedenden Untertanen vernahm und beim Versuch, sie zu retten, selbst in den Topf fiel.

Zum Schluss noch einige Tipps für den Gemüsegärtner: Karotten bevorzugen lockere, sandige (siliziumhaltige) Böden, das hilft ihnen, die Lichtkräfte aufzunehmen, und zur Düngung brauchen sie voll ausgereiften (nicht rohen) Kompost. Sie gedeihen gut in Gemeinschaft mit Lauch (Porree) oder Zwiebeln, da der Duft der Zwiebelgewächse die Möhrenfliege vertreibt.

Lauwarmer Karottensalat auf Kresse

6 EL Gemüsebouillon • etwas Ingwerpulver • etwas Sumach oder Zitronensaft • Meersalz, schwarzer Pfeffer • 400 g Frühlingskarotten, fein geraspelt • 1 EL kaltgepresstes Olivenöl • 2 EL Rahm • Kresse • Radieschen

Die Bouillon leicht erwärmen, mit Ingwer und Sumach würzen, mit Meersalz und Pfeffer abschmecken. Die Karotten in die Bouillon geben und 2 Minuten ziehen lassen, dann das Olivenöl und den Rahm darunter mischen.

Auf Kresse anrichten und mit Radieschen garnieren.

OKRA

Abelmoschus esculentus, Hibiscus esculentus

Familie: Malvengewächse

Andere Namen: Abelmosch, Bamiel, Essbarer Eibisch, Griechische Hörnchen, Gumbo, Roseneibisch, Rosenpappel, engl. *ladies finger*, hind. *bhindi, bendikay*, span. *quimgombó*

Heilwirkung: Pflanzenschleim wirkt erweichend und beruhigend als Umschlag bei Frostbeulen, Schrunden, Hautbrandwunden; innerlich bei Heiserkeit, Magenschleimhautentzündung

Symbolische Bedeutung: männlicher Sexualzauber, Négritude, »Soul«, lässiger Südstaaten-Lebensstil

Planetarische Zugehörigkeit: Merkur

In Gegenden, wo der Wein unbekümmert wächst und auch Tomaten, Gurken und Melonen gut gedeihen, lässt sich der Abelmosch oder die Okra ohne weiteres anbauen. Es dauert ungefähr sechzig Tage (zwei Monate), bis der Gärtner die zarten, unreifen Schoten, die sich als Gemüse eignen, ernten kann. Volle vier Monate jedoch muss man warten, bis man reife, keimfähige Samen erhält. Ein kluger Gärtner wird die wärmebedürftigen Okrasetzlinge im Gewächshaus oder in Töpfen in der Stube vorzüchten, ehe er sie in die Beete auspflanzt.

Das stattliche Gewächs, das ein bis zwei Meter hoch werden kann, ist für den Gemüsegarten eine regelrechte Zierde. Die hibiskusähnlichen gelben Blüten mit ihren tiefroten Kelchschlünden sind schön anzuschauen und auch eine ausgezeichnete Bienenweide. Okras brauchen Sommerhitze, gute Erde und genügend Wasser. Sie produzieren ständig neue Schoten – die so genannten »Damenfinger« (*ladies finger*) –, bis der Frost ihnen ein Ende bereitet.

Das Malvengewächs, eng verwandt mit dem Hibiskus und der Baumwollpflanze, ist ein Kind des tropischen Afrika. Wildformen der Pflanze findet man noch immer in Nubien im Gebiet des Weißen Nils. Archäologen und Paläobotaniker haben Indizien, dass das Malvengewächs schon seit neolithischen Zeiten in Schwarzafrika angebaut wurde. Im Sudan ist der Anbau seit der Madékultur vor sechstausend Jahren belegt. Vermutlich wurden damals schon die schleimhaltigen jungen Blätter und schnabelförmigen Kapselfrüchte als Gemüse gegessen, aus den Stengeln feste Fasern zur Herstellung von Stricken, Beu-

Okraschoten.

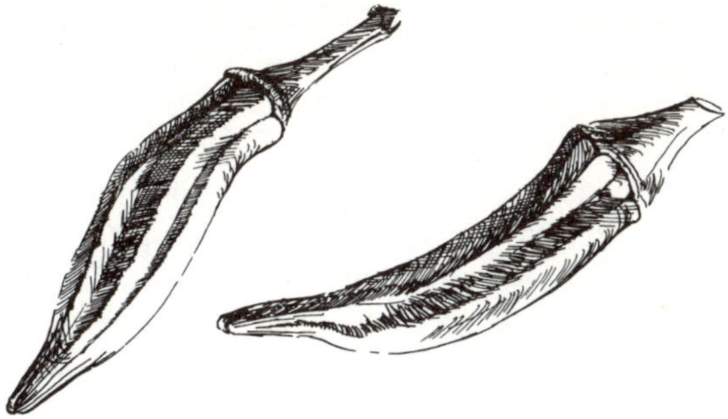

teln und Netzen gewonnen, der Schleim medizinisch genutzt und die reifen Samen als »Kaffee« geröstet oder zu Koch- oder Lampenöl gepresst. Heutzutage werden die Samen, die bis zu 25 Prozent fettiges Öl enthalten, auch zur Margarineherstellung verwendet.

Wie viele Pflanzen, die in diesem Buch porträtiert werden, ist die Okra weit gewandert. Schon zu Zeiten vor den Pharaonen übernahmen die alten Ägypter die Pflanze von den nubischen Schwarzafrikanern. Später eroberte das Malvengewächs die arabischen Gärten und Küchen. Abelmosch (arab. *habb-al-misk*) ist die arabische Bezeichnung der Pflanze, mit der Bedeutung »Sohn des Moschus«, da der Duft der Samen an Moschus, das erotisierende Parfüm aus den Geschlechtsdrüsen des Moschushirsches, erinnert.[22] Moschus ist das Lieblingsparfüm der islamischen Welt, es ist der Duft des siebten Himmels. Die rehäugigen Liebesdienerinnen im Paradies tragen mit Moschusgeruch getränkte Schals. Und dem Mörtel, der beim Bau von Moscheen verwendet wird, wird Moschus beigemischt, so dass noch nach Jahrhunderten ein andersweltlicher Duft innerhalb der Gemäuer die Sinne der Betenden betört. Zerstoßene Okrasamen kommen bei den Arabern und Türken mit in den Kaffee oder in die kühlenden Fruchtsaftzubereitungen (Sorbet); sie werden in Kleider gestreut oder gekaut, um den Mundgeruch zu verbessern. Arabische Eroberer und Kolonialisten brachten den Abelmosch bis nach Spanien.

Nach Indien gelangte die Okra schon in der Jungsteinzeit. Damals gab es nämlich schon ausgeprägte Handelsbeziehungen zwischen der vorarischen Harappakultur und dem östlichen Nordafrika. Inzwischen

22 Die Samen der nah verwandten Art *Abelmoschus moschatus* werden tatsächlich wegen der zu Räucherwerk und Duftstoff verwendeten Samen (Moschuskörner) kultiviert. Auch bei dieser Okraart werden die jungen Früchte und Blätter als Gemüse gegessen und die Fasern genutzt.

ist die Gemüseschote aus der indischen Küche nicht mehr wegzudenken: Die im Querschnitt fünfeckigen grünen Früchte kommen ins Chutney (Gewürzpaste) und werden dank ihres hohen Schleimgehalts zum Binden oder Eindicken von Suppen verwendet; auch als saure oder scharfe Pickles (Hindi *achar*) werden sie eingelegt. Ein Häppchen *achar* wird – ähnlich dem Stückchen Käse in Frankreich – gerne am Ende der Mahlzeit als »Magenabschluss« gegessen.

Trotz ihrer Beliebtheit im Nahen Osten und in Südasien hat die Okra nie ihre afrikanische Seele verleugnet. Neben Voodoo und *Mojo*-Zauber, bestimmten Tanzschritten, Trommelrhythmen, Märchen – wie etwa jenem von Uncle Remus und dem schlauen Tricksterhasen –, Sprachrhythmus und -tonalität, ekstatisch-religiösen Kulten, der Art des Würzens und Kochens sowie bestimmten Aspekten der afrikanischen Heilkunde haben schwarze Sklaven auch die Samen ihrer Lieblingspflanzen mit nach Amerika gebracht.[23] Darunter auch die Samen dieses Malvengewächses, welches die Westafrikaner *okra* nennen und die Bantus als *gombo bamia* oder *guimgombó* bezeichnen.[24] Um 1600 findet das afrikanische Gemüse Eingang in die brasilianische Küche, um 1700 in die der Südstaaten der USA.[25] Noch heute gehört Okra oder Gumbo ebenso zum *Soul Food* der amerikanischen Schwarzen wie zur *Cajun*-Küche der Kreolen in New Orleans. Zum *Soul Food* gehören gebratene Hühnchen und Wels, Kohl- oder Rapsblätter (*collard greens*), Bauchfleisch, Hoden, Kutteln und andere Innereien (*chitlins*), die alle annähernd westafrikanisch gewürzt werden. Als »Gombo filé« bezeichnet man in Louisiana die getrockneten, zu Pulver verriebenen Okrablätter, die zum Eindicken in Suppen und Schmorgerichte kommen. Die Schwarzen der Südstaaten trocknen die Blätter und die halbierten

23 Literatur zum Thema Afrikanismen in der Neuen Welt: W. E. Grimé: *Ethno-Botany of the Black Americans*, Algonac Michigan 1979; M. Herskovits: *The Myth of the Negro Past*, New York 1941; W.-D. Storl: *Afrikanismen im amerikanischen Großstadtghetto*, in: »Wiener ethnohistorische Blätter«, Heft 2, Wien 1971.

24 Zu den Nutzpflanzen, die mit den afrikanischen Sklaven nach Nord- und Mittelamerika gelangten, gehört auch die Erdnuss. Diese kommt zwar ursprünglich aus dem südlichen Südamerika, wurde aber von den Portugiesen nach Afrika gebracht, wo sie zur wichtigen Kulturpflanze wurde, um von dort um 1600 nach Virginia zu gelangen. Weitere aus Afrika mitgebrachte Pflanzen sind die Akeefrucht (*Blighia sapida*), die, mit Salzfisch gebacken, das Nationalgericht Jamaikas liefert, der Kolabaum, dessen koffeinhaltigen Nüsse eine Zutat der Colagetränke sind, der Senegalsenna (*Cassia italica*), der medizinisch verwendet wird, eine Gurkenart (*Cucumis anguria*), verschiedene Jamswurzelarten (*Dioscorea alata; D. cayenensis*), die Ölpalme (*Elaeis guineesis*), der Kalebassenmuskat (*Monodora myristica*), der Sesam, die Sorghumhirse und die Augenbohne oder Kuherbse (*Vigna unguiculata*).

25 Als *Gumbo* wurden in den amerikanischen Südstaaten gelegentlich auch die Schwarzen bezeichnet, insbesondere entlaufene Sklaven.

Südstaaten-Kultur: Okra, Jazz und afrikanische Wurzeln (Zeichnung von R. Crumb).

Fruchtkapseln für den Gebrauch im Winter. Auch rösten sie die Samen, um daraus ein kaffeeartiges Getränk zu brauen.

Wie die Afrikaner benutzen die Afroamerikaner dieses Malvengewächs als Heilpflanze. Aus den Blättern werden erweichende, Schmerz lindernde Breiumschläge gemacht. Der Schleim ist ein Emolliens, das Gewebeentzündungen lindert und Verhärtungen entgegenwirkt. Innerlich findet das Kraut Anwendung bei Erkrankungen des Verdauungstrakts und der Lungen. Nach indischer wie auch afrikanischer Auffassung haben die Hibiskusarten eine Schleim vermehrende Wirkung in den Genitalorganen. Okra und andere Hibiskusarten werden deshalb als Stärkungsmittel eingesetzt. Von *Hibiscus mochatus* heißt es, er gebe selbst einem Achtzigjährigen seine Manneskraft wieder. Der Historiker Bancroft berichtet, dass in den Südstaaten die Sklavinnen, die eine Abtreibung vornehmen wollten, die Gebärmutter vorher durch eine Diät von Gumboschoten schlüpfrig und geschmeidig machten.

Durch einen alten Südstaatenfarmer, der Okra anbaute und die Samen großzügig verschenkte, lernte ich die Pflanze kennen. Die afrikanische Seele dieser Fruchtschote offenbarte mir jedoch ein Jazzmusiker aus New Orleans, der aus seiner Klarinette die sahnigsten, schrägsten, heißen oder coolen *riffs*, die ich je hörte, hervorzaubern konnte. Als sein Geheimnis vertraute er mir an, dass er jeden Tag eine oder mehrere Portionen Abelmoschus esse. Er habe das Gefühl, das schleimige Gericht bringe ihn »in the groove«, auf die richtige Wellenlänge; es mache seinen Sound geschmeidig und schütze seine Lungen, wenn er nachts in verrauchten Nightclubs spielt. Wie sein Lieblingsgericht ist auch der Jazz ursprünglich aus der afrikanischen Musik hervorgegangen. Auch hier der Bezug zum Schleim der Pflanze: *Jazz*, eine Abwandlung des englischen Wortes *jizz* oder *jizzm*, ist der Vulgärausdruck für das Ejakulat, für den lebenstragenden Schleim, aber auch für die rhythmische Bewegung des geschlechtlichen Verkehrs. Jazz ist Sex als Sound.

Auch in Indien ist der Bezug zur Sexualität gegeben. Der elefantenköpfige Ganesh, der so gerne tanzt, hat seinen Sitz im menschlichen Körper im Wurzelchakra; der Penis, der aus der Leibeshöhle des Mannes herausragt, gilt als sein Rüssel. Diese Gottheit wird mit Hibiskus- oder Okrablüten verehrt.

Das Fruchtgemüse Okra ist gesund – es enthält viel Calcium, Provitamin A und Vitamin C; die Samen sind ebenso reich an Eiweiß wie Sojabohnen. Da Okras sich wie alle Malvengewächse durch reichliche Schleimbildung auszeichnen, eignen sie sich als Schonkost für Magenkranke.

Okraeintopf mit Knoblauch

4 Kartoffeln, gewürfelt • 4 Knoblauchzehen, geschält • 2 EL Olivenöl • 1 Prise Zimt • schwarzer Pfeffer, Meersalz • 600 g kleine Okras

Die Kartoffeln und den Knoblauch im Olivenöl auf kleiner Hitze 20 Minuten zugedeckt dämpfen. Mit Zimt, Pfeffer und Meersalz würzen.

Die Okras in einer grossen Bratpfanne Olivenöl scharf anbraten. Zu den Kartoffeln geben, gut mischen und nochmals abschmecken. Heiß servieren.

Okras mit Kokosflocken

Okras mit Kokosflocken • 800 g Okras, mundgerecht geschnitten • 3 TL gemahlener Koriander • 1 TL Gelbwurz • 1 Prise Cayennepfeffer • 5 EL Butter • 2 TL Kümmel • 2 TL schwarze Senfkörner • Salz • 1 TL Zucker • 90 g Kokosflocken • Zitronensaft • 200 ml Kokosmilch

Die Okras mit Koriander, Gelbwurz und Cayennepfeffer mischen und etwa 10 Minuten ziehen lassen.

Die Butter in einer grossen Bratpfanne erhitzen, den Kümmel und die Senfkörner darin braun rösten. Die Okras und die Kokosflocken beigeben und 5 Minuten scharf anbraten. Etwas Zitronensaft und die Kokosmilch dazugeben, nochmals kurz erhitzen und sofort servieren.

Tipp: Wichtig: Eine Pfanne mit großer Bratfläche verwenden, sonst bilden die Okras zu viel schleimigen Saft.

PAPRIKA, PEPERONI UND PFEFFER-SCHOTE

Capsicum annuum, C. fructescens

Familie: Nachtschattengewächse
Andere Namen: Paprika, Gemüsepaprika, Peperoni; indianischer, brasilianischer, spanischer, türkischer Pfeffer, Cayennepfeffer, Chilipfeffer, Gartenkorallen
Heilwirkung: kreislaufanregend, schweißtreibend, Schmerz stillend, immunanregend; verstärkt die Sekretion des Magensafts; Fiebermittel, Blutverdünner; Einreibemittel bei Rheuma und Hexenschuss, zur Alkoholentwöhnung
Symbolische Bedeutung: verkörpert die Feuerkräfte des Hochsommers; kreative Energien, innere Reinigung, Mittel gegen »bösen Blick« und Traurigkeit, weckt die Lust am Leben
Planetarische Zugehörigkeit: Mars

Die bunten – hellgelben bis tiefroten – knackig fleischigen Paprikafrüchte, die aus langweilig grünen Salaten eine Augenweide machen, und auch die mehr oder minder scharfen Pfefferschoten, die Suppen und Fleischgerichten gehörigen Pfiff geben, werden nicht nur in den Supermärkten feilgeboten, sondern erobern zunehmend sonnigere Beete, Folientunnel und Gewächshäuser experimentierfreudiger Gärtner. Die vielen verschiedenen, kaum zu trennenden *Capsicum*-Arten – jene mit den scharfen, langen Schoten, die fleischigeren halbsüßen so-

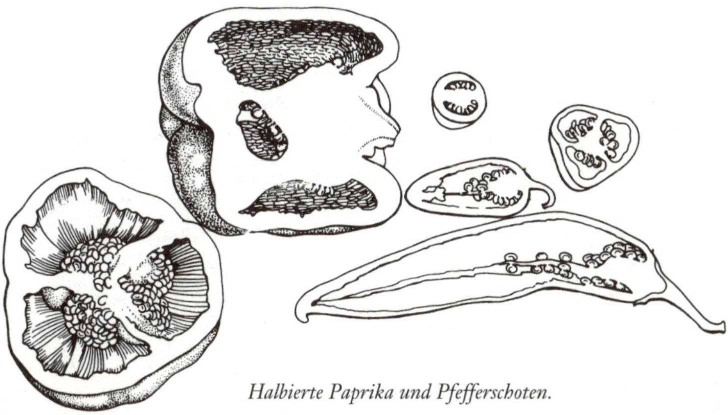

Halbierte Paprika und Pfefferschoten.

wie die milden edelsüßen Sorten – gehören alle zur Familie der Nachtschattengewächse. Sie lieben die Sommerhitze und brauchen eine Temperatur von mindestens 19 Grad, um zu blühen – sonst gibt es keine Früchte. In den Tropen sind sie wie die Tomaten ausdauernde Gewächse, in Europa aber sind sie notgedrungen einjährig. Die »Schoten«, die eigentlich Beeren sind, enthalten reichlich Vitamine – vor allem Vitamin C und Provitamin A – und den Scharfstoff Capsaicin (von griech. *kapto* = beißen), den man noch in einer Verdünnung von 1 zu 2 000 000 schmecken kann.

Die meisten glauben, Paprika sei eine ungarische Pflanze. Zumindest das Wort »Paprika« ist ungarisch – allerdings abgeleitet vom serbokroatischen *papar* (Pfeffer). Tatsächlich ist der Paprika mit der magyarischen Volksseele mindestens so innig verbunden wie etwa die Gurke mit der slawischen Volksseele, der Kohl mit der deutschen oder die Kartoffel mit der irischen. Paprika, mal blass und mild, mal feurig scharf, ist wie die ungarische Musik, die sich zwischen leiser Melancholie und leidenschaftlicher, hitziger Ekstase hin und her bewegt. Der Charakter der Pflanze passt bestens zu dem ehemals wilden schamanischen Reitervolk aus den westasiatischen Steppen, das dann im Donauraum, eingekeilt zwischen ackerbauernden Slawen und Germanen, sesshaft wurde. Paprika ist das ungarische Nationalgewürz: es würzt das berühmte Gulasch, Salami und Zigeunerschnitzel. Paprika, glauben die Ungarn, schützt vor bösem Blick und finsteren Vampiren. Paprikaschoten wurden von Wöchnerinnen zum Schutz unter das Kissen gelegt. Selbstverständlich verstanden es die ungarischen Gärtner, eine ganze Palette von neuen Paprikazüchtungen hervorzuzaubern, und ungarische Wissenschaftler widmeten sich eingehend der Analyse dieser ihrer Seelenpflanze. Es war der Gelehrte Szent-Gyögyi, Direktor des Medizinisch-chemischen Universitätsinstituts in Szeged, der als Erster nachweisen konnte, dass in den Paprikaschoten vier- bis sechsmal so viel Vitamin C enthalten ist wie in Zitronen oder Orangen.

Trotzdem kam der Paprika erst kurz vor dem 18. Jahrhundert nach Ungarn. Die Sage erzählt, dass ein ungarisches Dienstmädchen die Früchte des »türkischen Pfeffers« aus dem Ziergarten des osmanischen Statthalters in Buda, Pasha Mehmed, geschmuggelt habe. Die Türken, die ebenfalls von der feurigen Pflanze begeistert sind, hatten diese im 16. oder 17. Jahrhundert von den Spaniern, Sizilianern oder Portugiesen erhalten. Diese wiederum verdanken das Gewürz und das Gemüse den Indianern.

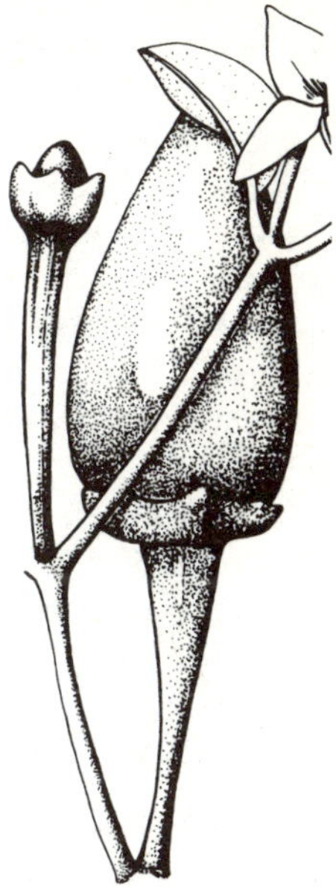

Chilipfeffer.

Die Europäer des ausgehenden Mittelalters waren süchtig nach exotischen Gewürzen, vor allem Pfeffer. Es waren diese Gewürze – allesamt wegen des arabischen Handelsmonopols und des Einfuhrmonopols der Stadtrepubliken Venedig und Genua sündhaft teuer –, die Christoph Kolumbus veranlassten, nach Westen zu segeln, um nach Indien und auf die Gewürzinseln zu gelangen. Er fand keinen schwarzen Pfeffer, dafür aber rote Pfefferschoten. Kolumbus und seine Männer waren die ersten Europäer, die den neuartigen Pfeffer sahen und probierten. Das geschah am 15. Januar 1493 auf der Insel Haiti. Den Seeleuten schmeckten die höllisch scharfen, von den Eingeborenen *ají* genannten Früchte überhaupt nicht. Auf der Rückreise soll Kolumbus jedoch die getrockneten Paprikas als Medizin verzehrt haben, wenn ihn nach zu üppigem Essen das Sodbrennen plagte oder das Herz in der Brust drückte. Auf der zweiten Reise des Admirals nahm der Schiffsarzt, Dr. Chanka, die Samen – die er gegen Migräne verschrieb – mit zurück nach Spanien. Dort, unter der spanischen Sonne, keimten sie und gediehen bestens. So trat der »spanische Pfeffer« seine Weltreise an und fand bald Eingang in die Küchen Afrikas, wo die allerschärfsten Sorten der Welt angebaut werden, Indiens und Indonesiens, wo sie in Currys und Sambals kommen. Inzwischen ist Indien, das Land des schwarzen Pfeffers, der weltweit größte Erzeuger des roten Pfeffers, des beißend scharfen Capsicums.[26] Im tropischen Amerika wurden die Pfefferschoten seit Menschengedenken angebaut – seit mindestes siebentausend Jahren, wie archäologische Funde andeuten. Allein in Mexiko werden noch heute über siebzig Arten angepflanzt, davon ein Drittel mildere Gemüse- und zwei Drittel scharfe Gewürzsorten. Letztere geben dem Chili con carne, den Tamales und anderen mexikanischen Gerichten ihren charakteristischen Ge-

26 Eine besondere indische Spezialität ist der eingemachte Chilipfeffer, *achar*. Sprachwissenschaftler vermuten, dass das Hindiwort auf *ají* zurückzuführen sei, mit dem die Tainoindianer auf Haiti die Pfefferschote bezeichneten. Das Wort *achar*, mit dem die Inder inzwischen auch andere »Pickles« (sauer und scharf eingemachtes Gemüse) bezeichnen, wurde also im 16. Jahrhundert zusammen mit der Pfefferschote eingeführt.

schmack. Die indianischen Vorfahren der Mexikaner paprifizierten jedes Fleisch mit den feurigen Schoten – das der Chihuahuahunde, der Truthähne, des Wildbrets und ebenso das Fleisch der Menschenopfer. Die obere Kaste der Azteken waren Kannibalen. Die in den »Blumenkriegen« gefangenen Feinde wurden zuerst gemästet, dann auf den Stufenpyramiden der Sonnengottheit geopfert, indem man ihnen das noch schlagende Herz mit einer Obsidianklinge herausschnitt. Danach wurden die entherzten, leblosen Leiber von Dienern abgeholt und zu einem besonders scharf mit Chili gewürzten, mit Tomaten und Kürbisblüten garnierten Eintopf verarbeitet. Chilli oder Chili ist das aztekische Wort für die Pfefferschote.

Mexikanisch scheint auch die Tabascosauce zu sein. Tabasco ist der Name eines der mexikanischen Bundesstaaten. Das weltweit bekannte scharfe Gewürz ist jedoch die Erfindung des Südstaatlers Edmund McIhenny, eines Bankiers aus New Orleans, der im Bürgerkrieg, als die Yankees einmarschierten, fliehen musste. Als er nach dem Krieg

Die Spanier landen auf Haiti

zurückkehrte, war sein Herrenhaus ausgeplündert. Der einzige Besitz, der der Familie blieb, war die Ernte spanischer Pfefferschoten. McIhenny gab nicht auf. Er mischte die Chilipfeffer mit Essig und Salz und ließ das Gebräu einige Tage in Eichenfässern lagern. Die teuflisch scharfe Flüssigkeit füllte er in leere Parfümfläschchen und verkaufte sie an Großhändler. Ihren Namen erhielt die Würze von dem exotischen Wort »Tabasco«, dessen Klang dem Unternehmer so gut gefiel (Panati 1998: 259).

Die scharfen Chilischoten sind wegen ihrer bakterientötenden Wirkung überall in den tropischen Ländern begehrt, denn durch ihre Beigabe verderben die Speisen weniger schnell. Der Scharfstoff Capsaicin bekämpft auch Darmparasiten und regt zugleich die Magensaftsekretion an, wodurch die hauptsächlich aus Kohlehydraten bestehende Nahrung – die in den Drittweltländern üblich ist – besser verdaut werden kann. Da die scharfen Speisen den Schweiß aus den Poren treiben, der dann auf der Haut verdunstet, kühlen sie den Körper, wenn die tropische Sonne besonders heiß brennt.

Es gibt aber noch einen weiteren Grund, warum die Menschen das Gemüse lieben, dessen beißende Schärfe ihnen fast den Mund verbrennt und die Tränen aus den Augen quellen lässt. Australische Wissenschaftler haben herausgefunden, dass das, was wir als Schärfe empfinden, in Wirklichkeit ein Schmerzeindruck ist, der körpereigene Opiate (Endorphine) freisetzt und zu einem Glücksempfinden führt. (Beim Langstreckenlauf und anderen Extremsportarten geschieht Ähnliches.) Manche Menschen werden deshalb süchtig nach scharfem Essen. (Diese Erkenntnis ist jedoch nicht ganz so neu, wie man glaubt: In der Württemberger Pharmakopöe von 1771 heißt es: »der spanische Pfeffer wirkt ätzend und dadurch schmerzlindernd auf kranke Organe«.)

Die Indianer haben in ihrer über viele Jahrtausende reichenden Erfahrung mit dem Nachtschattengewächs manche seiner medizinischen Eigenschaften entdeckt. Bei den Azteken galten die Pfefferschoten als magenstärkend, energetisierend, blähungsfördernd, Harn treibend, abführend und sexuell anregend. Aus den Blättern machten sie einen Schleim lösenden Tee für Asthma und bei Brustschmerzen. Aus den Wurzeln bereiteten sie ein Tonikum für Bauchschmerzen und Koliken. Ausschläge wurden mit heißem Urin und Paprikapulver behandelt. Die Inkas und andere Indianer Perus tranken ein mit scharfen Pfefferschoten gewürztes Maisbier (*chicha*) als Verdauungshilfe bei Verstopfungen und als Diuretikum. Diesem Bier schrieben sie auch aphrodisische Qualitäten zu. Für die Maya war die Pfefferschote praktisch ein Allheilmittel, das in verschiedenen Zubereitungsformen Anwendung bei Tuberkulose, Halsschmerzen, Durchfall, Krämpfen, Blut im Stuhl oder im Urin, Blutspucken, verzögerter Nachgeburt, Biss der Schwarzen Witwe (eine Giftspinne), Rheuma, Hämorrhoiden, Schwindel, Hautleiden und Zahnschmerzen fand. Bei Ohrenschmerzen wurde die zerriebene Blüte in die Blütenblätter der Baumwollpflanze gewickelt und ins Ohr gesteckt. Bei Knochenschmerzen und Krämpfen kam eine Abkochung der Paprikablätter mit ins Bad. Roter Pfeffer wurde auch in die Wunden und auf Geschwüre gerieben: Die dadurch verursachten Schmerzen sind so stark, dass der Patient oft ohnmächtig wurde, aber dadurch, hieß es, werde der böse »Zauber« getötet, der die Krankheit verursacht haben soll.

Überall benutzen die Indianer den Schotenpfeffer als Fiebermittel – nicht so sehr, um das Fieber zu senken, sondern um das Lebensfeuer zu unterstützen, um den Körper zu energetisieren und die Kraft der Sonne wieder in den Leib zu bringen. Ein Cayennepfeffertee unterstützt die Hitzewirkung bei Schwitzbädern. Bei Grippe trinken südamerikanische Eingeborene ein pfeffriges Maisbier, um den Schweiß herauszutreiben – eine, wie wir heute wissen, sinnvolle Kur. Die Hitze, verbunden mit der Wirkung der Pfefferschote, wirkt stark stimulierend auf das Immunsystem und regt die körpereigene Abwehr an. Diese Methode war auch das Herzstück der medizinischen Reformbewegung des Samuel Thomson im 19. Jahrhundert in den USA. Die Kranken bekamen eine heiße Tasse Tee mit einem Brechmittel zu trinken. Das Gebräu enthielt Cayennepfeffer, Lobelienkraut sowie die für die jeweilige Krankheit spezifischen Kräuter. Gleichzeitig wurde eine Portion des Tees als Klistier eingeflößt. Nach der erfolgten Purgierung kam der Patient in ein Dampfbad, gefolgt von einer kalten Dusche. Die dadurch erzielten Heilungen waren zum Teil spektakulär und erregen in der modernen Naturheilkunde erneut Interesse.[27]

In Mexiko werden noch heute die Paprikagewächse zur »Reinigung« (*limpia*) verwendet. Ähnlich den »Berufskräutern«, die unsere Urgroßmütter den kleinen Kindern ins Bad taten, wenn diese »berufen« oder verzaubert waren, werden hier die Betroffenen mit Paprikafrüchten abgerieben. Die *limpia* findet Anwendung bei »bösem Blick«,

27 Weiteres zu Samuel Thomson und seiner bemerkenswerten Heilmethode in W.-D. Storl: *Kräuterkunde*, Aurum Verlag, Braunschweig 1996.

Eine Peruanerin kocht Paprika.

bei den *aires* – dem kalten, krank machenden Wind, der von Totengeistern, Hexen oder den kleinen Männlein, die in Höhlen oder Quellen hausen, kommt –, bei »Beschämung« (öffentlicher Kränkung, Demütigung oder Lächerlichmachung) und bei »Traurigkeit« (Depressionen). Alle diese Zustände können nach Ansicht der Mexikaner zu Erbrechen, Durchfall, Nervosität oder Schlaflosigkeit führen. Der feurige Paprika brennt diese negativen Energien weg.

Selbstverständlich ist die alte Kulturpflanze für die Indianer auch eine Zauber- und Ritualpflanze. Wenn zum Beispiel bei den Guayupe in Venezuela einem Paar ein zweites Kind geboren wurde, musste sich der Vater absondern und fasten und anschließend den ganzen Körper mit Paprikabrühe waschen. Bei diesem Indiostamm durften nur jungfräuliche Mädchen die Paprikapflanzen aussäen, sonst – so glaubten sie – würde der Samen nicht keimen. Bei den Chibcha in Kolumbien wurden Ehebrechern Chililauge in die Augen gegossen. Die Indianer des Orinoko rieben ihre Pfeile mit Chilipfeffersalbe ein. Europäische Zauberer und »Hexen« vom Schlage eines Harry Potter machen aus den Samen der grünen Paprika ein Amulett, um die eigene Energie zu erden. Und nicht zuletzt dient die Paprikaschote dem Liebeszauber; sie macht »heiß«, wie uns Magister Botanicus wissen lässt.

Bei uns wird heute eine Tinctura capsici als Einreibemittel bei rheumatischen Schmerzen verschrieben. Ebenfalls wird Alkoholsüchtigen bei der Entwöhnungskur eine Cayennetinktur verabreicht. Neuere Forschung zeigt, dass Paprika auch den Cholesterinspiegel senken hilft. Das Gewürz stimuliert Herz und Kreislauf und löst Blutgerinnsel in den Arterien auf. Mit seiner hitzigen Kraft soll es auch gegen Winterdepression helfen. Als kalifornische Blütenessenz fördert Cayenne das Feuer und die ihm innewohnende Energie für eine Veränderung, die benötigt wird, um Blockaden für das seelische Wachstum zu überwinden (McIntyre 1996: 252).

Peperoni mit Hummus

300 g Kichererbsen, gekocht • 2 EL Mandelpüree • 1 EL Sesamöl • 1 TL Koriander, gemahlen • 1 EL Maggikraut, fein gezupft • 2 EL Petersilie, gehackt • 4 EL Sonnenblumenkerne, in etwas Wasser eingeweicht • Paprika, Kräutersalz, Pfeffer • 4 kleine Peperoni (Paprika), einen Deckel abgeschnitten und ausgehöhlt

Chili-Knoblauch-Sauce:
20 Knoblauchzehen, ganz • 20 Chilischoten, entkernt, in Streifen geschnitten • 1 TL Zitronensaft • 1 l Olivenöl

Die gekochten Kichererbsen pürieren, mit dem Mandelpüree und dem Sesamöl mischen. Mit Koriander, Maggikraut, Petersilie und den Sonnenblumenkernen mischen. Mit Paprika, Kräutersalz und Pfeffer abschmecken.

Die Masse in die vorbereiteten Peperoni füllen.

Dazu passt eine Chili-Knoblauch-Sauce: Alle Zutaten in einen Topf geben und auf kleinster Hitze 4 Stunden garen. Erkalten lassen und in Gläser abfüllen. Kühl gelagert hält sich diese Sauce einige Monate lang.

PASTINAKE

Pastinaca sativa

Familie: Schirmblütler, Doldengewächse
Andere Namen: Pastornak, Pestnacke, Pestnägel, Hirtsaug, Hirschfraß, Speckmöhre, Weiße Möhre, Dickmöhre, Hammelmöhre, Roßkümmich, Bockskraut
Heilwirkung: Harn treibend, Galle treibend, menstruationsfördernd; Mittel bei Fieber, Schwindsucht, Steinleiden; Magenmittel, Sexualtonikum, blähungswidrig
Symbolische Bedeutung: Vermittler von Lebenskraft; dem Schweinepatron Antonius geweiht; Fastenspeise
Astrologische Zugehörigkeit: Jupiter, Venus (Culpeper)

Der Pastinak oder die Pastinake – beides ist richtig – ist ein zweijähriger Doldenblütler mit einer fleischigen, aromatischen, weiß-gelblichen Speicherwurzel. Tüten mit dem Saatgut gibt es in jeder Samenhandlung zu kaufen und um edle Pastinakengerichte sind moderne Feinschmeckerlokale nicht verlegen. Dennoch ist die Pastinake den meisten Zeitgenossen unbekannt. Das war einmal anders. Bis ins 18. Jahrhundert war die Pastinake als Wurzelgemüse beliebter als die Karotte. Sie ist zwar weniger knackig als die delikatere Möhre und massiger – die Wurzel wiegt bis zu 600 Gramm –, besitzt aber einen höheren Nährwert.

In den Zeiten der Ritter und Minnesänger war die Pastinake das bevorzugte Gemüse. Es gab einst aufregende Rezepte für die Wurzel; sie wurde mit Mandeln, Kastanien, Rosinen, Muskat und teuren Gewürzen gedünstet und gebacken. Ihr kräftiger Geschmack passt übrigens noch immer vorzüglich zu Wildbret, Hammelfleisch oder Rindfleisch. Auch beim einfachen Volk war die Wurzel beliebt. Ehe es Kartoffeln gab, war die »Speckmöhre« oder »Dickmöhre« eines der wichtigsten Sättigungsmittel und Bestandteil der bäuerlichen Suppen und Eintöpfe. Sie enthält viel Zucker, Stärke und fettige Öle. Als Kräftigungsmittel galt sie als bestens geeignet für Alte, Schwache und Rekonvaleszente. Schwindsüchtigen servierte man noch im 19. Jahrhundert Pastinakenwurzel in Milch. (Unter Schwindsucht verstand man damals meistens die mit Auszehrung, Abmagerung, Kräfteverfall und Appetitlosigkeit verbundene Tuberkulose.)

Die Pastinake, die im Frühjahr ausgesät wird, kann im Spätherbst geerntet werden. Kenner sind sich einig, dass die Wurzeln erst richtig schmecken, wenn der Frost sie erwischt hat. Eigentlich sollte man sie den Winter über unter dem Schnee in der Erde lassen und dann im Frühjahr ernten. (Wenn man Glück hat, lassen einem die Wühlmäuse etwas davon übrig!) Im Frühjahr schmecken sie süßer und sind bekömmlicher, denn die gespeicherte Stärke verwandelt sich dann allmählich wieder in Zucker. Früher war die frisch gegrabene Wurzel in der kargen Fastenzeit, wenn die anderen Vorräte zur Neige gingen,

Blühende Pastinake (Joachim Camerarius, 1586).

eine ideale Speise. Sie ist genau das, was der träg gewordene Organismus nach der lichtarmen Jahreszeit braucht, um wieder fit zu werden: Sie enthält Vitamin C, das den winterlichen Skorbut vertreibt, und regt die Drüsen an. Als Fastenspeise wurde die Pastinake in Nordwesteuropa mit gepökeltem Hering, gekochten Eiern und Senfgrün gegessen. Die Iren brauten im Frühling aus der zuckerhaltigen Wurzel – mit Zusatz von Malz und Hefe – ein würziges, ungehopftes *Parsnip beer.* Auch einen Pastinakenschnaps brannten sie, und als der Zucker nicht mehr so teuer war, stellten sie sogar eine Pastinakenmarmelade her.

Die flachen Samen der Pastinake – eigentlich sind es die für die Schirmblütler (Umbelliferen) typischen Spaltfrüchte – fanden vielfache Verwendung als Gewürz. In den von Mangelwirtschaft gekennzeichneten ehemaligen Ostblockländern stehen einheimische Kräuter und Gewürze höher in Ehren als bei uns. Dort ist die Pastinake nicht nur ein Gemüse, sondern die Samen werden wie Dill gemahlen und zum Würzen von Suppen, Salaten, Sauerkraut und Gewürzgurken verwendet. Während die Wurzel eher Winde treibt, wirken die Samen wie auch Kümmel- und Dillsamen karminativ, das heißt, sie verhindern Blähungen.

Die jungen Blätter und Stengelspitzen eignen sich in geringer Dosierung als Würze für Kräutersuppen, Linsen-, Erbsen- und Möhrengerichte. Überliefert ist die Kräutersuppe, die sich der Naturforscher Alexander von Humboldt (1769–1859) aus gesundheitlichen Gründen alljährlich im Frühjahr von seinem Koch zubereiten ließ. Angemacht mit Butter, Zwiebel und Mehl, kam die ganze »grüne Neune« in die Suppe: Bärlauchblätter, Gänseblümchen, Schafgarbenblätter, Brennnesseltriebe, Wegerich, Vogelmiere, Kerbel, Gundermannblättchen und eben Pastinakengrün.

Nicht nur die Menschen, sondern auch die Tiere macht das Wurzelgemüse gesund und rund. Damit die Schweine im Winter nicht abmagern, wurde die dicke, speckige Wurzel als Winterfutter feldmäßig angebaut. Der heilige Einsiedler Antonius, Patron der Schweinehirten, Metzger und Bürstenmacher, war selbstverständlich auch für das Schweinefutter zuständig. Dass dieser »Säu-Antoni« (Schweiz), »Swiene-Tüns« (Münsterland) oder »Fackentoni« (Tirol) zugleich einer der Pestheiligen war, passt gut zu einer Pflanze, die man in der Mundart hier und da in Anlehnung an die gefürchtete Seuche *Pestnacke*, *Pestnägel* oder *Pestknochen* nennt. Ob die Pflanze auch als Pestmittel eingesetzt wurde, ist jedoch nicht bekannt.

Auch die Kühe gaben eine bessere, fetthaltigere Milch, wenn sie im Winter neben Laubheu und Strohhäcksel Pastinaken mit ins Futter bekamen. Die Butter soll dann so gut schmecken, als hätten die Kühe frisches Gras gefressen. Erst als die südamerikanische Kartoffel die Felder eroberte, geriet die Pastinake als Zusatzfutter fürs Vieh in Vergessenheit.

Von wem und wo die Pastinake erstmals angebaut wurde, bleibt ein Rätsel. Die Archäologen haben zwar die Spaltfrüchte bei den Ausgrabungen jungsteinzeitlicher Siedlungen (Pfahlbauern) im Alpenvorland gefunden. Aber ob es sich dabei um kultivierte oder wilde Pastinaken handelt, weiß man nicht. Der Doldenblütler ist nämlich eine in Europa einheimische Wildpflanze. Sicherlich gehörte er mit zu den Wurzeln, welche die altsteinzeitlichen Sammlerinnen mit dem Grabstock ausstachen und in ihre Netze und Körbe füllten. Die Kelten, Germanen und Slawen, gelegentlich auch die Römer, bauten die Wurzel schon feldmäßig an. Überliefert ist, dass der römische Kaiser Tiberius Geschmack an dem herzhaften Gemüse fand und es sich extra aus den Rheinprovinzen Germaniens importieren ließ. Genauere Aussagen zur Geschichte der Pastinake lassen sich kaum machen, denn von der Antike bis ins 17. Jahrhundert wird kaum zwischen Pastinaken, Karotten, Petersilienwurzeln, Zuckerwurzeln (*Sium sisarum*) und anderen »Mohrrüben« unterschieden. Auch der Name gibt keine Hinweise: »Pastinak« bedeutet lediglich »ausgegrabene Wurzel« (lat. *pastinare* = ausgraben; *pastinum* = geforkter Grabstock).

Das Saatgut dieser einst so wichtigen Pflanze gelangte mit den ersten Siedlern 1609 in die Neue Welt, nach Virginia – dort lebte der Stamm der Indianerprinzessin Pocahontas – und nach Massachusetts, wo 1620 die »Pilgerväter« siedelten. Die Indianer waren von dem Gemüse begeistert und pflanzten es ebenfalls an. Die Pastinake verwilderte schnell und ist heute als »Unkraut« überall an den Wegrändern und auf den Brachäckern Nordamerikas zu finden. Pastinaken gehörten – neben Mais, Kürbissen, Bohnen und Nüssen – mit zu den Wintervorräten, die sich die Irokesen angelegt hatten und die General Sullivan in einer Strafexpedition gegen die unbotmäßigen Eingeborenen im Winter 1779 zerstörte. Die darauf folgende Hungersnot zwang die Indianer, sich zu ergeben.

Die Pastinake hat wie auch andere Schirmblütler einen – wie es Rudolf Steiner ausdrückt – starken »Ätherleib«. Die zweijährige Pflanze saugt sich im ersten Jahr dermaßen voll mit den ätherischen Lebenskräften der Erde, dass die Pfahlwurzel saftig anschwillt. Zugleich öffnet sie sich den kosmischen (astralen) Lichtkräften, so dass sie bis in die Wurzelspitzen hinab von duftenden essenziellen Ölen durchdrungen wird. Es sind diese astralen Kräfte, die dann im zweiten Jahr die Pflanze explosionsartig aufschießen, blühen und versamen lassen. Anders gesehen kann man sagen, dass die Pastinake eine starke, dynamische Yin-Yang-Polarität aufweist. Aus dieser Dynamik ergibt sich ihre typische Heilwirkung.

Pocahontas war eine historische Persönlichkeit. Ihr Stamm pflanzte Pastinaken an (Pocahontas-Darstellung aus einem Walt-Disney-Film).

Als Heilpflanze ist die Pastinake, die wild wachsende mehr als die gezähmte, schon seit langem bekannt. Es ist die konzentrierte, angesammelte, überschüssige Lebenskraft, welche die Wurzel zur idealen Kost für Schwindsüchtige macht. Sie kann auch die notwendige Vitalität zur Zeugung neuen Lebens vermitteln. Dioskurides, der Klassiker der Phytotherapie, gibt sie als Mittel an, »die Gebärmutter der Empfängnis fähig zu machen«; auch mache sie »Begierde zum Beischlaf«. Leonhart Fuchs schreibt: »Die Wurtzel gesotten und getruncken reyzet zu den Ehelichen Werken« (New Kreuterbuch, 1543). Anderswo heißt es: »Kraut und Samen in Wein gesotten, morgens und abends getrunken, hilft unfruchtbaren Weibern zur Empfängnis.« Die Bezeichnung der Pastinake als »Bockskraut« rührt nicht nur von ihrer triebsteigernden Wirkung her, sondern auch davon, dass die Pflanze stark riecht – das ätherische Öl enthält Ester der Kapronsäure, was ihr einen leichten ziegenbockähnlichen Geruch verleiht.

Im aromatischen Öl manifestiert sich die kosmische Astralität – die Yang-Energie. Diese setzt die konzentrierte, aufgestaute Lebenskraft im Yin-Pol der Pflanze in Bewegung. Wenn wir die Pflanze, insbesondere die Samen, in unseren leiblichen Mikrokosmos aufnehmen, bringen sie auch da die »Säfte« in Fluss und regen die Verdauungs-, Sexual- und Ausscheidungsdrüsen an. Die Volksmedizin kennt einen

Harn und Galle treibenden Tee aus den Samen oder auch aus den getrockneten Blättern. Der Aufguss wird bei Wassersucht, Nieren- und Blasenleiden (Steinleiden), Magenschwäche, Fieber sowie bei funktioneller Schwäche der Geschlechtsorgane (Erektions- und Sekretionsschwäche) getrunken. Dioskurides verschrieb Pastinake als Periodenmittel («wider Verstopfung der weiblichen Blum«), ebenso Leonhart Fuchs, der sie gynäkologisch einsetzt: »So man die wurtzel in die muter [Scheide] thut, treibt sie die todte geburt.«

In England blieb die Pastinake, *parsnip* genannt, lange ein beliebtes Gemüse. Culpeper beschreibt die medizinische Wirkung als »öffnend«, Harn treibend, Wind treibend, reinigend und gut gegen den Biss giftiger Tiere. Wegen ihrem Bezug zu den urogenitalen Organen stellt er sie unter die Herrschaft der Venus. Dass aber auch Jupiter anwesend ist, verrät die Größe der Wurzel, ihre Nahrhaftigkeit und ihr süßlicher Geschmack. Sie enthält auch Inulin und etwas Fett.

John Wesley (1703–1791), Gründer der pietistischen Methodistenbewegung in England, sorgte sich nicht nur um das Seelenheil der verarmten, ausgebeuteten Arbeiter der frühen industriellen Revolution, sondern auch um ihre körperlichen Nöte. Da sie sich keine teuren Ärzte und Apothekerarzneien leisten konnten und aufgrund von Unterernährung in schlechter gesundheitlicher Verfassung waren, schrieb er für sie das Büchlein »Primitive Physic – An Easy and Natural Way of Curing Most Diseases«, in dem er die einfachen naturopathischen Heilmittel und einheimischen Kräuter auflistet, die jedem kostenlos zugänglich sind. Unter anderem empfiehlt er einen Breiumschlag aus den zerstampften Blättern und Stengeln der Pastinake bei krebsigen Geschwüren. Innerlich verschrieb der Erweckungsprediger die Pastinake bei Asthma und Schwindsucht. Das Büchlein wurde unter den Siedlern in Amerika, wo es damals wenig Ärzte gab, sehr populär, und so wurde auch die Pastinake Bestandteil der amerikanischen Volksheilkunde. Die Indianer hatten inzwischen selbst den Neophyten aus Europa als Medizin entdeckt, unter anderem bei Frauenleiden und als heißen Breiumschlag für Geschwüre und Entzündungen.

Pastinaken mit Balsamico-Basilikum-Sauce

100 ml Gemüsebouillon • einige Basilikumblätter, gezupft • 600 g Pastinaken, gewürfelt • 200 g Kartoffeln, gewürfelt • 1 TL Balsamicoessig • 2 EL Olivenöl • 100 ml Rahm • Meersalz, Pfeffer

Die Bouillon mit dem Basilikum aufkochen, die Pastinaken und die Kartoffeln dazugeben und in der Bouillon weich kochen. Aus der Bouillon nehmen und warm stellen.

Die Bouillon mit Essig, Olivenöl und Rahm mischen, aufkochen und mit Meersalz und Pfeffer abschmecken. Auf die Hälfte reduzieren und als Sauce mit dem Gemüse servieren.

Pastinakenschnitzel mit Senf

2 Pastinaken, ganz • 1 Ei • 2 EL Mehl • 1 EL Senf • 2 EL gehackte Petersilie • gemahlener Koriander, Kräutersalz, weisser Pfeffer • Paniermehl • 3 EL Butter

Die Pastinaken in leicht gesalzenem Wasser weich kochen. Abkühlen lassen und in schöne 1 cm dicke Schnitzel schneiden.

Das Ei mit dem Mehl und dem Senf zu einer glatten Marinade rühren, die Petersilie darunter mischen, mit Koriander, Kräutersalz und Pfeffer abschmecken.

Die Pastinakenschnitzel 1 Stunde in der Marinade einlegen. Dann aus der Marinade heben und auf beiden Seiten im Paniermehl wenden. In der Butter goldgelb braten.

RETTICH UND RADIESCHEN

Raphanus sativus

Familie: Kreuzblütler
Andere Namen: Radi (bayr.), Reddick, Rätsch, Bölkwurtel (ostfries.), Bierrettich, Bierwurz, Forzworzel, Ramenaß, Rummelnase, Frejdagswors (Freitagswurst)
Radieschen: Radieseln, Monatsrettich
Heilwirkung: regt Leber- und Gallefunktion an; vorbeugend gegen Gallen-, Nieren- und Blasensteine; Schleim lösendes Hustenmittel; verbessert Darmflora; Harn treibend, antiskorbutisch, pilz- und keimhemmend
Symbolische Bedeutung: Sinnbild für Zank und Streit; derbe Vitalität; Wohlstand (Japan); Frühling und die immerwährende Erneuerung des Lebens (Naher Osten); Attribut der Wind- und Wettergötter Petrus, Donar
Planetarische Zugehörigkeit: Mars

Obwohl der Rettich ursprünglich aus Nordchina stammen soll und dort seit vielen tausend Jahren angebaut wird, ist er inzwischen beinahe ein einheimisches Gewächs geworden (Schwanitz 1957; 127).[28] Der schwarze, weiße, purpurne oder rote Rettich und auch seine jüngste Abart, Radieschen und Eiszapfen, gehören heute zu den beliebtesten Gartenfrüchten Europas. Der Rettich soll bereits zur täglichen Kost der Fronarbeiter, die an den ägyptischen Pyramiden bauten, gehört haben, und auch die alten Griechen kannten schon verschiedene Rettichsorten und setzten sie medizinisch ein. Der römische Admiral Plinius, der nach seiner Pensionierung eine 37-bändige Naturgeschichte (*Historia naturalis*) schrieb, lässt uns wissen, dass die Ägypter den Rettich vor allem wegen des in seinem Samen enthaltenen Öls anbauen und dass der Rettich dermaßen gut in kalten Gegenden gedeiht, dass seine Früchte in Germanien die Größe neugeborener Kinder erreichen.

Radih (von lat. *radix*, Wurzel) ist der althochdeutsche Name für den Rettich. *Radi* nennen ihn die Bayern heute noch. Die Liebe zu die-

28 Der Rettich und ebenso das Radieschen stammen offenbar vom Raukensenf oder Hederich (*Raphanus raphanistrum*), einem bekannten Ackerwildkraut, ab, mit dem sie fruchtbar bastardieren. Nach Vavilov ist seine Heimat Nordchina. Andere Ethnobotaniker machen Vorderasien als das Ursprungsgebiet aus und nennen eine Kreuzung des Strandrettichs (*R. maritimus*) und des Schnabelrettichs (*R. rostratus*) als Vorfahren der Kulturpflanze (Franke 1992: 197).

Blühender Rettich: Die Blüten eignen sich zum Dekorieren von Salaten.

ser Wurzel ist ebenso Ausdruck der bajuwarischen Volksseele wie jene zum Maß Bier, zur Weißwurst und zu Blasmusik. Nirgendwo wird so viel Rettich angebaut wie in Bayern (Süddeutschland deckt 70 Prozent des deutschen Rettichanbaus ab), nur die Japaner und Chinesen konsumieren mehr. Der geschnetzelte, gesalzene Rettich und das »flüssige Brot« waren über viele Jahrhunderte Teil der täglichen Nahrung, die in den kargen Wintermonaten das Landvolk bei guter Gesundheit hielt. Der Rettich enthält genug Vitamin C, um gegen die gefürchtete Winterkrankheit, den Skorbut, zu schützen. Dazu enthält die Wurzel Vitamin A, B_1, und B_2, viel Kalium, Phosphor und andere Spurenelemente. Die Senfölglykoside haben zudem eine antibakterielle und pilzwidrige Wirkung, so dass sie Erkältungskrankheiten vorbeugen. Und wenn einmal der Maße im Übermaß genossen wurde, half der Radi die Leber schützen, da er den Leberstoffwechsel und vor allem die Gallensekretion anregt.

Der Rettich ist wie die meisten Kreuzblütler – etwa der Kohl oder der Meerrettich – mit überschüssiger Lebenskraft ausgestattet. Dank seiner schwefeligen Öle ist er nicht zimperlich, kann kalte Temperatu-

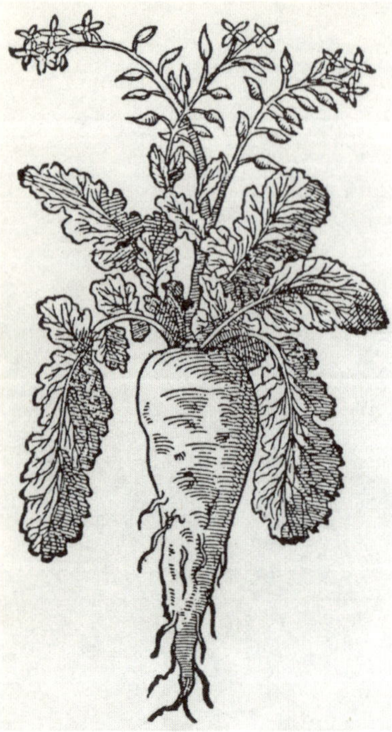

Rettich (Joachim Camerorius, 1586).

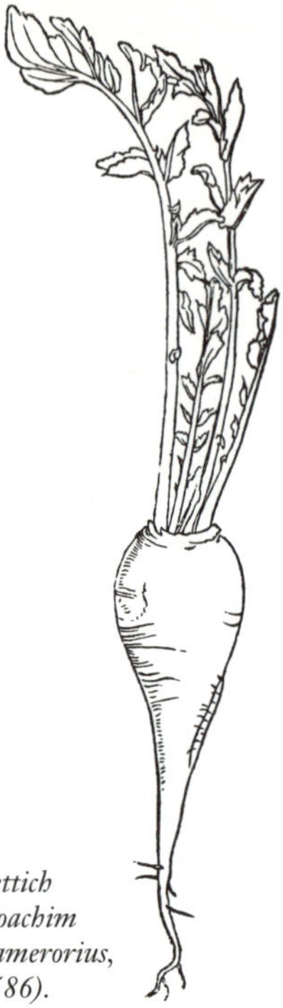

Rettich (Otto Brunfels, 1532).

ren im Freien vertragen und hält sich im kühlen, feuchten Keller oder in der Sandmiete über den ganzen Winter. Die strotzende Kraft dieser Wurzel lässt sich auch auf ein ordentliches Mannsbild übertragen. Mann ist, was Mann isst. Männer essen Rettiche, »um durch die sich ansammelnden Gase eine kräftigere Erektion zu erzielen« – so der süddeutsche wie auch der französische Volksglaube. Otto Brunfels, Botaniker, Stadtarzt zu Basel und ehemaliger Kartäusermönch, teilt diese Überzeugung: »Rettich soll auch zur Unkeuschheit reyzen.« Der Rettich – das wussten die damaligen Ärzte – trägt eindeutig die Signatur des maskulinen Planeten Mars. Das zeigt sich in seiner Schärfe, seiner mitunter rötlichen Farbe und auch darin, dass er spezifisch auf das wichtigste Marsorgan, nämlich die Gallendrüse, wirkt. Diese Drüse galt einst als der Sitz des Zorns. Zornig ist man, »wenn einem die Galle überläuft«, wenn man »Gift und Galle spuckt«.

Da der stürmische Planetengott Mars die Pflanze beherrscht, ist es verständlich, dass im Mittelalter der Rettich Sinnbild für Zank und

Streit wurde. Man glaubte, zänkische, unberechenbare Geister wie etwa der Berggeist Rübezahl seien vom Rettich besonders angetan. In der alten Blumensprache, mittels derer sich Ritter und Hofdamen ohne Worte verständigen konnten, bedeutete das Tragen von Rettichblättern oder -blüten: »Durch dich hab' ich schon manches Leid, manche Traurigkeit erlitten.« Wenn auf alten Gemälden oder Zeichnungen ein Rettich dargestellt wird, hat dies immer eine ähnliche Bedeutung. So etwa in dem bekannten Bild »Der verlorene Sohn« von Albrecht Dürer: Der bei den Schweinen kniende junge Mann kehrt einem Rettich den Rücken zu, was so viel besagt wie, dass er reumütig ist und den Zwist hinter sich gelassen hat.

Damit der Rettich nicht allzu viel Streit verursacht, musste er vorsichtshalber geweiht werden. Die Rettichweihe fand traditionell zur Petri Stuhlfeier, am 22. Februar, statt. »Petri Stuhlfeier, Petri Stuhltag, da man den Rettich weiht«, heißt es 1348, in der Urkunde des Otto Weat von Ylenburg. Petrus war bekanntlich selbst ein stürmischer Geist, der erst durch eine milde Zurechtweisung des Heilands zur Ruhe gebracht werden musste. Die Verbindung zum Wettermacher Petrus gibt zur Vermutung Anlass, dass die Bauern in heidnisch-germanischen Zeiten den Rettich dem Donar (Thor) geweiht hatten. Dieser war auch ein »ungehobelter Kerl«, sehr potent, erdverbunden und zuweilen jähzornig.

Möglicherweise hat der Ruf des Rettichs, Zank und Hader zu verursachen, auch einen anderen Grund hat. Nämlich, dass er Blähungen treibt und Rülpsen verursacht, was in den engen, miefigen, winterlichen Bauernstuben niemandem entgehen konnte. Daher auch die plumpen volkstümlichen Bezeichnungen des Rettichs: Rummelass, Rummelnase und ähnlich lautet sein Name, da reichlicher Rettichgenuss ein »Rummeln« (Rumoren) in den Gedärmen verursacht. Bölkwurtel heißt er im Plattdeutschen von *bölken*, Blähungen ausstoßen – ähnlich wie das Bölkbier (Werners Bölkstoff), ein Bier, nach dem man unweigerlich aufstößt. Forzworzel hieß er in Niederschlesien, Farzwurzen in Kärnten, und der derbe Bauernhumor in Niederösterreich nennt ihn Schbrachmasta (Sprachmeister). Derselbe Humor ist wahrscheinlich verantwortlich dafür, dass die ABC-Schützen im östlichen deutschsprachigen Raum am ersten Schultag Rettichscheibchen aufs Butterbrot bekamen, »denn dann lernen sie leicht die Buchstaben des Alphabets vorwärts und hintwärts aussprechen«. Damit er aber nicht allzu heftiges Rülpsen verursacht, solle man die Wurzel nach unten schaben, so der Rat des

Volksaberglaubens.[29] Freitagswurst oder Frejdagswurs heißt der Rettich in einigen katholischen Gegenden, da er am Freitag anstelle von Wurst gegessen wurde.

In der Volksheilkunde spielt die Zapfwurzel von jeher eine große Rolle. Rettich »versüßt das Blut«, eine Feststellung, die durchaus stimmt – besonders der schwarze Rettich reagiert stark basisch. Der Saft wird als Haarwuchsmittel eingerieben. Gekochte Rettichsamen werden bei Pilzvergiftungen verabreicht. Die zerstoßenen Blätter heilen die kranken Euter der Kühe. Rettichscheiben werden bei abnehmendem Mond auf Hühneraugen gelegt. Großmutters Hustensirup bestand oft aus eingedicktem Rettichsaft; bei hartnäckigem Husten und Bronchitis wurde oft ein Rettich ausgehöhlt und zehn Stunden, mit Zucker- oder Honigwasser gefüllt, stehen gelassen; dann wurde die Flüssigkeit löffelweise eingenommen. Rettichsaft galt auch als ein Mittel gegen Bleichsucht – auf die Haut gerieben, gibt es ihr die schöne, marshaft rote Farbe wieder. (Ähnlich in Indien, wo aus den gemahlenen Rettichsamen ein Mittel gegen Leucoderma – Verlust der Hautpigmente – hergestellt wird.) Sämtliche Steinleiden – Gallen-, Nieren- und Blasensteine – wurden mit Rettichsaft behandelt. Auch der britische Kräuterarzt Nicholas Culpeper verschrieb den Saft dieser Marspflanze, gemischt mit etwas Wein, zum Auflösen von Gallensteinen.

Es ist selbstverständlich, dass eine dermaßen wichtige Pflanze von allerlei Tabus und Brauchtum umrankt war. Die Gärtner und Bauern beachteten sorgsam die Aussaatregeln: An besonderen Tagen – Kilianstag, Johanni, Fronleichnam – gesteckt, würden die Wurzeln gut gedeihen. Setzt man sie, wenn sich der Mond im Sternbild der Fische oder des Wassermanns befindet, dann werden sie saftig. Im Schützen schießen sie, im Krebs oder Steinbock machen sie viele kleine Würzelchen, im Widder werden sie besonders scharf. Zur Aussaat benötigt man auch den richtigen Spruch. Die Pennsylvaniadeutschen (Amische) sagten zum Beispiel: »So lang as mei Arm, so dick as mei Bee [Bein]!« Und wenn die Rettiche lange Schwänze bekamen, dann wusste man, dass ein strenger Winter im Anzug war.

Rettiche werden auf der ganzen Welt angebaut. Die Gärtner unterscheiden zwischen den spät reifenden Wintersorten, die sich auch

29 Ähnlich beim Holunder, dessen Rinde als Purgativum in der Heilkunde verwendet wurde: Die Bauern schabten den Rindenbast nach oben weg, wenn sie Erbrechen, und nach unten, wenn sie Durchfall bewirken wollten.

gut halten, und den Sommerrettichen. Von beiden gibt es bei uns jeweils um die zwanzig Sorten. Das kleine, runde, rote Radieschen ist eine neuzeitliche Züchtung, die den Gemüsegärten der Renaissance entstammt und sich im 18. Jahrhundert in ganz Europa verbreitete. Das Radieschen ist keine Wurzel, wie man glauben könnte, sondern eine Verdickung des Wurzelhalses (Hypokotyl). Die eigentliche Wurzel ist das dünne »Schwänzchen« am Radieschen. Radieschensamen keimen schnell; wie die Samen von Kresse, Alfalfa oder Mungbohnen eignen sie sich vorzüglich, um vitaminreiche Sprösslinge für den Wintersalat herzustellen.

Eine üppige Vielfalt an Rettichen gibt es in Ostasien. In China und Japan werden sie nicht nur roh verzehrt, sondern auch gekocht. Auch die Blätter werden als Gemüse gegessen. Zudem gibt es Sorten mit besonders ölreichen Samen (Ölrettiche), die zu Speiseöl und zu Lampenöl gepresst werden. Die echte chinesische Tusche wird übrigens aus dem Ruß der Flamme des Rettichöls bereitet. Dann gibt es noch den so genannten Schlangenrettich, dessen Schoten, nachdem die Pflanze ausgeblüht ist, als Gemüse gegessen werden – eine Tatsache, die ich mir abgeschaut habe: Wenn bei mir die Rettiche oder Radieschen in die Blüte schießen, ärgere ich mich nicht mehr, reiße sie aus und werfe sie auf den Kompost, sondern ernte die frischen grünen Schoten – sie haben eine angenehme Schärfe – und esse sie roh im Salat oder brate sie mit anderen Gemüsen im Wok.

Die allergrößten Rettiche sind die milden japanischen Riesenrettiche, Daikon genannt. Sie werden bis zu einem Meter lang und wiegen

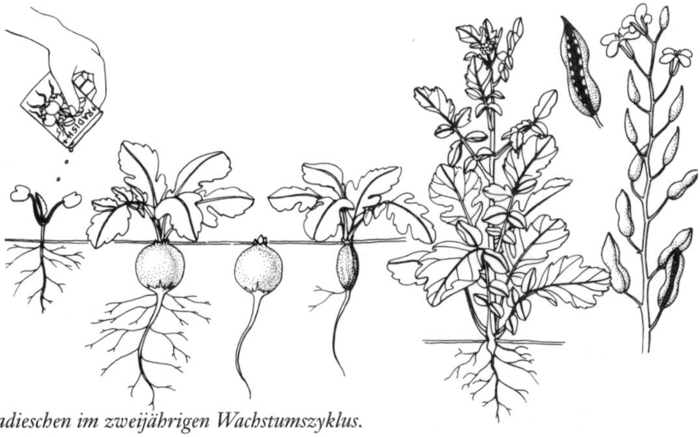

Radieschen im zweijährigen Wachstumszyklus.

bis zu 25 Kilogramm. Kein Wunder, dass sie in Japan zum Symbol des Wohlstands geworden sind. Daikon findet Verwendung als Kochgemüse, als Viehfutter und wird gesalzen in großen Bottichen – wie bei uns das Sauerkraut – eingemacht.

Auch die Inder schätzen den Rettich, hier Muli (= Wurzel; das Muladhara-Chakra ist das Wurzelchakra) genannt. Mit dem die Leber- und die Gallenfunktion tonisierenden Mulisaft werden Hepatitispatienten behandelt. Wie in der europäischen Volksheilkunde wird der Saft (zusammen mit Honig und Steinsalz) bei Husten und Lungenproblemen eingenommen. Der Ayurveda verschreibt den Saft der Rettichblätter bei Harnverhaltung und schmerzhaftem Wasserlassen; bei Steinleiden trinkt man vierzehn Tage lang täglich eine Tasse.

Die moderne Heilkunde bestätigt die meisten der überlieferten Anwendungen des Rettichs als Heilmittel. Als basenüberschüssige Diätspeise unterstützt der Rettich die Darmgesundheit, indem er die Darmflora verbessert. Man soll, so Kräuterpfarrer Kneipp, den Rettich jedoch besser ungesalzen geniessen. Der Darm ist, wie wir wissen, mit das wichtigste Immunorgan des Körpers. Der hohe Kaliumgehalt macht den Rettich zum Harn treibenden, entwässernden Mittel für Gicht- und Rheumageplagte. Als Erkältungsmittel wirkt er Schleim lösend und entzündungshemmend auf die Schleimhäute der Nase, der Nebenhöhlen und des Rachens. Und als Leber- und Gallenmittel ist er noch immer kaum zu übertreffen.

Schwarzer Rettich mit Trauben

2 schwarze Rettiche • 100 g rote Trauben, halbiert • Kürbiskerne

Sauce:
1 EL Rotweinessig • 3 EL Olivenöl • Maggikraut, gezupft • 40 g Kürbiskerne, gehackt • Honig • Meersalz, weisser Pfeffer

Die Rettiche in feine Scheiben schneiden oder hobeln, mit den halbierten Trauben in eine Schüssel geben.

Essig und Olivenöl mischen, mit Maggikraut, Honig, Meersalz und Pfeffer abschmecken. Über den Rettich und die Trauben giessen und mischen.

Den Salat anrichten und mit Kürbiskernen bestreuen.

ROTE BETE (RANDE) UND MANGOLD

Beta vulgaris

Familie: Gänsefußgewächse
Andere Namen: *als Wurzelgemüse*: Rande, Rote Rübe, Rotwurzel, Beete, Gumpischchrut (Graubünden); *als Blattgemüse*: Mangold, Rippenmangold, Blattmangold, Römischer Kohl, Krautstiele, Chrut; *als Winterfutter für Tiere*: Runkelrübe, Unkel, Rummel, Dickwurzel, Futterrübe, Rande, Range
Heilwirkung: Blut bildend, Säure regulierend, den Leberstoffwechsel anregend, Tumore hemmend
Symbolische Bedeutung: zügelt mit seiner Erdverbundenheit überbordende Astralität; Geist des rationellen Materialismus
Planetarische Zugehörigkeit: Mars, Saturn (Culpeper); Zuckerrübe = Jupiter

»Die Rote Beete ist das intensivste aller Gemüse. Zugegeben, der Rettich ist aufregender, aber das Feuer im Rettich ist ein kaltes Feuer, ist das Feuer der Unzufriedenheit, nicht der Leidenschaft. Tomaten sind immerhin lebhaft frisch, aber Tomaten werden durchzogen von einem Hauch Frivolität. Rote Beeten sind todernst.« Mit diesen Sätzen betritt – mit schamrotem Kopf – das als langweilig verschriene Rübengemüse auf der ersten Seite von Tom Robbins' Roman »Jitterbug Perfume« (deutsch unter dem Titel: »Pan Aroma«) die Bühne der Weltliteratur. Ein altes ukrainisches Sprichwort warnt: »Eine Geschichte, die mit der Roten Bete anfängt, endet mit dem Teufel.« Dieses Risiko geht Tom Robbins willentlich ein, denn im Gegensatz zu anderen Gemüsen, die wir verspeisen, verlässt sie den Körper mit derselben Farbe, mit der sie in ihn hineingelangt ist. Darin sieht der Schriftsteller eine wichtige Lehre: »Bei unserer Geburt sind wir rotbäckig, rund, intensiv, rein. Das rote Feuer des universellen Bewusstseins brennt hell in uns. Allmählich jedoch werden wir von Eltern verspeist, von Schulen geschluckt, von Freunden zerkaut, von gesellschaftlichen Institutionen aufgefressen, von schlechten Angewohnheiten verschlungen und vom Alter angenagt; und wenn wir (...) sorgfältig verdaut sind, bleibt uns nichts weiter als ein einziger abscheulicher Braunton. Die Lektion, die uns die Rote Bete lehrt, ist also diese: Haltet fest an eurem göttlichen Erröten, an dem euch innewohnenden rosigen Zauber, andernfalls werdet ihr

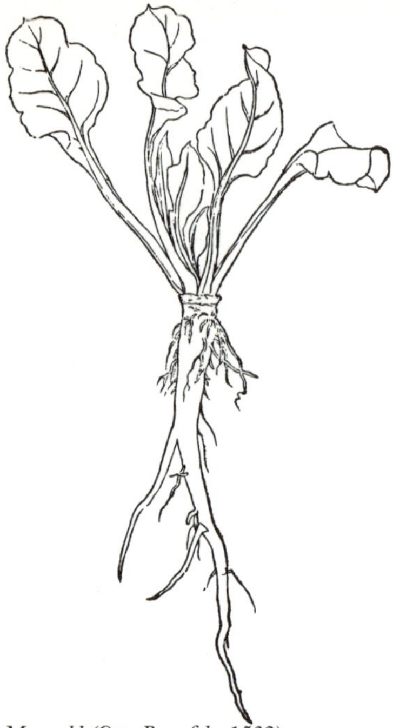

Mangold (Otto Brunfels, 1532).

braun. Wenn ihr erst einmal braun seid, werdet ihr feststellen, dass ihr eigentlich blau seid. So blau wie das Meer. Und ihr wisst, was das heißt: Meer. Weniger. Nichts.«

Borschtsch, die über alles geliebte Gemüsesuppe der Ostslawen, ist rot durch die Rote Bete oder Rande. Sie verkörpert die slawische Volksseele: »Slawische Völker verdanken ihre physischen Charakteristiken den Kartoffeln, ihre schwelende Unruhe den Rettichen, ihre Ernsthaftigkeit den Roten Beten (...) Rote Beten waren Rasputins Lieblingsgemüse. Man konnte es seinen Augen ansehen« (Robbins 200: 9).

Borschtsch ist den meisten Westeuropäern kaum bekannt, aber jeder gesundheitsbewusste Fitnessmensch kennt inzwischen den vitamin- und mineralstoffreichen Presssaft aus der rohen Randenwurzel ebenso wie den mit Essig, Öl und Zwiebeln angemachten Salat aus der gekochten Knolle. Von der Heilkraft der kugeligen, dunkelroten Wurzel weiß er jedoch weniger. Als mir vor vielen Jahren eine alte Frau erzählte, dass die Rote Bete »Blut bildend« wirke, konnte ich mein Schmunzeln kaum verbergen. Nur weil der Saft so rot ist, dass er sogar noch den Stuhl rot färbt, soll das Gemüse gut fürs Blut sein? Das klang nach längst überwundenem Aberglauben, nach überholter »Signaturlehre«. So wie ich hatten auch die Wissenschaftler der Aufklärung reagiert, als sie ähnliche Behauptungen bei den alten Griechen und Römern, bei Dioskurides, Galen oder Plinius, lasen. Trotz aller Kritik hielt die Volksheilkunde unbeirrt an ihrem überlieferten Erfahrungsschatz fest und findet dafür neuerdings sogar klinisch-experimentelle Unterstützung. Aufgrund der Annahme, dass Randensaft die roten Blutkörperchen regenerieren und vermehren hilft, wird er als Begleittherapie bei Leukämie, Anämie und Malaria eingesetzt. Der Saft wirkt als Radikalenfänger und trägt zur Senkung erhöhter Blutfettwerte bei, was sich positiv auf die Gesundheit von Herz und Kreislaufsystem auswirkt. Auch der volksmedizinische Rat an werdende Mütter, viel Rote Bete zu essen, ist gar nicht so abwegig, wie man meinen könnte. Die saftigen roten Wurzeln enthalten besonders viel Folsäure, jene Vitaminsubstanz, die dazu beiträgt, dass sich die embryonale Wirbelsäule richtig entwickelt, so dass es nicht zur Wirbelsäulenspaltung (Spina bifida) kommt.

Der Schweizer Heilkundige, der »kleine Doktor« Alfred Vogel, schätzt den Saft als Unterstützung bei Virusgrippe, Lymphogranulomatose (Hodgkin-Krankheit), Blutdruckproblemen, Blinddarmreizung und – wegen seinem Jodgehalt – als günstig bei Kropf. Zudem regt das Getränk den Gallen- und Leberstoffwechsel an. Für Schlagzeilen sorgten die Ergebnisse des ungarischen Forschers Dr. Alexander Ferenczi. 1961 entdeckte er in Tierversuchen tumorfeindliche Eigenschaften des roten Farbstoffs Betain. Damit behandelte Kranke zeigten schon nach einigen Wochen ein verbessertes Blutbild (Dosis: täglich 1 Liter frischer Saft, ununterbrochen 3 Monate lang getrunken). Die positive Wirkung wird inzwischen zwar von der etablierten Schulmedizin stark angezweifelt. Naturheilpraktiker weisen jedoch darauf hin, dass Randensaft nicht gleich Randensaft sei. Nur Rote Beten aus biologischem Anbau ohne Nitratdüngung und in voller Sonnenlage sind für die Saftkur geeignet. Ob der Saft tatsächlich auch bei Schäden durch Röntgen- und andere radioaktive Strahlungen hilft, wie ein Dr. med. S. Schmidt aus Bad Rothenfelde berichtet, sei dahingestellt.

Die chinesische Heilkunde benutzt die rote Wurzel zur Herzstärkung, zur Dämpfung eines überregten Gemüts, zur Verbesserung des Bluts, bei Trägheit der Leber sowie bei hormonellen Problemen, die mit den Wechseljahren verbunden sind. Auch im indischen Ayurveda steht die *chukandar* genannte Wurzelknolle im guten Ruf als Blut bildendes Mittel. Sie unterstützt den Säure-Basen-Haushalt und verhindert die »Übersäuerung« der Körpergewebe. Wie auch in der traditionellen europäischen Volksmedizin wird der Saft bei Lebererkrankungen, Verstopfung und Darmleiden verschrieben. Für schlechte Haut, Pickel, Pusteln oder auch Kopfhautschuppen kennt die indische Heilkunde folgendes Rezept: Im Verhältnis von 3 zu 1 wird das Wasser, in dem die Bete gekocht wurde, mit Essig vermischt und äußerlich aufgetragen beziehungsweise in die Kopfhaut massiert. Interessant ist, dass auch der große englische Kräuterarzt Nicholas Culpeper (1649) ein ähnliches Rezept – eine Abkochung der Roten Bete mit Essig – für fres-

Rote Beete in Blüte (Leonhart Fuchs, 1543).

sende Geschwüre, Eiterbeulen, Tumore, Blasen, Frostbeulen, Krätze, Schuppen, ja sogar Haarverlust bereithält. Wegen ihrer »mineralischen Natur« stellte Culpeper, der auch Astrologe war, die Pflanze unter die Herrschaft Saturns. Der Bauernphilosoph Arthur Hermes, der mehr auf die Blut bildende Wirkung und die rote Farbe schaute, stellte sie dagegen unter die Herrschaft des Mars.

Die Rote Bete ist – wie der Spinat, die Melde und der Gute Heinrich – ein Gänsefußgewächs (*Chenopodiaceae*). Gänsefußgewächse gedeihen bestens auf den salzigen, alkalischen, stark mineralisierten Böden der Salzsteppen, der Meeresküsten oder auch der Schutt- und Abfallhalden menschlicher Siedlungen. Die Stammart der Randen, *Beta vulgaris* var. *maritima*, wächst noch immer als zähblättriges Strandgewächs am Mittelmeer, am Kaspischen Meer, am Toten Meer sowie an der Nordseeküste. Urgeschichtler nehmen an, dass steinzeitliche Wildbeuter das Kraut als Suppengrün sammelten. Sicherlich kochten sie die Wildpflanze zusammen mit Fleisch und anderen Zutaten, denn für sich allein hat sie – wegen der Saponine und des Betains – einen unangenehmen, bitteren, kratzigen Geschmack und macht die Zähne »stumpf«.

Die ältesten archäologischen Funde dieser Pflanze stammen aus einer jungsteinzeitlichen Siedlung (4000 v.u.Z.) in Holland. Ethnobotaniker vermuten jedoch, dass die Bete erstmals im Mittelmeerraum, und zwar in Sizilien, mit Absicht kultiviert wurde. Die primitiven Bauern selektierten die Wildform und schufen daraus zwei Sorten: Eine rote (gelegentlich auch eine weiße) Wurzelknolle einerseits und ein Blattgemüse andererseits – nämlich die Vorläufer der Roten Beete und des Mangolds. Schon im 2. Jahrtausend wuchs die *silqua* – so hieß die Knolle im Nahen Osten der Antike – in den Gärten der Babylonier und Phönizier. Im 4. Jahrhundert vor unserer Zeitrechnung wurden auf den Märkten in Athen schon rote und weiße Sorten feilgeboten.

Die Römer brachten die kultivierte *Beta* – daher unsere Bezeichnung »Bete« – mit in die neblig kalten Provinzen des Nordens. Fruchtknäuel von Mangold oder Roter Bete wurden in römischen Militärlagern und zivilen Siedlungen im Rhein-Main-Gebiet gefunden. Anscheinend interessierten sich die Germanen und Kelten nicht sonderlich für das neue Gemüse. Sie hatten ihre Weiße Rübe (*Brassica rapa*), und das schien ihnen zu genügen – jedenfalls beziehen sich alle in

Wilder Mangold: Vorläufer der Roten Bete, der Zuckerrübe und der Krautstiele.

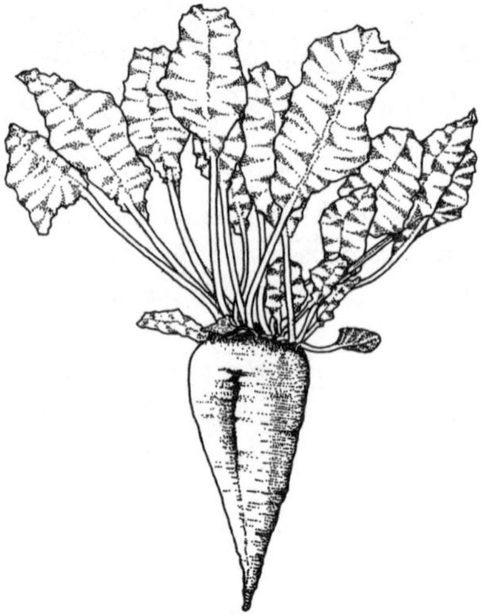

Zuckerrübe.

der Volkskunde überlieferten Märchen und der Aberglaube auf diese Kohlrübe. Karl der Große ordnete den Anbau der *Beta* in seinen Ländereien an, auch Mönche kultivierten sie in den Klostergärten, aber einen festen Platz im Speiseplan der Bevölkerung hatten die roten Wurzeln damals kaum.

Erst im 16. und 17. Jahrhundert – einem Zeitalter, in dem sich die Menschen von der transzendenten Mystik des Hochmittelalters ab- und immer mehr der Materie und ihren Gesetzen zuwandten – findet die Pflanze – der Blattmangold ebenso wie die rote Salatrübe – wieder Erwähnung. Es ist dies die Zeit, in der sich die Alchemie zur Chemie wandelt, in der die Zaubersprüche und Heilkräuter der »Hexen« immer mehr dem sachlichen Verstand und den Chemikalien der Mediziner weichen, eine Zeit, in der nicht mehr Planetengötter regieren, sondern mechanische Naturgesetze. Die *Beta* ist wie auch die Kartoffel, die etwas später hinzukommt, Teil der ernährungsmäßigen Grundlage dieses Paradigmawechsels in Richtung einer materialistischen Kultur.

Man wird diese Aussage besser verstehen, wenn man sich eine noch immer gültige Grundidee der Alchemie vor Augen führt. Diese Naturkundigen machten drei energetische Prinzipien aus, die als Gestaltungskräfte in der Schöpfung am Werk sind, nämlich *Sal* (Salz), *Mercurius* (Quecksilber) und *Sulphur* (Schwefel). Als *Sal* bezeichneten sie die zusammenziehende, aufnehmende, festigende, verhärtende Bildekraft. Im Menschen ist das Prinzip am stärksten im Kopf, im harten Schädel mit seinen nach außen gerichteten, aufnehmenden Sinnesorganen vertreten. In der Pflanze kommt das *Sal*-Prinzip am stärksten in der im Erdboden verankerten, Wasser und Mineralien aufsaugenden Wurzel zum Ausdruck. Diesem *Sal*-Pol steht der auflösende, verströmende, zentrifugal wirkende *Sulphur*-Pol gegenüber. Im Menschen befindet sich dieser Pol im Unterleib, in den Fortpflanzungs-, Verdauungs- und Ausscheidungsfunktionen. Bei der Pflanze entspricht er dem

Blütenpol, der sich im Duft, im süßen Nektar und in üppiger Samenproduktion seiner Mitwelt mitteilt. Vermittelnd zwischen *Sulphur* und *Sal* ist das merkuriale Prinzip. Dieses ist der verbindende Rhythmus, der sich in Ausatmung und Einatmung, Systole und Diastole (im Herzschlag) kundtut. Die pflanzliche Entsprechung sind die Wachstumsrhythmen und der Gasaustausch (Atmung) in der Stengel-Blatt-Region.

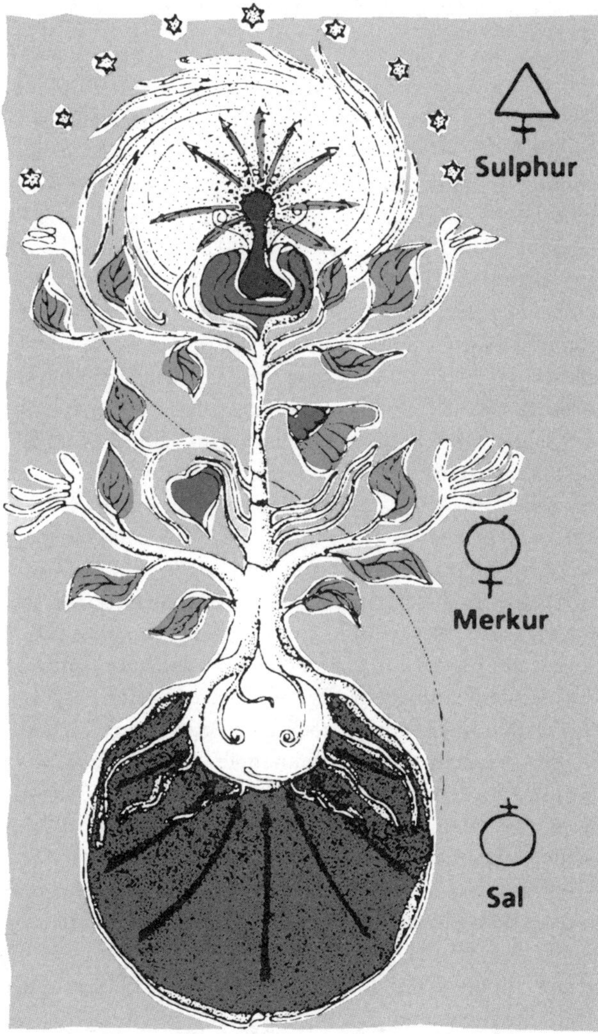

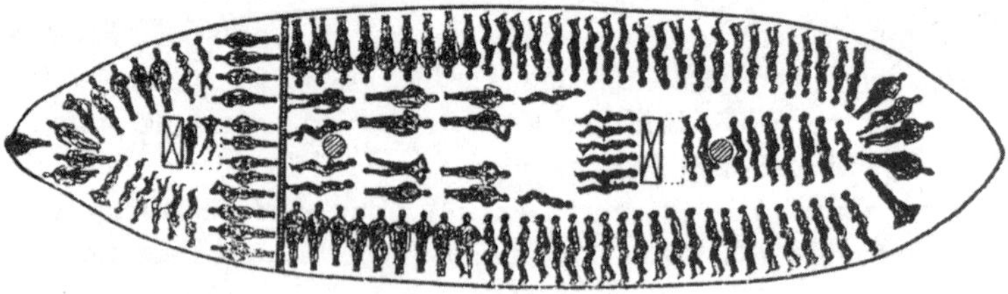

Der Zuckerrübenanbau beendete die Sklaverei in Mittelamerika (hier der Beladungsplan eines Sklavenschiffes).

Wenn wir nun diese Dreigliederung auf die Rote Bete anwenden, erkennen wir, dass in ihr der *Sal*-Pol stark dominiert. Gierig saugt die Wurzel die verschiedensten Mineralien auf: Calcium, Phosphor, Kalium, Magnesium, Eisen, Kupfer, Schwefel, Jod, Bor, Lithium, Strontium, Chlor und auch Spuren seltener Metalle wie Rubidium und Caesium. Wie die anderen Gänsefußgewächse ist sie gegen Chlor unempfindlich. Sie mag es sogar, wenn der Gärtner mit dem Salzstreuer ein wenig Kochsalz mit in die Saatrinnen streut. Der *Sulphur*-Pol der Rande ist dagegen äußerst schwach ausgeprägt, ja fast verkümmert: Die reduzierten Blüten sind winzig, unscheinbar, ohne Farbe, ohne Duft. Es ist, als ob die Blütenfarbe zwei Stockwerke in den Erdboden hinabgerutscht sei. Auch die Süße, der Nektar, der sonst im Blütenpol konzentriert ist, wird von der *Sal*-Kraft hinunter in die Wurzel gezogen. Sie enthält so viel Zucker, dass die alten Griechen den Randensaft einkochten und anstelle von Honig als Heilelixier verabreichten. Auch Zucker ist, wenn er kristallisiert, *Sal.*

In demselben Maß, in dem die westliche Zivilisation kopflastig und materialistisch wurde, wurde die *Beta vulgaris* für die Europäer interessant. Bei der Entstehung der »rationellen« Landwirtschaft in der Zeit der Aufklärung (18. Jh.), als die mittelalterliche Dreifelderwirtschaft aufgegeben wurde, spielte die Pflanze eine wichtige neue Rolle. Aus der *Beta vulgaris* wurde eine hellfarbige, massige Bete – die Runkelrübe – gezüchtet, und jene Felder, die einst in der Fruchtfolge brach lagen, wurden nunmehr großflächig damit bepflanzt. Die Runkelrüben – heute wiegen sie bis zu 10 Kilogramm pro Exemplar – wurden für den Winter in Mieten oder eingesäuert in Silos aufbewahrt und dienten der besseren Versorgung des Stallviehs. Damit konnte man viel mehr Tiere über den Winter hinweg füttern; das Fleischangebot für die Bevölkerung, vor allem der gut situierten Bürger, verbesserte sich zusehends. Noch einen weiteren Beitrag zur modernen Lebensweise leistete die

Beta vulgaris. Der Chemiker Andreas Sigismund Markgraf konnte 1747 nachweisen, dass die Runkelrübe beträchtliche Mengen Zucker enthält und dass dieser Zucker chemisch identisch ist mit dem kostbaren Rohrzucker. Gegen Ende des 18. Jahrhunderts züchtete der Apotheker Achard auf seinem Gut in Oberschlesien die »Weiße Schlesische Zuckerrübe«, eine Wurzel mit besonders hohem Zuckergehalt (8,8 Prozent; heute enthält die Zuckerrübe um die 20 Prozent Zucker). So entstand im Schatten der Kontinentalsperre, des britischen Handelsembargos, welches Napoleons Reich von dem teuren, heiß begehrten karibischen Rohrzucker abschnitt, eine mächtige Zuckerindustrie. Der Kristallzucker, einst Mangelware, die sich nur die Reichen, die Aristokratie, leisten konnte und die ansonsten hauptsächlich als Medizin diente, wurde nun billige Massenware. Mit weitreichenden Folgen: Die Europäer wurden zuckersüchtig, die Süßwarenfabrikation, das Spirituosengeschäft und die Zahnarztpraxen florieren. Die arbeitende Bevölkerung konnte es sich nun leisten, energiereiche Zuckermelasse auf das Brot zu schmieren, um den morgendlichen Muckefuck zu versüßen.

Die auf Sklaverei basierenden Zuckerplantagen in der Karibik wurden zunehmend unrentabel. Es dauerte nicht lange, bis der Sklavenhandel abgeschafft und die Sklaverei verboten wurde. So hat die *Beta vulgaris* einen wesentlichen Beitrag zur Abschaffung einer Institution geleistet, die Menschen zu Arbeitsmaschinen herabgewürdigt hatte. Man könnte fast von einer »demokratisierenden« Pflanze sprechen.

Randensalat mit Olivensauce

300 g rohe Randen (Rote Beten), in feine Streifen geschnitten • Zwiebelsprossen • Alfalfasprossen

Sauce:
100 g getrocknete, entsteinte schwarze Oliven • 80 g Haselnüsse, gemahlen • 4 EL kalte Gemüsebouillon • 2 EL Olivenöl • 2 EL Weizenkeimöl • Kräutersalz, schwarzer Pfeffer • Maggikraut, fein gezupft

Die Randenstreifen auf den Sprossen anrichten.

Für die Sauce Oliven, gemahlene Haselnüsse, Bouillon und Öl im Mixer oder Mörser pürieren, mit Kräutersalz und Pfeffer abschmecken. Die Sauce über die Randen giessen und das Maggikraut darüber streuen.

SCHINKENWURZEL, NACHTKERZE

Oenothera biennis

Familie: Nachtkerzengewächse
Andere Namen: Nachtlicht, Nachthimmelsschlüssel, Schlafende Jungfrau, Faules Mädchen, Donnerkerze, Eisenbahnblume, Schwytzer Autobahnblüemli; *als Gemüse:* Esswurzel, Schinkensalat, Zwickel, Rapontika, spanische Rapunzel, gelbe Rapunzel, Gartenrapunzel, Rawunselgraut (Pennsylvaniadeutsch), amerikan. *German rampion*, franz. *Jambon des jardiniers*, *Jambon de Saint-Antoine*
Heilwirkung: Kraut: Magen-Darm-Krämpfe, Husten, Bronchialspasmen; *Wurzel:* Hämorrhoiden, Husten; *Samen* (*Öl*)*:* endogene Ekzeme, Kater und Leberschäden, Sjorgren-Syndrom, PMS, Polyarthritis, multiple Sklerose, Wechseljahrbeschwerden
Symbolische Bedeutung: Vergänglichkeit, Unbeständigkeit (viktorianische Blumensprache), heimliche Liebe, Wiedergeburt
Planetarische Zugehörigkeit: Sonne

Wer kennt heutzutage noch die Nachtkerze als »Schinkenwurz«, als ein äußerst leckeres essbares Wurzelgemüse? Eigentlich sollten wir sie im Kapitel über seltene und vergessene Gemüsepflanzen besprechen. Ihr gebührt jedoch ein zentraler Platz im modernen Gemüsegarten, denn sie ist nicht nur ein hervorragendes Nahrungsmittel, sondern auch eine unserer besten Heilpflanzen.

Die Nachtkerze schmückt sich mit so vielen Namen und ihr haftet manche märchenhafte Erzählung an, dass man geneigt ist anzunehmen, es handle sich um ein uraltes einheimisches Gewächs. Sie ist aber ein Neophyt, ein Einwanderer aus der Neuen Welt. Ihre Heimat ist vor allem das östliche Waldland Nordamerikas. Im Jahre 1612 wurde sie in dem berühmten botanischen Garten zu Padua erstmals in Europa angepflanzt. Wie müssen die Gärtner gestaunt haben, als sie das erste Mal die sich öffnenden Blütenknospen gewahrten: Das Spektakel ereignet sich eine halbe Stunde nach Sonnenuntergang. Es ist so dramatisch, so faszinierend, dass es einer Theatervorstellung den Rang ablaufen kann. Wie ein Schmetterling, der seinem Kokon entschlüpft, brechen innerhalb von wenigen Minuten die jeweils vier schwefelgelben Blütenblätter hervor. Zugleich verbreitet sich ein herrlicher, vanilleartiger

Wurzel und Samenkapseln der Nachtkerze.

Duftschwall, und schon schwärmen die Nachtfalter herbei, um den Nektar zu trinken. Während der Barockzeit wollte jeder Aristokrat die theatralische Blume in seinem Prachtgarten haben. Bald konnte auch jeder bürgerliche Blumengartenbesitzer, der etwas auf sich hielt, einige dieser »Nachthimmelsschlüssel«, »Nachtlichter«, »Faulen Mädchen«, »Schlafenden Jungfrauen« – so benannt, weil die Blüten, die nur eine Nacht und einen Tag blühen und dann verwelken, bis am Abend »schlafen« – sein eigen nennen. Während die Wissenschaftler rätselten, ob die Blüte dieser »Düsterkerze« aus eigener Kraft »lumineszierte« oder ob sie das allerletzte Tageslicht reflektiert, beflügelte die Blume die dichterische Imagination: Mal galt sie als Sinnbild der Flüchtigkeit des Lebens, mal als Zeichen der heimlichen Liebe:

«Wenn die Nacht mit süßer Ruh
Längst die Müden lohnet,
Schleich' ich auf das Hüttchen zu,
Wo mein Liebchen wohnet.«
C.F. Bürger, 1750, zum Thema Nachtkerze

Es dauerte noch rund hundert Jahre, bis die Bauern – sie repräsentieren bekanntlich den Nährstand – ihrerseits entdeckten, dass die zweijährige Pflanze im ersten Jahr eine fleischige Pfahlwurzel ausbildet, die sich als äußerst schmackhaft erweist. (Im zweiten Jahr ist sie holzig und unbekömmlich). Die Farbe der Wurzel – ein zartes Rosa – lässt an den feinsten gekochten Schinken denken. Und der Geschmack der zubereiteten Wurzel lässt sich höchstens mit der delikaten Schwarzwurzel vergleichen. Man glaubte, das Gericht gebe mehr Kraft als Ochsenfleisch. In katholischen Landen wurde die Pflanze prompt dem heiligen Anton, dem »Schweinepatron«, geweiht. Deswegen heißt die ein leckeres Schinkengericht suggerierende Pflanze in Frankreich auch *Jambon de St-Antoine* und in Holland *Sint Teunis Bloem*. Bald wurde die da und dort als »Schinkenwurzel«, »Esswurzel«, »Wilde Strünke«, »spanischer Rapunzel« oder »Rapunzel-Sellerie« benannte Delikatesse von Gärtnern als Modegemüse angebaut. Eine Gärtnerzüchtung aus Deutschland gelangte 1863 wieder in das Ursprungsland zurück und machte in amerikanischen Gemüsegärten als *German rampion* (deutscher Rapunzel) Karriere.

Als Gemüsepflanze ist die Schinkenwurzel weitgehend in Vergessenheit geraten. Nur in Russland – und selbstverständlich bei mir im Garten – hält man das vitaminreiche Wurzelgemüse noch in Ehren. Aus den jungen Blättern lässt sich übrigens auch ein gutes Blatt- und Suppengemüse bereiten. Mit den schönen gelben Blüten kann man, zum Beispiel zusammen mit den rotgelben Blüten der Kapuzinerkresse, den himmelblauen des Borretsch, den zartrosaroten der Radieschen oder den weißen der Gänseblümchen, eine Salatplatte freudig und farbenfroh garnieren.

Die Nachtkerze, die zuerst den Schönheitssinn ansprach und sich dann viele Jahre später als wertvolle Nahrungspflanze erwies, geriet in den achtziger Jahren des 20. Jahrhunderts ins Visier der Mediziner. Diesmal ging es um das in den Samen enthaltene Öl. In die Haut eingerieben oder innerlich eingenommen soll das Nachtkerzenöl bei PMS (Prämenstruellem Syndrom), bei endogenen Ekzemen, Polyarthritis, Verbrennungen, trockenen Augen, trockener Haut und brüchigen Nägeln, ja sogar bei Sklerodermie, Sjogren-Syndrom und multipler Sklerose helfen. Es soll hohen Blutdruck senken, sich günstig auf die Funktion der endokrinen Drüsen, auf die Verdauung und den Kreislauf auswirken; auch von einer allgemeinen Stärkung des Immunsystems, verbesserter Wundheilung und Hautspannung und von Regenerierung alkoholgeschädigter Lebern wird berichtet. Nebenwirkungen sind keine bekannt.

Wie kann es sein, dass ein Pflanzenöl ein derartig breit gefächertes Wirkspektrum aufweist, zumal diese spezifischen Wirkungen in der Volksheilkunde gänzlich unbekannt waren? Ist das wieder einmal so eine Fabel, wie sie einst reisende Quacksalber den Einfaltspinseln auftischten, um ihnen das Geld aus der Tasche zu zaubern? Das Landvolk, das sich diese schöne hellgelb blühende Pflanze gerne in die Gartenbeete pflanzte, benutzte sie zwar auch als Heilkraut: Die blühenden Sprossspitzen wurden wegen ihrer entzündungshemmenden und krampflösenden Wirkung als Aufguss bei Husten, Bronchialspasmen, Magen- und Darmkrämpfen eingesetzt. Die amerikanische Volksmedizin kochte das Kraut mit Honig zu einem Hustenelixier. Als lungen- oder magenberuhigendes Mittel benutzten es die Indianer Nordamerikas. Auch Tom Brown, der Survival-Experte, braut aus den Blättern einen Tee für Husten und Verdauung. Die Ojibwa machten aus den zerstampften Blättern Breiumschläge bei Prellungen und Quetschungen. Die Cherokee brauten einen Tee aus der Wurzel gegen Fettsucht oder applizierten die heiße Wurzel bei Hämorrhoiden. Johann David Schöpf, der mit den hessischen Hilfstruppen der Briten während des Unabhängigkeitskrieges nach Amerika kam, dort blieb und 1787 die erste »Materia Medica Americana« (mit 400 einheimischen Pflanzen) schrieb, erwähnt die Pflanze als Wundheilmittel. Mehr war jedoch nicht drin – bis sich englische Forscher für das Samenöl interessierten. Sie entdeckten, dass das Öl größtenteils aus ungesättigten essenziellen Fettsäuren besteht, davon ein großer Anteil (um die 10 Prozent) Gammalinolensäure (GLS). GLS ist eine Vorstufe des Gewebshormons Prostaglandin (PG), das im menschlichen Körper besonders reichlich in der Muttermilch und im Sperma vorhanden ist. Wenn der Körper zu wenig Prostaglandin erzeugt, kann es zu all den oben erwähnten Störungen kommen. Besonders bei Kindern, die ihre ersten Lebenstage in Brutkästen verbringen und ihre Milch aus der Flasche nuckeln, besteht die Gefahr, dass ihr Organismus zu wenig Prostaglandin herstellt und dass sie später im Erwachsenenalter von den erwähnten Symptomen befallen werden. Auch chronischer Alkoholismus, eine ausschließliche Ernährung durch Junkfood, fortgeschrittenes Alter oder die Auswirkungen radioaktiver Strahlungen können zur Folge haben, dass das körpereigene Prostaglandin gehemmt wird (Mabey 1993: 89). Diese Angaben wurden klinisch experimentell überprüft.

Das Wunderöl gibt es inzwischen in allen Apotheken zu kaufen, und zur Gewinnung der Samen werden Nachtkerzen mittlerweile großflächig kommerziell angebaut. Es wurde sogar eine industrielle Züchtung entwickelt, bei der die Samenkapseln nicht aufbrechen, wenn sie mit dem Mähdrescher geerntet werden. Die Frage bleibt indes offen, ob bei der Zuchtform nicht auch andere Eigenschaften unwillkürlich mit herausselektiert werden.[30] Wer sich also das Nachtkerzenöl zugute kommen lassen will, kann sich umstandslos der Wildform bedienen oder seine Schinkenwurzel versamen lassen. Die Samen kann man zum Teil in Wildpflanzengärtnereien kaufen und sie dann im Blumenbeet aussäen. Wer über keinen eigenen Garten verfügt, findet die Wildpflanze fast überall an Bahndämmen, Wegrändern, Böschungen, in Steinbrüchen und auf Schutthalden. Die zahlreichen Samenkapseln ziehen sich über die halbe Länge des zirka einen Meter hohen Stengels empor, wobei jede Kapsel ungefähr einen gestrichenen Teelöffel der gut schmeckenden, an Mohnsaat erinnernden Samen enthält. Sie lassen sich leicht sammeln, indem man die reifen Kapseln umdreht und die herausrieselnden Körnchen auffängt. Wenn man keine Ölpresse hat, kann man die Samen bei Bedarf mit dem Mörser zerstampfen oder einfach gründlich zerkauen; man kann sie ins Müesli oder als Würze in den Salat streuen. Auch ins Brot backen, in die Suppe geben oder Brötchen damit bestreuen kann man. Die Shoshonen in den Rocky Mountains und andere Indianer legen sich jedes Jahr einen großen Vorrat der nahrhaften Nachtkerzensamen an.

Nicht nur als Nahrungsmittel schätzten die Indianer die Nachtkerze. Die Irokesen kauten die Samen als magisches Mittel »gegen Faulheit«; die Spieler des heiligen *Lacrosse*-Ballspiels kauten die Wurzeln, bespuckten die Hände und rieben Arme und Muskeln ein, damit ihnen die Kraft nicht ausgehe. Auch die Indianer des Südwestens, die Navaho und Ramah, kochten die Wurzeln dieser »Lebensmedizin« und rieben die Glieder mit dem Absud ein, wenn sie schwere Lasten zu tragen hatten. Bei den Hopiindianern tragen die jungen, heiratsfähigen Mädchen an Festtagen die Blüten im Haar. Bei den Zuni gab der Hohepriester und Sonnenpriester den Jungfrauen Nachtkerzenblüten zu kauen. Diese rieben die gekaute Masse dann auf Brüste, Arme, Nacken

30 Das ist zum Beispiel der Fall bei der Faser- und Ölpflanze Hanf. Um den illegalen Gebrauch des Hanfs als Rausch- und Ekstasemittel zu unterbinden, wurden Sorten gezüchtet, in denen der für die psychedelische Wirkung verantwortliche THC-Gehalt stark reduziert wurde. Dadurch aber wurde die Pflanze zugleich anfälliger für Pilz- und Schädlingsbefall.

und Hände. Das sollte ihnen beim Tanzen helfen, damit es viel regnen und der Mais gut wachsen würde. Andere Indianer wie die Payute rieben ihren Körper und ihre Mokassins (Lederschuhe) damit ein, wenn sie auf Rehjagd gingen – das sollte Schlangen verscheuchen und zugleich das Rotwild anziehen (Moerman 1999: 361).

Die Nachtkerze bevorzugt volles Licht – die Samen sind Lichtkeimer – und relativ trockene Standorte. Dies gilt im Garten ebenso wie in der freien Natur. Als Wildpflanze siedelt sie besonders gerne zwischen dem Gleisschotter der Bahndämme – eine Gewohnheit, die ihr den Namen »Eisenbahnblume« eingebracht hat. In der Schweiz, wo man seit einigen Jahren mit den Autobahnrändern schonend umgeht und keine Herbizide mehr spritzt, vermehrt sie sich zusehends; der Volksmund spricht inzwischen vom »Schwyzer Autobahnblüemli«.

Oenothera biennis ist der Name, für den sich der große Botaniker Karl von Linné entschieden hat. *Oenothera* bedeutet etwa »Blume mit Weingeruch der Wurzel«. Im alten Griechenland gab es schon eine Pflanze mit diesem Namen, aber es war sicherlich nicht die Nachtkerze, sondern eine Weidenröschenart (*Epilobium*), die ebenfalls der Nachtkerzenfamilie angehört. Der Beiname *biennis* besagt, dass es sich um eine zweijährige Pflanze handelt. Im ersten Jahr bewirken die Mondkräfte und die schwereren Elemente (Erde und Wasser) die Ausbildung der Wurzel und der Blattrosette. Im zweiten Jahr kommen die Kräfte der obersonnigen Planeten und die leichten Elemente (Luft und Feuer) zum Zuge und lassen sie üppig blühen und Samen produzieren.

Zu guter Letzt wurde die Nachtkerze von der Blütentherapie entdeckt. Die Kalifornische Blütentherapie verschreibt die Essenz »Evening Primrose« gegen die Folgen einer vorgeburtlichen, intrauterinen Traumatisierung bei Menschen, die aus einer ungewollten Schwangerschaft ins Leben gekommen sind. »Evening Primrose verhilft der Seele buchstäblich dazu, wiedergeboren zu werden, indem sie einen Nährboden mit der emotionalen Nahrung schafft, die in den ersten Empfindungen der Seele zur Inkarnation fehlte« (Kaminski/Katz 1996: 294).

Nachtkerzenwurzel mit Baumnüssen

4 Nachtkerzenwurzeln, fein geraspelt • Gelbwurz • gemahlene Korianderkörner • fein geschnittener Schnittlauch • 1 TL Senf • 1 TL Zitronensaft • 2 EL Sesampaste • Meersalz, schwarzer Pfeffer • Baumnüsse (Walnüsse)

Die Nachtkerzenwurzel mit etwas Gelbwurz, gemahlenem Koriander und dem Schnittlauch mischen. Senf, Zitronensaft und Sesampaste darunter rühren und mit Meersalz und schwarzem Pfeffer abschmecken. Mit einigen Baumnusskernen anrichten.

Schinkenwurzeleintopf mit Brennnesselpesto

2 Zwiebeln, gewürfelt • 2 Karotten, gewürfelt • 1 kleiner Sellerie, gewürfelt • 1 kleiner Wirz (Wirsing), klein geschnitten • 6 Kartoffeln, gewürfelt • 8 Schinkenwurzeln, gewürfelt • etwas Salbei, Lorbeer, Nelke, Thymian und Maggikraut • 2 EL Olivenöl • 1,5 l Gemüsebouillon

Brennnesselpesto:
2 Hand voll frische Brennnesseln, geschnitten • 200 g Brot, gewürfelt • 100 ml Olivenöl • Meersalz

Das vorbereitete Gemüse mit den Gewürzen und Kräutern in Olivenöl 20 Minuten andämpfen, mit der Gemüsebouillon ablöschen und auf kleiner Hitze weich dämpfen.

Für den Pesto die Brennnesseln mit dem Brot, dem Olivenöl und etwas Meersalz glatt mixen. Zum Eintopf servieren.

SCHWARZWURZEL

Scorzonera hispanica

Familie: Korbblütler
Andere Namen: Skorzenniere, Winterspargel, Bocksbart, Süßwurzel, Natterkraut, Vipernwurz, Nattermilch, Schlangenmord, Kraftwurzel, schwarze Salsifi, Artefifi (Bern), Ratefife (Elsass), Spanische Haberwurz
Heilwirkung: Diabetikerdiät; immunstärkend, wassertreibend, erweichend, hustenbekämpfend
Symbolische Bedeutung: Sonnenpflanze, Feind der Schlangen, Pflanze der Lemuris
Planetarische Zugehörigkeit: Sonne, mit Einwirkung von Jupiter, Saturn und Mond

Die meisten von uns kennen die Schwarzwurzel vor allem als kleine, säuberlich geschälte, weiße Wurzelstückchen, die aus der Dose oder dem Glas kommen. Sie haben einen vornehmen, milden, leicht süßen Geschmack und werden zu Recht als der »Spargel des Winters« bezeichnet.

Die Schwarzwurzel ist nicht zu verwechseln mit der wund- und knochenheilenden Wallwurz (Beinwell, *Symphytum*), die ebenfalls Schwarzwurz genannt wird. Sie ist sicherlich auch nicht, wie einige Gelehrte vorschlagen, das Zauberkraut Moly[31] – es soll eine weiße, milchige Wurzel mit schwarzer Rinde gewesen sein –, das der Schamanengott Hermes Odysseus offenbarte, damit sich dieser vor den Hexenkünsten der Circe schützen konnte.

Die Schwarzwurzel, um die es hier geht, ist ein asternartiger Korbblütler, der vom Gärtner sehr früh im Frühjahr ausgesät werden muss, damit im Spätherbst die Wurzeln gut ausgebildet sind. Wenn sie zu spät gesät werden, dann bleiben die Wurzeln spindeldürr. Die langen, zylindrischen Wurzeln haben eine kohleschwarze Korkrinde, die sie vor Frost und Trockenheit schützt und absolut winterhart macht, innen sind die Wurzeln aber weiß. Sie sind zerbrechlich und reichlich milchig. Der Gärtner könnte sie ohne weiteres im Winter im Beet lassen, und wenn er sie mit Stroh bedeckt, kann er sie auch jederzeit aus-

31 Vom griechischen *molyein* = entkräften, verzaubern.

graben. Das heißt, sofern die Wühlmäuse sich nicht vorher daran gütlich getan haben. Die Nagetiere wissen, was gut schmeckt. Die Wurzeln, die gelegentlich auch als »Süßwurzeln« bezeichnet werden, enthalten neben viel Vitaminen (auch Vitamin E), Fruchtzucker (Inulin) und Mannazucker (Mannit).[32]

Anhänger der Permakultur (engl. *permanent agriculture*) sind von der Schwarzwurzel angetan, denn sie passt in die Vorstellung eines »essbaren«, selbst regenerierbaren Ökosystems, das ein Minimum an Arbeitsaufwand fordert. Die Pflanze sät sich unter günstigen Umständen selbst aus und kann so im mehrjährigen Bestand erhalten bleiben. Es soll möglich sein, nach der Ernte den oberen Teil der Wurzel wieder einzupflanzen; aus diesem bilden sich dann erneut viele kleinere, essbare Würzelchen. Die Blütenknospen können gedünstet und die jungen Blattrosetten als Salat oder Gemüse gegessen werden (Heil 2001: 123). Wenn, nebenbei bemerkt, die Schwarzwurzelsaat nicht aufgehen will, ist das Saatgut zu alt. Die Keimfähigkeit lässt nach einem Jahr nach.

Die Schwarzwurzel ist ein neuzeitliches Gemüse, das erst seit der Mitte des 17. Jahrhunderts in den Gärten angebaut wird, zuerst in Italien, dann in Frankreich. Wahrscheinlich wurde die delikate Wurzel schon in vorgeschichtlichen Zeiten als Wildgemüse gesammelt und die schmackhaften jungen Blätter als Suppengrün verwendet. Als Wildpflanze wächst die *Skorzonera* bevorzugt im Mittelmeerklima in Trockenrasen- und Trockenbuschgesellschaften. Die Alpen überquerte die mediterrane Wildpflanze wahrscheinlich mit den Römern und siedelte sich als »Unkraut« in den Weinbergen an. Auch hier wächst sie noch immer wild, vor allem am Mittelrhein an steinigen Hängen und in Steppenrasen in den warmen Weinbaugebieten.

Die süditalienische und spanische Volksmedizin kannte die Wurzel schon lange als Heilmittel bei Schlangenbiss und anderen Ver-

32 Die mehrmalige radikale Vernichtung der gesamten Schwarzwurzelernte durch Wühl- oder Schermäuse war für mich Anlass, in meinem Garten auf eine schamanische Reise zu gehen. Mitten in der Nacht begab ich mich in Tiefentrance, und es gelang mir wirklich, den Geist der Wühlmaus – die gar keine Maus ist, sondern eine Abart der Wasserratte – vor dem inneren Auge erscheinen zu lassen. »Können wir nicht Frieden machen?«, fragte ich. »Und könntet ihr, verflixt nochmal, bitte meine Wurzelgemüse in Ruhe lassen!« Der Wühlmausgeist zeigte mir ein böses Gesicht und ließ mich wissen, dass er keine Interesse habe, sich mit den Menschen, die ihm seit Jahrtausenden mit Gift und Fallen nachstellen, zu versöhnen. Ich musste mir etwas anderes einfallen lassen. Wenn man mit einem Tiergeist auf schamanische Weise reden will, muss man die betreffende Tierart bedingungslos lieb haben können, ohne dabei an den eigenen Vorteil zu denken. Aber mir ging es eben um meine Schwarzwurzeln – und so blieben die Plagegeister Plagegeister.

Schwarzwurzel: ein wertvolles Wintergemüse.

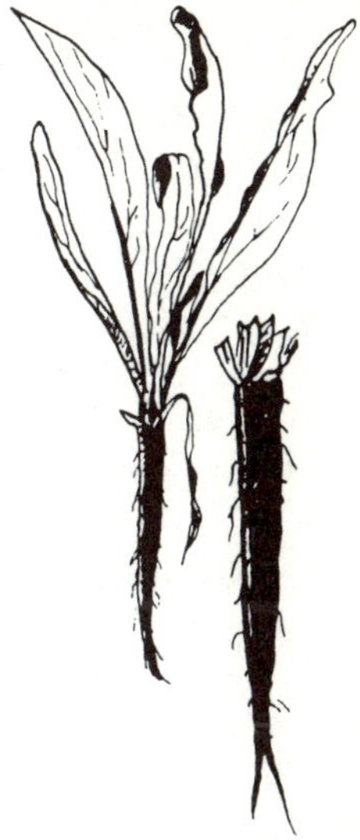

giftungen, bei Herzschmerzen und Schwindelanfällen, und – da sie wie die Wallwurz das Wundheilmittel Allantoin enthält – auch äußerlich zur Behandlung von »Blattern« und schlechter Haut. Der Gattungsname der Pflanze, *Scorzonera*, kommt vom spanischen *escorzonera* und bezieht sich auf eine »schwarze, giftige Viper«. Pierandrea Matthiolus (1501–1577), ein italienischer Kräuterarzt in Diensten des Kaisers Maximilian II., lässt uns wissen: »Diß Kraut ist newlich in Hispania in die Kundschafft und in Beruff kommen, sol vielen Menschen geholffen haben, die von Schlangen gestochen oder gebissen sind worden, davon ist auch der Namen kommen, denn *scurzo* oder *escorzo* heißt in spanischer Sprach ein Schlang. Darnach hat man auch befunden, dass es wider ander Gifft und Pestilentz behülflich sey.« So erklären sich auch die anderen Namen, mit denen das Kraut belegt wird: Natternkraut, Vipernwurz, Nattermilch, niederländisch *slangenkruid*, englisch *viper's grass*. Sogar als »Schlangenmord« wird der blass lila oder gelb blühende Korbblütler gerühmt. Dazu nochmals der Kräuterarzt Matthioli: »Etliche schreiben, dass in Hispania dieses Krauts Safft so kräfftig sei, dass wenn die Schlang, *scorzo* genannt, damit berühret wird, alßbald erstarret, wann man ihr es aber ins Maul thue, so sterbe sie alsbald.« Auch in der bäuerlichen Heilkunde fand die Wurzel Verwendung: Wenn ein Schwein an Lähmung der Hinterbeine litt, steckte man die schwarze Wurzel in eine Mauerritze des Stalls und sagte folgenden Spruch auf: »Drach, Drach, Drach, weich aus dem Gemach!« Führwahr eine mächtige Wurzel, die ihren Namen Kraftwurzel verdient.

Die volksmedizinische Anwendung als Schlangen-, Gift- und Pestilenzmittel spielte aber keine Rolle mehr, als man anfing, sie als Gemüse anzubauen. Ihr Debüt als Kulturpflanze fällt mit dem Zeitalter der rationellen Aufklärung zusammen. Als Gemüse wird die Schwarzwurzel in der Schweiz zum ersten Mal um 1690 erwähnt (in Deutschland um 1770), und da heißt es in der Beschreibung eines gewissen Herrn Zwinger ganz nüchtern, dass sie »mit Salz, Butter und Gewürzen in den Herbst-, Wein-, und Wintermonaten zu einer angenehmen und gesunden Speise gekocht wird, als welche treffliche gesunde Nahrung dem Geblüte und Leibe giebet«. König Ludwig XIV., der französische »Sonnenkönig«, der häufig an Dyspepsie litt, ließ die *scorsonère* in großen Mengen anbauen, da er überzeugt war, dass das Gemüse sich bestens für einen durch üppige Tafelfreuden verdorbenen Magen eignete. Tatsächlich enthält die Wurzel magenschonende Schleimstoffe. Und weil sich der mächtige Souverän für das bisher kaum bekannte Gemüse interessierte, war es schnell in ganz Europa *en vogue*. In diesem Zeitalter, in dem man sich für das Kaffeetrinken begeisterte, wurde die teure Bohne nicht nur mit Zichorienwurzel, sondern auch mit der gerösteten Schwarzwurzel gestreckt. Auch fand man heraus, dass Seidenraupen die Blätter der Schwarzwurzel begierig fressen, und benutzte sie als Raupenfutter. Auch im viktorianischen England war die Schwarzwurzel ein beliebtes Gemüse. Die Bediensteten hatten die »schmutzige«, klebrige, schwarze Rinde der Wurzel gut abzuschälen. Selbstverständlich gingen dadurch auch die meisten Vitamine und Nährstoffe verloren. Moderne Ernährungswissenschaftler geben uns den guten Rat, die Wurzeln mit Schale zu kochen und erst danach die dann leicht abzulösende Haut zu entfernen. Die Russen, die am Anfang des 19. Jahrhunderts mit der Schwarzwurzel Bekanntnschaft machten, waren von ihr höchst begeistert und züchteten bald darauf die »russische Riesenschwarzwurz«, die jetzt überall angebaut wird.

Die schwarze Salsifi verdrängte bald die echte Salsifi (*Trogopogon porrifolius*) – auch Weißwurzel, Milchwurzel, Haferwurzel genannt – aus dem Gemüsebeet und vom Teller. Obwohl diese Weißwurzel mit ihrem delikaten an Austern erinnernden Geschmack als Gemüse schon von den Griechen angebaut wurde, kennt sie kaum jemand mehr; nicht einmal die Samen findet man mehr im Handel.

Die Schwarzwurzel gehört wie Wegwarte, Lattich, Kopfsalat, Löwenzahn, Bocksbart (*Tragopogon*) und Saudistel (*Sonchus*), zu den milchigen Korbblütlern (*Lactuceae*), die meist gelb oder gelegentlich blau blühen und Zungenblüten haben. Eine Schwarzwurzelart (*Scorzonera tau-saghyz*), die besonders viel Milch (Latex) enthält, wurde in der ehemaligen Sowjetunion sogar als Kautschukersatz kultiviert. Es handelt sich bei dieser Gruppe um sehr »empfindsame« Pflanzen, die ganz mit dem Sonnenrhythmus verbunden sind, ihre Blüten nach der Sonne richten und diese zu ganz bestimmten Zeiten öffnen und wieder schließen. Viele dieser Arten wurden einst als »Braut der Sonne« bezeichnet oder als »faule Mädchen«, da sie früh am Tag schlafen gehen. Die Herbalastrologie erkennt in ihnen die Signatur der Sonne oder auch des Jupiter (wegen der meist gelben Blüte und der oft vorhandenen lebertonischen Wirkung). Sonnengötter und die den Blitzkeil tragenden Gewittergötter gelten in der Mythologie als Feinde der Schlangen, Giftwürmer und Drachen – wahrscheinlich hängt der Ruf der Schwarzwurzel als Schlangentöter damit zusammen. Der Latex oder Milchsaft, den diese Gewächse enthalten, offenbart zusätzlich die Signatur des Mondes. Die Fähigkeit, Dürre und Kälte zu ertragen, sowie die kohlschwarze Wurzelrinde verdankt die Pflanze Saturn. Als Saturnpflanze wurde sie von den alten Ärzten gegen die Pest – den schwarzen Tod – und gegen die Melancholie – die »schwarze Galle« – eingesetzt. Für Okkultisten aller Couleur ist der Milchsaft, den diese Korbblütler enthalten, von besonderer Bedeutung: Wie die holländische Weise Mellie Uyldert zu wissen glaubt, enthält der oft bittere Milchsaft die Kraft der Verstofflichung, der Inkarnation, der Verfestigung. Der weiße Saft sei ein letzter Rest des kosmischen Fruchtwassers, in dem einst die Erde als Embryo schwebte; er sei ein Überrest der Milchatmosphäre der alten Lemuris, in der die pflanzlich-tierischen Urorganismen lebten und von der sie sich ernährten, sozusagen die »Muttermilch«, die den jungen Geschöpfen dazu verhalf, sich in irdischer Stofflichkeit zu verkörpern. Als sich dann der Mond – die Herrscherin über die Gewässer – von der Erde losriss, begann der Erdball einzutrocknen, die Atmosphäre wurde dünner, die Geschöpfe verfestigten ihren Leib. Nur einige wenige Pflanzen, wie die milchigen Korbblütler, die Wolfsmilch- und Mohngewächse, behielten in ihren Leibern etwas von der Urmilch zurück. Diese »Milch« enthält noch etwas von der – beruhigenden, Schmerz stillenden, reinigenden bis purgierenden – Heilkraft der alten lemurischen Atmosphäre.

Ob es wirklich so war, wie es sich die Okkultisten und Theosophen vorstellen, oder ob die Geschichte des versunkenen Kontinents Lemurien lediglich eine unterbewusste, »hellseherisch wahrgenommene« Erinnerung an das eigene Embryonaldasein ist, sei dahingestellt. Auch heute noch werden der Schwarzwurzel heilende Kräfte nachgesagt. Zum einen erweist sie sich als immunstärkend, zum anderen ist sie dank dem Inulin[33] und Mannit ein verträgliches Gemüse für Diabetiker. Ein (ungesalzener) Absud der Wurzel ist Wasser treibend – gut für Gichtleidende – und Husten dämpfend. Äußerlich appliziert wirkt die Abkochung der Wurzel erweichend und heilend bei Kopfflechte, Akne und anderen Hautunreinheiten. Nach Konrad Kölbl, einem modernen Meister der Heilkräuterkunde, soll die Schwarzwurzel die Gehirnfunktion fördern und als Aufbaumittel für den Gesamtorganismus dienen. Die Wurzel, die viel für den Knochenstoffwechsel unentbehrlichen Calcium enthält, sei, so Kölbl, eine hilfreiche Ergänzung der Nahrung, wenn die Umwelt radioaktiv verseucht ist. Das calciumreiche Gemüse soll bewirken, dass sich gefährliche radioaktive Isotope nicht so leicht in den Knochen ablagern können.

Schwarzwurzeln mit Kerbel-Zitronenrahm-Sauce

400 g Schwarzwurzeln • 2 EL Zitronensaft • 2 EL Butter • 400 g Kartoffeln, gewürfelt • 100 ml Gemüsebouillon • 100 ml Rahm • Muskatnuss, Meersalz, schwarzer Pfeffer • frischer Kerbel, fein gezupft

Die Schwarzwurzeln gründlich waschen, ungeschält in Scheiben schneiden und sofort mit dem Zitronensaft beträufeln, damit sie sich nicht verfärben.

Die Butter erhitzen, die Kartoffeln und die Schwarzwurzeln beigeben und 10 Minuten zugedeckt dämpfen. Mit der Bouillon und dem Rahm ablöschen und zugedeckt weich dünsten. Mit Muskat, Meersalz und Pfeffer abschmecken.

Vor dem Servieren den Kerbel darunter heben.

33 Inulin ist ein für Korbblütler typisches Speicherkohlehydrat, das im Unterschied zur Stärke aus Fruktose besteht.

SELLERIE

Apium graveolens

Familie: Schirmblütler
Andere Namen: Eppich, Epf, Merk, Zellerer, Sillrich, Stehwurzel, Stehpipekraut, Geilwurz, Wasserpetersilie, Knollensellerie
Heilwirkung: basenüberschüssiges, entschlackendes, Harn treibendes Mittel bei Diabetes, Gicht, Rheuma; Nerventonikum; Emmenagogum; männliches Potenzmittel
Symbolische Bedeutung: verbindet mit den chtonischen Erdkräften und verhilft zugleich zu deren Überwindung; Tod und sexuelle Lust; Heldentum
Planetarische Zugehörigkeit: Merkur

Der Sellerie ist wie die Möhre und die Pastinake ein zweijähriger Doldenblütler. In sämtlichen Organen enthält er duftende ätherische Öle, denen er den botanischen Beinamen *graveolens* (= stark riechend) zu verdanken hat und die ihn als Heilpflanze wertvoll machen.

Drei verschiedene Varietäten des Selleries stehen dem Gemüseliebhaber heute zur Verfügung: Der grüne Schnittsellerie für die Suppe, der Knollensellerie, der vor allem in Mitteleuropa angebaut wird, und der Bleichsellerie, dessen knackige Stengel, roh verzehrt, ideal für die schlanke Linie sind. Italienische Gärtner züchteten diese mild schmeckenden Sorten im 17. Jahrhundert. Vorher gab es den Sellerie nur im Kräuterbeet, er eignete sich als eher bitteres Kräutlein höchstens als Würze und noch eher als Arzneipflanze.

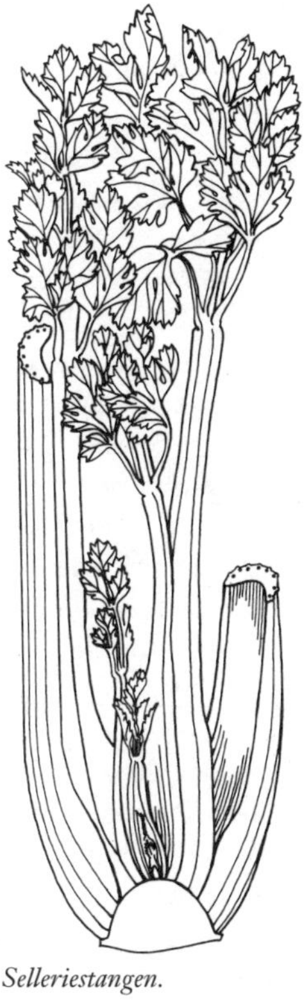

Selleriestangen.

Als Wildpflanze ist diese »Wasserpeter*silie*« an den Küsten ganz Europas, Westasiens und Nordafrikas heimisch und im Binnenland auf feuchten, salzigen Böden. Der alte bei den germanischen Stämmen gebräuchliche Name *merk* bezeichnet eine an feuchten Standorten wachsende Pflanze. Auch der lateinische Name *Apium* bedeutet nicht etwa »Bienenpflanze« (*apis* = Biene), wie oft zu lesen ist, sondern kommt vom keltischen *apon* (= Wasser). An der Nordseeküste ist er – wegen Eindeichungen, Dränage und Intensivweidewirtschaft – als Wildpflanze mittlerweile praktisch ausgestorben.

Wie Salbei, Rosmarin und andere Duftkräuter fand das bittere, aromatische Kräutlein bei den antiken Mittelmeervölkern vor allem im Kult der Toten, im Kult der Helden und im Kult des Eros als sakrale Pflanze Verwendung. Das heutige Wort Sellerie verdanken wir dem griechischen Pflanzennamen *selinon*. Danach war das Kraut Selenos (oder Seilenos) geweiht, dem Sohn einer Nymphe und des lüsternen Pan (oder nach anderen Schilderungen des Hermes, des Grenzen überschreitenden Götterboten). Der ständig trunkene, dickbäuchige Selenos war der Anführer der geilen Satyrn und der Erzieher und Begleiter des Rauschgottes Dionysos. Er ist einer der Silenen, jener satyrartigen, halbmenschlichen, zweibeinigen Pferdewesen, die unter anderem die Kraft des Triebes symbolisieren. In der Assoziation mit Silenen und Satyrn wird die Wirkung des Selleries als männliches Potenzmittel zum Ausdruck gebracht.

Als Pflanze der sinnlichen Freude erscheint der Sellerie in der »Odyssee« des Homer (850 v. u. Z.). Dort heißt es, auf den Wiesen der Insel der betörenden Zauberin Kalypso wuchsen Veilchen und Sellerie. (Das Veilchen galt den Hellenen als »erotische Pflanze«, es war dem Priapus, der kleinen Gottheit mit dem großen Phallus, der Liebesgöttin Aphrodite, aber ebenso der Unterweltgöttin und Totenherrin Persephone geweiht.) Die Zauberin nahm den schiffbrüchigen Helden Odysseus auf und hielt ihn sieben Jahre lang mit ihren Liebeskünsten gefangen. Seine Mannen verwandelte sie in »Schweine«. Religionswissenschaftler deuten Kalypso als eine Todesgöttin, worauf ihr Name (*kalypto* = verhüllen) hindeutet und auch, dass Schweine der antiken Erd- und Todesgöttin heilig waren. Dass sich Odysseus schließlich von ihr zu lösen vermochte, sei als Sieg über den Tod zu deuten. In allen Mythologien begibt sich der Held in gefahrvolle Todesnähe und entringt den dunklen Todeskräften das neue Leben. Diese Deutung passt zu dem Symbolkomplex, der den Sellerie in der Antike umgab. So wird auch verständlich, dass die Sieger in den panhellenischen Wettspielen – den nemeischen Reit- und Turnspielen und den dem Meeresgott Poseideon geweihten Isthmischen Spielen – mit Sellerielaub bekränzt wurden.

Der Sellerie war nicht nur die Pflanze der Sieger und der sexuellen Ausgelassenheit, sondern eben auch eine Totenpflanze. Die Griechen pflanzten ihn auf Gräber und würzten das Leichenmahl mit der bitter schmeckenden Wurzel. Schon im alten Ägypten wurden Mumien des Öfteren mit Sellerie und blauen Lotusblüten geschmückt. Bei den Römern war der Sellerie als Teil des Totenkults dem Orcus, dem Gott der Unterwelt, geweiht: »Wir pflegen unsere Grabmäler mit Sellerie zu schmücken«, schrieb Plutarch. Und Virgil lässt uns wissen, »der göttliche Linus schmückte sein Haupt mit Blumen und dem bitteren Sellerie [als Zeichen der Trauer]«; er mahnt auch, »dass es ein Unrecht sei, den Sellerie an Speisen zu tun, weil er nur zum Leichenschmaus gehöre«. (Dennoch war *Apium* neben Dill und Koriander das beliebteste Gewürz der römischen Küche.)

Es galt den Römern als böses Omen, als Erstes früh am Morgen einem mit Sellerie beladenen Karren zu begegnen. Und von jemanden, der offensichtlich schon vom Tode gezeichnet war, sagten die Römer: »Es gibt nur noch Sellerie für ihn.« Und dennoch bekränzten auch die Römer ihre Triumphatoren und Helden mit Selleriegrün.

Die Assoziation des Selleries mit Tod und Unterwelt hielt lange an. Bei den Wenden im Spreewald heißt es, der *merek* (= Sellerie) schütze vor Nachstellung der Toten. Das italienische Volksmärchen »Marianne und der Selleriekönig« erzählt von einem Mädchen, das in den Garten geht, um eine Sellerieknolle für die Suppe zu holen. Sie packt die Stengel, kann die Wurzel aber nicht herausziehen. Im Gegenteil, der Sellerie zieht sie hinab, und »der Boden schloss sich über ihnen wie Wasser über einem Stein«. Unter der Erde findet sie ein goldenes Schloß und einen buckligen alten Mann mit einem langen Bart, der den Selleriewurzeln glich. Der alte Selleriekönig, der sie zu seiner Frau macht und sie in seinem unterirdischen Gemach schwängert, ist aber ein verwunschener Königssohn. Viel Mühe muss die Märchenheldin auf sich nehmen und viele Proben bestehen, ehe sie den Prinzen erlösen und wieder in die oberirdische, diesseitige Welt führen kann.

Heutzutage misst man diesen Geschichten und alten Überlieferungen höchstens einen anekdotischen Wert bei. Wenn wir etwas über eine Pflanze wissen wollen, unterziehen wir sie der pharmakologischen Analyse. Beim Sellerie entdecken wir ätherische Öle (vorwiegend Phthalide) mit diuretischer Wirkung, dazu Flavonide, Furanocumarine, Phythohormone, das Glykosid Apiin, viel Vitamine und Mineralien (20% der Asche ist Kochsalz). Dennoch erfahren wir durch Mythen und überliefertes Brauchtum mehr über das eigentliche Wesen dieser Pflanze. Der Sellerie, der sich in einem zweijährigen Rhythmus inkarniert, wendet sich im ersten Jahr den salzigen, feuchten, dunklen Erdkräften zu, er saugt sie auf, schwillt an, wird mastig. Es besteht ein eindeutiger Bezug zum kühlen Schoß der Erde, zu den abwärts steigenden Elementen, im übertragenen Sinn zum Grab, zum bitteren Tod und der Trauer, die salzige Tränen fließen lässt – aber eben auch zum fruchtbaren, gebärenden Urgrund. Im zweiten Jahr erlebt die Pflanze einen blühenden Aufstieg ins Licht. Sie schießt empor, öffnet und verzweigt sich, wird von kosmischen Lichtkräften durchglüht. Sie setzt dem nach unten ziehenden Wasser und den Salzen die Leichtigkeit und Feuerkraft der ätherischen Öle entgegen. Nun wird sie zur Pflanze der Sieger und Helden, zur Glückspflanze. Sie wird zur Pflanze, die das Dunkle überwindet, die den bösen Blick bannt (in Spanien) und die Machenschaften böser Hexen vereitelt. Die modernen Griechen hängen das blühende Selleriekraut – zusammen mit Knoblauch und Zwiebel – als Glückspflanze in die Stube, binden es an die Seidenwurmhürden und geben es kleinen Kindern als Amulett mit. In Preußen und Pommern wurde das Kraut in die Fugen und Ritzen des Schweinestalls gestopft, damit die wertvollen Tiere nicht verrufen (verzaubert) werden. Und dem Brautpaar steckte man etwas von der Wurzel in die Tasche oder den Schuh.

Die zwiespältige Signatur des Selleries erkannte auch der große Kräuterarzt Nicolas Culpeper. Er ordnete die Pflanze dem zwittrigen Planetengott Merkur zu. (Merkur ist identisch mit dem griechischen Schamanengott Hermes, der ebenso leicht in die Unterwelt hinab- wie in die Götterwelt hinaufsteigen kann.) Merkur-Hermes ist Herrscher des auf- und absteigenden Energieflusses. Er löst, reinigt, öffnet, zerteilt und beseitigt Verstockungen, indem er sie wieder zum Fliessen bringt. Culpeper wie auch andere Ärzte vor und nach ihm benutzten diese Merkurpflanze als Heilmittel bei »Wasserkrankheiten« und »Obstruktionen«, bei Harnverhalten, Steinleiden und zur Aktivierung von Leber und Milz.

Seinem Erscheinungsbild entsprechend verhält sich der Sellerie im Mikrokosmos des menschlichen Leibes. Er wirkt ins Wurzelchakra hinab, ins Muladhara, bis in den Sexus und in die »salzigen, wässrigen« Harnorgane. Bei Frauen verringert der Sellerie den Milchfluss – ein Sellerieumschlag verkleinert sogar die Brüste –, dafür regt er die Gebärmutter an, treibt die Monatsblutung. Als »Jungfernmerk« gehörte

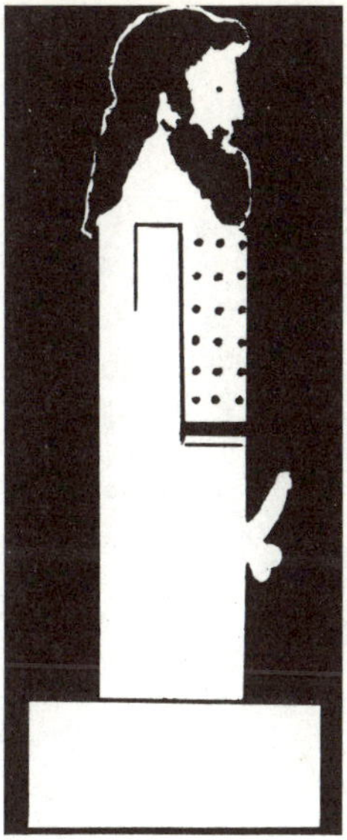
Stele des Hermes.

er mit zu den Kräutern, die eine unabsichtlich geschwängerte Frau bei »verspäteter Mensis« zu sich nahm. Als ein die Periode auslösendes Mittel – Hildegard von Bingen benutzte es bereits so – ist es auch ein Abtreibungsmittel. Der naturkundige Albertus Magnus (1200–1280) wusste um die nach unten steigende Energie der Pflanze: »Bei Ammen führt Sellerie dazu, dass die Lust von den Brüsten zu den Geschlechtsteilen herabsteigt und die Periode auslöst.«

Oft wirken gerade Periodemittel bei Männern als Potenzmittel. Bezeichnungen wie »Stehpiperkraut« (Lausitz), »Stehwurzel«, »Geilwurz« und »Böckekruit« (Südhannover) weisen es als männliches Aphrodisiakum aus. So heißt es in einem Arzneibuch aus dem 15. Jahrhundert: »Damit dich deine Frau für allemal lieb hat, nimm Eppichsaft mit Honig gestoßen, und schmier den Zagel und die Hoden damit ein, so machst du ihr es wohl, dass sie keinen anderen lieber haben wird als dich.« Aus der Pfalz ist folgender Spruch bekannt:

«Schatzl, back meer Aier
Mit Zellerie und Salat
Am Sonntak gehe meer maie,
Mei Mudder hat's gesaht.«

In Frankreich, der Heimat des *Savoir vivre*, der Lebenskunst, wird gerade dieser Aspekt des Selleries gefeiert. Ein französisches Sprichwort sagt: »Wüsste die Frau, was der Sellerie dem Mann antut, sie würde von Paris bis Rom gehen, um das Kraut zu holen.« Und: »Wüsste der Mann um die Wirkung des Selleries, er würde sein Gärtlein damit vollpflanzen.«[34] Der Kräutermeister Maurice Mességué behauptet, er kenne die Zutaten des Liebeselixiers von Tristan und Isolde: Das Gebräu soll aus Alraunenblüten, Trüffeln, den Hoden eines jungen Hahns, Flusskrebsen, Pfeffer, Kümmel, Thymian, Piment, Lorbeer und selbstverständlich Sellerie bestanden haben. Ansonsten verschreibt er den

34 «Si la femme savait ce que le céleri fait à l'homme, elle irait en chercher de Paris jusqu'à Rome.» «Si l'homme savait l'effet du céleri, il en remplirait son courtil.»

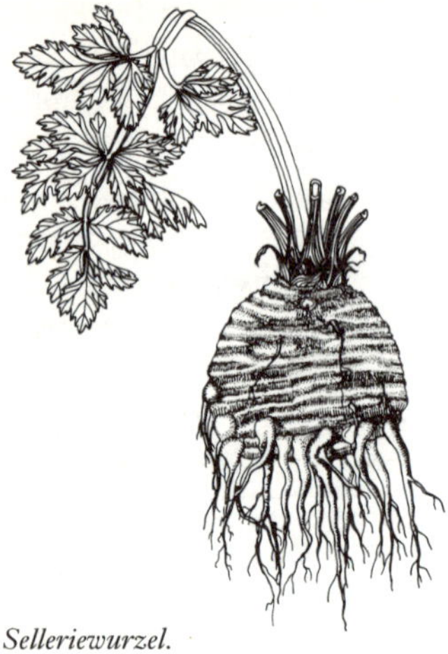

Selleriewurzel.

Albertus Magnus (1193–1280).

Sellerie bei Diabetes, Gicht, Rheuma, da er das Blut entschlackt, zur Stimulierung der Drüsen und als Stärkungsmittel bei zerrütteten Nerven (Mességué 1972: 98).

Hildegard von Bingen und die mittelalterliche Klostermedizin kannten die Wirkung des Selleries auf die Drüsen. *Apium* galt vornehmlich als Harn treibend und menstruationsfördernd, als Mittel gegen Nieren- und Blasen-, Milz- und Leberleiden. Hildegard verordnete einen mit Sellerie- und Fenchelsaft bereiteten Umschlag auch gegen Tränenfluss (Müller 1993: 35).

Als wirksame Heilpflanze ist der Sellerie noch heute aktuell. Wie viele Schirmblütler stimuliert er tatsächlich die Drüsen, auch die Nebennierendrüsen. Selleriesaft oder -gemüse wirkt alkalisch (basenüberschüssig), verhindert eine starke Übersäuerung des Blutes und Harnsäureakkumulation, hilft Giftstoffe und Schlacken ausscheiden. Somit ist es nicht nur ein gutes Mittel bei Gicht und Rheuma, sondern auch zur Entlastung der Leber und der Milz. Als Harn treibendes Mittel erhöht es die Ausscheidung von Wasser und Natrium, was wiederum blutdrucksenkend wirkt. Nierenkranke sollten aber vorsichtig sein: Die Harn treibende Wirkung des Selleries ist stärker als jene des Spargels und reizt die Nieren. Und auch stillende Mütter sollten bedenken, dass Sellerie den Milchfluss mindert.

Selleriesamen werden in Indien als beruhigendes, Schleim lösendes Hustenmittel gebraucht, in der englischen Volksmedizin als Darmwinde absorbierendes Mittel (Karminativum). Sellerie gilt ebenfalls als Nerventonikum. »Bei zerrütteten Nerven ist Sellerie Nahrung und Heilmittel« (Hippokrates). Inzwischen wird Sellerie in der Gewürztherapie bei »Versagensängsten der Männer« verschrieben. Auch bei Asthma wirkt er beruhigend, da er bei Brustkrämpfen das Angstgefühl mindert (Heldenbrust). Paracelsus hatte schon bemerkt: »Wen die Angst aufzufressen beginnt und wer nicht Herr darüber wird, der esse jeden zweiten Tag einen Stengel [wilden] Sellerie.«

Selleriesamen sollen auch von »zwangshaften Denken« und »hysterischen Reaktionen« erlösen. Die Heldenpflanze entkrampft also nicht nur die Drüsen, sondern auch die damit zusammenhängenden mentalen Funktionen.

Selleriebraten mit Backpflaumen und Strohkartoffeln

1 Knolle Sellerie, ganz • 1 l Kokosmilch • 50 g frische Kräuter (Thymian, Salbei, Rosmarin, Sauerampfer) • 1 kleine Chilischote • 2 Lorbeerblätter • gemahlener Kardamom • 8 Backpflaumen ohne Stein • 1 EL Honig • 100 ml Gemüsebouillon • 1 EL frischer Ingwer • 1 EL Kurkuma

900 g Kartoffeln, in feine Stäbchen geschnitten • 4 EL Olivenöl • 80 g frischer Knoblauch, gehackt • Kräutersalz

Die Sellerieknolle in ein Bratgeschirr oder einen ofenfesten Topf geben. Alle übrigen Zutaten hinzufügen. Zugedeckt im auf 200 Grad vorgeheizten Ofen 1 Stunde schmoren.

Die Sellerieknolle herausnehmen und wie einen Braten aufschneiden. Die Schmorzutaten im Mixer kurz pürieren und die Selleriescheiben damit überziehen.

Die Kartoffelstäbchen im Öl knusprig braten, zum Schluss den Knoblauch beigeben und mit dem Kräutersalz würzen.

SPARGEL

Asparagus officinalis

Familie: Liliengewächse
Andere Namen: Spargen, Aspersch, Schwammwurz, Nierenputzer, Hosendrall, Donnerkraut; *wegen den Beeren:* Korallenkraut, Teufelstrauben
Heilwirkung: Harn treibend und »Blut reinigend« bei Rheumatismus, Blasen- und Nierenleiden, Herzbeschwerden; Verjüngungsmittel
Symbolische Bedeutung: Adel, Wohlstand, verfeinerte Erotik; Signatur der Liebesgottheiten Aphrodite, Venus, Kamadeva
Planetarische Zugehörigkeit: Jupiter, Venus, Mars

Dass der Spargel etwas ganz Besonderes sein muss, habe ich schon in der frühesten Kindheit mitbekommen. Wie der Stollen und die Lebkuchen zur Weihnachtszeit oder der Karpfen zu Neujahr markierte das Spargelgericht zwei ganz bestimmte sakrale Zeitpunkte im Jahreskreis, nämlich Ostern und Pfingsten. Zu Ostern wurden die bleichen, fingerdicken, mit gebräunter Butter übergossenen Sprossen zusammen mit Schinken serviert, zu Pfingsten mit (Rinder-)Zunge. Das Edelgemüse wurde auf einem besonderen Spargelteller aus feinstem Meißner Porzellan serviert und konnte anscheinend nur mit einem silbernen »Spargelhebwerkzeug« auf die Teller platziert werden. Auch gegessen wurde der Spargel nicht wie die gewöhnlichen Wochentagsgemüse, sondern er wurde »geschlürft« – was mir damals schon irgendwie unanständig vorkam. Beim Spargelessen bekamen wir Kinder ausnahmsweise sogar ein Gläschen Weißwein (mit Selterswasser verdünnt), damit wir mit anstoßen konnten. Spargel zu essen, ohne vorher einen Gottesdienst besucht zu haben oder im Sonntagsanzug mit Krawatte am festlich geschmückten Tisch zu sitzen, war mir unvorstellbar.

Ein Ethnologe würde den Spargel, wie er traditionell genossen wurde – und zum Teil noch wird –, als »Kultspeise« und die Mahlzeit als »Kultessen« bezeichnen. Und genau das war auch der Fall. Die zarten, schnell wachsenden Frühlingstriebe des Liliengewächses eignen sich bestens zum Fest der erwachenden Natur und der Auferstehung des neuen Lebens nach der langen, düsteren Winterzeit. Dass es meistens Schinken ist, der mit dem Spargel serviert wird, hat nicht nur mit der trefflichen Geschmackskombination zu tun, sondern beinhaltet auch ein archaisches symbolisches Element. Das Schwein war einst bei den keltisch-germanisch-slawischen Völkerschaften das Symbol des Lebens, der Freude und der Fruchtbarkeit. Die germanischen Stämme opferten zu Jahresbeginn ein Schwein oder einen Wildeber zu Ehren Freyrs, des phallischen Fruchtbarkeitsgottes und Bruders der holden Göttin Freya. Das Glück, Segen und Fruchtbarkeit bringende Götterpaar zog im Frühjahr über Wiese und Flur und wurde überall festlich empfangen.

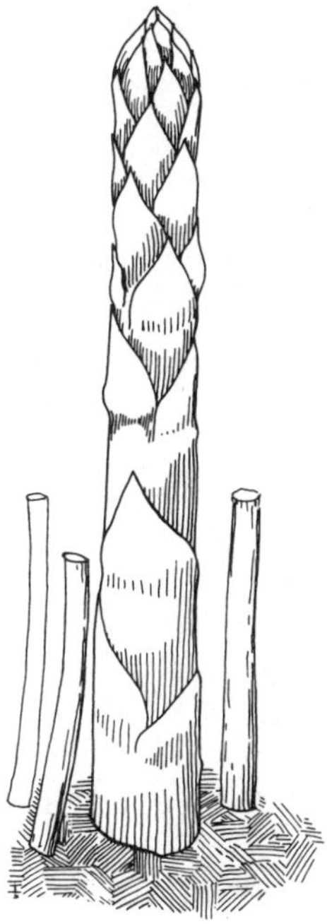

Auch das Pfingstfest war einst ein heidnisches Fest, ein Fest der Ekstase und der sinnlichen Liebe, das zum Vollmond im Mai gefeiert wurde. Nach der Bekehrung verwandelte es sich in Erinnerung an das Wunder, als den Gläubigen »Zungen wie Feuer über dem Haupt erschienen«, zum Fest der Ausgießung des Heiligen Geistes. Da ist es nur folgerichtig, dass man an diesem Tag – in einer *participation mystique* – neben dem Kultgemüse gekochte Zunge isst.

Spargel ist der Aristokrat unter den Gartenzöglingen. Kochbücher preisen ihn als das allerfeinste Gemüse. Das war schon immer so. Der Pflanzenkenner Fritz-Martin Engel berichtet: »Pharaonen, Kaiser und Könige, Feldherrn und geistliche Herren, Dichterfürsten wie Goethe und Gourmets wie Brillat-Sarvain – sie alle waren und sind begeisterte Spargelesser.« So wird verständlich, dass die alten astrologischen Kräuterärzte im Spargel die Signatur des Planetenkönigs Jupiter ausmachten, des Herrschers und Genießers aller sinnlichen Freuden.

Für die alten Ägypter war Spargel tatsächlich eine Götterspeise. Er wurde den Göttern geopfert. Archäologen stießen bei ihren Ausgrabungen bei der Stufenpyramide von Sakkara auf besonders wertvolle Gefäße, die eindeutig Spargelreste enthielten. Den wohlhabenden Toten wurden vor fast 5000 Jahren neben Feigen, Melonen und anderen Köstlichkeiten gebündelte Spargelspitzen mit ins Grab gelegt. Die Griechen sammelten die grünen Spargeltriebe noch in freier Natur, aber bereits die Römer legten regelrechte Spargelkulturen an. Kaiser Augustus soll ein großer Liebhaber des Gemüses gewesen sein, und was der Kaiser tut, das machen ihm alle anderen nach: Spargel gehört seither zu den Festmählern des Adels und den Banketten der Diplomaten. Die Chroniken berichten etwa, dass Kaiser Karl V., der das Habsburger Weltreich regierte, während der Fastenzeit einmal unerwartet in Rom erschien. Da man keine Vorbereitungen getroffen und keine Vorräte angelegt hatte, war die Verlegenheit groß. Dem zuständigen Kardinal kam die rettende Idee: Er ließ die Köche drei verschiedene Spargelgerichte anfertigen. Auf drei verschieden parfümierten Tischtüchern wurden sie serviert, und es gab drei verschiedene auserlesene Weine dazu. Noch lange, heißt es, habe der Kaiser von dieser Fastendelikatesse geschwärmt.

Auch am Hof des Sonnenkönigs Ludwig XIV. standen Spargelgerichte hoch im Kurs. Wer die Gunst der charmanten Madame de Maintenon, der zweiten Gattin des französischen Herrschers, gewinnen wollte, brauchte ihr nur ein neues Spargelrezept mitzuteilen. Sie fasste die originellen Spargelrezepturen in einem Buch zusammen. Für Feinschmecker ist die Spargelsuppe *à la Maintenon* noch immer ein Begriff. Der Nimbus des Spargels beruht auch auf seinen Ruf als Verjüngungs- und Lenzmittel. Hinter diesen Bezeichnungen versteckt sich der magische Glaube, dass die schnell wachsenden phallusförmigen Sprosse auf den menschlichen Organismus eine aufgeilende, potenzsteigernde Wirkung ausüben. Schon die alten Griechen weihten den Spargel der Liebesgöttin Aphrodite. Mit Spargelzweigen bekränzten die Böotier bei Hochzeiten ihre Bräute. Vielleicht mochte Kaiser Augustus deswegen das Gemüse so gerne, denn auch in Rom galten Spargeltriebe als Aphrodisiakum. Der für seinen »goldenen Esel« bekannte Dichter Apuleius soll das Herz der reichen Witwe Pudentilla durch einen Liebestrunk gewonnen haben, der aus Spargel, Krebsschwänzen, Fischlaich, Taubenblut und einer Vogelzunge zusammengesetzt war. Die Eheschließung trug ihm dann einen Prozess wegen Zauberei ein, in dem er allerdings freigesprochen wurde.

Nicht Jupiter allein beherrscht das feine Gemüse, die spätantiken und mittelalterlichen Ärzte stellten den *Asparagus* ebenfalls unter die Herrschaft der Venus. Diese Planetengöttin regiert vor allem die Harnorgane und Sexualflüssigkeiten. Folgerichtig wurde die Wurzel in Wasser oder in Wein gesotten und getrunken, »um den Samen zu mehren« und den Geschlechtstrieb zu stimulieren. Da die Pflanze als »verdün-

Spargelwedel werden in Osteuropa zum Schmücken von Heiligenbildern verwendet.

nend«, »eröffnend«, Harn treibend und »zerteilend« galt, wurde sie von den galenischen Humoralärzten auch bei Verstopfung von Leber, Milz und Nieren und bei Steinleiden verschrieben.

Auch in anderen Kulturkreisen galt der Spargel als Sextonikum. Die Hindus weihten die Pflanze dem Liebesgott Kamadeva, dem es gelang, selbst die höchsten Götter zu betören. Zur Strafe entleibte der Asket Shiva den schönen Jüngling, indem er ihn mit einem Feuerblitz aus seinem dritten Auge zu Asche verbrannte. Auf Bitten Parvatis und der anderen Göttinnen durfte Kamadeva weiterleben und ist nun noch heimtückischer, da er körperlos ist und unsichtbar seine Honigpfeile in die Herzen schießt. Im indischen Ayurveda gilt der Wildspargel (*satavar* oder *satamuli* = »hundert Wurzeln«) als aphrodisisch, samenbildend, samenvermehrend, milchbildend und die Gebärmutter tonisierend, aber auch als Herz- und Hirntonikum (Zoller/Nordwig 1997: 163). Er vermehrt *ojas*, die allgemeine Lebensenergie, ist Heilmittel bei sexuellen Beschwerden und Unfruchtbarkeit. Als tantrischer Liebestrank wird der Saft der Spargelwurzeln mit Butterschmalz (*ghee*) zusammen mit etwas Zuckerrohrsaft, Honig und langem Pfeffer (*Piper longum*) in Milch gekocht. Die Muslime kennen die in Milch gekochten Wurzeln (*safed musli*) als Ersatz für Salep, das berühmte, aus Orchisknollen gewonnene Elixier zur Stärkung der Manneskraft und zur »Verdickung und Mehrung des Samens«.

In China ist der Spargel als Harn treibende, Auswurf fördernde, kühlende Heilpflanze schon seit über 5000 Jahren unter dem Namen *T'ien men Tong* bekannt (Hsu 1980: 109). Auch im Reich der Mitte galt die Pflanze als vornehm: Verehrten Gästen bereitete man bei ihrer Ankunft ein kühlendes, entspannendes Spargelfußbad.

In Mitteleuropa wurde der Spargel erst seit dem 16. Jahrhundert als Gemüsepflanze und vor allem als Heilmittel angebaut. Von da an erscheint er in den Kräuterbüchern. In den Apotheken wurde die Wurzel »offizinell« – deswegen der botanische Beiname *officinalis* –, das heißt, sie wurde als arzneiliches Mittel anerkannt und wie bei den galenischen Ärzten »zur Blutverdünnung«, bei »Hüftweh« (Rheuma, Ischias), Gelbsucht, Nierensteinen und Harnverhalten verschrieben. »Spargel bringt lustige Begier den Männern«, schrieb Matthiolus (1544), der Hofarzt des Kaisers, in seinem Kräuterbuch. Auch das einfache Volk war sich über die Folgen des Spargelgenusses im Klaren: »Was der Herr Pfarrer wohl weiß, drum baut er so fleißig Spargel«, so der eher bissige schwäbische Humor. Als »Hosendrall« bezeichneten die Siebenbürger die Pflanze. In der Steiermark werden gegen Unfruchtbarkeit Spargelsamen in Wein getrunken.

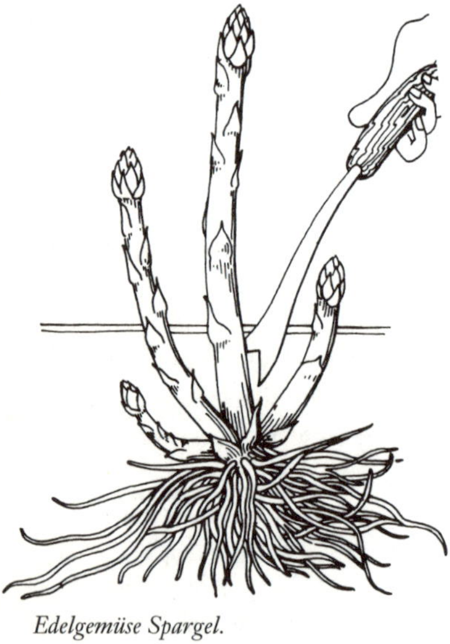
Edelgemüse Spargel.

Dass der Spargel auch heute noch eine eher teure Luxusspeise ist, wird verständlich, wenn man weiß, wie aufwendig die gärtnerische Kultur dieses Gemüses ist. Die Spargelstaude beansprucht – als typischer Aristokrat – viel Platz, mehr als die ordinären Gemüse. Er verlangt einen lockeren, sandigen, dennoch humusreichen und zugleich alkalischen Boden. Da der Speisespargel ursprünglich aus der östlichen Mittelmeerregion stammt, braucht er zudem einen warmen, sonnigen Standort. (Er gedeiht am besten dort, wo auch die Weinrebe zu Hause ist.) Von der Aussaat der wenig keimfreudigen Samen bis hin zur ersten Ernte vergehen volle vier Jahre. Im ersten Jahr, im »Kinderbeet«, macht er kleine, mit Knospen und dicken auslaufenden Wurzeln besetzte Pflänzchen, die wie Taranteln aussehen. Diese »Spinnengebilde« setzt man, jeweils einen halben Meter auseinander, in dreißig Zentimeter tiefe Gräben. Man deckt sie gut mit Sand und Humus zu. Verrotteter Taubenmist – die eigene gärtnerische Erfahrung bestätigt es – ist die beste Düngung. (Tauben sind wie auch der Spargel der Venus geweihte Geschöpfe.) Nun muss man dafür sorgen, dass die Beete unkrautfrei bleiben. Beim Ernten im Frühling darf man nicht zu habgierig sein. Man muss der Staude genügend Triebe lassen, damit sie durch das Sonnenlicht erstarkt. Die aufschießenden Stengel verwandeln sich alsbald in anderthalb Meter hohe wunderschöne, delikate grüne Wedel. So schön sind sie, dass sie in Osteuropa zum Schmücken von Heiligenbildern verwendet werden. In Livland wird der Spargel deswegen »Gotteskraut« genannt, in Litauen »Heiligenkraut«.

Erst nach drei Jahren blüht das Liliengewächs. Die grünlich weißen Blüten entwickeln sich zu korallenroten Beeren (Teufelsbeeren), die die Vögel schätzen. Die Samen passieren den Verdauungstrakt der Vögel unbeschadet, so dass der Spargel da und dort, sogar in Amerika, Südafrika und Australien, zur Wildpflanze geworden ist. Die roten Beeren verraten, dass die Pflanze nicht nur der Venus gehört, sondern dass auch Mars, der Liebhaber der Göttin, in der Pflanze vertreten ist. Okkultisten und fortgeschrittene Harry-Potter-Adepten sammeln die Beeren bei Neumond. Sie werden als magisches Amulett in einem Beutelchen getragen. Magister Botanicus berichtet, die Beeren würden in Insiderkreisen als »Ferrari Testosterone« gehandelt.

Bis zu fünfzehn Jahre lang kann der Gärtner den Spargel »stechen«, ehe die Kultur erschöpft ist. Dann muss ein neues Beet angelegt werden.

In der Phythotherapie gilt das Spargelkraut noch heute als gutes Diuretikum. Zubereitungen aus dem Wurzelstock werden bei Nierengrieß, Ödemen, Arthritis, Rheuma, Gicht, Leber- und Milzleiden sowie Herzschwäche bereitet. Spargel steigert auch als Gemüse die Zelltätigkeit der Nieren und erhöht die Wasserausscheidung. Er ist gut für Nierenkranke, Herzkranke und Diabetiker. Bei akuter Nierenentzündung ist er, da er die Niere reizt, jedoch kontraindiziert.

Spargeldessert mit Malvenblüten

800 g Joghurt • 500 g grüne Spargeln • 30 g Rosinen • 3 EL Honig • 40 g gemahlene Haselnüsse • etwas Safran • ca. 30 Malvenblüten

Den Joghurt in ein Tuch geben und 12 Stunden abtropfen lassen.

Die Spargeln in feine Rädchen schneiden und in wenig Wasser weich dämpfen (es sollte keine Flüssigkeit mehr vorhanden sein). Die Spargeln im Kühlschrank kalt stellen.

Den abgetropften Joghurt mit den Rosinen, dem Honig, den Nüssen, dem Safran und den Spargelrädchen mischen.

Anrichten und mit Malvenblüten garnieren.

Spargelterrine mit Rhabarbersauce

1 kg grüne Spargel • 1 Prise Bourbon-Vanille • Kräutersalz • etwas Pfeffer • 100 g Tilsiter, gerieben • 2 ganze Eier • 2 Eigelb • 100 ml Rahm

Rhabarbersauce:
300 g Rhabarber, gewürfelt • 2 EL Butter • 1 EL Honig • 1 EL Obstessig • 100 ml Gemüsebouillon • Kräutersalz, Pfeffer • 1 Bund Basilikum, gezupft

Die Spargel in wenig Flüssigkeit mit der Vanille und dem Kräutersalz weich dämpfen (am Schluss sollte keine Flüssigkeit mehr vorhanden sein). Acht ganze Spargelstangen beiseite legen, die restlichen Spargel pürieren, mit Pfeffer abschmecken und erkalten lassen.

Das Spargelpüree mit dem Käse, den Eiern, den Eigelben und dem Rahm mischen.

Die beiseite gelegten ganzen Spargel in eine Terrinenform legen und mit der Spargelmasse bedecken. Zugedeckt im Wasserbad im auf 180 Grad vorgeheizten Ofen etwa 40 Minuten garen.

Für die Sauce den Rhabarber in der Butter dämpfen, den Honig darunter rühren, mit Kräutersalz und Pfeffer würzen, mit dem Essig und der Gemüsebouillon ablöschen und etwa 20 Minuten kochen lassen. Den Basilikum darunter mischen und zur heissen Terrine servieren.

Kerbelschaumsuppe mit Spargelspitzen

2 Frühlingszwiebeln, fein gehackt • 2 EL Olivenöl • 50 ml Weisswein • 800 ml Gemüsebouillon • ½ TL Zitronensaft • Pfeffer, Kurkuma, Muskatnuss • 8 grüne Spargel, fein geschnitten • 100 ml Rahm • 50 g Kerbel, fein gezupft • 50 g Haferflocken

Die Frühlingszwiebeln im Olivenöl leicht andämpfen. Mit dem Weisswein und der Gemüsebouillon ablöschen, mit Zitronensaft, Pfeffer, Kurkuma und Muskat abschmecken. Aufkochen und die Spargel dazugeben, auf kleiner Hitze 20 Minuten kochen lassen.

Die Suppe mit dem Rahm verfeinern und nochmals aufkochen. Vom Herd nehmen, den Kerbel und die Haferflocken dazugeben. Nicht mehr kochen lassen und sofort servieren.

SPINAT

Spinacia oleracea

Familie: Gänsefußgewächse
Andere Namen: Spennet, Spinnätsch, Bynetsch, Grünkraut, Spanischer Kohl, Heidnischer Kohl, Römische Melde
Heilwirkungen: basenüberschüssiges, vitaminreiches Gemüse, regt Verdauungsdrüsen an; gekochter Saft bei trockenem Husten, Asthma
Symbolische Bedeutung: Gründonnerstagsspeise, Symbol der grünen Lebenskraft, Teil des modernen Fitnesskults; Popeye und die Agrarindustrie
Planetarische Zugehörigkeit: Venus

Die Volkskunde weiß nicht viel über den Spinat zu berichten. Kein Märchen, keine Sage und kein alter Brauch geben Auskunft über den Deva dieser Gemüsepflanze. Das ist auch nicht anders zu erwarten, denn die Pflanze kam erst spät nach Europa. Erst im 16. Jahrhundert taucht der Spinat in den europäischen Gärten auf und verdrängt allmählich die anderen Blattgemüse, die damals angebaut wurden, heute aber weitgehend in Vergessenheit geraten sind: die Gartenmelde (*Atriplex hortensis*), den Blattmangold, den grünen Fuchsschwanz oder Meyer (*Amaranthus lividus*), den Gemüseampfer (*Rumex patientia*) und den Guten Heinrich (*Chenopodium bonus-henricus*). Hier und da wurde der neue »heidnische Kohl« mit zu den »neunerlei« oder auch »siebenerlei Kräutern« genommen, die man als Gründonnerstagssuppe oder als Gründonnerstagsbrot aß und von denen man sich Gesundheit für das ganze Jahr versprach. In Böhmen wurden an diesem heiligen Tag Spinatkrapfen verspeist. Ansonsten achtete man darauf, dass der Spinat wie die anderen Blattgemüse in einem wässrigen Mondzeichen gesät wurde – in den Zeichen der Fische, des Skorpions oder Krebses –, damit er viele saftige Blätter mache. Auf keinen Fall durfte man ihn in den Feuer- oder Luftzeichen aussäen, denn dann würde er schnell schießen und versamen.

Die ursprüngliche Heimat des Spinats und verwandter Gänsefußgewächse sind die kargen Steppen Zentralasiens. Dort in Turkestan, Afghanistan und Ostpersien sind die Sommer heiß und trocken, das Wasser verdunstet und hinterlässt salzige, alkalische Böden. In den hellen Sommertagen schoss der Urahn des heutigen Gartenspinats rasch in die Höhe, blühte und hinterließ, nachdem er abgestorben war, stachelige Fruchtknäuel. Die mit scharfen Stacheln versehenen Auswüchse, die die Samen vor gefräßigen Tieren schützten, gingen später durch Züchtung und Selektion verloren. In den feuchteren, kühlen Frühlings- und Herbsttagen keimten die Samen und wuchsen rasch zu saftig grünen Rosetten heran. Die alkalischen Böden schadeten den Pflänzchen nicht. Das Protoplasma der Gänsefußgewächse ist ziemlich unempfindlich gegenüber der Einwirkung von Salzionen und Alkalien. Diese Eigenschaft des Spinats prädestinierte ihn für den heutigen Massenanbau auf künstlich bewässerten Feldern, die dazu neigen, allmählich zu versalzen. Auch mit Kunstdüngersalzen wird er glänzend fertig.

Wahrscheinlich sammelten die Frauen der zentralasiatischen Nomadenstämme schon in vorhistorischen Zeiten im Frühling und im Herbst Wildspinatblätter und kochten sie zusammen mit anderem Suppengrün in Fleischbrühe. Die alten Perser bauten den *aspinakh* schon als Gartengemüse an. Als die Söhne Allahs im 7. Jahrhundert n. u. Z. mit Flamme und Schwert über das persische Reich herfielen, lernten sie dieses Gemüse kennen. Den persischen Namen verballhornten sie zu *isfinaj*. Das saftige Kraut, dessen Blätter so grün sind wie die siegreiche Fahne des Propheten, faszinierte die arabischen Eroberer geradezu. Bekanntlich lieben sie das gute Essen, und der Spinat passte ausgezeichnet zum Lammbraten und anderen köstlichen Gerichten. Aber auch sonst sprach die Pflanze das poetische Empfinden der Araber an. War sie nicht ein bisschen wie sie selbst: wehrhaft stachelig der Samenstand und doch mit einer zarten, delikaten Seite? Ibn-Al-Awam, ein andalusischer Gelehrter, erkor den Spinat zum »Kronprinzen der Gemüse«. Es dauerte nicht lange, da entdeckten die arabischen Ärzte die Pflanze auch als Heilmittel: Der Spinat, so heißt es in medizinischen Schriften des 10. Jahrhunderts, sei bei Gelbsucht gut für die Leber, rege den Stuhlgang an und der gekochte Saft helfe bei Husten und Brustleiden.

Wie einst die Römer überall, wo sie Fuß fassten, die Weinrebe anpflanzten, verbreiteten die islamischen Eroberer den Anbau von *isfina* von Indien bis nach Spanien. In der spanisch-maurischen Mundart hieß das Gemüse *ispinag*, daraus entstand das spanische *espinaca* und in Anlehnung an *spinosus* (= dornig, stachelig; *spina* = Stachel) die mittellateinische Bezeichnung *spinachia*. Auf diese Weise kam der »spanische Kohl« zu seinem heutigen Namen *Spinat* oder *Binetsch*. In Straßburg nannte man ihn nach seinem Aussehen »Grüenkraut«, in Basel »Grüens Chrut«.

Richtig beliebt, ja man könnte sagen, zu einem Kultgemüse wurde der Spinat erst in der ersten Hälfte des 20. Jahrhunderts. Dafür gibt es verschiedene Gründe. Zum einen entdeckte 1913 der Chemiker Richard Willstätter die Grundstruktur das Blattgrüns (Chlorophyll). Er konnte zeigen, dass der molekulare Aufbau des Blattgrüns mit der des roten Blutfarbstoffs (Hämoglobin) identisch ist. Der einzige Unterschied besteht darin, dass sich beim Blattgrün in der Mitte des molekularen Rings ein Magnesiumatom befindet, beim roten Blutfarbstoff dagegen ein Eisenatom. Das war nicht nur eine wissenschaftliche Sensation, auch in Kreisen der Gesundheitsapostel und Ernährungsfetischisten schlug der Bericht hohe Wellen. Blatt und Blut! Das Blattgrün fängt die von der Sonne ausstrahlende Lebenskraft ein und vermittelt sie dem Blut, baut den Lebenssaft auf, reinigt und regeneriert ihn.

Die Boulevardpresse feierte das Chlorophyll als »Farbstoff des Lebens«. Das Pflanzengrün erschien als kraftgeladene Substanz, und man glaubte, endlich den Quell der Gesundheit gefunden zu haben. Es dauerte nicht lange, da wurde der grüne Stoff, vor allem in den USA, kommerzialisiert. So kamen in den zwanziger Jahren immer mehr grüne Gurgelwasser und Seifen, Chlorophyllzahnpasten und -deodorants auf den Markt. Sogar Medikamente und Pillen wurden mit Chlorophyll grün gefärbt, weil sich Ärzte davon einen starken Placeboeffekt und Patienten schnellere Genesung versprachen. Grüne Gemüse, besonders diejenigen, die viel Eisen enthalten, waren plötzlich »in«. Die Sternstunde des grünen Spinats hatte geschlagen.

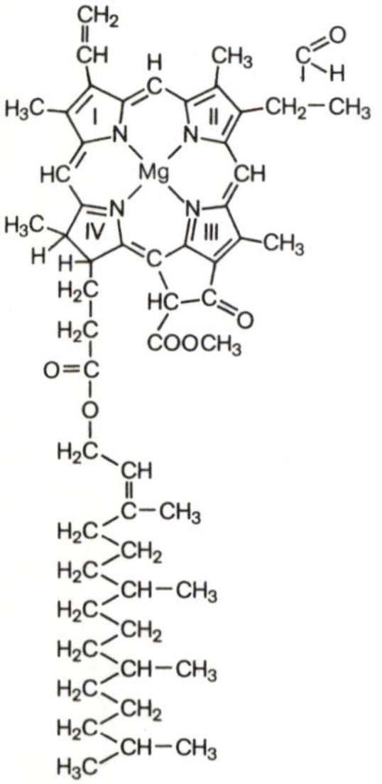

Strukturformel des Chlorophylls.

Neben der Entdeckung des Chlorophylls gab es einen weiteren Grund für die plötzliche Popularität des Gemüses. In den ersten Jahrzehnten des 20. Jahrhunderts investierte die amerikanische Regierung viele Hunderte Millionen Dollar in Bewässerungsprojekte, welche die Wüste in den Südweststaaten und in Kalifornien in ein grünes Agrarparadies verwandeln sollten. Das so genannte *Agrobusiness*, die

Arabische Kaufleute verbreiten den Anbau des Spinats.

Agrarindustrie, die allmählich die kleinen Familienfarmen verdrängte, ließ damals zum ersten Mal ihre Muskeln spielen. Endlose künstlich bewässerte Felder entstanden, auf denen Erdbeeren, Erbsen, Tomaten, Salat und vor allem Spinat für den nordamerikanischen Markt massenproduziert werden. (Seither stammen 25% des in den USA konsumierten Eisbergsalats aus Salinas Valley, einem Tal in Kalifornien, wo mit massivem chemischem und technischem Aufwand fünf Ernten pro Jahr eingefahren werden.) Eine Verpackungs- und Transportindustrie wurde aus dem Boden gestampft, Konservenfabriken gebaut und mexikanische Saisonarbeiter als Billigarbeitskräfte angeheuert. Natürlich musste man, damit sich diese Rieseninvestition rentierte, die Nachfrage nach diesen Agrarprodukten ankurbeln. Dafür wurden bunte Werbekampagnen in Gang gesetzt. Ein neuer Lebensstil wurde vermittelt. Hollywood-Sternchen verrieten den Medien ihre Geheimtipps, durch die sie so jung und schön blieben: Sie tranken Orangensaft und Tomatensaft zum Frühstück, löffelten Cornflakes und aßen viel, viel eisen- und chlorophyllhaltigen Spinat, der ihnen Spannkraft und Leistungsvermögen schenkte.

Um die Spinatmassen in den Blechdosen an die Konsumenten zu bringen, bemühte man auch die Professoren der – mit der Agrarindustrie verquickten – staatlichen Forschungsinstitute. Sie wurden beauftragt, ganz nüchtern und objektiv die gesundheitlichen und nutritiven Aspekte des Spinats zu erforschen. Bald hagelte es nur so von positiven Ergebnissen. Das »Biochemical Journal« (10, 1926) berichtete, dass

Laborratten, denen Spinat verfüttert wurde, schneller wachsen als die Tiere der Kontrollgruppe, die keinen Spinat bekamen. Sie entwickelten sich sogar besser als jene, denen man zum Vergleich Lebertran gegeben hatte. (Lebertran war damals das Gesundheitstonikum, das alle Kinder schlucken mussten.) Fazit: Kinder sollen viel Spinat essen, damit sie groß und stark werden.

Ein weiteres Ergebnis: Spinatblätter haben eine antirachitische Wirkung, besonders wenn sie vorher mit den ultravioletten Strahlen einer Quecksilberdampf-Quarzlampe bestrahlt worden waren. (An Rachitis, die O-Beine und Skelettschäden verursacht, litten damals viele Kinder, da es im Zuge der bakteriologischen Forschungen Pasteurs Mode geworden war, die Milch vor dem Konsum abzukochen, wodurch unter anderem das Vitamin D zerstört wurde.) Kinder sollten daher Spinat essen, damit sie nicht die »englische Krankheit« bekommen. Die Fachzeitschrift »American Medicine« (1927) berichtet, dass dieser »König der Gemüse« bei Blutarmut, Herzunregelmäßigkeiten, Nierenstörungen (!), Dyspepsie, Hämorrhoiden sowie allen Zuständen von Antriebsschwäche und Debilität angezeigt sei. Zugleich wurden etliche stoffliche Analysen an dem Gemüse durchgeführt. Man fand Saponine, die verdauungsfördernd wirken, Glukoside, Flavonide, Aminosäuren, natürlich viel Chlorophyll, dazu Mineralstoffe wie Calcium, Phosphor Kalium, Magnesium, Natrium und vor allem Eisen – Unmengen von Eisen. Dass der Spinat außerordentlich viel Eisen enthält, ist jedoch ein Mythos. Er beruht auf einem einfachen Tippfehler: In einer der ersten Analysen rutschte das Komma nach rechts, wodurch sich der Eisengehalt verzehnfachte. Man gab sich aber keine Mühe, den Fehler öffentlich zu korrigieren.

Ärzte, vor allem Kinder- und Frauenärzte, legten ihren Patienten nahe, viel eisenhaltigen Spinat zu essen. Allzu oft sahen sie sich gezwungen, »Blutarmut« (Anämie) zu diagnostizieren. Ebenso wie es Modekrankheiten gibt, gibt es »Modediagnosen«: In alten Zeiten diagnostizierte man »schlechte Säfte« (Humore), im 19. Jahrhundert waren es Psoriasis, Sykosis und Syphilis, in der ersten Hälfte des 20. Jahrhunderts waren es Gastritis, Colitis, Arthritis usw., Fokalinfektionen und eben die Anämie. Anämie oder Blutarmut drückt sich aus in Blässe, Neigung zu kalten Händen und Füßen, Appetitlosigkeit, Schwindelanfällen, Kopfschmerzen, Gewichtsrückgang und überhaupt Verminderung der körperlichen und geistigen Leistungsfähigkeit. Dass die sozialen Umstände, Armut, unnatürliche Lebensweise, ungesunde Arbeitsplätze und Wohnverhältnisse, ebensolche Symptome hervorrufen können, kam kaum jemanden in den Sinn. Als Ursache galt allein »Eisenmangel«. Betroffen waren vor allem Frauen und Kinder. Frauen verlieren jeden Monat während der Periode viel Eisen; auch Schwangerschaft und Stillen laugt Eisen aus. Kleinkinder wachsen schnell und verbrauchen viel von dem wertvollen Stoff, ebenso Jugendliche, insbesondere wenn sie dem Laster der Onanie verfallen sind. Es galt als medizinisch ratsam, dass Kinder und Frauen, vor allem Schwangere und Stillende, so viel Spinat essen sollten wie nur möglich.

Blühende Spinatpflanze (Leonhart Fuchs, 1543).

Leider aber verweigerten sich die Kinder. Wenn der – ach so gesunde – grüne Matsch auf den Teller kam, verzogen sie die Gesichter und machten Theater. Da musste pädagogische Überzeugungsarbeit geleistet werden. Diese Aufgabe übernahm »Popeye«, der ulkige, Pfeife schmauchende Seemann. Der Comicsheld ist zäh und klein und lässt sich nicht von den Großen, etwa dem dummen Brutus – in deutscher Fassung Bluto –, herumschubsen. Mit ihm konnten sich die Kinder identifizieren. Und wenn der Riese Bluto oder die Meerhexe Sea Hag es zu toll trieben, dann holte Popeye eine Büchse Spinat hervor, verschlang den Inhalt und gewann augenblicklich Superkräfte. Als Zeitungscartoon, Zeichentrickfilm und in dem Ohrwurm »I'm Popeye the sailor man«, den jeder amerikanische Knirps auf Anhieb singen kann, machte der kleine Seemann mit dem harten Faustschlag Karriere und mit ihm der kalifornische Büchsenspinat. In Crystal City, Texas, der selbst ernannten »Spinathauptstadt der Welt«, wurde der Cartoonfigur in der Stadtmitte ein Denkmal errichtet, denn seine Vorliebe für das grüne Kraftfutter hatte die Nachfrage nach Spinat kräftig belebt, so dass die Farmer die schlimmsten Jahre der Wirtschaftskrise gut überlebten. Für die Amerikaner ist Popeye »Mr. Spinach«.

Inzwischen sieht man die Dinge etwas nüchterner. Ab und zu gegessen, ist Spinat tatsächlich ein nahrhaftes Gemüse. Aber zur täglichen

*Popeye, der Seemann,
der seine Kraft aus dem Spinat zieht.*

Kost, als Kräftigungsmittel für schwächliche Konstitutionen und für Genesende, als Aufbaukost für Kleinkinder, Schwangere und Stillende eignet er sich nicht. Für Nierenkranke schon gar nicht. Zu Recht sagt der Gärtner John Seymour: »Wenn Popeye aber nur ein Viertel von dem Spinat gegessen hätte, den wir ihn im Fernsehen verzehren sahen, wäre er schon längst an Oxalsäurevergiftung gestorben.« Wie andere Pflanzen aus der Familie der Gänsefußgewächse (Mangold, Melde, Guter Heinrich) oder der verwandten Familie der Knöterichgewächse (Rhabarber, Sauerampfer) enthält er beträchtliche Mengen Oxalsäure (126 mg pro 100 g). Diese verbindet sich mit dem körpereigenen Calcium und Magnesium, wodurch es bei Überkonsum praktisch zur »Entkalkung« der Knochen und Zähne kommen kann. Sie bindet auch das Calcium in der Muttermilch. Die Calciumoxalate, die dabei entstehen, sind winzige spitze Kristalle, die die Nieren schädigen und verstopfen oder zu Harnsteinen führen können. Zwei Drittel aller Harnsteine sind Oxalatsteine. Die Kinder, die den Spinat nicht essen wollten, hatten also doch Recht! Ihr noch intakter Instinkt sagte es ihnen.

Auch der Eisengehalt des Spinats ist relativ gering (5 mg pro 100 g). Und dieses Eisen ist meistens organisch gebunden und kaum verfügbar. Wer wirklich Eisen braucht, sollte lieber Brennnessel essen; diese enthält im Durchschnitt 7,8 mg pro 100 g – und das ohne Oxalsäure. Inzwischen weiß man auch, dass der Körper – so will es die »Weisheit der Natur« – absichtlich den Eisenpegel im Blut auf ein niedrigeres

Niveau senkt, wenn eine Infektionskrankheit vorliegt oder auch wenn sich die Schwangerschaft der Entbindung nähert. Die meisten Krankheitserreger brauchen Eisen für ihr Wachstum. Wenn der Eisenpegel niedrig ist, »verhungern« die Keime. Anämie ist in diesen Fällen meist eine Fehldiagnose.

Ein weiteres Problem mit dem Spinat ist, dass er sehr viel Nitrat (sowie Schwermetalle wie etwa Cadmium) aufnimmt und anreichert. Übermäßige Stickstoffdüngung, die den Spinat satt grün und saftig erscheinen lässt, tut das Ihrige dazu. Nitrat hemmt die Bildung von Vitamin A im Körper und kann bei Kindern zu Schilddrüsenstörungen führen, ist aber ansonsten nicht allzu gefährlich. Problematisch wird es jedoch, wenn nitrifizierende Bakterien das Nitrat in Nitrit umwandeln. Aus diesem Grund sollte man niemals Spinatgerichte wieder aufwärmen oder Spinatdosen offen stehen lassen. Hohe Nitritmengen können bei Säuglingen die lebensgefährliche Blausucht auslösen, wobei der Sauerstofftransport im Blut behindert wird.

Trotz alldem bleibt der Spinat ein schmackhaftes, basenüberschüssiges, vitaminreiches Gemüse, auf das ich keinesfalls verzichten würde. Vor allem wenn man ihn roh in den Salat geschnitten isst, kommt man in den vollen Genuss seines Vitramin- und Mineralreichtums. Kurz blanchiert, verliert er viel von seiner Oaxlsäure. Er enthält Jod – was bekanntlich gut für die Schilddrüse ist –, viel Vitamin C und ganz besonders viel Vitamin A. Letzteres hilft bei rissiger Haut, Austrocknen der Horn- und Bindehaut und bei Nachtblindheit. Schon 100 Gramm Spinat decken den Tagesbedarf eines Erwachsenen an Vitramin A. Betacarotin, eine Vorstufe des Vitamins A und ein Antioxidans, ist in großen Mengen im Spinat enthalten und wirkt nach neueren Erkenntnissen krebshemmend. Vermutlich hilft Spinat auch, das Cholesterin im Blut zu senken – das zeigen japanische Experimente aus dem Jahr 1969 mit Versuchstieren. Spinat regt die Sekretion der Bauchspeicheldrüse, der Magenschleimhaut und der Galle an und wirkt gegen Übersäuerung. Der gekochte Saft hilft bei trockenem Husten.

Auf jeden Fall sollte man kompostgedüngten, biologischen Spinat verwenden. Auch sollte er an sonnigen Nachmittagen gepflückt werden, denn dann ist der Nitratgehalt in den Blättern geringer.

Spinatstrudel mit Wacholdersauce

Füllung:
600 g Spinat • 2 EL Butter • 50 g Preiselbeeren • 1 TL Honig • Vanille, Kräutersalz, Pfeffer

300 g Blätterteig • Eigelb zum Bestreichen

Sauce:
100 g Zwiebeln, fein geschnitten • 100 g Randen (Rote Bete), gewürfelt • 4 Tannenzweige • 2 EL Honig • 1 EL Apfelessig • 80 g Gorgonzola • ½ l Rotwein • ½ l Gemüsebouillon • Wacholderschnaps • Linsenmehl zum Binden • Kräutersalz, Pfeffer

Den Spinat in der Butter kurz andünsten, abkühlen lassen, dann mit dem Honig und den Preiselbeeren mischen. Mit Vanille, Kräutersalz und Pfeffer abschmecken.

Den Blätterteig ganz dünn ausrollen. Den Spinat auf dem Teig verteilen. Zu einem Strudel aufrollen, auf ein gefettetes Backblech geben und mit Eigelb bestreichen. Im auf 180 Grad vorgeheizten Ofen 45 Minuten backen.

Für die Sauce alle Zutaten in einen Topf geben und etwa 1 Stunde auf kleiner Hitze köcheln lassen. Die Sauce durch ein Sieb giessen und mit Linsenmehl leicht binden, nochmals aufkochen und mit Kräutersalz und Pfeffer abschmecken.

TOMATE

Solanum lycopersicum

Familie: Nachtschattengewächse
Andere Namen: Tomawak, Liebesapfel, Tollapfel, Goldapfel, Paradiesapfel, Paradeiser (Wien), Adamseppl, Wolfspfirsich, Bommerans, Gummeranz (Pennsylvaniadeutsche)
Heilwirkung: Diätpflanze bei Gicht, Rheuma, Herz- und Nierenerkrankung; steigert Bauchspeicheldrüsensekretion; stuhlgangfördernd, krebshemmend; *äußerlich:* frischer Saft bei eitrigen Wunden und Entzündungen
Symbolische Bedeutung: Versuchung, Evas Apfel, Liebeswahn, Egoismus, Sexualität
Planetarische Zugehörigkeit: Mars, Venus

Die Tomate ist abgesehen von der Kartoffel weltweit das beliebteste und am meisten angebaute Gemüse. Die saftige, prächtig gefärbte, schmackhafte Frucht hat die Herzen und Küchen der Menschen auf der ganzen Erde erobert. Das war aber nicht immer so. Als die ersten Europäer in Mittelamerika mit der Tomate Bekanntschaft machten, waren sie mehr als misstrauisch. Sie erkannten sofort, dass sie ein Nachtschattengewächs vor sich hatten. Die Nachtschattengewächse – Bilsenkraut,

Tomatenblüte.

Tollkirsche, Alraune, Stechapfel – galten im Zeitalter der spanischen Eroberungen, der Hexenverfolgung und der Inquisition nicht nur als extrem giftig, sondern schlechthin als böse. Hexenpflanzen waren sie allesamt, Giftkräuter, die zur Unzucht, Teufelsbuhlerei und anderen verwerflichen Praktiken führten.

Ein weiterer Umstand wirkte sich nachteilig auf den Ruf der an sich unschuldigen Pflanze aus. Entsetzt berichteten spanische Chronisten, wie die Azteken ihre Kriegsgefangenen auf den großen Pyramiden einem Götzen opferten, ihnen die noch schlagenden Herzen herausrissen, die leblosen Körper die Rutschen der blutbesudelten Pyramiden hinabwarfen und dann das Fleisch zu einem mit Tomaten und Chilipfeffer gewürzten Eintopf verarbeiteten. Teuflischer kann es nicht zugehen, meinten die Eroberer. Dabei fiel ihnen nicht auf, dass sie selbst aus einer Kultur kamen, in der – im Namen Gottes – grausam gefoltert wurde und die Scheiterhaufen nicht erloschen.

Selbstverständlich fand die Tomate bei den Azteken auch andere Anwendungen, als Menschengulasch zu würzen. Sie galt nicht nur als Nahrungsmittel, sondern auch als Heilmittel. Die meisten Rezepte sind schwer nachzuvollziehen: Bei »Gesichtssternkrankheit« etwa wurde eine Gesichtsmaske aus Eidechsenkot, Ruß und Tomatensaft aufgetragen. Etwas angenehmer ist der Genesungs- und Stärkungstrunk, den die Heiler aus frischem Tomatensaft, gemahlenen Kürbiskernen, einer gelben Pfefferschote und dem gekochten Saft aus den Blättern einer Agave bereiteten. Bei Asthma und anderen Lungenerkrankungen packten sie – so heiß wie möglich – gekochte Tomaten auf die Brust und massierten sie anschließend mit duftendem Kopalharz ein.

Für die Maya war die Tomate Teil der täglichen Mahlzeiten. Sie glaubten, dass der Tomatensaft das rote Blut des Menschen, in dem die Lebenskraft wohnt, vermehrt und dadurch den Körper stärkt. Sie behandelten entzündliche Hautstellen und Hämorrhoiden mit frischem Tomatensaft (Rätsch 1996: 272).

Die bei uns heute allgemein übliche Benennung stammt von den Azteken, welche die Beerenfrucht *tomatl* nannten, was so viel wie »ein prall angeschwollenes Ding« bedeutet. Die europäischen Botaniker hatten sich zunächst andere Namen für das verdächtige Gewächs ausgedacht. Als Erstes kam ihnen *Lycopersicum* oder »Wolfspfirsich« in den Sinn, ein Name, den sie sich von einer nicht näher beschrieben Giftpflanze der alten Ägypter borgten – vermutlich die Alraune, die ebenfalls goldgelbe Beeren trägt und die der römische Arzt Galen in seinen

Schriften erwähnt hatte. Als »Wolfspflanzen« bezeichneten schon die heidnischen Europäer sämtliche Gewächse, die giftig, ätzend oder »bösartig« wie Wölfe waren. »Wolfspfirsich heißen sie [die Tomaten]«, schreibt der Arzt Valentini um 1719, »weil sie den Augen zwar lieblich vorkommen [wie Pfirsiche], aber die Leute, so sie genießen, wie die Wölff töten können.« Auch als *malum insanum* («Wahnsinnsapfel«), Tollapfel und »goldenen Apfel stinkenden Geruchs« wurde die Frucht bezeichnet.

Die Spanier assoziierten die grausamen Menschenopfer der Azteken mit der Tomate.

Andere Botaniker des 16. Jahrhunderts gaben dem neuartigen Gewächs freundlichere Namen, etwa *poma amoris* («Liebesapfel«) oder Paradiesapfel. Aber auch in diesen Benennungen kommt grundsätzliches Misstrauen zum Ausdruck, eine Angst vor Erotik und Sexualität. Die Früchte – saftig, prall, rot wie schwülstige Lippen und voll unzähliger, schleimiger Samen – erinnerten die Gelehrten fatal an die Versuchung, die von der Weiblichkeit ausgeht. Der Volksmund bezeichnet ein geiles Mädchen noch immer als »heiße Tomate«, die sich auch als »saure« oder »treulose Tomate« entpuppen kann; eine temperamentvolle Frau ist eine »Tomate mit Pfeffer« (Bornemann 1991). Man rätselte damals, ob diese Frucht nicht gar mit jenem biblischen »Apfel« identisch sei, der einst an dem verbotenen Paradiesbaum wuchs und mit dem Eva den dummen Adam überlistete. Der Verdacht erhärtete sich durch den Bericht, den Christoph Kolumbus von seiner dritten Reise (1498–1500), die ihn an die südamerikanische Küste ins Mündungsgebiet des Orinoco brachte, verfasste. Die dortige Landschaft war über alle Maßen schön, die Vegetation so üppig, die Tiere so freundlich, die Eingeborenen so gut aussehend und makellos gesund, dass der Entdecker allen Ernstes glaubte, dem irdischen Paradies nahe gekommen zu sein, dem Garten Eden, von dem die heilige Schrift spricht. Könnte es nicht sein, dass die vielen kleinen Wildtomaten, die in dieser Gegend wachsen, Abkömmlinge der verbotenen Frucht sind? So kam es, dass man in den alten Habsburger Ländern, in Böhmen, Schlesien und Tirol, die Tomaten als Paradiesäpfel oder Paradeisäppel bezeichnet. Als *paradise apple*, *paradisaeble*, *paradisäpple* kennt man sie noch in England und Skandinavien. Und auf dem

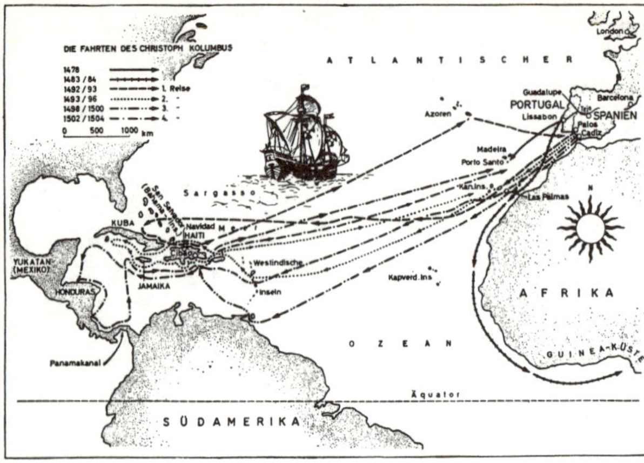

Naschmarkt in Wien kauft nur der Fremde Tomaten, die Wiener dagegen kaufen »Paradeiser«. Im Odenwald sagt man zur Tomate noch »Adamsäppl«, in Erinnerung an das erste Opfer weiblicher Verführungskünste.

Der Liebesapfel oder auch Goldapfel fand dennoch seinen Platz in den Gärten – und zwar als Zierpflanze. Manch ein Freier schenkte der verehrten Dame anstelle eines Blumenbuketts einen Korb reifer, roter Tomaten – das Sinnbild unaussprechbarer Hoffnungen. Lange galt Tomatensaft als geheimer Liebestrank, der in den Augen der Puritaner »zu Unzucht verleitet« – so der Ethnobotaniker Christian Rätsch, der sich in Sachen Aphrodisiaka bestens auskennt.

Allmählich begann man die Tomate auch medizinisch einzusetzen. Wie aus dem nah verwandten bittersüßen Nachtschatten (*Solanum dulcamara*), bereiteten die Heilkundigen aus der Abkochung der frischen Stengel eine Tinktur und verschrieben sie bei Pusteln und chronischen Hautkrankheiten skrofulöser Natur, wie sie als Folge der Syphilis oder des Missbrauchs quecksilberhaltiger Medikamente auftreten. Im Denken der damaligen Zeit schien es folgerichtig, dass der Liebesapfel auch die Symptome der Lustseuche (Syphilis) lindern könne, zumal er aus demselben Erdteil stammt, auf welchem sich die Seeleute des Kolumbus zuerst angesteckt hatten. Die rote Frucht galt ihrer Signatur wegen als wundheilend. Der frische Saft wurde auf Wunden geträufelt, um Eiterung und die Entstehung der Wundrose zu verhindern.

Als Nahrungsmittel kam die Tomate jedoch noch lange nicht in Betracht. Die Italiener haben sich zuerst an die gefürchtete Frucht gewagt. Vielleicht war es ein verschmähter Liebhaber, der sich mit der gefährlichen *amoris poma* das Leben nehmen wollte, sie in seine Pasta gab und dann merkte, dass es fantastisch schmeckte und dass das Leben auch andere Freuden zu bieten hat. Auf jeden Fall schreibt der Botaniker Camerarius (17. Jh.): »Im Welschland [Italien] pflegen diese Früchte etliche zu essen mit Pfeffer, Öl und Essig gekocht, aber es ist eine ungesunde Speiß, und die gantz wenig Nahrung geben kann.« Italien wurde allmählich die zweite Heimat der Tomaten. Die Frucht hat sich innig mit der italienischen Pasta vermählt. Bereits im 18. Jahrhundert wurden die ersten Tomatenfelder in Norditalien angelegt. Bauern aus der Gegend von Parma waren die Ersten, welche die Tomaten konservierten, indem sie den Saft einkochten und die Früchte an der Sonne trockneten.

Erst sehr spät lockerte sich das Tabu des Verzehrs in Nord- und Westeuropa. Ein amerikanischer Colonel namens Robert Gibbon Johnson wurde für verrückt erklärt, als er 1820 bekannt gab, dass er am 26. September auf seiner offenen Veranda einen ganzen Korb Tomaten verzehren würde. Über zweitausend Schaulustige erschienen an jenem Tag und wurden Zeugen, dass er weder wahnsinnig wurde noch eines grauenvollen Todes starb, als er in die saftigen Früchte biss. Heute verspeisen die US-Amerikaner pro Kopf jährlich um die 25 Kilogramm Tomaten.

Noch 1866 lesen wir, dass der »essbare Liebesapfel« in Norddeutschland als Zierpflanze, in Süddeutschland jedoch als Zukost- und

Lange glaubte man, die Tomate sei der »Paradiesapfel«, der die Menschheit ins Verderben stürzte« (Holzschnitt Jost Amman, 1587).

Suppenpflanze gezogen wird. An wissenschaftlich-medizinischen Bedenken fehlte es jedoch nicht: Die Tomate als Säure produzierendes Gemüse versäure Blut und Körpergewebe, verschlechtere Rheuma, Gicht und Arthritis und fördere Krebs. (Inzwischen wissen wir, dass genau das Gegenteil der Fall ist.)

Richtig beliebt wird die Tomate erst nach 1920. Die Agrarkonzerne bauten großflächig genetisch genormte Tomaten[35] in den eben urbar gemachten, bewässerten Wüsten Kaliforniens an und überfluteten den US-Markt mit Tomatensaft, Tomatenmark, eingemachten Tomaten, Tomatensuppen und Ketchup[36]. Bei den Hollywood-Sternchen gehört das Glas Tomatensaft ebenso zum Gesundheitsborn und Schönheitsgeheimnis wie Orangensaft und Spinat. Und als in den USA während der Prohibition Alkohol verboten wurde, war die »Bloody Mary« – ein kräftiger Schuss Wodka, von Tomatensaft kaschiert – ein beliebter Cocktail.

Es dauerte nicht lange, bis die Ärzte dem profitablen Modegemüse auch eine beträchtliche gesundheitsfördernde Wirkung attestierten. Tomaten seien gut bei Dyspepsien, Leberbeschwerden, Gicht, Rheuma, Herz- und Nierenerkrankungen. Frische Tomaten steigern die Absonderungen der Bauchspeicheldrüse und fördern den Stuhlgang. Zudem sind sie hochwertige Vitaminträger und enthalten viel Vitamin C, Karotin (Vorstufe des Vitamins A), Thiamin und das »Fruchtbarkeitsvitamin« E. Auch Volksheiler nahmen sich des Fruchtgemüses an. Maurice Mességué verordnet es gegen Magenübersäuerung, Verstopfung, zur Blutverdünnung, gegen gichtige Erkrankungen. Das Kraut, sagt er, kann man in Schränke hängen, um Insekten und Motten zu vertreiben.

Einzig die Anthroposophen tun sich noch schwer mit der Pflanze. Ein Standardwerk bemerkt, dass das Nachtschattengewächs »der rechten Aufrichtekraft« entbehre, dass die Tomate »mit Materie überlastet«

35 Die Manipulierung der Tomaten durch die Agrarindustrie nimmt inzwischen immense Ausmaße an. Tomaten werden gentechnisch genormt. Anti-Matsch-Tomaten, bei denen das für das Matschigwerden verantwortliche Gen ausgeschaltet wurde, lassen alte Tomaten wie frische aussehen. Bei solchen manipulierten Gewächsen kann man natürlich nicht dieselbe Heilkraft erwarten, die den Tomaten sonst innewohnt. Siehe dazu Wolf-Dieter Storl: *Der Kosmos im Garten*, Aarau: AT Verlag 2001, Seite 333.

36 *Ketchup* oder amerikanisch *tomato catsup* aus gar gekochten und pürierten Tomaten etablierte sich Mitte des 19. Jahrhunderts als Würze in der amerikanischen Küche. Das Wort kommt aus dem Chinesischen und bezeichnete ursprünglich eine pikante Würzsauce aus gesalzenem Fisch, Muscheln und scharfen Gewürzen. 1876 gründete der Deutschamerikaner H. J. Heinz die erste Ketchupfabrik. »Heinz 57«, mit dem Hamburger, Pommes, Hot Dogs und viele andere Speisen beträufelt werden, sind inzwischen fester Bestandteil des »American Way of Life«.

sei und dass » ein unheimlicher Geist in ihr atme«. Der anthroposophisch orientierte Botaniker Usteri warnt vor der Pflanze, »die gerne auf den eigenen Abfällen wuchert«; sie sei das Abbild des seit Beginn des 15. Jahrhunderts heraufziehenden Materialismus und das Spiegelbild jener menschlichen Selbstsucht, die zu Rassismus, Nationalismus und persönlichem Egoismus führte. Er behauptet, die Tomate könne im menschlichen Körper zu krankhaften Wucherungen führen, welche die physische Entsprechung dieser Geisteskonfiguration darstellen. Auch anderswo wird vor der »überschüssigen Schwellkraft« der Pflanze gewarnt, vor den »irrelaufenden Formkräften, die Krebs, Rheuma und Gicht begünstigen« (Pelikan I, 1975: 186).

Interessant ist nun, dass die neusten wissenschaftlichen Untersuchungen gerade das Gegenteil andeuten: Die Tomate ist ein Antikrebsmittel. Statistisch gibt es weniger Krebsfälle dort, wo viel Tomaten gegessen werden. Eine Studie belegt, dass sie – dank der hohen Konzentration des Karotins Lycopin – vor allem gegen Lungenkrebs schützt.

Auch mit der irrigen Vorstellung, die Tomate sei wie andere Solanazeen eine Hexenpflanze, die Wahn und Halluzinationen erzeugen könne, wurde schon seit langem aufgeräumt. Zwar ist das Sapoalkaloid Solanin, das sich in den grünen Blättern befindet, giftig. Es kann zu Schwindel, Übelkeit, Gallen- und Nierenreizung, Herzflattern, Schweißausbrüchen, Krämpfen und Ohnmacht führen – aber ein Psychedelikum ist es absolut nicht. Oder vielleicht doch? Wenigstens tendenziell? Auf jeden Fall bescherte mir die Tomatenpflanze ein ungewöhnliches, aufschlussreiches Erlebnis, welches ich hier nicht verschweigen will. In einer biodynamischen Gärtnerei nicht weit von Genf war ich den ganzen Tag damit beschäftigt, Tomatenstauden aufzubinden und deren Geiltriebe zu entfernen. Die aromatische Ausdünstung der vielen Pflanzen in dem abgeschlossenen Folientunnel war nahezu überwältigend. Wie üblich bei solchen Arbeiten ließ ich die Gedanken schweifen. Ich sann über das »Raumschiff Erde« nach, über die fragile, nur wenige Millimeter dicke grüne Chlorophyllschicht, von der alles Leben auf diesem Planeten abhängt. Mein Geist sah die unnötige Zerstörung der Wälder und die Ausbreitung der Wüste. »Wir leben auf einem sterbenden Planeten«, dachte ich betrübt. Plötzlich jedoch war ich wie in eine andere Dimension entrückt. Ein Engel – es muss der Tomatendeva gewesen sein – sagte: »Du irrst. Der grüne Mantel der Erde ist nur äußerer Ausdruck der Lebensfülle, die das Universum durchflutet. Leben und Bewusstsein gehören zum Wesen des Seins, man kann sie nicht endgültig zerstören. Sei getrost, tue deine Arbeit und fürchte dich nicht.« Das kam aus solchen Tiefen, dass es mir zur Überzeugung geworden ist. Ich danke noch heute der Tomate für diese Einsicht und weiß, dass es kein »unheimlicher« Geist ist, der in ihr atmet, sondern ein sehr starker, freundlicher.

Tomatensalat mit Zwetschgen und Zwetschgenessig

4 reife Tomaten, geschnitten • 4 Zwetschgen, geschnitten • Meersalz, Pfeffer • 80 g Bergkäse, in Späne gehobelt

Sauce:
2 EL Zwetschgenessig • 5 EL Olivenöl • etwas Schnittlauch, fein geschnitten • 80 g Zwiebeln, fein gehackt

Die Tomaten und die Zwetschgen lagenweise anrichten, mit Meersalz und Pfeffer würzen. Die Bergkäsespäne darüber streuen.

Den Essig und das Olivenöl mischen, den Schnittlauch und die Zwiebeln dazugeben und die Sauce über den Salat träufeln.

Tomaten-Kartoffel-Suppe mit Majoran und Nüssen

800 g Kartoffeln, gewürfelt • 400 g Zwiebeln, gehackt • 2 EL Olivenöl • 4 Tomaten, gewürfelt • 1 l Gemüsebouillon • 1 TL Honig • frischer Majoran • 4 Knoblauchzehen, gehackt • 50 g Kürbiskerne, gemahlen • 80 g Frischkäse • Muskatnuss, Pfeffer, Meersalz

Die Kartoffeln und die Zwiebeln im Olivenöl auf kleiner Hitze 10 Minuten zugedeckt dünsten.

In den letzten 2 Minuten die Tomaten dazugeben. Mit der Bouillon ablöschen und aufkochen. Mit dem Honig, Muskatnuss und Pfeffer abschmecken. Den Majoran, den Knoblauch und die Kürbiskerne unter den Frischkäse mischen, mit dem Meersalz abschmecken. Zur Suppe servieren.

TOPINAMBUR

Helianthus tuberosus

Familie: Korbblütler
Andere Namen: Erdartischocke, Jerusalemartischocke, Erdbirne, kanadischer Erdapfel, russischer Erdapfel, Rosskartoffel, Schweinebrot, Borble, Wälschi Herdäpfel, Herdmandle (Bern)
Heilwirkung: Diabetesdiät, Appetitzügler, verbessert Darmflora
Symbolische Bedeutung: Sonnengott Helios; vermittelt die Kräfte des höheren Selbst; Exotik, Luxus, aber auch Hunger, Not
Planetarische Zugehörigkeit: Sonne

Unter »Topinambur« können sich viele Zeitgenossen nichts vorstellen. Gelegentlich verwechseln sie den Topinambur mit der Süßkartoffel oder Batate.[37] In Kochbüchern oder in der Gärtnerlektüre gibt es nur wenige und oft unkorrekte Angaben über diese Pflanze. Die Sprachwissenschaftler sind sich nicht einmal einig, ob es *der* oder *die* Topinambur heißen soll. Ab und zu findet man die faustgroßen, rötlich violetten, beige oder blassbräunlichen Knollen – neben Ingwerwurzeln, Andenkirschen, Mangos und Okraschoten – im Supermarkt in den Regalen für exotische Gemüse und Früchte. Topinambur verspricht kulinarische Abenteuer und zaubert Bilder von Urwald und Amazonas hervor. Dafür ist mancher Feinschmecker bereit, tief in die Tasche zu greifen.

Keine Frage, richtig zubereitet ist die Speicherwurzel köstlich. In Scheiben geschnitten im Salat, mit Öl und Zitrone angemacht, schmeckt die frische Knolle wie die chinesische Wasserkastanie[38], erfrischend und knackig. Geröstet, gedämpft oder gekocht hat sie einen milden, eher süßen Geschmack, der an eine Mischung aus Artischockenböden und Schwarzwurzel erinnert. Wie Gewürzgurken ein-

37 Die Süßkartoffel, für die es in unseren geografischen Breiten viel zu kalt ist, gehört zu einer ganz anderen Familie, nämlich jener der Windengewächse.

38 Die chinesische Wasserkastanie oder »Pi tsi« (*Eleocharis dulcis*), eine Ausläufersprossknolle einer im Sumpf lebenden Binse, ist ein wohlschmeckendes, knackiges Gemüse, das wir vor allem aus dem chinesischen Restaurant kennen. Oft wird es verwechselt mit der Wassernuss (*Trapa bicornis*), auch Wasserkastanie oder Caltrape genannt. Diese Wassernuss wurde bei uns einst roh oder gekocht als feines Gemüse verzehrt, steht aber heute unter Naturschutz. In Asien kann man die stärkereichen Samen noch immer auf den Märkten kaufen. Wer einen Sumpf oder ein stehendes Gewässer auf seinem Anwesen hat, kann die Wassernuss, eine Wasserpflanze mit schwimmender Blattrosette, ohne weiteres anbauen.

gelegt ist sie eine Delikatesse. Für die durch den Krieg und die Nachkriegsjahre geprägte ältere Generation birgt der Topinambur jedoch alles andere als einen Hauch von Exotik. Der fad-süßliche Geschmack weckt Erinnerungen an Not, Entbehrung und Hunger. Da Topinambur auf gleicher Fläche drei- bis viermal so viel essbare Masse hervorbringt wie die Kartoffel, kaum Pflege braucht und dabei geringere Ansprüche an den Boden stellt, wurde er in den Hungerjahren überall angebaut. Mit den Wirtschaftswunderjahren geriet die Wurzel – außer bei einigen Reformhauskunden und Diabetikern – wieder in Vergessenheit. Höchstens noch als Schweinefutter oder bei den Förstern als Randbepflanzung für das Wild hatte sie noch Bedeutung. Nur die Anthroposophen hielten ihr die Treue. Sie sahen in der Topinamburknolle eine »astralisch lichthaftere« Alternative zur Kartoffel, jenem Nachtschattengewächs mit eher dubiosen »ahrimanischen« Assoziationen.

Topinambur ist eigentlich eine Sonnenblume. Wie ihre Schwester, die große Sonnenblume, wendet die Pflanze ihre Blütenköpfe immer dem Tagesgestirn zu. Ihre Heimat ist das nördliche Amerika, von Saskatchewan bis hinunter zum Mississippidelta. Vor allem in der nördlichen Prärie gedeiht dieser Korbblütler. Topinambur und andere Sonnenblumenarten wuchsen inmitten der über zwei Meter hohen Präriegräser, die den riesigen Büffelherden einst als Futter dienten. Sie hoben ihre gelben Blüten über das wogende Gräsermeer wie etwa die Löwenzahnblüten über unsere kurz geschorenen Rasen. Anstatt seine Kräfte in einen riesigen Blütenkopf mit vielen dicken, ölhaltigen Samen zu verausgaben und dann abzusterben wie die bekannte einjährige Sonnenblume (*Helianthus annuus*), hält der Topinambur seine geballte Lebenskraft in den Wurzeln zurück. Seine Blüten (gelb, 4 cm breit) bleiben eher bescheiden. Als Kurztagpflanze blüht diese Knollensonnenblume erst nach der Herbst-Tagundnachtgleiche, wenn die Tage merklich kürzer werden als die Nächte. In Kanada und auch in Nordeuropa wird sie dabei oft vom Wintereinbruch überrascht, so dass die Samen gar nicht reifen können. Um so mehr verlässt sie sich auf die Wurzeln, um sich zu vermehren. Nicht nur treibt sie vitale, sich verdickende Ausläufer in alle Richtungen, sie lässt sich auch von Wühlmäusen, Ratten und Präriehunden »verpflanzen«. Jedes Wurzelstückchen, das die Nagetiere fallen lassen oder vergraben, schlägt aus und wird zu einer neuen Pflanze.

Selbstverständlich war *pangi* oder *panhi*, wie die Pflanze von den Steppenindianern genannt wurde, ein wichtiges Nahrungsmittel. Besonders im kargen Frühling, wenn die anderen Vorräte knapp wurden, ermöglichten die frisch ausgegrabenen Wurzeln den Ureinwohnern das Überleben. Einige Indianerstämme schätzten die Knolle nicht besonders: Für die Omaha war es schlicht die »Nahrung für verwaiste Knaben, die keine Verwandten haben, die sie füttern«. Die Sioux mochten sie nicht, da sie starke Darmwinde erzeugt, was wiederum das Leben im Tipi schwer erträglich machen konnte.

Südamerikanische Tupi-Indianer, die 1619 in Frankreich zur Schau gestellt wurden. Die Knollenpflanze ist nach ihnen benannt (aus: Jean de Léry, 1556–1558).

Die Huronen und andere östliche Waldlandindianer sammelten die Knollen nicht nur, sondern kultivierten sie regelrecht auf runden Hügelbeeten. Samuel de Champlain, der eigentliche Gründervater des französischen Kanadas, entdeckte die Pflanze 1605 in den Indianergärten in der Nähe von Cape Cod. Er brachte den »kanadischen Erdapfel«, den die Algonkien »Sonnenwurzel« nannten, mit nach Frankreich. Diese Batatas de Canada – »dick wie eine Faust, von Artichokengeschmack und unglaublich fruchtbar« (»Historie de la Nouvelle France«, 1609) – wurden bald zur großen Sensation. Am französischen Hof galten sie als Leckerbissen. Sie wurden von der immer auf neue Gaumenkitzel erpichten höfischen Gesellschaft als Kostbarkeit begehrt.

Zur gleichen Zeit (1613) geschah das, was der Knolle ihren heutigen, exotisch klingenden Namen verlieh. Ein französischer Seigneur brachte der Königin von seiner Reise nach Brasilien einige Indianer des Stammes der »Tupinambous« als lebende Geschenke mit. Die Verschleppten gehörten zur großen Volksgruppe der Tupi-Guarani, die in Südbrasilien, am Rande des Amazonas, als Pflanzervölker in Palisadendörfern leben. Sie waren den Europäern nicht gänzlich unbekannt, denn der hessische Glücksritter Hans Staden war in der ersten Hälfte des 16. Jahrhunderts von diesen kriegerischen Maniokpflanzern gefangen genommen worden und hatte, nachdem er freigekauft worden war, eine »Wahrhafte Historie« über sein Abenteuer geschrieben.[39] Zudem hatten französische Seefahrer zuvor schon mit ihnen Tauschhandel getrieben und sie als Verbündete gegen die Portugiesen gewonnen. Und nun waren die Wilden, gefeiert als »Alliierte der Grande Nation«, leibhaftig da, zum Begaffen und Betatschen. Die Kannibalen wurden selbstverständlich erst einmal getauft, anatomisch untersucht und dann in der Pariser Gesellschaft – auch zum amourösen Amüsement – herumgereicht. Die Tupinambour waren die Sensation! »Tupinambour« wurde das Modewort für alles Großartige, Bizarre, Exotische. So ließ sich auch die neue Gemüseknolle als »Gemüse der fabelhaften Tupinambour« gut verkaufen, obwohl diese südamerikanischen Indianer in Wirklichkeit absolut nichts mit der Präriepflanze zu tun hatten. Als Topinambour wurde sie zum Modegemüse der Pariser Haute Cuisine.

Bald wurden die Potatoes of Canada auch in Großbritannien bekannt. Der Botaniker John Parkinson (1640) beschreibt sie als »eine Köstlichkeit, geeignet für eine Königin«. »Die gekochte Wurzel ist bestens für das Weihnachtsfestessen geeignet«, schreibt der Gelehrte Townsend (1726). An verwegenen Rezepten mangelte es nicht. Die Knolle wurde gekocht, geschält und in Butter, Wein und teuren Gewürzen gedünstet. Oder sie wurde mit Knochenmark, Datteln, Ingwer, Rosinen in einer Sherry-Soße gebacken. Man kochte sie auch in Milch und servierte sie zum Roastbeef.

Auch die Italiener freundeten sich mit dieser »Sonnenblume, die wie Artischocke schmeckt«, an. Sie bauten sie zuerst, als *girasole articiocco*, in dem berühmten Garten von Farnese bei Rom an. Die Bezeichnung wurde von englischen Gärtnern übernommen und zu *Jerusalem artichoke* verballhornt. Als solche war sie leichter zu vermarkten als unter dem gemeineren Namen einer »kanadischen Kartoffel«. Auch in Skandinavien und gelegentlich im deutschsprachigen Raum kennt man sie als Jerusalemartischocke.

Das einfache Volk machte keinen großen Unterschied zwischen der Kartoffel und dieser Erdartischocke. Beide wurden in den Gärten angebaut und beide wurden als Erdbirne, Grundbirne, Erdäpfel und

39 Dieses bedeutende deutschsprachige Quellenwerk der Völkerkunde erschien in Frankfurt 1576 unter dem Titel »Wahrhaftige Historie und Beschreibung einer Landschaft der Wilden Grimmigen Menschenfresser«.

dergleichen bezeichnet. Um dennoch den Unterschied herauszustreichen, nannte man den Topinambur Wälsche Herdäpfel (Südbaden), Russische Bodenbirne, Polnische Kartoffel, Türkische Rübe oder Judenkartoffel. Die Bauern, vor allem in der Schweiz, im Schwarzwald und im Elsass, brauten aus ihr wie aus der gewöhnlichen Kartoffel ihren hochprozentigen Schnaps. Heute wird in Frankreich aus ihnen Biotreibstoff gewonnen. 100 Kilogramm Knollen ergeben 8 bis 10 Liter Alkohol.

Mit der Entwicklung der modernen Landwirtschaft und dem Wegfallen der Brache und der Dreifelderwirtschaft wurde die gewöhnliche weiße Kartoffel im 19. Jahrhundert feldmäßig angebaut. Als Sommerfrucht vertrieb sie Ackerbohne, Hirse und Linse. Brat- und Pellkartoffeln ernährten nun die Massen des Industrieproletariats und die Soldaten der Einberufungsarmeen. Der Topinambur konnte da nicht mithalten. Seine ungestüme Vitalität wurde ihm zum Verhängnis. Er wuchert. Einmal angepflanzt lässt er sich kaum wieder wegkriegen und macht somit eine Fruchtfolge unmöglich. Er lässt sich auch schwer maschinell ernten. Mit der fortschreitenden Mechanisierung des Lebensmittelanbaus verblasste allmählich sein Stern. Nur als Notnahrung und Viehfutter hielt er sich noch eine Weile. Die Bauern bauten ihn als Schweinefutter an, die Rüsseltiere konnten die Knollen selber aus dem Boden wühlen und dabei gleichzeitig den Acker pflügen und düngen. Aus dem stolzen Gemüse der fürstlichen Tafeln wurde so allmählich das Schweinebrot, die Saukartoffel, die Rossborble.

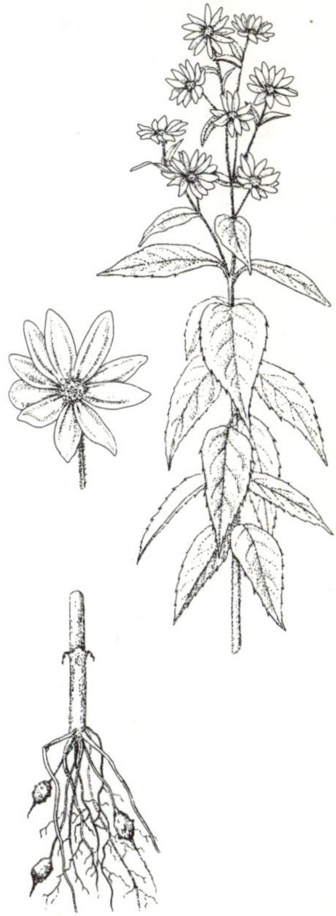

Topinampur: Blüte und Wurzel.

Inzwischen aber haben die Biobauern und Ernährungsforscher den Topinambur als ein besonders nahrhaftes und gesundheitsförderndes Gemüse wiederentdeckt. Was die in ihm verfügbaren Mineralstoffe anbelangt, übertrifft er die Kartoffel bei weitem. Er enthält mehr Blut bildendes Eisen als der Spinat, außerdem sechsmal so viel Kalium wie die kaliumreiche Banane und hat deswegen eine entwässernde, entschlackende Wirkung. Er zeichnet sich aus durch einen reichlichen Gehalt an Kalk und Kieselsäure, was gut für Knochen und Zähne ist, sowie viele Vitamine (B_1, B_2, C, Niacin) und Eiweiß (2,5%). Topinambur ist eine gute Quelle von Fructooligosacchariden, welche die Vermehrung der Bifidobakterien im Dickdarm anregen und so zur Darmgesundheit beitragen – der Darm ist schließlich das wichtigste Immunorgan des Körpers.

Topinambur gelten auch als Appetitzügler. Die Knolle enthält keine Stärke, sondern Inulin. Dieses wird in komplizierten Prozessen, auf die ich hier nicht weiter eingehen will, in der Leber zu Leberstärke umgewandelt, die den Hunger dämpft. Die Fruktose hält den Blutzuckerspiegel stabiler, so dass unkontrollierte Essanfälle seltener auftreten. Kein Wunder, dass in der amerikanischen Health-Food-Bewegung Topinambursäfte, -pillen und -präparate eine wichtige Rolle spielen. Die Fruchtzuckerverbindung Inulin ist es auch, die den Topinambur zur »Delikatessenkartoffel für Diabetiker« macht. Inulin regt die Bauchspeicheldrüse an, mehr Insulin zu produzieren, und eignet sich deshalb als Unterstützungsmittel bei der Behandlung von Altersdiabetes und beginnender Zuckerkrankheit. Schon im Jahre 1878 brachte der »schlafende Prophet« Edgar Cayce die Botschaft aus den geistigen Welten mit, dass die Jerusalemartischocke geeignet sei, bei Zuckerkrankheit die inneren Heilkräfte (*God's forces*) zu wecken. Cayce vermochte in Trance Diagnosen zu stellen und – heute noch gültige – Heilbehandlungen und Medikamente zu verordnen, von denen er im normalen Tagesbewusstsein nicht die geringste Ahnung hatte.

Auch in der anthroposophischen Heilkunde gilt Topinambur als geeignetes Mittel bei Diabetes. Nach Ansicht Rudolf Steiners ist Zucker mineralisiertes Sonnenlicht. Wenn das Ich des Menschen nicht stark genug ist, bis in die inneren Prozesse, bis in die Zuckerverdauung einzuwirken, braucht er Hilfe von der Natur. Dann kommt diese Sonnenwurzel in Betracht. Sie vermittelt makrokosmische Sonnen-Zuckerkräfte. Sie lasst das wahre Ich, die »geistige Sonne« ordnend in unseren Stoffwechsel eingreifen.

Lauwarme Topinambursuppe mit Muskat

400 g Topinambur (ersatzweise Kartoffeln), unter fließendem Wasser gebürstet, fein geschnitten • 50 g Lauch, gewürfelt • 50 g Kürbis, gewürfelt • 800 ml Gemüsebouillon • Muskatnuss • 30 g braune Linsen, gemahlen • 50 g Frischkäse • 1 EL Haselnussöl • Schnittlauch, fein geschnitten • Kräutersalz, Pfeffer

Topinambur, Lauch und Kürbis in der Bouillon weich kochen, mit Muskatnuss würzen. Pürieren und mit dem Linsenmehl binden, nochmals aufkochen. Mit Kräutersalz und Pfeffer abschmecken und den Frischkäse darunter ziehen.

Mit dem Haselnussöl beträufeln und mit dem Schnittlauch bestreuen und lauwarm servieren.

Topinamburgratin mit Zwetschgen

600 g Topinambur, unter fließendem Wasser gebürstet, in Scheiben geschnitten • 100 g Zwetschgen, halbiert • 200 ml Gemüsebouillon • 200 ml Rahm • 2 Eier • 40 g Haselnüsse, gemahlen • 80 g Emmentaler, gerieben • etwas Butter für die Form • Muskatnuss, Zimt und Kräutersalz

Eine Gratinform ausbuttern, mit Muskat und Zimt ausstreuen.

Die Zwetschgen und den Topinambur lagenweise in die Form geben.

In einer Schüssel die Bouillon, den Rahm und die Eier mischen, mit Kräutersalz abschmecken. Den Guss in die Gratinform giessen und das Ganze mit den Haselnüssen und dem Käse bestreuen.

Den Gratin im auf 180 Grad vorgeheizten Ofen 1 Stunde backen.

Mit einem feinen Salat servieren.

ZWIEBEL

Allium cepa

Familie: Liliengewächse
Andere Namen: Küchenzwiebel, Zibbel, Zwiwl, Bölle, Bolle, Önnen, Oje, Ullig
Heilwirkung: antioxidativ, immunstärkend, antimikrobiell, antiviral, Blut verdünnend, hypoglykämisch, Schleim lösend, Harn treibend, herzstärkend, aphrodisisch
Symbolische Bedeutung: heilige Pflanze der Isis, Mondgöttin; Menstruation, Fruchtbarkeit; saugt Gifte und Krankheiten auf; aufgestaute ätherische Lebenskraft; Armut
Planetarische Zugehörigkeit: Mond, Mars

Die Zwiebel gehört wie die Kartoffel zu den billigen Volksnahrungsmitteln. Das war schon in antiken Zeiten so. Herodot, der griechische Geschichtsschreiber, berichtet, dass die Fronarbeiter beim Bau der Cheopspyramide Zwiebeln, Knoblauch und Rettiche im Wert von 1600 Silbertalenten verspeisten – in heutiger Währung wären das ungefähr 4 Millionen Euro. Die Redensart »zurück zu den ägyptischen Zwiebeln wollen« bedeutet »sich nach den guten alten Zeiten zurücksehnen«; in diesem Fall bezieht es sich auf die Hebräer, die sich, nachdem sie Ägypten verlassen hatten, durch die Wüste plagen mussten.

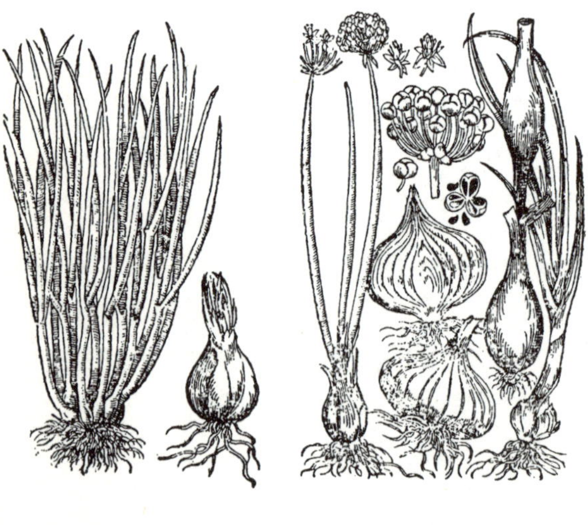

Schalotten und Zwiebeln aus dem Kräuterbuch von Joachim Camerarius, 1586.

Im klassischen Rom mieden vornehme Leute die Zwiebel. »Zwiebelesser« war ein Schimpfwort im Sinne von primitiv, bäuerlich, unfein. »Unsere Großväter waren recht brave Leute, obgleich ihre Worte derben Knoblauch- und Zwiebelgestank hatten«, schreibt Varro, ein Zeitgenosse Caesars. Noch im heutigen Amerika gelten die Zwiebeln, da sie sehr billig sind, als Armeleutespeise: In den Stuben der Wohlfahrtsempfänger riecht es immer nach gekochten Zwiebeln.

Für das einfache Volk, das sich kaum einen Arzt leisten konnte, war die Zwiebel immer ein wichtiges Heilmittel. Noch heute ist sie ein Superstar der Großmüttermedizin. Packungen und Wickel aus klein gehackten, gedünsteten Zwiebeln werden – mit viel Erfolg – bei fast allen entzündlichen Krankheiten aufgelegt: Bei Stirn- und Nasennebenhöhlenentzündung, Abszessen und Furunkeln, bei Lungenentzündungen auf die Brust, bei Mittelohrentzündungen aufs Ohr, bei Mandelentzündungen um den Hals. Nur bei Nierenentzündung sollte man vorsichtig sein: Eine Zwiebelpackung würde die Niere zu sehr reizen. Der Schweizer Kräuterpfarrer Johann Künzle schließt sich der überlieferten Volksmedizin an, wenn er verkündet, »die gehackten, erhitzten Zwiebeln ziehen den Krankheitsstoff so energisch heraus, dass sie ganz schwarz und übelriechend werden; das Krankheitsgift wird eben von den Zwiebeln aufgenommen.«

Fast überall, von England bis nach Osteuropa, glaubte man an die Fähigkeit der Bolle, Gifte und negative Strahlungen aufzusaugen. Die Briten hängten einen Zwiebelbund in die Küche, um »Unglück aufzusaugen«, trugen eine Zwiebel als Amulett oder rieben rohe Zwiebeln auf die Fußsohlen, um Krankheiten aus dem Körper zu ziehen. In Böhmen und im Erzgebirge wurden geweihte weiße Zwiebeln am Dreikönigstag in der Wohnstube an der Decke befestigt oder an die Tür genagelt, »da sie Fieber anziehen«. Dem kranken Kind hängten niederländische Bauern ein Leinsäckchen mit gehackten Zwiebeln über den Schlafplatz. Von dieser volksmedizinischen Anwendung zum allgemeinen apotropäischen (Abwehrzauber bewirkenden) Mittel ist es ein kleiner Schritt. Dem Zwiebelbund traute man zu, nicht nur Krankheit und Seuchen fernzuhalten, sondern auch Hexen, böse Geister und Vampire. Bei den Italienern schützt eine in der Tasche getragene Zwiebel gegen den bösen Blick. Die Serben legen der jungen Braut als Abwehr gegen Unheil, das neidische Nachbarn ihr wünschen, eine Zwiebel unter den Busen. Der Aberglaube ist keineswegs auf Europa beschränkt. Wenn eine Viehseuche droht, hängen die Inder rot bemalte Zwiebeln an einem Seil über den Dorfeingang. Und in China trug man einen Kranz Zwiebeln um den Hals, wenn die Cholera umging. Vielerorts genügte es schon, wenn der Kranke von einer Zwiebel träumte, um wieder gesund zu werden.

Bei Erkältungskrankheiten kann man sich auf die Zwiebel verlassen. Bei Bronchitis und hartnäckigem Husten ist der Schleim lösende, entzündungshemmende, beruhigende Zwiebelsirup – in Honig oder mit Zucker eingedickter Zwiebelsaft, von dem man drei bis vier Löffel pro Tag einnimmt – überall beliebt. Die Inder kennen das Rezept ebenso wie die Amischen (Pennsylvaniadeutsche), die es mit nach Amerika genommen haben. Bei Fließschnupfen empfiehlt der Schweizer Naturdoktor Alfred Vogel Zwiebeltee – in Scheiben geschnittene Zwiebeln mit heißem Wasser überbrüht –, tagsüber schluckweise getrunken. Nebenbei kann der Erkältete noch heiße Zwiebeldämpfe einatmen und, falls ihn Fieber und Kopfschmerzen plagen, eine Zwiebelpackung auf die Fußsohlen legen.

Bei Hexenschuss weiß sich die Volksmedizin mit heißen Zwiebelpackungen zu helfen. Sie werden 15 Minuten lang auf die schmerzende Stelle aufgelegt. Gichtgelenke, Ischias und Neuralgien, Insektenstiche und Warzen werden mit frisch gehackten Zwiebeln behandelt. Hühneraugen löst man mit gesalzenen rohen Zwiebeln, die über Nacht aufgebunden werden.

Und was sagt die moderne Analyse dazu? Sie stellt fest, dass die Schwefelverbindung Allicin – sie ist es, die beim Zwiebelschneiden die Tränen fließen lässt – eine antimikrobielle, antivirale Wirkung hat. Allicin wirkt zudem immunstärkend, indem es die Aktivität der Killerzellen erhöht. Es verhindert die Oxidation von Fett-Protein-Teilchen im Blut, schützt also vor Ablagerungen in den Gefäßen. Zwiebelesser haben bessere Blutwerte. Allicin verzögert auch das Aneinanderkleben von Blutplättchen und beschleunigt die Auflösung von Blutgerinnseln. Indem es nitrifizierende Bakterien und damit die Entstehung von Nitrosaminen im Darm hemmt, vermuten Forscher eine Schutzwirkung gegen Krebs. Phenolsäuren und Flavone in den Zwiebeln wirken sich ebenfalls gut auf das Kreislaufsystem aus. Zuckerkranke profitieren von einer blutzuckersenkenden Wirkung. Diese Forschungsergebnisse bestätigen den großen Kräuterheiler Maurice Mességué, der Diabetikern und Herzkranken rät, viel Zwiebeln in ihre Diät zu nehmen.

Die Zwiebel, ein dreijähriges Lauchgewächs, kommt ursprünglich aus der asiatischen Steppe. Sie ist ganz dem extremem Steppenklima

Pharaonische Ägypter bei der Bewässerung und Ernte eines Zwiebelbeetes.

angepasst. Im feuchten Frühjahr treiben die kleinen Zwiebelchen – die »Steckzwiebeln«, die im Jahr zuvor aus den Samen hervorgegangen sind – aus. Bis in den Sommer hinein saugen sie Licht- und Wärmekräfte auf und, wenn es dann sehr trocken wird, bilden sie die typischen, sukkulenten, halb unterirdischen Speicherknospen (die »Zwiebeln«) aus, die dann im nächsten Jahr austreiben und in die Blüte schießen. Um die trockenen, eiskalten Winter der Steppe zu überleben, speichern die Bollen die wässrige Lebenskraft des Mondes in ihren Schalen und reichern sie mit schwefeligen Glykosiden an. Schwefel oder Sulfur ist nach Ansicht der alten Alchemisten ein Licht- und Wärmeträger. Diese Kombination von Mond- und Feuerkräften schenkt den Zwiebeln ihre außergewöhnliche Heilkraft.

Auch in den nordamerikanischen Steppen gibt es wild wachsende Lauch- und Zwiebelarten, die von Indianern eifrig als Wildgemüse und Heilmittel gesammelt wurden. Der Name Chicago bedeutet »Ort der Wildzwiebeln«. Wie die Steppenbewohner Eurasiens rieben die Indianer Insektenstiche mit Zwiebeln ein, zogen mit Zwiebelauflagen Gift und Eiter aus Karbunkeln und Abszessen oder kochten wie die Irokesen daraus einen Hustensirup. Die Schwarzfußindianer legten Zwiebeln auf glühend heiße Steine und atmeten die scharfen Dämpfe ein, um Erkältungen oder Stirnhöhlenentzündungen entgegenzuwirken. Stillende Indianerinnen tranken Zwiebeltee, um die Heilwirkung ihren kranken Säuglingen über die Milch zukommen zu lassen.[40]

Schon im frühen Neolithikum wurde die Gartenzwiebel nach Indien, China und in den östlichen Mittelmeerraum gebracht. Seither spielt sie dort überall eine wichtige Rolle in Brauchtum und Heilkunde. Das chinesische Ideogramm für »klug« (*ts'ung*) ist dasselbe wie für »Zwiebel«. Die chinesische Hebamme berührt den Kopf des Neugeborenen mit einer Zwiebel, damit es intelligent wird.

40 Bei uns meiden die Mütter meistens Zwiebeln in ihrer Ernährung, da sie bei den Säuglingen Blähungen verursachen.

Schon im alten Reich der Ägypter vor fünftausend Jahren galt die Zwiebel als sakrale Pflanze. Man opferte sie den Göttern und legte sie den Mumien in die Hände, auf die Augen oder Geschlechtsteile. Die heiligsten Eide wurden auf eine Zwiebel geschworen. Das zarte, saftige Gewächs war der Großen Göttin Isis geweiht. Ihren Priestern war es verboten, Zwiebeln zu essen. Isis ist die Herrin der Periodizität des Mondes und der Frauen. Das Wachstum der Zwiebel, glaubten die Ägypter, stehe wie die Mensis der Frau in Beziehung zu den Mondphasen. Die ägyptische Hieroglyphe für den Mond in seiner wandelbaren Gestalt ist eine Zwiebel. Der Mond gibt den Pflanzen ihre Lebenskraft und beherrscht die Säfte des Lebens: Als Herrin des Mondes ist die Göttin zugleich Hüterin des Lebenswassers, der kosmischen Lebensmilch. Die Zwiebel saugt dieses Lebenswasser auf und, wenn der Mensch sie isst, regt sie seine Drüsen – auch die Fortpflanzungsdrüsen – an. So wurde die Zwiebel auch Symbol der Geilheit und der Zeugung. Das altägyptische Wort für Hoden war dasselbe wie für Zwiebel, und die Volksetymologie deutet »Zwiebel« als »zwi Bolle« (= zwei Hoden). Auch im indischen Ayurveda heißt es, die Zwiebel nähre den männlichen Samen (*shukra*), und man verschreibt sie, um die Menge des Ejakulats zu vergrößern. Die indischen Büßer und Entsager (*sannyasi*), die sich vom alltäglichen Tun und Treiben, vom Zeugen und Gezeugtwerden abkehren, meiden unter allen Umständen Zwiebeln in ihrer Nahrung.

In der klassischen Antike galten die Liliengewächse als Symbol der Reinheit, Unschuld und Jungfräulichkeit. Die weißen Lilien seien aus den Milchtropfen entstanden, die zufällig aus den Brüsten der Hera, der »kuhäugigen« Königin des Himmels, hervorspritzten und zur Erde fielen. Im Christentum wurde die Lilie Symbol der unbefleckten Empfängnis der reinen Jungfrau: Mit einer Lilie in der Hand schwebte der Erzengel Gabriel vom höchsten Himmel herab, um ihr ihre Schwangerschaft zu verkünden. Die Liliengewächse verbinden sich nicht fest mit der Erde, sie wurzeln schwach, ihre Zwiebelknollen runden sich nach unten ab, wie ein fallender Wassertropfen. In der Symbolik weisen sie den Weg vom »Himmel« über den Mond in die irdische Verkörperung, aber auch die Rückkehr in den ewigen Schoß des Seins. Die Küchenzwiebel wie auch der Knoblauch gehören nicht nur dem wässrigen Mond und der sanften weißen Göttin, in ihnen ist auch die Schärfe des Mars vorhanden. Dieser ist es, der für den feurigen Trieb verantwortlich ist. So galt auch bei den Griechen die Überzeugung, dass die Zwiebel den Geschlechtstrieb und die allgemeine Lebenskraft anrege. »Zur Stärkung im schrecklichen Kampf stellte die lockige Maid Hekemede auf einen Tisch einen ehernen Korb mit Zwiebeln gefüllt, als Imbiss zum Trunke« (Homer, Ilias, 8. Gesang). Nicht anders bei den Römern, wo es in Bezug auf die männliche Potenz sprichwörtlich hieß: »Wenn Zwiebeln nicht mehr helfen, hilft nichts!«

Zwiebel aus dem »Hortus Sanitatis«, J. Meydenbach, 1491.

Die Römer brachten die Gartenzwiebel mit nach Norden. Die Kelten und Germanen waren begeistert von dieser neuen Art »Lauch«. Der Lauch, insbesondere der Bärlauch, der im Frühling in den Wäldern wächst, hatte bei ihnen schon einen sakralen Status, galt als kräftigend, Blut reinigend und aphrodisisch. Der neue »Lauch«, von den Barbaren *ynnlek*, *allouk*, *öllig*, *uhlek* oder *ullig* genannt, kam in den Lauchgarten einer jeden Frau. Und dabei blieb es. Hieronymus Bock (16. Jh.), der von der göttlichen Verehrung der Zwiebel bei den Ägyptern gehört hatte, bemerkt: Auch »wir Teutschen können solcher Götter nicht entbehren (...) Viele meinen, wenn sie morgens nüchtern eine rohe Zwiebel genießen, seien sie des selbigen Tags vor böser, giftiger Luft gesichert (...) Etliche brauchen sie zur Wollust, die anderen zur Artzney.« Weiterhin bemerkt er, dass bei den Deutschen zum Kuchenbacken nichts gebräuchlicher sei als Zwiebeln. Der Zwiebelkuchen hat sich im süddeutschen Raum bis heute erhalten. Und als Zwiebelfest gibt es noch immer den beliebten Berner »Zibelemärit« am 4. Montag im Novermber, an dem jedes Jahr Zwiebelkuchen, Zwiebelsuppe und über 100 000 Kilo kunstvoll geflochtene, vielfarbige Zwiebelzöpfe verkauft werden.

Berühmt ist die französische Zwiebelsuppe, die – so Mességué – eigentlich ein Liebesmittel, für die »longues nuits de folie« (die langen närrischen Nächte) sei.

Als Heilpflanze, Lenz- und Nahrungsmittel spielte die Zwiebel in der bäuerlichen Kultur Europas eine bedeutende Rolle. Also achtete man darauf, wann und wie man sie auspflanzte. Man steckte sie vor allem im Zeichen des Steinbocks, damit sie fest und hart werden – im Wassermann faulen sie, im Schützen schießen sie. Beim Stecken sollte man sich ärgern und viel fluchen, dann würden sie scharf und hitzig. Der Benedikttag (21. März) ist gut dafür, denn »Benedikt macht Zwiebeln dick«. Auch Karfreitag ist kein schlechter Pflanztag, dann werden sie ebenfalls scharf und »machen viele Tränen«.

Zum Orakeln taugten die Zwiebeln ebenfalls in der bäuerlichen Kultur. Zur Wintersonnwendzeit, in der Silvesternacht, legte Arthur Hermes zwölf Zwiebelschalen aus, benannte sie mit den zwölf Monatsnamen und bestreute sie mit Salz. Am nächsten Tag sah er nach, wie viel Feuchtigkeit sich in den Schalen angesammelt hatte, und schloss daraus auf die Niederschlagsmenge in den entsprechenden kommenden Monaten. »Das Orakel stimmt immer!«, behauptet er. In ganz Europa ist dieses Zwiebelschalenorakel bekannt. Die jungen Frauen benutzten die Zwiebel als Heiratsorakel. Am Weihnachtsabend legten sie für jeden Junggesellen, den sie kannten, eine Zwiebel in den Ecken der warmen Stube aus. Am Dreikönigstag schauten sie, ob eine ausgetrieben hatte. Wenn keine austreibt, gibt es für sie im kommenden Jahr noch keine Hochzeit.

An der Zwiebel scheiden sich die esoterischen Geister. Wie die indischen Sannyasis meiden einige das Gemüse, da es angeblich den Geist in die Triebwelt hinabzieht. Andere wie die holländische Esoterikerin Mellie Uyldert sehen in der Signatur dieser Pflanze die Kraft der geistigen Sublimierung. Die Zwiebel, sagt sie, sauge die ätherischen Lebenskräfte auf, speichere sie in der schwach bewurzelten Knolle und schieße dann im zweiten Jahr in die Blüte, wobei die Schalen nur noch leblose Hüllen sind. Zwiebeln reichern zwar unsere niederen Chakren mit Lebenskraft an, diese wird aber dann von der Seele nach oben gesaugt, verfeinert und zu ätherischer Nahrung für den Geist – es sei denn, sie wird durch sexuellen Kontakt und vergeudet. »Zwiebel hilft uns sublimieren, gibt uns die Auftriebkraft vom Stoff zum Geist – deshalb ist es vernünftig, zu jeder Mahlzeit Zwiebel, roh, goldgelb gedünstet oder mit Getreide gekocht, zu essen« (Uyldert 1984: 102).

Frühlingszwiebelsuppe mit Thymianbrot

500 g Frühlingszwiebeln, geschnitten • 3 EL Olivenöl • 1 EL Honig • 300 ml Weisswein • 800 ml Gemüsebouillon • 100 ml Rahm • 1 TL geriebener Meerrettich • Muskatnuss, schwarzer Pfeffer

4 Scheiben Brot • etwas frischer Thymian • 4 EL Parmesan und 2 EL Olivenöl

Die Frühlingszwiebeln im Olivenöl braun braten, den Honig dazugeben. Mit dem Weisswein ablöschen und mit der Gemüsebouillon auffüllen, etwa 40 Minuten auf kleiner Hitze kochen lassen.

Den Rahm mit dem Meerrettich mischen und in die Suppe rühren.

Die Brotscheiben mit dem Thymian belegen, mit dem Parmesan bestreuen, das Olivenöl darauf träufeln und im Ofen überbacken. Zur Suppe servieren.

Zwiebel-Trauben-Suppe mit überbackenen Fetabrötchen

300 g Zwiebeln, fein geschnitten • 3 EL frische Thymianblätter • 2 EL Olivenöl • 1 EL Honig • 200 ml Weisswein • 800 ml Gemüsebouillon • 100 g Trauben, weisse und blaue gemischt

4 Vollkornbrotscheiben • 1 EL Olivenöl • 80 g Feta, in Scheiben geschnitten • Kräutersalz, Pfeffer

Die Zwiebeln mit den Thymianblättern im Olivenöl braun braten. Den Honig dazugeben, mit dem Weisswein ablöschen und diesen 5 Minuten einkochen lassen. Mit der Bouillon auffüllen und 20 Minuten auf kleiner Hitze kochen lassen.

Vor dem Servieren die Trauben dazu geben.

Die Vollkornbrotscheiben mit Kräutersalz und Pfeffer würzen, mit dem Olivenöl beträufeln und mit dem Fetakäse belegen. Im Ofen braun überbacken und zur Suppe servieren.

Ziegenkäse auf Honigzwiebeln mit Brennnesseln

2 Zwiebeln, fein gehackt • 2 EL Olivenöl • etwas fein gezupfte Brennnesseln • 2 EL Honig • 4 kleine frische Ziegenkäse • weisser Pfeffer, Kräutersalz

Die Zwiebeln im Olivenöl braun braten, mit Pfeffer und Kräutersalz würzen. Zum Schluss die Brennnesseln und den Honig beigeben. Abkühlen lassen.

Die Zwiebelmischung mit den Ziegenkäslein servieren.

Tipp: Dazu passt sehr gut ein kräftiges Roggenbrot.

ZUCKERMAIS

Zea mais

Familie: Süßgräser

Andere Namen: Süßmais, Gemüsemais, Kukuruz, Zuckerrohr; *für Mais allgemein*: Welschkorn, Türken, Türkischer, Indianischer, Indischer Weizen, Merkorn (Bern), Chnumpe; *Maismehl:* Polenta, Gelber Plentn

Heilwirkung: Maisöl senkt Blutfett; Maisgriffel zur Entwässerung und bei Harnerkrankungen

Spirituelle Bedeutung: Muttergottheit (indianisch), Lebenskraft, Fülle, materieller Reichtum, Amerikanismus

Planetarische Zugehörigkeit: Saturn, Sonne

Getreidegräser sind die Stützpfeiler der großen Zivilisationen. Ohne den Reis, dieses delikate, ätherisch anmutende Wassergras, wären die ostasiatischen Kulturen kaum denkbar. Die einfachen Bauern Südostasiens halten den Reis für die Ausstrahlung des gütigen Buddhas. In Westasien und Europa ist der Weizen der »Stab des Lebens« und zugleich Kommunion mit der höchsten Gottheit. In Amerika ist es der Mais, dem die Rolle des göttlichen Zivilisationsstifters zufällt. »Unser Leben«, »Lebensspender« oder »Der, der uns erhält« sind typische Namen, mit denen verschiedene indianische Sprachen die Pflanze benennen. *Tonácatl*, »unser Fleisch«, nannten ihn die Azteken. Er ist der »erste Vater« der Maya. Die Ojibwa kannten ihn als *mondamin*, das »Wunderkorn«.

Es ist den Botanikern noch nicht gelungen, die wild wachsenden Vorfahren des vermutlich vor 10000 Jahren in Mexiko zuerst angebauten Getreidegrases zu finden. Der heutige Mais ist vollkommen auf menschliche Pflege angewiesen, um zu überleben, denn seine Samen sitzen so fest, dass er sich nie und nimmer selbst aussäen könnte. Seine Entstehung geht vermutlich auf eine plötzliche Mutation der zentralamerikanischen Grasart *Teosinte* zurück. Oder war es so, wie die Indianer behaupten? Der Mais sei als Göttin zur Erde herabgestiegen oder, wie die Ojibwa erzählen, als grün gekleideter Fremder mit gelben Haaren (Griffel) aus transsinnlichen Bereichen gekommen; ein junger Mann, der auf Visionssuche war, rang ihn nieder, und nachdem er ihn getötet und begraben hatte, ist das Zauberwesen als Pflanze wieder auferstanden. Wie eine mächtige Gottheit eroberte der Mais ein Volk nach dem anderen. Bis in den Norden nach Kanada und in den Süden nach Argentinien dehnte er sein Reich aus. Und wo immer der Maisdeva erschien, veränderte sich das Leben der Indianer. Jäger und Sammler wurden sesshaft. Dörfer, ganze Städte entstanden. Aufwendige Bewässerungsanlagen, staatliche Lagerhäuser, Tempel wurden seinetwegen gebaut. Priester erzählten seine Mythen und zelebrierten aufwendige Zeremonien. Sogar Menschen wurden der Maisgottheit geopfert. Und die Indianer konnten nun Truthähne mit Mais füttern und so ihren Eiweißbedarf besser decken.

Nach der Überlieferung der Maya entstanden die ersten Menschen aus Maisbrei. So schufen der Urahne und die Urahnin die »leuchtenden Söhne des Lichts«: Sie zerrieben die gelben und weißen Maiskolben, und der Mais ging über in ihr Fleisch, in ihr Blut, und die Kreatur wurde Mensch (Popol Vuh).

Selbst die Götter erhielten ihre Kraft vom Mais: Die Nahua-Überlieferung schildert, wie einst *azcatl*, die Ameise, zum mystischen Berg der Nahrung pilgerte. Auf dem Weg dorthin traf er *quetzalcoatl*, die gefiederte Schlange, die ebenfalls Ameisengestalt annahm. Zusammen brachten sie den Mais zurück. Sie gaben den Göttern davon zu essen, und dadurch wurden die Götter so stark.

Die Arikara erzählen, wie die Maismutter, die beim Großen Geist im Himmel lebte, herabstieg, um die Menschen, die damals tief unter der Erdober fläche hausten, in das Licht dieser Welt hinaufzuführen. Dachse und Maulwürfe halfen der Maismutter durch die Erde hindurchzustoßen. Sie gab den Urmenschen Maiskörner zum Anpflanzen und kehrte dann in den Himmel zurück. Leider waren die Menschen böse und faul und zankten ständig mit-

Älteste Darstellung der Maispflanze (Leonhart Fuchs, 1542).

einander. Da musste sie noch einmal herabsteigen und sie die Stammesriten und Rituale lehren, damit sie in Harmonie leben konnten. Bei den Zuni pflanzte die Maismutter ein Stück ihres Herzens in den Erdboden, daraus entwickelte sich die heilige Pflanze. Die Göttin erklärte dazu: »Dieser Mais ist mein Herz und soll meinem Volk sein wie Milch von meinen Brüsten.«

Die Cherokee und andere Waldlandindianer erzählen, wie die Maisgöttin am Anfang der Zeit mit ihren Kindern, den ersten Menschen, im Wald lebte. Um die Familie zu ernähren, holte sie jeden Tag einen Korb voll Maiskörner aus einer abgelegenen Hütte. Die neugierigen Kinder schlichen ihr einmal nach, um zu sehen, wo diese gut schmeckenden Körner herkamen. Was für ein Schock! Voller Ekel sahen sie, wie sich die Mutter den Schmutz von ihrem Bauch und ihrer Scham rieb und diesen in Maiskolben verwandelte. Überzeugt, sie sei eine böse Hexe, töteten sie die Frau und verscharrten sie. Ihrem Grab entwuchs eine große schilfartige Pflanze, die bald Maiskolben hervorbrachte. Nun konnten sie zwar weiterhin ihren täglichen Maisbrei essen, waren aber gezwungen, dafür schwere Arbeit zu leisten.

Seit diesen mystischen Urzeiten steht der Mais ähnlich wie der Tabak im Mittelpunkt der kultischen Handlungen der Indianer. Maismehl hat eine ähnliche religiöse Bedeutung für die meisten Indianer wie das Weihwasser für die katholische Kirche.

Über die Jahrtausende hinweg entwickelten die indianischen Pflanzer Hunderte von verschiedenen Maissorten: Sorten mit gelben, weißen, roten und auch blauen Körnern, den Hartmais, den mehligen Weichmais, den so genannten Zahnmais, der heute als Viehfutter beliebt ist, den Perlmais mit kleinen Körnern, den Cusco-Mais mit besonders großen Körnern. Es war Aufgabe der Frauen, den Mais zu zerstampfen, um ihn dann, mit etwas Holzasche gemischt, in Brei, Grütze (*hominy*) oder Fladenbrot (*Tortillas*) zu verwandeln. Die Beimengung von Aschenlauge ist wichtig, denn die Alkalien verhelfen dem Körper zur maximalen Auswertung der Nährstoffe, vor allem von Niacin, Calcium und Eiweißen. Südeuropäer, die ihre Polenta der Gewohnheit gemäß eher wie Weizengrieß bereiteten und nicht mit Asche behandelten, litten – nachdem Mais zum täglichen Brot geworden war – oft an Vitaminmangel.[41] Da dem Mais die wichtigen Aminosäuren Trypto-

41 Die daraus resultierende Vitaminmangelkrankheit, Pellagra, äußert sich in rauher Haut, Flecken an Hals, Händen und Füßen, Kopfschmerzen, Magen-Darm-Entzündungen, Verwirrung und Erregungszuständen.

Indianer beim Kochen einer Mais-Gemüsesuppe mit Fisch (Kupferstich nach einem Gemälde von John White, 1590).

phan und Lysine fehlen, wurden Maisgerichte fast immer mit Bohnen zusammen gegessen, damit es zu keinem Eiweißmangel kam.

Puffmais (*Popcorn*) war den amerikanischen Ureinwohnern schon seit mindestens fünftausend Jahren bekannt. Hirschlederbeutel gefüllt mit gepufftem Mais gehörten mit zu den Geschenken, welche die Indianer den »Pilgervätern« überreichten, als sie an der Küste Neuenglands landeten. Als besondere Leckerei frittierten die Waldlandindianer löffelweise Maisbrei in Bärenfett und tauchten dann diese Bratlinge – von den Weißen *hush puppies* genannt – in Ahornsirup. Bei Festlichkeiten brauen die Frauen der Indianer Mittel- und Südamerikas ein berauschendes und heilsames Maisbier (*chicha*), indem sie Maiskörner zerkauen, in einen Bottich spucken und dann alkoholisch vergären lassen.[42]

Die Indianer haben die unreifen Kolben schon immer als Gemüse gegessen, entweder gekocht oder in der Blatthülle direkt im Feuer geröstet. Den Zuckermais aber, der heute die Gemüsegärten und die Supermarktregale erobert hat, gibt es noch nicht lange. Er scheint vor zweihundert Jahren als Mutation in den Hügelbeeten der Irokesen entstanden zu sein. Aufgrund des Verlusts eines Gens, das für die Ver-

42 Da der Mais im Gegensatz zur Gerste kein Malz enthält, wird die Amylase, die es ermöglicht, die Stärke in Zucker umzuwandeln, durch den Speichel vollzogen. Deswegen ist das Kauen und Einspeicheln der Maiskörner zum Brauen von Maisbier wichtig.

wandlung von Zucker in Stärke verantwortlich ist, bleiben die Körner süß. Da sie wenig Stärke besitzen, schrumpfen die Zuckermaiskörner nach der Reife.

Erwartungsgemäß ist der Mais, diese heilige Pflanze, auch eine heilende Pflanze. Ähnlich wie unsere Vorfahren ihre Kräuter in Wecken buken, verabreichten die Indianer ihre Heilpflanzen oft im Maisbrei. Bei den Maya hieß es, der Schwerkranke solle nur Maisbrei essen, so würde sein krankes Fleisch fortwährend durch neues, aus reinem Mais gebildetes ersetzt werden. Er würde neu geschaffen, gleich den ersten Menschen, die zu Beginn der Schöpfung aus Mais gebildet wurden. Generell benutzen die Indianer heiße Maisbreiumschläge auf Schwellungen, Abszessen und Entzündungen. Bei schlecht heilenden Geschwüren und schweren Blutungen nach der Geburt ebenso wie bei anderen Gebärmutterblutungen werden die vom Maisbrandpilz (*Ustilago*) befallenen, schwarzen Körner verrieben und, sorgfältig dosiert, als gefäßverengendes und blutstillendes Mittel verwendet.[43] (Ähnlich verfuhren einst unsere Hebammen mit dem Mutterkornpilz, der die Roggenähre befällt.) Aus den langen Maisgriffeln (Maisseide, Maisbart) brauen die indianischen Heiler einen sehr wirksamen Harn treibenden Tee, der bei Wassersucht, Geschlechts- und Harnwegerkrankungen verabreicht wird. Noch heute verwenden die Mexikaner den Maisgriffel zur *limpia* (Reinigungsritual) der Harnorgane. Auch die Griffel des Zuckermais aus dem Gemüsegarten eignen sich als Entwässerungsmittel.

Kolumbus brachte den »indischen Weizen« – oder *mahis*, wie er in der Sprache der karibischen Indianer hieß – mit nach Europa. Von Andalusien aus verbreitete sich die Pflanze über Südeuropa, die Türkei und den Balkan. Schon im Jahre 1496 führten die Portugiesen das Getreide in Java ein. Im folgenden Jahrhundert wird Mais in China, Indien und Afrika auf jenen Feldern, die sich für herkömmliche Feldfrüchte schlecht eignen, angebaut. Dabei veränderte er die Lebensweise und Kultur der jeweiligen Völker und löste zugleich eine Bevölkerungsexplosion aus. In Afrika, Asien und Südeuropa verdoppelte sich die Einwohnerzahl in kürzester Zeit.[44]

43 Anfang des 18. Jahrhunderts berichtet der amerikanische Pflanzer John Brickell, wie ein indianischer Medizinmann sein gangränöses Bein rettete: »Der *indian doctor* zerrieb die getrockneten, verrotteten Maiskörner zu einem Pulver und trocknete damit das Geschwür aus« (Vogel 1919, 79: 145).

44 Wegen der neuen Feldfrucht stieg die Bevölkerung in Italien im 18. Jahrhundert von 11 auf 18 Millionen; sie verdoppelte sich in Spanien und in der Türkei.

Der Siegeszug des Maisdevas ist noch immer im Gange. Mit einer – energieintensiven – Jahresproduktion von fast 600 Millionen Tonnen (über 50% davon aus den USA) ist er dabei, Weizen und Reis den Rang als meistangebaute Getreide abzulaufen. Mais ist das tägliche »Brot« der Mexikaner und indirekt auch der US-Amerikaner, die ihn als Mastfutter für ihre Rinder, Schweine, Truthähne und Hühner anbauen. Amerikanisches Bier wird mit Maismaische gebraut, der Bourbonwhiskey hauptsächlich aus Mais gebrannt. Stärke, Glukose und Zellulose aus genmanipuliertem Mais sind ein wichtiger Faktor in der chemischen, pharmazeutischen und kosmetischen Industrie. *Cornbread* und die mit Maiskörnern gemästeten Truthähne sind obligatorische Kultspeise am *Thanksgiving Day*, einem Hauptfest der Amerikaner. Schon George Washington, der erste US-Präsident, mochte bis an sein Lebensende Maisgerichte viel lieber als Brot.

Kochinapuppe – einer der Hüter der Maisfelder der Puebloindianer.

Im Gegensatz zu den Getreidegräsern der Alten Welt – Reis, Roggen, Weizen, Gerste oder Hafer – hat der Mais etwas Schweres, Grobes an sich. Die Ähren mit den Körnern schweben bei ihm nicht ätherisch leicht über dem Halm, sondern rutschen, als könnten sie sich nicht von der Schwerkraft der Erdmaterie lösen, den Stengel bis in die Blattachsen hinab. So ist der Mais das angemessene Bild für materielle Fülle, materiellen Reichtum. Wegen dieser Schwere und da er aus dem Land der untergehenden Sonne kommt, haben traditionelle Herbalastrologen den Mais dem Planeten Saturn zugeordnet.[45]

Maisfelder verändern unsere Landschaft – und lassen uns in Fleisch-, Butter- und Eierbergen schwelgen. Popcorn, Mais-Chips, Maisöl und Zuckermais in Büchsen – den die Kinder lieben und am liebsten gleich aus der Dose löffeln – verändern zunehmend unsere Ess-

45 Nach neueren Systemen gehört er zu Pluto.

und Lebensgewohnheiten. Lange ist es her, dass die Europäer den Mais, den die Amerikaner nach dem Krieg als Hungerhilfe schickten, als »Viehfutter« verschmähten. Cornflakes – gegen Ende des 19. Jahrhunderts von Dr. Will Kellog als Reformspeise erfunden – verdrängen auf der ganzen Welt die herkömmlichen Speisen vom Frühstückstisch. Die gezuckerten Knusperdinger sind neben Cola und Hamburger der wesentlichste amerikanische Beitrag zu unserem »täglichem Brot« (Pollmer 1994: 111). Im Zuge der Amerikanisierung der globalen Kultur gewöhnen sich die Menschen daran, die Hollywoodfilme zusammen mit Popcorn und mit Maissirup gesüßten Softdrinks zu genießen.

Auch vor meinem Gartenzaun machte der mächtige Amerikaner nicht Halt. Nicht in Reihen, sondern im Block wird der vitale Windstäuber angebaut. Guten Kompost bekommt er allemal, denn er ist ein »Starkzehrer«. (Die Irokesen stillten seinen Hunger, indem sie in jedem Pflanzhügel einen Fisch als Düngung begruben.) Der Mais dankt es mir im Herbst mit zuckersüßen Kolben, die entweder in den Hülsen im Lagerfeuer geröstet oder in Wasser gekocht, anschließend gebuttert und gesalzen, köstlich schmecken. Je frischer gepflückt, umso süßer schmecken sie.

Trotz der kurzen Sommer kann der Mais bei uns gut zur Reife kommen, da er über eine beschleunigte Photosynthese verfügt, eine Art »Turbo-Photosynthese«, C-4-Weg genannt, die schneller und effizienter den Kohlenstoff fixiert als die meisten Pflanzen.

Silas Maissuppe

800 g frische Maiskörner • 2 EL Butter • 3 EL Paprikapulver • 1 EL Honig • 1 l Gemüsebouillon • 100 ml Rahm • schwarzer Pfeffer

Die Maiskörner in der Butter andünsten, das Paprikapulver und den Honig dazugeben, mischen.

Mit der Bouillon ablöschen und 20 Minuten auf kleiner Hitze kochen lassen.

Pürieren und den Rahm beigeben, mit dem Pfeffer kräftig würzen. Heiss servieren mit Fladenbrot.

VERGESSENE, SELTENE UND WENIG BEKANNTE GEMÜSE

«Wie gewohnt, so getan.« Das Sprichwort trifft im Garten ebenso wie im Kochtopf zu. Beharrlich pflanzen und säen die Gärtner immer wieder dieselben Gemüse, die sie schon seit je kennen. Dabei gibt es noch zahlreiche andere Pflanzen, die sich als Gartengemüse gut eignen würden, so viele, dass man nochmals ein ganzes Buch zu dem Thema schreiben könnte. Hier nun einige Beispiele von wenig bekannten Gemüsearten, die ich in meinem Garten anbaue oder angebaut habe. Es sind alles Arten, die ohne weiteres in den Klimaverhältnissen Mitteleuropas gedeihen.

GRÜNER FUCHSSCHWANZ

Amaranthus lividus, A. blitum, A. viridis

Familie: Fuchsschwanzgewächse
Andere Namen: Meyer (verwandt mit »Miere«), Mayerkraut, Blitum, Blito, Küchenamaranth, Rotbuggele, Chinesischer Spinat, Fuchssterz, Fuchszagel, Hahnenkamm, roter Heinrich
Heilwirkung: Lungenheilmittel; gegen Weißfluss und Geschlechtskrankheiten; Saft als Tonikum für Schwangere, Kleinkinder und Alte; Blut stillend
Symbolische Bedeutung: Huitzilopochtli, Götternahrung (indianisch)
Planetarische Zugehörigkeit: Saturn, mit Venus und Mars

Fuchsschwanzarten gibt es viele. Sie wurden seit mindestens fünftausend Jahren als Blattgemüse oder – vor allem in Amerika – als »Getreide« angebaut. Blitum oder Meyer ist die herkömmliche Bezeichnung der in Europa einheimischen Art. Dieser Fuchsschwanz mit seinen mehr liegenden Stengeln und dunkelgrünen, eiförmigen, gelegentlich rötlich überlaufenen Blättern, der noch immer als Wildkraut auf Äckern, an Wegrändern und auf Schuttplätzen wächst, wurde schon früh in Kultur genommen. Der griechische Botaniker Theophrast berichtet schon aus dem 3. Jahrhundert v. u. Z., dass »Bliton« als Gemüse angebaut wird. Dioskorides sagt, »das Gemüse bekommt dem Leibe gut, hat aber keine arzneiliche Eigenschaft«. Karl der Große erwähnt »Blidas« in der Verordnung zum Anbau in seinen Ländereien, und auch die Botaniker und Kräuterväter erwähnen das Gemüse. Erst der Spinat verdrängte den Meyer als Blattgemüse. Es ist wieder an der Zeit, das kräftige Blattgemüse in unsere Ernährung mit aufzunehmen. Es ist sehr gesund, enthält viel Blattprotein, Vitamine und Mineralien.

In Indien und China werden nahe verwandte Fuchsschwanzsorten – *chaulai*, chinesischer Spinat – angebaut. Im Gegensatz zu Dioskurides kennt der Ayurveda den Fuchsschwanz als gutes Heilmittel: Der frische Presssaft mit Honig wird bei chronischen Lungenbeschwerden (Asthma, Tuberkulose, Emphysem) getrunken. Schwangere Frauen sollen den Saft mit Honig und einer Prise Kardamom während der ganzen Schwangerschaft genießen, um die Geburt zu erleichtern und um den Milchfluss anzuregen. Auch Säuglinge bekommen ihn, um sich gut zu entwickeln; alten Menschen hilft der Saft, fit zu bleiben. Ebenfalls soll der Saft bei inneren Blutungen – Gaumen-, Nasenbluten, übermäßiger Monatsblutung und blutenden Hämorrhoiden – eine günstige Wirkung haben. Bei Weißfluss (Leucorrhoea), Tripper und anderen Geschlechtskrankheiten wird die geschabte Wurzelrinde in Wasser gekocht, abgeseiht und nüchtern am Morgen getrunken (Bakhru 1995: 88; Dastur 1962: 18). Auch der englische Kräuterarzt Culpeper schreibt, dass der Fuchsschwanz Blutungen stoppen kann und ein gutes Mittel bei Weißfluss und venerischen Krankheiten darstellt. Er benutzt zu diesem Zweck jedoch die getrockneten, zu Pulver verriebenen Blüten. Es sei der Saturn in der Pflanze, der eine unartige Venus zügelt.

Fuchsschwanz (nach Joachim Camerarius, 1586).

Von zunehmender Bedeutung für die Welternährung sind die aus der Neuen Welt stammenden Fuchsschwanzarten, die vor allem viele Samen hervorbringen: Der gebogene Amaranth oder Fuchszagel (*A. retroflexus*) wurde von den Indianern Mittel- und Südamerikas kultiviert. Er wächst inzwischen auch bei uns als Ruderalpflanze bzw. als Unkraut. Seine ausgereiften Blütenstände – jede Pflanze enthält bis zu 500 000 glänzende, schwarze, mohnähnliche Samen – werden getrocknet und ausgedroschen. Die Samen werden geröstet, gedämpft oder mit Maismehl gemahlen. Sie kommen mit ins Fladenbrot, in den Kuchen oder den Brei. Selbstverständlich werden auch die jungen Triebe und Blätter als Gemüse verwendet.

Die Samen und Blätter unseres Gartenfuchsschwanzes (die ursprünglich aus Peru stammende Art *A. caudatus* und *A. paniculatus* aus Mexiko) mit seinen fuchsroten Blütenständen lassen sich ebenfalls als Gemüse und Getreide verwenden. In ihrer Heimat gelten sie als heilige Pflanzen. Für die Puebloindianer sind sie die Urnahrung, die ihre Ahnen aus der vierten Welt unter der Erde mit in diese fünfte Welt brachten. Die roten Blätter und Blüten einiger Arten werden zerdrückt und bei heiligen Zeremonien als Körperbemalung aufgetragen. Auch werden die sakralen Maiswaffeln (*hé we*) damit rot gefärbt. Die Götter, die als Kachinas (maskierte Tänzer) die Erde besuchen, tragen diese Waffeln bei sich und werfen sie, während sie tanzen, den Zuschauern zu.

Bei den Azteken war die Fuchsschwanzsaat eines der wichtigsten Getreide. 10000 Körbe – von jeweils rund 36 Liter Inhalt – wurden alljährlich als Tribut in die Kaiserstadt Tenochtitlan gebracht. Aus der roten, mit Blut gemischten Paste aus den gemahlenen Samen kneteten die ranghöchsten Priester ein Bildnis des Stammesgottes Huitzlilopochtli – des »Kolibris des Südens« und Sohnes der Erdgöttin. Diese Gebilde, *zoale* genannt, wurden in feierlichen Prozessionen zu den Pyramiden getragen. Dort wurden sie zerbrochen und dem versammelten Volk als Kommunion, als Fleisch und Blut der Gottheit, zu essen gegeben. Die spanischen Priester sahen darin unter dem noch frischen Eindruck der Inquisition eine satanische Verspottung des heiligen christlichen Abendmahls. Daher wurde die Pflanze, die das Getreide liefert, verboten.

Die spanischen Behörden wunderten sich, dass die unterworfenen Ureinwohner Mexikos und Perus immer wieder neue Kraft schöpfen konnten, um sich zur Wehr zu setzen.[46] Bald stellte sich heraus, »dass sie eine gewisse Frucht essen, die nicht größer als ein Stecknadelkopf ist« (aus dem Bericht an den spanischen Vizekönig, 1560). Der Fuchsschwanz, der sehr hochwertige Nährstoffe enthält, wurde für die Vitalität der Indianer verantwortlich gemacht. (Da Amaranth besonders viel Lysin, eine essenzielle Aminosäure, enthält, ist er die ideale Ergänzung zum Mais.) Um die Widerspenstigkeit der Indios endgültig zu brechen, sollte die teuflische Pflanze ausgerottet werden. So kam es, dass der Getreideamaranth nicht wie der Mais, die Kartoffel und andere Indianerpflanzen seinen Weg in unsere Ernährung fand. Irgendwann muss dennoch – wahrscheinlich durch die Portugiesen – der Rispenfuchsschwanz seinen Weg nach Indien gefunden haben. Das Amaranthgetreide wurde in der Gegend von Mysore, im Himalaya und bei vielen

46 Der Vizekönig in Lima, Marquez de Canete, soll gesagt haben: »Warum bringen diese schmutzigen Indianerinnen noch immer gesunde und robuste Kinder zur Welt, wenn wir sie auf den Bauch und den Kopf schlagen?« Die Priester lösten schließlich das Rätsel: Sie entdeckten, dass die Ureinwohner eine »heilige« Pflanze aßen, die sie auf kleinen versteckten Bergfeldern anbauten.

Hügelstämmen zum Hauptnahrungsmittel (*tampala*) und wird unter anderem als »Gottes Geschenk« (*ramdana*) bezeichnet. Auch in Afrika verbreitete sich der Gebrauch dieser wertvollen Pflanze als grünes Blattgemüse und als Getreide.

Warmer Gemüsestrudel mit grünem Fuchsschwanz

100 g Kartoffeln, geraspelt • 100 g Karotten, fein geraspelt • 1 EL Olivenöl • 100 g grüner Fuchsschwanz, grob geschnitten • 50 g Brennnessseln, gezupft • 1 Prise Muskatnuss • 1 Prise Pfeffer • Kräutersalz • 2 Eigelb • 300 g Blätterteig

Die Kartoffeln und Karotten 5 Minuten im heissen Olivenöl dämpfen. Den Fuchsschwanz und die Brennnesseln beigeben und kurz andämpfen. Vom Herd nehmen und in einem Sieb abtropfen lassen. Mit Muskat, Pfeffer und Kräutersalz abschmecken. Die Eigelbe darunter mischen.

Den Blätterteig ausrollen, mit der Gemüsemasse belegen und wie einen Strudel aufrollen. Mit etwas Wasser bestreichen und im auf 180 Grad vorgeheizten Ofen 35 Minuten backen. Heiss mit einem feinen Salat servieren.

GUTER HEINRICH

Chenopodium bonus-henricus

Familie: Gänsefußgewächse
Andere Namen: Heinerli, Schmotzig Heiner, Schmieriger Hoandl, Mehlkraut, Gänsefuß, Heimele, Heimelchrut (Graubünden), Mistchrut, Allgut, Heilblatt, Lungwurz, Burkhart, Wilder Spinat, Hirtenspinat
Heilwirkung: antiskorbutisch; Umschläge bei Krätze, Hautauschlag und Gliederreissen
Symbolische Bedeutung: Pflanze der Kobolde und Alpgeister, Milchzauber der Sennen
Planetarische Zugehörigkeit: Merkur

Der Gute Heinrich ist wie der Spinat ein Gänsefußgewächs. Er hat mehlartig bestäubte, dreieckig spießförmige, tiefgrüne Blätter, die den Füßen der Enten und Gänse ähnlich sehen. Die farblosen, unscheinbaren, winzigen Blüten sind rispenartig angeordnet.

Ehe der Spinat in die Suppengärten kam, war der Gute Heinrich eines der beliebtesten Blattgemüse. Die frisch austreibenden Blätter gehören zum ersten Gemüse, das es im Frühling zu ernten gibt. Sie werden wie Spinat gekocht und schmecken besonders gut zusammen mit Eiern. Die gebleichten, aufstengelnden jungen Triebe galten einst als Leckerbissen. Der Gärtner bleichte sie, indem er den jungen Stengeln einen Kübel überstülpte. Wenn sie dann so dick wie Bleistifte waren, wurden sie geerntet, geschält und wie Spargel gekocht. Auf diese Weise gebleichter Guter Heinrich, in England und Schottland als *Lincolnshire asparagus* bekannt, ist dort noch heute ein beliebtes Lokalgericht. Man isst ihn mit Mayonnaise, Zitronenbutter oder Kräuterbutter.

Der Gute Heinrich galt in England und andernorts als besonders gesund. Nicholas Culpeper, der ihn – wegen seines Geschmacks und seiner Kochfestigkeit – dem Spinat bei weitem vorzieht, stellt ihn unter die Herrschaft des Merkur. Das will etwas heißen, denn Merkur ist der Heiler unter den Göttern. Im englischen Volksmund wird der Gute Heinrich, der *Good King Henry*, gar als *mercury* (Merkur) bezeichnet. Ein altes Sprichwort zeugt von der Wertschätzung des Krauts: »Be thou sick or whole, put Mercury in your cole« (ob krank oder gesund, tue den Guten Heinrich in dein Gemüse). Der Kräuterarzt Culpeper verschrieb den *Good King Henry*, um den winterlichen Skorbut aus den Gliedern zu jagen, sowie als Breiumschlag bei Hautverletzungen, Gicht und Gliederreissen. Britische Schäfer gaben ihren Schafen die Wurzeln gegen »Husten«; die Bauersfrauen fütterten das Kraut ihren Legehennen, damit die Hühner gesünder und dicker wurden – *fat hen* (Fette Henne) ist eine weitere Bezeichnung der Pflanze –, und die Ledergerber benutzten die Samen, um das so genannte Chagrinleder, das Leder mit Tüpfelmuster, herzustellen (Grieve 1982: 365). Die Briten liebten ihren *Good King Henry* so sehr, dass sie das Saatgut mit in ihre Kolonien nach Nordamerika nahmen, wo die Pflanze prompt verwilderte.

Der Gute Heinrich.

Aber auch anderswo wurde der Gute Heinrich hoch in Ehren gehalten. Seine Namen in vielen Sprachen zeugen davon.[47] Das Gänsefußgewächs heißt »Allgut«, französisch *toute bonne*, niederländisch *algoede*, spanisch *toda buena*, italienisch *tutta buona* und im mittelalterlichen Latein *tota bona*. Der heilige Heinrich soll als Erster aus dieser Pflanze, zusammen mit anderen Heilkräutern, ein Wundheilpflaster gegen Aussatz bereitet haben. Wir wissen aber nicht, welcher der Heinriche es war, denn es gibt mehrere Heilige mit diesem Namen. Die Pflanze war als Gemüse- und Heilpflanze aber schon lange vor der Verbreitung des Christentums in Gebrauch, so dass der genannte Heilige lediglich zur Legitimierung einer uralten Heidenpflanze diente. Heinrich (aus dem germanischen *haganrich* = König (**rig*) des Hags), Heinz, Hinzel oder Heinzel ist, wie Jacob Grimm hervorhebt, ein alter Name für einen Kobold, einen Wichtel mit platten Gänsefüßen, der sich

47 Als Guter Heinrich ist er in vielen Sprachen bekannt: ndl. *Goede Hendrik*, dän. *Goder Henrik*, schwed. *God Hindrich*, frz. *bon Henri*, ital. *Bono Enrico*, poln. *Dobry Henryczek*, finn. *Hyvän Heikin savikka* usw.

einem Haushalt oder einer Hofgemeinschaft anschließt. Dieser Heinzelmann hilft den Menschen bei der Arbeit, er füttert und tränkt die Tiere im Stall, kehrt, hackt Holz und schaut, dass die Dinge ihren rechten Gang gehen. Mit faulen Knechten und Mägden treibt er Schabernack. Er ist froh, wenn man ihm einmal in der Woche und an Feiertagen ein Schüsselchen Milch und etwas Brot als Opfergabe schenkt. Er lässt sich nicht gerne sehen. Nur Kinder oder Narren – heutzutage wären es wohl Kiffer oder Pilzfreaks – gewahren gelegentlich seine Anwesenheit.

Eine Sage von der Schwäbischen Alb erzählt, wie ein neugieriger Naseweis – ein früher Wissenschaftler – einmal den Heinzelmännlein Asche oder Mehl gestreut habe, um ihre Gänsefüße, die sie stets vorsichtig zu verbergen wussten, wenigstens im Abdruck zu sehen; daraufhin seien sie auf Nimmerwiedersehen verschwunden. Der Schmotzenheiner aber – so nennt man die Pflanze auf der Alb – trägt heute noch das Mehl auf seinen Gänsefußblättern (Marzell I: 938).[48]

Auch andere Kräuter haben ihren Kobold und werden mit dem Namen Heinrich bedacht: Der »Böse Heinrich« ist das giftige Bingelkraut, ein Purgiermittel, das Erbrechen und heftige Durchfälle verursacht; der schöne, hochwüchsige Blutweiderich und auch der Natternkopf werden als »Stolzer Heinrich« bezeichnet; verschiedene Ampferarten kennt man als »Roten Heinrich«; der »Ysern Henrik«, der »Eiserne Heinrich«, ist der zähe Vogelknöterich.

Der Gute Heinrich wächst auf Schuttplätzen, an Dorfstrassen, an Haus- und Stallwänden. Besonders wohl fühlt er sich rund um die Senn- und Almhütten. Die sonnige Lage und besonders der stickstoff- und salzreiche, von Kuhurin getränkte Boden rund um die Hütten und Viehunterstände bekommt ihr. Zu den Speisen, die sich die Sennen kochen, gehören selbstverständlich auch die auf der Alp wachsenden Wildpflanzen, die Brennnessel, der Sauerampfer und vor allem der Gute Heinrich, der mitunter auch Hirtenspinat genannt wird. Vielerorts wird mit dem Guten Heinrich Milchzauber getrieben. Im Erzgebirge, in Schwaben und anderswo benutzt man die Wurzel gegen Milchverhexung. Dazu spricht der Hirt folgenden Spruch:

48 Schmotzenheiner – in Schaffhausen Schmutziger Harich – bezieht sich auf die sich mehlig oder staubig anfühlenden Blätter. Auch Elfen und andere zauberische Wesen, die zum Gefolge der Frau Holle gehören, werden im indogermanischen Kulturkreis oft mit Gänsefüßen dargestellt. Die Gans ist Symbol des magischen Flugs, des Zugangs zu jener »Anderswelt«, der auch die Kobolde und Heinzelmännchen angehören.

«Gut Heinrich, du bist mein Knecht,
Mit meiner Kuh ist's nicht recht;
Geh das Dorf auf und nieder,
Bring mir meinen Nutzen wieder.«

Und wenn etwas mit der Milch nicht stimmte, wurde das Milchgeschirr mit einer Abkochung dieser Pflanze ausgewaschen.

Als Heilmittel war der Gute Heinrich immer gefragt. Viele mundartliche Namen deuten das an: Er ist ein »Heilblatt«, ein »Geschwulstkraut«, das die oberbayrischen Sennen bei offenen Wunden, Geschwülsten und Geschwüren als kühlenden, heilenden Verband auflegten, eine »Grindwurz« gegen Aussatz, ein »Lungwurz«, das in Böhmen bei Lungenschwindsucht und Rippenfellentzündung verwendet wurde; es sind die »Schmalzblätter« oder »Schmeerblätter« (Schmierblätter, engl. *smeardock*), die mit in die Heilsalben und -schmieren kamen; in der Schweiz ist es das »Heimeren-Würtzen«, »Heimele« und »Heimelchrut«, das beim Heim, unter schützendem Dach wächst und dank seiner Heilkraft »dämonische« Angriffe auf die Kuh und ihr Euter abwehrt (Höfler 1990: 25). Im schweizerischen Wallis reibt man sich die von der Brennnessel verbrannten Hautstellen mit »Heimina« ein und spricht dazu:

«In Nomeni Patri
Nessje mach und Blatte
Mit Heimina ribú
Das tuets vertribu.«

Der Gute Heinrich hat einige nahe Verwandte, für die er sich nicht schämen muss. Darunter auch weitere, heute fast vergessene Gartengemüsearten: Alle Melden, die sich als Wildgemüse eignen, gehören zur Familie der Gänsefußgewächse, auch die kultivierte Gartenmelde (*Artiplex hortensis*) und der Erdbeerspinat (*Blitum capitatum*); als hocharomatisches und wirksames Wurmmittel ist der Jesuitentee oder das mexikanische Teekraut (*Chenopodium ambrosioides*) bekannt; als »Getreide« die aus Peru stammende, gut schmeckende Reismelde (Quinoa).

Es ist durchaus wert, den Guten Heinrich als Gemüsepflanze wieder einzuführen. Er mag gut gedüngte, feuchte Böden und einen hellen Standort. Nach meiner Erfahrung wächst er am besten an der Hauswand. Dort macht er, als immer wiederkehrende, mehrjährige Staude, praktisch keine Arbeit. Wer weiß, vielleicht nistest sich zudem ein freundliches Heinzelmännchen mit im Garten ein.

Guter-Heinrich-Essig

200 g frischer Guter Heinrich • 1 Prise Bourbonvanillepulver • 2 l Obstessig • 4 EL Honig

Den Guten Heinrich in ein grosses Einmachglas geben, das Vanillepulver und den Essig dazugeben. Mit einem Tuch bedecken und 3 Wochen bei 24 Grad ziehen lassen.

Den Honig einrühren und den Essig durch ein feines Tuch absieben. In ausgekochte Flaschen abfüllen und mit einem Korken gut verschliessen.

Pane nero

500 g Dinkelmehl • 40 g Hefe • 1/4 l Wasser • 1 Prise Kräutersalz • 1 EL fein gemörserte Holzkohle oder schwarzer Senf • 100 g Guter Heinrich, fein gezupft • Olivenöl

Das Mehl mit der Hefe und dem Wasser mischen, das Kräutersalz und die Holzkohle dazugeben und zu einem Teig verarbeiten. In eine Schlüssel legen und zugedeckt 2 Stunden ruhen lassen.

Den Guten Heinrich unter den Teig mischen und diesen nochmals 1 Stunde gehen lassen.

Den Teig auf ein Kuchenblech geben, mit Olivenöl bestreichen und im auf 180 Grad vorgeheizten Ofen 50 Minuten backen.

HAFERWURZEL

Tragopogon porrifolius

Familie: Korbblütler
Andere Namen: Austernpflanze, Lauchblättriger Bocksbart, Süßling, Habermark, Milcher, Himmelsbrot, Weisswurzel, Gauchbrot
Heilwirkung: Lebertonikum
Symbolische Bedeutung: Hinwendung zum Lebenslicht
Planetarische Zugehörigkeit: Jupiter; Mond

Der Vorfahre dieser uralten Gemüsepflanze kommt aus dem Mittelmeerraum. Die süßlich schmeckende, milchhaltige Pfahlwurzel wurde schon in der Antike als Gemüse geröstet, gebacken oder in die Suppe getan. Die kultivierte Haferwurzel, die seit dem 16. Jahrhundert in unseren Gärten angebaut wird, blüht rot-lila; der eng verwandte Wiesenbocksbart, der auf unseren Wiesen wächst, hat dagegen einen leuchtend gelben »Stern« als Blüte. Die schönen sternstrahligen Blüten sind nur am Morgen offen, nachmittags schließen sie sich, was ihnen in England den Namen *Jack go to bed* eingebracht hat. Da sich die Blüten der Sonne zuwenden, gehört die Pflanze wie die Wegwarte zu den »Sonnenbräuten« und versinnbildlichte einst die Sehnsucht der Seele nach dem Heiland, der »geistigen Sonne«.

Bei beiden Sorten, der wilden wie auch der kultivierten Haferwurzel, lassen sich alle Teile – Wurzel, Blatt und Blüte – verspeisen. Die lauchförmigen Blätter eignen sich hervorragend roh zum Salat oder gekocht wie Spinat; die Knospen sind eine schmackhafte Beigabe zum Mischgemüse; die Wurzeln ähneln der Schwarzwurzel und werden ebenso bereitet. Da der Geschmack der gekochten Wurzel leicht an Austern erinnert, wird die Haferwurzel oft auch »Austernwurzel« oder englisch *oyster plant* genannt. Die Pflanze ist zweijährig; die Wurzeln werden im Herbst des ersten Jahres geerntet und können über den Winter eingemietet werden.

Die Haferwurzel gilt als sehr nahrhaft. »Habermark macht d' Bube stark«, heißt es im Alemannischen. Nicholas Culpeper verordnete die Haferwurzel als Leber- und Gallentonikum. Er stellte die Pflanze unter die Herrschaft des Jupiter, da dieser Planetengott vor allem für die Leberfunktion zuständig ist. Er schreibt: »Die gekochte Wurzel ist gut für den kalten, verwässerten Magen«; auch zur Stärkung

Haferwurzel.

Schwindsüchtiger empfiehlt er das Gemüse. Leonhart Fuchs spricht die Leberwirksamkeit an: »Sein Saft ist wunderbarlich für das Stechen in der Seiten.«

Die Haferwurzel wurde im letzten Jahrhundert durch die Schwarzwurzel fast vollständig aus den Gartenbeeten vertrieben. Zu Unrecht! Kultursorten, die es noch im Handel gibt – zu finden in Samenhandlungen, die sich auf seltene Gemüse spezialisiert haben –, sind »Haferwurzel Blauetikett«, »Haferwurzel Lüthy«, »Mammoth« und »Salsify Sandwich Island Mammoth«.

Haferwurzelgulasch

1 kg Zwiebeln, fein geschnitten • 6 Lorbeerblätter • 1 TL Kümmel • 2 Nelken • 4 EL Butter • 300 ml Rotwein • 800 ml Gemüsebouillon • 3 EL Rosenpaprika • etwas Pfeffer, Kräutersalz • etwas frischer Majoran • 800 g Haferwurzel, in Würfel geschnitten • Sauerrahm • Schnittlauch

Die Zwiebeln zusammen mit Lorbeerblättern, Kümmel und Nelken in der heissen Butter 30 Minuten zugedeckt dämpfen. Mit dem Rotwein und der Bouillon ablöschen, mit Rosenpaprika, Pfeffer und Kräutersalz abschmecken. Den Majoran hinzufügen.

Die Haferwurzel beigeben und zugedeckt auf kleinster Hitze weich dämpfen.

Mit Sauerrahm und Schnittlauch mischen und zusammen mit Salzkartoffeln servieren.

KLETTENWURZEL

Arctium lappa var. *edule*

Familie: Korbblütler
Andere Namen: essbare Klettenwurzel, Japanische Klettenwurzel, Gobo, Takinogawa; *als Wildpflanze:* Klieve, Chläbere, Judenkopf, Soldatenknopf, Bedelknopf, Igelblume; Haarballen, Haarreißer, Donnerblatt, Lederlappen, Burre, Bardane, Kinzl
Heilwirkung: Harn treibend, Leber und Galle fördernd, bakteriostatische und fungizide Eigenschaften, Blutzucker senkend, Haarwuchs fördernd, Blut reinigend
Symbolische Bedeutung: Bärenpflanze; Donar oder Thor, dem »Götterbär« geweiht (Germanen); blitzabwehrend; unbeständige Liebe (Blumensprache)
Planetarische Zugehörigkeit: Venus, Jupiter

Sicherlich kennt jeder die wild wachsende Klette. Sie ist ein »Bär« unter den Kräutern. Sie hat Blätter wie Elefantenohren, eine mächtige Pfahlwurzel und einen Blütenkorb mit vielen Widerhaken. Manch ein Schulmädchen hat mit den Kletten ungute Bekanntschaft machen müssen, wenn ihr böse Buben die haselnussgroßen Klettenfrüchte in die schön gekämmten Haare warfen; manchem Langhaardackel und mancher Angorakatze wurden die kralligen »Klebeläuse« (alemannisch *Chläblus*) zum Verhängnis. Wer aber weiß, dass diese »Igelblume« auch eine hervorragende Heilpflanze ist und, noch mehr, ein leckeres Wurzelgemüse? In Ostasien – China, Java und insbesondere Japan – gibt es sogar eine Zuchtform der Klette als Gemüsepflanze. Dort isst man sowohl die Wurzeln wie auch die jungen Triebe. Für die Japaner ist die Klette – *gobo* oder *takinogawa* genannt – ein Lieblingsgemüse. Um den Bedarf zu decken, wird sie in Japan in Plantagen industriell angebaut. Die Wurzel, die in lockerem, gut gedüngtem Boden so groß wie ein Baseballschläger werden kann, hat einen kräftigen nussigen Geschmack. Im Land der aufgehenden Sonne kommt sie mit in die Suppe, wird als *Tempura* frittiert, mit Seetang, Karotten und anderen Gemüsen in Sesamöl geschmort und mit Ingwer und Sojasauce gewürzt. Gobo passt vorzüglich zu Reis und Fischgerichten. Geschmacklich erinnern die jungen Triebe an Kardi (eine essbare Distelart); sie sind eher bitter und brauchen daher die richtigen Saucen als Begleiter. In Russland

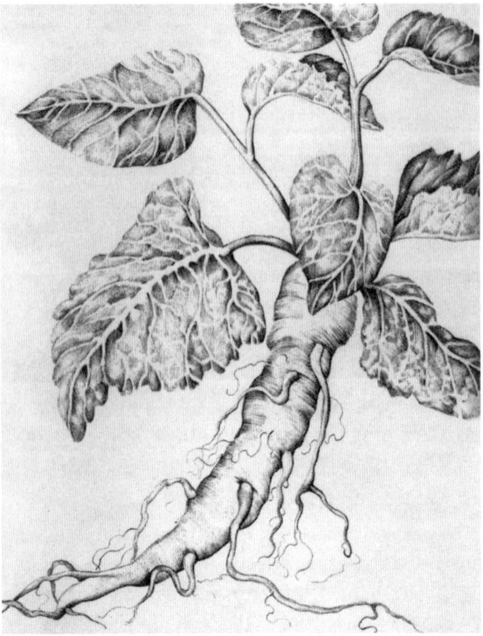

Donar-Thor, der »Götterbär«, dem die Klette heilig ist.

Klettenwurzel.

kennt man ein Taiga-Klettenmus, das aus zwei Teilen zerkleinerten Klettenwurzeln und einem Teil Sauerampfer gekocht wird. Die Russen verwenden sogar die Blätter der Klette in Suppen und Pürees, die aber sehr bitter und für verwöhnte westliche Gaumen eher gewohnheitsbedürftig sind (Koschtschejew 1990: 206).

Die Klettenwurzel ist nahrhaft. Sie enthält Vitamin C, Biotin, Eiweiß, die Vitamine B_1, B_6, B_{12} und E, dazu viele Mineralien wie Kali, Schwefel, Kieselsäure und Mangan. Wie bei vielen Korbblütlern bestehen die darin enthaltenen Kohlehydrate vor allem aus Inulin, was die Wurzel für Zuckerkranke leicht bekömmlich macht.

Klettenwurzeln keimen und wachsen schnell. Sie brauchen viel Platz und einen lockeren Boden. Sie sind widerstandsfähig gegen Schädlinge. Als Starkzehrer sprechen sie auf reichliche Kompostdüngung gut an. Die Wurzeln der zweijährigen Pflanze werden im Herbst des ersten oder im Frühling des zweiten Jahres geerntet. Am besten sind sie drei oder vier Monate nach der Aussaat, dann sind sie besonders zart. Im zweiten Jahr schießen sie und werden unbekömmlich holzig. Es ist die Ernte, welche die Klettenwurzel zur Herausforderung für den Gärtner macht. Die dicken Wurzeln, die bis zu einem Meter in den Boden ragen können, sind zerbrechlich. Man muss neben den Pflanzreihen einen Graben graben und dann die Wurzeln sorgfältig herausheben. Am besten geht dies, nachdem es geregnet hat und der Boden locker und feucht ist. Die Japaner ziehen ihr Lieblingsgemüse in Boxen auf, so dass zum Ernten nur die eine Seite heruntergeklappt werden muss. Die Wurzeln können eingemietet gelagert werden. Vor dem Kochen wird die schwarze Rinde abgeschabt.

Bei den Germanen und Kelten galt die Klette als eine Bärenpflanze. Bärenpflanzen sind besonders groß (wie etwa der Wiesenbärenklau), besonders heilkräftig (wie der Bärlapp, der Bärlauch oder die Bärentraubenblätter) oder besonders behaart (wie die Wurzeln der Bärmutterwurz). Die Germanen weihten die Klette ihrem Lieblingsgott Donar oder Thor. Wie die Klettenstaude ist dieser »Götterbär« (Asenbär, Asbjörn, Osburn): groß und kräftig, heilkundig und stark behaart. Man traute der Pflanze zu, auch beim Menschen den Haarwuchs fördern zu können. Noch heute gibt es Klettenwurzelöl in den Drogerien zu kaufen, das nicht nur den Haaren gut tut, sondern auch bei Rheuma, Gelenk- und Hauterkrankungen eingerieben werden kann.[49] Maria Treben erzählt, dass sie als Kind Haare verlor. Eine ältere Frau gab ihr den Rat, Klettenwurzeln zu kochen und mit dem Absud ihren Schopf zu waschen. Das Haar wurde daraufhin so kräftig, schreibt sie, dass sie kaum mehr mit Bürste und Kamm hindurchkam (Treben 1988: 130).

Da die Klette mit dem Donnergott verbunden ist, nannte man sie in Norddeutschland »Tenersbleden« oder »Tönnersbladen« (Donnerblatt) und hängte die Wurzel gegen Blitz- und Donnerschlag am Dachgiebel auf. Donar, der bekanntlich die Midgardschlange mit seinem Steinhammer erschlug, ist der Feind der krankheitsbringenden Würmer und Schlangen. Auf diesem Glauben gründet ein Ritual, um Maden beim Vieh loszuwerden: Man gehe schweigend mit einem Stein in der Hand zum Klettenstrauch und denke bei sich: »Klettenblatt, ich würge dich. Klettenblatt, ich lass dich nicht los, bis das Tier die Maden los [ist].«

Als stattliche Bärenpflanze hat die Klette die Signatur des Jupiter. Culpeper und andere astrologische Ärzte stellen sie jedoch vom medizinischen Standpunkt aus unter die Herrschaft der Venus. Nicht nur,

49 Herstellung des Klettenwurzelöls: Zerstoßene Wurzeln in ein Schraubglas geben, mit Sonnenblumenöl oder Weizenkeimöl übergießen. Drei Wochen an einen warmen (sonnigen) Ort ziehen lassen. Abseihen.

dass der Saft der Blätter Harn treibend wirkt und ein Tee aus den Samen gegen Harnsteine getrunken wurde, zu Culpepers Zeiten, als die Syphilis epidemisch grassierte, wurde der Tee aus den Wurzeln und Blättern auch bei venerischen Erkrankungen zur »Blutreinigung« eingesetzt. Das ist noch heute richtig: Die gesamte Pflanze wirkt Galle treibend, Schweiß treibend und Harn treibend, ähnlich wie – oder gar besser als – die aus Südamerika eingeführte Sarsaparilla. Der Teeaufguss, über einen längeren Zeitraum getrunken, wirkt bei gichtigen, syphilitischen und skrofulösen Zuständen reinigend auf Haut und Nieren. Er fördert zudem – hier nun der Jupitereinfluss – die Leber- und Gallefunktion. Dank den in ihr enthaltenen Polyacetylenen kommt auch noch eine bakteriostatische und fungizide Eigenschaft hinzu, so dass man den Aufguss auch äußerlich zur Behandlung von Akne und Eiterbeulen verwenden kann und innerlich zum Ausleiten von Schadstoffen und Harnsäure, zur Behandlung von Blasenentzündung, Milz-, Nieren- und Leberproblemen. Das Wurzelpulver ist zum Beispiel bei Chemievergiftungen angesagt. Lupus (Hauttuberkulose) kann mit dem Tee (innerlich) und einer Klettenwurzelsalbe (äußerlich) behandelt werden. Hauttumore wurden einst mit den zerstampften Blättern behandelt. Moderne Forschungen bestätigen, dass alle Teile der Pflanze bei der Heilung von Krebs eine wirksame Hilfe sind (Mabey 1993: 41).

Bei den nordamerikanischen Indianern ebenso wie in der Antike galt der Bär als der »Arzt unter den Tieren«. Ein Medizinmann der Dakota sagte: »Der Bär ist zwar ein übelgelaunter Bursche, aber er ist unser Lehrer. Wer vom Bär träumt, wird Heiler.« Was ihre Fähigkeit als Heilpflanze betrifft, so verdient die Klette durchaus ihren botanischen Namen, *Arctium lappa* (griech. *arktos* = Bär; kelt. *lapp* = Pranke). Einer derart mächtigen Pflanze traute man im Volksaberglauben auch zu, den Teufel zu vertreiben. Also flocht man Kletten absichtlich in den Kuhschwanz oder auch in den eigenen Zopf.

Die Franzosen nennen die Klette auch *bouton de soldat*, da die Soldaten einst die Blütenköpfe als Knöpfe benutzten, wenn ihnen die eigentlichen Knöpfe an den Uniformen verloren gingen. Der Klettverschluss (amerikan. *velcro*), der heutzutage Schnürsenkel und Jackenknöpfe ersetzt, wurde der Klettenfrucht nachempfunden.

In der Blumensprache bedeutet die Klette »unbeständige Liebe«, weil diese an jedermann hängen bleiben.

Klettensalat mit Mandelsauce und Kletten-Schlangenbrot

200 g Kletten, Stengel und Blätter mundgerecht geschnitten • 3 große Tomaten, in Scheiben geschnitten.

Sauce:
1 EL Mandelpüree • 50 ml Gemüsebouillon • 1 EL Essig • 1 EL Weizenkeimöl • 2 EL Sonnenblumenöl • 1 EL gemahlene schwarze Senfkörner • frische Kräuter, gehackt

Schlangenbrot:
1 kg Brotteig • 4 Klettenwurzeln, geschnitten • Sumach oder ersatzweise Paprikapulver

Die Kletten anrichten, mit den Tomaten garnieren. Alle Zutaten zur Sauce gut mischen und über den Salat träufeln.

Den Brotteig mit den Klettenwurzeln und dem Sumach mischen, gut durchkneten. Den Teig zu langen Würsten formen, um einen Stecken wickeln und über dem offenen Feuer backen. Oder im Backofen zu Brötchen geformt 35 Minuten backen.

Klettenblüten mit Kräutersauce

Geschlossene Klettenblütenköpfe • frische Kräuter, gezupft • Olivenöl • Weisswein • Rahm • Kräutersalz, schwarzer Pfeffer

Die Klettenblütenköpfe zusammen mit den Kräutern in heissem Olivenöl zugedeckt kurz dämpfen, würzen. Mit Weisswein und Rahm ablöschen.

Zusammen mit Vollreis sofort servieren.

KNOLLENZIEST

Stachys sieboldi, S. tuberifera, S. affinis

Familie: Lippenblütler

Andere Namen: Chinesische Artischocke, Japanische Artischocke, Japanische Kartoffel, Knollenkartoffel
Heilwirkung: Tee: wundheilend; *innerlich:* Gesundheitstonikum
Symbolische Bedeutung: hexenwidrig
Planetarische Zugehörigkeit: als Gemüse: Sonne; *als Heilpflanze:* Saturn, Jupiter (Culpeper)

Der Knollenziest ist ein Parvenü im europäischen Gemüsegarten. Erst vor etwas mehr als hundert Jahren gelangte er nach Frankreich, genau genommen im Jahre 1887 pflanzten die Gärtner der Firma Vilmorin-Andrieux et Cie. in der französischen Kleinstadt Crosne den Neuankömmling aus ostasiatischen Gefielden das erste Mal kommerziell an. Das neue Wurzelgemüse (jap. *chorogi;* chin. *ts'ao shih tsan*), das nach einer Mischung von Haferwurzel, Kartoffel und Artischocke schmeckt – andere erinnert es an den Geschmack von Blumenkohl –, sagte dem französischen Feinschmeckergaumen zu und machte unter dem Namen *crosne* oder *crosne du Japon* Karriere als ein Feingemüse. Die vier bis sechs Zentimeter langen Knollen – es sind unterirdische Ausläufer, die sich an ihren Spitzen verdicken – sind perlmutterweiß; sie sehen aus wie das »Michelin-Männchen« der gleichnamigen französischen Autoreifenfirma. Sie eignen sich roh geraffelt zu Wintersalaten, als Gemüsebeilage zu Fleisch und in chinesischen Pfannengerichten. Die Haut ist so zart, dass sie nicht geschält werden müssen. Auch in China, Korea und Japan, wo sie schon seit vielen Jahrhunderten angebaut werden und auf den Wochenmärkten zu kaufen sind, werden die Rhizome roh gegessen, im Wok gedünstet oder in Essig eingelegt. Die Knollen enthalten keine Stärke, sondern Stachyrose, eine Zuckerart (Tetrasaccharid), bestehend aus zwei Molekülen Galaktose (Milchzucker) und je einem Molekül Fruktose (Fruchtzucker) und Glukose (Traubenzucker).

Der ostasiatische Lippenblütler, den der deutsch-holländische Botaniker und Japanforscher Phillip Franz von Siebold zuerst beschrieben hatte, sieht ganz den Minzen, insbesondere der Zitronenmelisse, ähnlich. Er wird wie Saatkartoffeln in Reihen in den Boden gelegt und mit gutem Kompost gedüngt. An einem sonnigen, nährstoffreichen

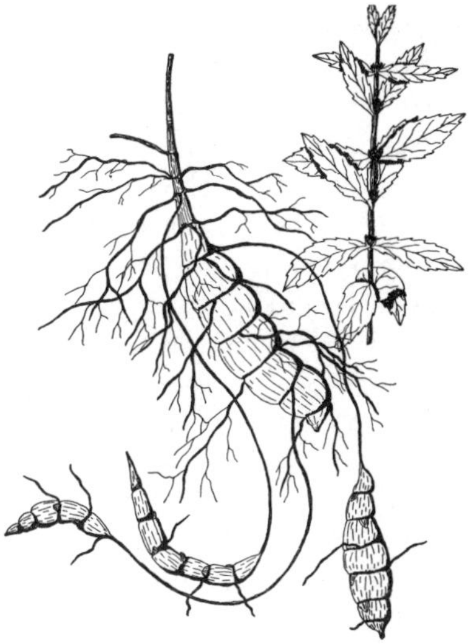

Standort vermehren sich die Knollen ausgezeichnet. Im Spätherbst und Winter kann man die frischen Knollen bei Bedarf ausgraben, sonst lässt man sie lieber im Beet, denn im Wurzelkeller halten sie nicht so gut.

Ganz fremd ist uns der Gebrauch des Knollenziests eigentlich nicht, denn ein naher Verwandter, der Sumpfziest (*Stachys palustris*), der ebenfalls verdickte unterirdische Ausläufer hat, wurde schon seit vorchristlichen Zeiten als Wildgemüse gesammelt. John Lightfoot, ein pflanzenkundiger englischer Gelehrter, erwähnt den Sumpfziest – *marsh woundwort* – 1787 als Sammelpflanze. Und um 1850 wurde diese Ziestart in Deutschland wegen der essbaren Wurzel sogar versuchsweise angebaut.[50]

Die Ziestarten galten früher als wertvolle Heilpflanzen. Das Wort »Ziest« kommt aus dem slawischen *èist* (= rein). Die Ziestarten galten fast alle als reinigend und wundheilend. Auch die englische Bezeichnung *woundwort* (Wundwurz) deutet das an. Der englische Kräuterkundige John Gerard, der zur Zeit Shakespeares lebte, kannte den Sumpfziest und nannte ihn *clownes woundwort* – für alle »Narren und Clowns«, die sich bei den häufigen Wirtshausschlägereien Prellungen und Ver-

50 Die »Wilde Kartoffel« (*Plectranthus esculentus;* engl. *Livingstone potato*, Afrikaans *aartappel*, Zulu *umbondive*) aus Südafrika ist dem Knollenziest sehr ähnlich und gehört zur selben Familie der Lippenblütler. Dieses ertragreiche Wurzelgemüse wächst in fast jeder klimatischen Zone.

wundungen zuziehen. Culpeper, der den Sumpfziest unter die Herrschaft des Saturn stellte, benutzte die Pflanze ebenfalls als Wundheilmittel, außerdem machte er einen Sirup gegen innere Blutungen und Blutspucken. Von den Indianern wird berichtet, dass sie Sumpfziestkraut bei Bauchschmerzen und Koliken als Tee tranken und zur Wundheilung und bei Geschlechtskrankheiten Umschläge mit dem Kraut und den Wurzeln machten. Bei den Germanen und später bei den Bauern war der Heideziest (*Stachys recta*), auch Gliedwundkraut, Bauernheilkraut, Badekraut oder Berufskraut genannt, eine wichtige Heilpflanze, ja fast eine Allerheilpflanze. Als »Herba siderites« war das Kraut früher sogar in den Apotheken offizinell. Es wurde ähnlich wie die aus dem Mittelmeerraum stammende und in der Klostermedizin wichtige Betonie oder der Heilziest (*Stachys officinalis*) äußerlich für Bäder und Umschläge und innerlich als Aufguss bei Verschleimung, Magenkatarrh, Gelbsucht, Nieren- und Blasenleiden, Unterleibs- und Menstruationsbeschwerden, Nervosität, Fallsucht und, um »eine schlechte Säftemischung im Blut« zu verbessern, verwendet. Als Berufskraut wurden die Ziestarten gegen »Berufungen« (Verzauberungen) eingesetzt. Der Krankgezauberte wurde in einer Abkochung des Krauts gebadet, mit dem Badewasser wurde dann der böse Zauber weggegossen. Man traute dem Ziest zu, auch die Seele zu reinigen. Die alten Angelsachsen haben das Kraut angeblich auch gegen Hexerei verwendet. Vermutlich besitzt der hier besprochene Knollenziest ähnliche Heilwirkungen. Die Ethnobotanik sollte sich seiner annehmen.

Gebratener Knollenziest mit Brennnesseln

600 g Knollenziest, gründlich gewaschen (evtl. gebürstet) • 200 g frische Brennnesseln, gezupft • 4 EL kaltgepresstes Olivenöl • 1 TL gemahlener Koriander • ½ TL Bourbonvanillepulver • 100 ml Rahm • Kräutersalz

Das Olivenöl erhitzen, den Koriander zusammen mit etwas Kräutersalz darin kurz anrösten. Den Knollenziest dazugeben und auf kleiner Hitze garen. Die Brennnesselblätter zusammen mit der Vanille hinzugeben und kurz mitbraten. Mit dem Rahm ablöschen und heiss servieren.

MALVEN

Malva ssp.

Familie: Malvengewächse
Andere Namen: Malva sylvestris: große Käsepappel, Rosspappel, Hanfpappel, Käse, Chäsli, Katzenkäsekraut, Sankt-Johannis-Pappel, Himmelsbrot, Chüchli, Schwellkraut, Halskraut; *Malva verticillata:* Quirlmalve, Baumkohl, Kohlmalve; *Malva alcea:* Sigmarswurz, Augenpappel, Lungenpappel, Fleckkraut, Fellrisswurzel, Simonswurzel; *Malva moschata*: Bisammalve, Schwulstkraut, Ooflug (Anflug); *Malva neglecta:* Käsepappel
Heilwirkung: entzündungshemmend, schleimhautschützend, erweichend auf alte Geschwüre; Augenheilmittel; lindernd bei Brandwunden, bei Reizungen der oberen Luftwege und des Verdauungstraktes
Symbolische Bedeutung: Vergebung, Wohltätigkeit, Segen, Treue; Mäßigung und Kontrolle der Leidenschaft; geistiges Sehen; heiliger Simon (christlich); Freya (Germanen)
Planetarische Zugehörigkeit: Venus

Zu unseren schönsten Wildpflanzen gehören die verschiedenen lange und hauptsächlich rosafarben blühenden Malvenarten. Alle enthalten heilkräftige Schleimstoffe und sind als erweichende, lindernde, wundheilende, schleimhautschützende und entzündungshemmende Phytotherapeutika noch heute in Gebrauch. Einst waren sie wichtige Gemüsepflanzen. Es scheint, dass nur noch Kinder wissen, wie gut die unreifen Früchte, die »Käseleibchen« (Chäsli, Puppenkäse, Katzenkäse) schmecken. In China und Indien werden Unterarten der großen Käsepappel (*M. sylvestris*) noch immer als Suppengemüse angebaut. Die krausen Pappeln (Quirlmalve, *M. verticillata*) – sie heißt bei uns auch Baumkohl oder Kohlmalve – ist in China schon so lange in Kultur, dass gar keine Wildart dieser Malvensorte bekannt ist.

In der Antike wurden im Mittelmeerraum die jungen Triebe der Käsepappel als Gemüse gegessen, galten aber eher als Speise der armen Leute. In der Bibel wird sie als Nahrung in Hungerzeiten erwähnt: »Leute, die das dürre Land abnagen, das Gras der Wüste und der Wüstenei. Sie pflücken Malven oder [nach anderen Übersetzungen] Salzmelde im Gesträuch, und Ginsterwurzeln sind ihr Brot« (Hiob 30: 3,4). Einst nannte man die Käsepappel auch Sankt-Johannis-Pappel, denn sie galt neben Heuschrecken als Nahrung des frommen Bußpredigers, als dieser in der Wüste lebte. Malven gehören auch zur Nahrung der armen Fellachen in Ägypten. Sie sind jedoch – davon kann sich jeder überzeugen – keinesfalls nur eine Notnahrung. Das ägyptische Nationalgericht *melokhia* – klein geschnittene Malvenblätter in Hühnerbrühe mit in Olivenöl gebräunten Knoblauchzehen, etwas Cayennepfeffer und Salz als Würze – ist ein Hochgenuss (Hollerbach 1998: 135). Auch in Russland wird die Malve noch gegessen. Die jungen Blätter kommen in Salate, Suppen und Beilagen; sie werden getrocknet und als Pulver zum Würzen von Suppen und Soßen verwendet. Die noch nicht ausgereiften Früchte werden mariniert und als Einlage für *soljanka*, *rassolnik* und Borschtsch verwendet. Für Salate werden die »Käse« vorher gekocht, für Piroggen und Püree zerhackt oder durch den Fleischwolf gedreht (Koschtschejew 1990: 61).

Bei mir im Garten wachsen die Käsepappeln nicht nur als Blumenzierde, sondern auch als Gemüsepflanzen. Es ist zwar arbeitsaufwendig, die kleinen »Käse« zu ernten, aber, wie junge Erbsen gekocht, schmecken sie sehr gut. Und immer wieder schmücken die rosafarbenen Blüten zusammen mit Borretsch-, Kapuzinerkressen- und Gänseblümchenblüten die Sommersalate. Malven sind mehrjährig und unkompliziert anzubauen. Auf etwas Kompost und Gesteinsmehl reagieren sie gut.

Archäologische Funde bei Ostra in der Lausitz deuten an, dass die Käsepappel schon in der letzten Eiszeit intensiv gesammelt wurde. Bei den germanischen Stämmen, darunter auch den Angelsachsen, pflanzten die Frauen Käsepappeln neben anderem Grünzeug in ihre Suppengärten. Nicht nur als Gemüse, sondern auch als Faserpflanze diente die hohe Malve. Die Bastfasern wurden wie der Hanf oder die Brennnessel zu Stricken und Geweben verarbeitet. Hier und da heißt sie deswegen noch heute »Hanfpappel«. Die Germanen weihten die Malve als Frauen- und Faserpflanze der Göttin Freya. Selbstverständlich benutzten diese Völker sie auch als Heilmittel, auch gegen die uns nicht mehr bekannten Krankheiten, die von den »Wasserelfen« ausgehen (Wheelwright 1974: 103). Auf ihre Gräber sollen die Angelsachsen Rosspappeln gepflanzt haben. In Niederösterreich gehört die Rosenpappel oder Sigmarswurz noch immer mit zu den obligatorischen Friedhofspflanzen.

Für die Römer und Griechen versinnbildlichte die Malve (von griech. *malakos* = weich) Milde, Sanftheit und Kontrolle der Leidenschaft. Die galenischen Ärzte beschrieben die Malve als kühlend und anaphrodisisch. Diese Bewertung prädestinierte die Blume für die christliche Symbolik, in der sie vor allem Vergebung ausdrückt: So wie die Schleimstoffe erweichend und heilend auf alte Geschwüre wirken, steht sie für die Vergebung der Sünden einer verhärteten Seele. Alle Malven, insbesondere die Sigmarswurz (*M. alcea*), galten als Augenheilmittel; Augenpappel, Fleckkraut – gegen Flecken in den Augen – und Fellrisswurzel – es reißt das »Fell« von den Augen, damit man besser sehen kann – sind einige Namen dieser Malvenart. Im Mittelalter hieß sie auch »Herba Simeonis«, »Kraut des heiligen Simon«. Dieser ehrwürdige Greis heilte seine trüben Augen mit einem Auszug der Malvenwurzel. Er segnete die Pflanze, denn nun konnte er bei der Darbringung im Tempel das Jesuskind sehen und es als den ersehnten Messias erkennen (Lukas 2,25). Noch lange gruben die Bauern Malvenwurzeln am Simonstag (8. Oktober) oder am Kreuzerhöhungstag vor Sonnenaufgang, um diese dann als Amulett gegen Augenleiden am Hals zu tragen oder damit eine Abkochung für die Augenbehandlung herzustellen.

Im ausgehenden Mittelalter kannte man eine Probe für die Jungfernschaft: Das Mädchen musste auf eine Malve urinieren; wenn diese innerhalb von drei Tagen verdorrte, »so ist sy keine Magt mehr, sonder sag frölich, sy hab schon oft Ratzen und Müss erbissen«. Dasselbe Rezept wird angewendet, um zu erfahren, ob eine Frau Kinder bekommen wird. Sie gieße Harn auf die »wilden papelyn«; verdorren diese innerhalb von drei Tagen, bleibt sie unfruchtbar; bleiben sie grün, bekommt sie Kinder (Bächtold-Stäubli 1987: 1559).

Das Wort »Malve« (von ital. *malva*) erscheint erst im 16. Jahrhundert in den gelehrten lateinischen Büchern. Älter und volkstümlicher ist »Pappel«, von »Papp« (= Brei, Kleister). Aus den »Pappeln« wurden vor allem entzündungshemmende, reizlindernde Breiumschläge für Wunden und Brandwunden gemacht. Culpeper, der die Abkochung der Käsepappel als Klistier sowie als Mittel bei schmerzhaftem Harnen einsetzte, stellt die Pflanze unter die Herrschaft der Venus.

In der Kräuterheilkunde ist die Pflanze noch heute aktuell. Als Tee wirken die Schleimstoffe überall beruhigend auf die Schleimhäute – auf die oberen Luftwege (bei Halsweh und Reizhusten), auf den Verdauungstrakt (Hämorrhoiden, Magen-, Darmkoliken) oder auf gereizte Harnorgane.

Eine Malvenart, der Eibisch (*Althea officinalis*), hat eine besonders schleimhaltige Wurzel. Aus dem Wurzelschleim kochten Apotheker ein Konfekt, das bei Darmbeschwerden, Husten oder bei Harnsteinen gegessen wurde. In Frankreich hieß die aus der schaumig geschlagenen Wurzelauskochung, Eiweiß, Zucker und Gewürzen hergestellte pappige Süßigkeit *pâté de gimauve*. In Amerika wurden daraus die berühmten *marshmallows*, jene weichen, weißen, schwammigen Kugeln, die bei Picknicks und Pfadfinderausflügen über dem Lagerfeuer geröstet werden. Die Marshmallows gelten als ein Kultgegenstand des »American Way of Life«. Nur ist der Malvenwurzelextrakt heutzutage durch billigere, chemisch aufbereitete Stärken ersetzt worden.

Gegen Ende des 19. Jahrhunderts schrieb die Malve noch einmal kulturhistorische Geschichte. Die »Royals«, das englische Königshaus, fuhr auf die sanfte Rosafarbe der Malve ab: »Mauve« war *en* vogue, Tapeten, Vorhänge, Tischtücher, Kleidung, sogar Schreibpapier wurde malvenfarben.

Und schließlich noch die Blumensprache. Wenn einem jemand eine Malvenblüte zusteckt, bedeutet das: »Ich schätze dich als meinen teuersten Freund!«

Malvenblüten mit Löwenzahnsalat

200 g junge, zarte Löwenzahnblätter • 2 EL Malvenblüten

Sauce:
1 EL Sesamsamen, geröstet, gemahlen • 1 EL Sumach • 2 EL Haselnussöl • 4 EL Gemüsebouillon • etwas Senf • Meersalz, Pfeffer

Den Löwenzahn mit den Malvenblüten anrichten.
Alle Zuaten für die Sauce mischen und über den Salat giessen.

Malvenblüten mit Frischkäse und Zwiebeln

400 g Zwiebeln, fein gehackt • 2 EL Olivenöl • gemahlener Koriander, Meersalz • 200 g Frischkäse • 4 EL Malvenblüten

Die Zwiebeln im Olivenöl braun braten, würzen und abkühlen lassen.

Mit dem Frischkäse und den Malvenblüten mischen.

Tipp: Schmeckt wunderbar als Brotaufstrich oder als Dip für Gemüse.

NEUSEELÄNDERSPINAT

Tetragonia tetragonioides, T. expansa

Familie: Eiskrautgewächse, Mittagsblumengewächse

Andere Namen: Neuseelandspinat, Ebige Spinat, Sommerspinat, Viereckfrucht, Vierhorn

Heilwirkung: Saft: heilend und entzündungshemmend

Planetarische Zugehörigkeit: Merkur, Saturn

Der Neuseeländerspinat gehört zur Familie der Eiskraut- oder Mittagsblumengewächse (*Aizoaceae*). Diese Pflanzen, von denen die meisten im südlichen Afrika zuhause sind, sind meistens sukkulent. Am bekanntesten sind die »lebenden Steine« oder »lebenden Kiesel«, die sich kaum von den abgerundeten Steinchen in ausgetrockneten Bachbetten unterscheiden lassen, es sei denn, sie blühen gerade. Wegen ihrer Sukkulenz, ihrer aufgestauten ätherischen Lebenskraft stellt die Herbalastrologie die Eiskrautgewächse unter die Herrschaft des Merkur, wegen ihrem Bezug zu steinigen, trockenen Biotopen unter die des Saturn.

Der Neuseeländische Spinat diente den Ureinwohnern Australiens und Tasmaniens lange als essbares Sammelgut. Offiziell wurde er jedoch im Jahr 1770 von dem berühmten Naturwissenschaftler Sir Joseph Banks, der Kapitän James Cook auf seiner Südseereise begleitete, in Neuseeland am Queen Charlott Sound entdeckt. Er brachte das Eiskrautgewächs mit nach England, wo es bald darauf als exotisches Gemüse angepflanzt wurde.

Der Vierhorn – so genannt, weil die großen, harten Samen vier Spitzen oder Hörner haben – ist ergiebig. Er braucht Wärme und guten Humus. Die Eiskrautgewächse sind zwar auf die Trockenheit der Wüste spezialisiert, aber zügig und freudig wächst dieser Sommerspinat nur, wenn er auch reichlich bewässert wird.

Es dauert vierzig Tage, also sechs Wochen – so lange wie Buddha unter dem Bobaum saß –, bis die Samen keimen. Am besten sät man sie schon im Februar in eine Anzuchtschale oder ins warme Mistbeet. Zwei bis drei Pflänzchen genügen für den Spinatbedarf einer Familie. Im Mai, nach den Eisheiligen, kann man sie ins Beet pflanzen. Man muss ihnen genügend Platz gönnen. Sie wuchern zuerst langsam, dann mit zunehmendem Elan und machen ununterbrochen neue Triebe, die man bis im Oktober ernten kann.

Das sehr nahrhafte Gemüse schmeckt dem eigentlichen Spinat ähnlich, enthält aber im Gegensatz zu diesem keine Oxalsäure. Was die Heilkraft des Neuseeländerspinats betrifft, weiß man wenig. Man müsste dazu die australischen Ureinwohner befragen. Vermutlich wirkt der Saft wie bei den verwandten Eiskrautgewächsen mild antiseptisch. Die Zulus in Südostafrika benutzen den Saft dieser Sukkulenten bei Hautentzündungen und Verbrennungen sowie zum Gurgeln bei Mandelentzündung.

Hamburger von Neuseeländerspinat mit Lauchhederichbutter

200 g Kichererbsen, eingeweicht und 2 Tage angekeimt • 100 g Neuseeländerspinat, grob gezupft • 50 g Haferflocken • 1 Zwiebel, fein gehackt • 2 Prisen Korianderkörner, gemahlen • 2 EL Olivenöl • 100 g Butter • 2 EL Lauchhederich, fein gehackt • Kräutersalz, Pfeffer

Die Kichererbsen fein pürieren. Mit dem Neuseeländerspinat und den Haferflocken vermengen.

Die Zwiebeln im Olivenöl braun braten und unter die Masse mischen. Mit Koriander und Kräutersalz abschmecken.

Die Masse zu Hamburgern formen und im Olivenöl braun und knusprig braten.

Die Butter weich rühren, den Lauchhederich darunter mischen, mit Salz und Pfeffer würzen. Zu einer Rolle formen und kalt stellen.

Die Hamburger zusammen mit der Lauchhederichbutter servieren.

SPEISECHRYSANTHEME, SHUNGIKU

Chrysanthemum coronarium

Familie: Korbblütler
Andere Namen: Kronenwucherblume, Goldblume, Christusauge, Schönwucherblume; chin. *Tung hso-ts'ai*, jap. *Kiku-na*, *Shiyungiki* (*Shungiku*)
Heilwirkung: Blüten: zur Behandlung von hohem Blutdruck, Entzündungen, Kopfschmerzen, ermüdeten Augen; *Blätter:* Hautleiden, Pickel, Geschwüre
Symbolische Bedeutung: Ostasien: Königin der Blumen, Langlebigkeit, Herbst, Zurückgezogenheit, Schönheit trotz schwierigen Umständen, Totengedenken; *Europa:* Adel, Christus, Sonnengottheit, Orakelblume, heiliger Johannes
Planetarische Zugehörigkeit: Sonne, Venus

Die Kronenwucherblume, die gelegentlich bei uns in den Blumengärten wächst, wird in Japan und auch anderswo in Ostasien als aromatisches Blattgemüse angebaut. Sie gehört mit in das japanische Nationalgericht *Sukiyaki*, das aus Sojakäse (*Tofu*), Fleischstreifen, Zwiebeln, Bambussprossen und anderem Gemüse besteht und in Soja, Reiswein (*Sake*) und Zucker gekocht wird. Die Blütenköpfe werden in Essig eingelegt. Bei den Chinesen kommt das Blattgrün der Wucherblume zusammen mit Bohnensprossen, Bambusschößlingen, Wasserkastanien[51], Zwiebeln, Pilzen, Fisch oder Fleisch, Reis und Sojasoße mit ins Chop Sui (kanton. *shap sui* = »Zusammengemischtes«).

Die essbare Chrysantheme ist nicht schwierig anzubauen. Sie keimt gut, wächst schnell, besonders wenn sie genügend Wasser, Sonnenlicht und reife Gärtnererde hat. Die jungen Triebe können für Suppen oder Mischgemüse geerntet oder roh zum Würzen von Salat – insbesondere Tomatensalat – verwendet werden. Wenn man die flachen Wurzeln nicht mit herausreißt, dann wachsen die Triebe nach. Im Spätsommer, wenn die Tage wieder kürzer werden, fangen die Shungiku an zu blühen. Für mich war es eine Freude, als ich das in meinem Garten

51 Die Wasserkastanie oder Wassernuss (*Trapa natens*), eine Wasserpflanze mit nussartig schmeckenden, stacheligen Früchten, wuchs einst auch bei uns und ist eine der besten der »vergessenen« Gemüsepflanzen. Es ist Zeit, sich auch dieser köstlichen Nahrungspflanze wieder zu erinnern.

das erste Mal erlebte. Sonnig gelb und freundlich strahlten die üppigen Blüten, das Gemüsebeet war auf einmal ein Blumenbeet geworden. Die Blüten, die bis weit in den Spätherbst munter weiterwuchern, eignen sich ausgezeichnet zum Dekorieren von Salaten. Speisechrysanthemen vertragen kühles Wetter. Man kann sie schon sehr früh im Gärtnerjahr aussäen und dann alle paar Wochen wieder nachsäen. Es ist ein Leichtes, im Herbst die Samen der verblühten Blumen als Saatgut fürs nächste Jahr zu gewinnen.

Die Goldblume gehört zur Korbblütlergattung der stolzen Chrysanthemen oder Deodranthemen. Das bekannteste Mitglied der Gattung ist eine heimische Wiesenblume, die Margerite (*Chrysanthemum leucanthemum*), mit der die Kinder so gerne Orakelspiele treiben. An solch einer »Sternblume« zupfte das arme Gretchen in Goethes »Faust« – »er liebt mich, er liebt mich nicht«. In Altbayern fragten die Mädchen die Blume nach ihrem Schicksal mit folgender Abzählung: »Edelmann, Bettelmann, Bürger, Bauer, Bäuerin, Kellnerin, Jungfrau, Stadtfrau, Drecksau?« Bei den Kelten und Germanen war die Margerite mit ihrer gelben Mitte und ihren weißen Blütenblätterstrahlenkranz ein Symbol der Sonne, es war das »Tagesauge« (engl. *day's eye* oder *daisy*), das Auge des Baldur, des Sonnengottes, später des Christus. Auch die jungen Triebe der Margerite eignen sich als Wildgemüse, wie wir von François Couplan erfahren (Couplan 1997: 40).

Ganz nah verwandt, ja praktisch identisch mit der Kronenwucherblume oder Speisechrysantheme ist die Saatwucherblume (*C. segetum*), die ebenfalls goldgelbe Blüten besitzt. Auch sie wird in Südostasien als Gemüse kultiviert. Im 19. Jahrhundert, als sie zufällig mit verunreinigtem Saatgut aus der Ukraine eingeführt wurde, galt sie als »böse Blume«. Sie wucherte in den Getreidefeldern und wurde von den Regierungen in Skandinavien und Norddeutschland aufs äußerste bekämpft. Namen wie Groschenblume, Hellerblume, Batzenkraut und dergleichen erinnern an die Geldstrafen, die die Bauern zahlen mussten, wenn die Inspektoren auch nur ein einziges noch nicht ausgerottetes Exemplar auf ihren Feldern fanden (Storl 2000b: 143). Inzwischen steht die goldgelbe Blume unter Naturschutz, so selten ist sie geworden.

Auch das aus dem Mittelmeerraum stammende Balsamkraut oder Marienblatt (*Chrysanthemum balsamita*), eine alte der Gottesmutter geweihte Heilpflanze, deren duftendes Blatt sich die Frommen einst als Buchzeichen in die Bibel legten, gehört zu dieser Familie. Die frischen

Crysanthemen aus dem chinesischen »Ben Cao« (16. Jh.).

Crysanthemenausstellung im alten Japan.

oder auch getrockneten Blätter des Balsamkrauts würzten einst Suppen, Hammelbraten, Hülsenfrüchtegerichte und Likör.

Verschiedene Wucherblumenarten, wie die dalmatinische Insektenblume, enthalten Wirkstoffe (Pyrethrum), die für Insekten schädlich, für Warmblütler aber ungefährlich sind. Das Nervengift aus den Chrysanthemenblüten hat ein weites Wirkungsspektrum und wird bei Schädlingsbefall notfalls auch von Biogärtnern verwendet. Pyrethrum ist auch in den »mosquito coils«, den grünen Rauchspiralen, die abends in den Tropen angezündet werden, vorhanden.

Die eigentlichen Chrysanthemen, die prächtigen gefüllten und ungefüllten Sorten, stammen jedoch allesamt aus Ostasien. Dort hat diese »Königin der Blumen« ungefähr den Stellenwert, den die Rose in der westlichen Welt innehat oder die Lotosblüte in Südasien. Sie ist Tempelschmuck, Motiv der Porzellanbemalung, der Seidenstickerei, von Holzschnitzereien und Metallarbeiten. In Japan ist die ungefüllte sechzehnblättrige Chrysantheme die Kaiserblume; sie ziert das hoheitliche Wappen, wird auf die kaiserlichen Kimonos gestickt und auf das Schwert des Kaisers graviert. In China und in Japan wird das Chrysanthemenfest am 9. Tag des 9. Monats aufwendig gefeiert. Das

Herbstfest steht dem Frühlingsfest der Kirsch- oder Pflaumenblüte gegenüber und symbolisiert den Abstieg des Jahres, das Sich-Zurückziehen nach einem Leben voller Arbeit und Plage ins einfache Leben, in den gesegneten Ruhestand. So schreibt der chinesische Dichter T'ao Yüan Ming (365–427):

«In später Pracht erblühen die Chrysanthemen,
Ich pflücke sie, vom Perlentau benetzt,
Um ihre Reinheit in mich aufzunehmen
Hab einsam zum Wein mich hingesetzt.«

Die Goldblume symbolisiert das Bewahren der Schönheit in einer Welt, die voller Hast und Gemeinheit ist. Sie bringt uns die verstorbenen Freunde und Ahnen in Erinnerung und flüstert sanft von einer Liebe, die über den Tod hinausgeht. Zugleich ist sie ein Symbol langen Lebens (Beuchert 1995: 49). Die Blume ist so edel, dass die chinesische Kaiserin es nicht unter ihrer Würde fand, sie für die Palastzimmer selbst zu züchten. Eine Hofdame schreibt: »Jeden Morgen begleiteten alle Hofdamen und alle Hofeunuchen die Kaiserin zum Westufer des Sees. Unter ihrer Anleitung schnitten wir kleine Zweige von den jungen Pflanzen und pflanzten sie in Blumentöpfe. Während heftiger Regenfälle befahl Ihre Majestät den Eunuchen, die Chrysanthemen mit zarten Strohmatten zu schützen« (Tergit 1963: 130).

Bei dem herbstlichen Chrysanthemenfest trinken die Japaner eine Schale Sake, in der eine Goldblumenblüte schwimmt. Es ist ein sakraler Ritus, der Treue und Gefolgschaft gegenüber dem Kaiser ausdrücken soll. Der Brauch geht darauf zurück, als vor vielen Jahren der Kaiser Go Toba seinem treuen Ritter Kusunoki Masashige als Anerkennung einen solchen Blütentrunk reichte. Inzwischen haben die Japaner und Chinesen Tausende von wunderbaren Zuchtsorten der verehrten Pflanzen herangezüchtet. Nach Europa kamen sie zur Zeit der Französischen Revolution durch einen Marseiller Kaufmann. Seit 1838 wurden die Kultursorten in der Gärtnerei im königlichen Garten von Versailles gezüchtet.

Japanische Skizze (Seikura): Chrysantheme in Korbvase.

Unsere einheimische Chrysantheme, die hübsche Margerite, wurde einst als Wundbalsam und als Schweiß und Harn treibender Tee verwendet. Culpeper, der die Pflanze unter die

Herrschaft der Venus stellt, empfahl die zerstampften Blätter für »geschwollene und heiße Hoden«. Selbstverständlich werden wilde wie auch gezüchtete Chrysanthemen in der ostasiatischen Medizin als Heilmittel verwendet. Die sorgfältig getrockenten Blüten (chin. *ju hua*), die schon von Shen Nung, dem mystischen Kaiser, erwähnt werden, wirken kühlend, entgiftend und antibiotisch. Sie werden in der heutigen chinesischen Medizin als Tee bei Kopfschmerzen, Schwindel und Schlaflosigkeit verschrieben[52], ebenso bei Bluthochdruck, Angina pectoris und Arteriosklerose zusammen mit den Blüten des japanischen Geißblatts (*Lonicera japonica*) (Foster/Chongxi 1992: 194). Als Hausmittel wurde in Ostasien die Chrysantheme schon lange eingesetzt. Indikationen sind: Kopfschmerzen, schlechter Atem, bitterer Geschmack im Mund und andere Krankheiten, die vom »kühlen Wind« herrühren. Die gekochten, warmen Blüten werden auf müde, überanstrengte, gerötete Augen – etwa nachdem man den ganzen Tag am Bildschirm gearbeitet hat – aufgelegt. Bei Hautleiden – Pickeln, Eiterbeulen, Ausschlägen – werden die frischen Blätter zerstampft und als Breiumschlag aufgelegt. Im Winter werden die getrockneten Blätter zu diesem Zweck überbrüht. Bei Erkältungen schlafen die Chinesen auf Kissen, die mit den duftenden Chrysanthemenblüten gestopft sind. Und als stärkendes Getränk kommt Wein mit Chrysanthemenblüten in Betracht.

Grüne Spargeln mit frittierten Chrysanthemen

400 g grüne Spargeln, 5 cm lang geschnitten • 4 EL Olivenöl • 100 ml Weisswein • 50 ml Rahm • 160 g Chrysanthemen (Shungiku) • Öl zum Frittieren • Meersalz • Tamari- oder Sojasauce

Die Spargeln im heissen Olivenöl 5 Minuten zugedeckt dämpfen, mit dem Weisswein und dem Rahm ablöschen. Mit Meersalz abschmecken und zugedeckt nochmals 10 Minuten dämpfen.

Die Chrysanthemen in Öl schwimmend frittieren.

Die Spargeln mit den frittierten Chrysanthemen anrichten. Mit etwas Tamari beträufeln.

52 Inzwischen haben westliche Wissenschaftler eine ähnliche Wirkung beim Mutterkraut (*Chrysanthemum parthenium*) in Bezug auf Migräne und Schwindelanfälle entdeckt und mit klinischen Studien untermauert.

TAGLILIE

Hemerocallis fulva

Familie: Affodillgewächse oder Tagliliengewächse
Andere Namen: Rotgelbe Taglilie, Tagschöne, Giel Lilien, Feuergilgen, Krullliljen, Josefs Ülln
Heilwirkung: entspannend, reinigend, Harn treibend, entzündungshemmend
Symbolische Bedeutung: heiliger Josef, Zartheit, Reinheit; Sorglosigkeit (chinesisch)
Planetarische Zugehörigkeit: Mond, Jupiter

Die Taglilie mit ihren trichterförmigen ockergelben bis lachsfarbenen Blüten ist eine typische Blume der Bauerngärten; sie ist pflegeleicht und kommt jedes Jahr wieder. Sie blüht von Mai bis Juli. Die bäuerliche Symbolik machte sie zur »Lilie« des heiligen Josef (ital. *giglio di San Guiseppe*); die weiße Lilie dagegen ist Attribut seiner Gattin, der reinen Jungfrau Maria. Da die einzelnen Blüten nur einen Tag lang, von Sonnenaufgang bis Sonnenuntergang, blühen, gab der Botaniker Linné der Blume den Namen *Hemerocallis* (griech. *hemera* = Tag; *kallos* = schön). Auch wenn sie noch so schön blüht, sie macht keine Samen. Sie vermehrt sich über die Rhizome. Umso erstaunlicher ist es, dass sie vielerorts verwildert vorzufinden ist. Nagetiere, Wühlmäuse und Hamster – und auch die Menschen – verbreiten die Wurzelstückchen und sichern so die Fortpflanzung.

Die Taglilie, die eigentlich keine Lilie ist, sondern eine mit den Affodillien verwandte Pflanze, kommt aus Ostasien. Vor der Renaissance war sie unbekannt, erst im 16. Jahrhundert erwähnen französische und belgische Botaniker, wie Dodoens, Clusius und Lobel, die neuartige »Lilie«. Schon im Jahre 1812 bemerkte ein amerikanischer Botaniker, dass diese Blumen rund um Philadelphia (Pennsylvanien) verwildert anzutreffen sind. Heutzutage besiedeln die eingewanderten, verwilderten Taglilien großflächig die Straßenränder, Feuchtwiesen und Böschungen im Mittelwesten der USA. Begeisterte Züchter haben inzwischen über 30 000 *Hemerocallis*-Sorten hervorgebracht und registrieren lassen.

In China, Japan und Korea wird die Taglilie schon seit Jahrtausenden angebaut – und zwar vor allem als Gemüsepflanze. Man findet sie meistens auf den Deichen zwischen den Reisfeldern, wo sie sich in Horsten ausbreitet. Die jungen Triebe und Schösslinge werden im Frühling wie Spargel gegessen; sie können auch dem Salat beigefügt werden. Beliebt sind im Sommer die Blütenknospen, die man im Wok schmort, in Frittierteig getaucht knusprig braun bäckt oder in Fleischsuppen mitkocht. Die Blüten (chin. *jin-zhen-cai*) haben einen etwas schleimigen, süßlich-würzigen Geschmack und eignen sich in Suppen oder frisch zum Dekorieren von Salaten. In Ostasien werden die getrockneten Blüten unter dem Namen »goldene Nadeln« als Gewürz verwendet. Auch im chinesischen Restaurant kann man – ohne es zu wissen – in den Genuss der »goldenen Nadeln« kommen. Die kurzen, fleischigen Speicherwurzeln kann man ebenfalls essen; sie sind jedoch eher mühsam zu ernten und zu putzen. Am besten sind die jungen Wurzeln im Frühling. Man kann sie in Suppen geben oder in Salzwasser als Gemüse kochen. Sie schmecken nach einer Mischung von Mais und Haferwurzel. Die Taglilie ist nahrhaft: Die Wurzeln enthalten Eiweiß und etwas Öl, die Blüten Beta-Karotine und Vitamin C.

Die japanischen Ureinwohner, die Ainu, die für ihren Bärenkult und ihre volle Haarpracht bekannt sind, sammeln die wild wachsende Pflanze massenweise. Sie trocknen die Blüten zum Aufbewahren oder pökeln sie in einer Salzlake ein.

Der chinesische Name für die Taglilie ist *xuan-cao*. »Xuan« bedeutet »vergiss Sorgen« und »cao« heißt »Kraut«. Es ist also das »Kraut, das Sorgen vergessen lässt«. In großen Mengen verzehrt sollen die jungen Triebe angeblich leicht psychedelisch, auf jeden Fall entspannend wirken. Die Wirkung scheint aber relativ mild zu sein, denn meine alten Hippiefreunde wussten nichts davon. Auch in der »Enzyklopädie der psychoaktiven Pflanzen« von Christian Rätsch wird diesbezüglich nichts erwähnt.

Als Heilpflanze findet sie schon in dem alten Kräuterbuch »Shen Nong Ben Cao Jing« (656 v. u. Z.) Erwähnung. Ein weiteres Kräuterbuch (1059 n. u. Z.) erwähnt die Wurzel als Mittel gegen Gelbsucht und als Diuretikum. In der chinesischen Volksheilkunde findet die *Hemerocallis* mehr Verwendung als in der offiziellen akademischen Medizin. Die Pflanze gilt als »süß« und »kühl« – ein Herbalastrologe wie Nicolas Culpeper könnte sie also getrost unter die Herrschaft des Jupiter und des Mondes stellen. Die Wurzel wird bei Erkrankungen der Geschlechts- und Harnorgane verwendet. Mit Schweinefleisch wird sie als Stärkungsmittel bei »fieberigen Erschöpfungszuständen« verordnet; mit Ingwer in Wein gekocht soll sie bei Darmblutungen eingenommen werden. Zerstampfte gekochte Wurzeln werden als Umschlag bei Brustentzündung (Mastitis) heiß aufgelegt. Die Blüten gelten als reinigend, beruhigend, entspannend; getrocknete Blüten werden auch bei Bluthamen verwendet. Der Tee der getrockneten Pflanzenteile gilt als entspannend, schmerzlindernd und entgiftend.

Die heilkundlichen Rezepte der ostasiatischen Volksmedizin sind oft schwer nachzuvollziehen, deswegen gehe ich hier nicht weiter auf sie ein. Nichts spricht jedoch dagegen, die schöne pflegeleichte Taglilie im Garten anzubauen und sie als Gemüse zu verwenden. Nur muss man sehr darauf achten, dass man auch die richtige Taglilie, nämlich *Hemerocallis fulva*, im Beet hat. Man darf sie nicht mit anderen möglicherweise giftigen Lilienarten, Schwertlilien oder Narzissen verwechseln.

Taglilien-Zwiebel-Kuchen

300 g Mürbeteig • 300 g Zwiebeln, gehackt • 150 g Taglilienblüten • 1 EL Olivenöl • 200 ml Rahm • 200 g Quark • 2 EL Linsenmehl • 2 Eier • 2 Prisen Muskatnuss • Kräutersalz

Den Mürbeteig auswallen und ein gefettetes Kuchenblech damit auslegen.

Die Zwiebeln und die Taglilienblüten im Olivenöl dünsten, etwas auskühlen lassen und auf dem Teig verteilen.

Den Rahm und den Quark mit dem Linsenmehl mischen, die Eier darunter rühren, mit Muskat und Kräutersalz würzen.

Die Mischung auf den Kuchen giessen und diesen im auf 200 Grad vorgeheizten Ofen 35–40 Minuten backen. Warm mit einem feinen Salat servieren.

WURZELPETERSILIE

Petroselinum crispum covar. *radicosum*

Familie: Doldenblütler
Andere Namen: Petersilienwurzel, Seichwurzel; amerikan. *hamburg parsley*, engl. *turnip rooted parsley*, franz. *persil à grosse racine; Petersilienkraut:* Peterling, Peterli, Steinsilge
Heilwirkung: starkes Periodenmittel, männliches Aphrodisiakum; Harn treibend, löst Harnsteine auf
Symbolische Bedeutung: Prostitution, Manneskraft; heiliger Petrus, Archemorus
Planetarische Zugehörigkeit: Merkur

Die Petersilie mit ihren aromatischen, dunkelgrünen, gefiederten oder manchmal krausen Blättern kennt jeder. Die Wurzelpetersilie ist weniger bekannt. Sie wurde zuerst im 16. Jahrhundert von Gärtnern im plattdeutschen Raum gezüchtet, weshalb sie in der englischen Sprache als *hamburg parsley* oder *dutch parsley* bezeichnet wird. Auf den Britischen Inseln erlangte das Wurzelgemüse im 18. Jahrhundert große Beliebtheit. Man glaubte, es sei bei Blasenerkrankungen und Verdauungsstörungen hilfreich. Die Wurzelpetersile braucht alten reifen Kompost und ähnliche Pflege wie ihr Vetter, die Pastinake. Die weiße karottenförmige Wurzel ist frosthart und kann über den Winter im Beet gelassen werden. Sie eignet sich vorzüglich für Eintöpfe und Schmorpfannen.

Das Würzkraut Petersilie wurde im östlichen Mittelmeerraum nachweislich schon seit fünftausend Jahren angebaut und ist wie viele alte Kulturpflanzen von unzähligen Sagen und Aberglauben umsponnen. Ähnlich dem Sellerie hat dieser »Steinsellerie« (griech. *petros* = Stein, Fels; *selinon* = Eppich) mit Tod und Wiederauferstehung, mit Todesüberwindung und Sieg sowie mit männlicher Zeugungskraft zu tun.

Nach der griechischen Sage entstand die Petersilie aus den Blutstropfen des kleinen Archemorus. Die Mutter hatte den Säugling auf den Boden ins Gras gelegt und ging kurz weg, um sieben fremden Kriegern den Weg zu weisen. Während ihrer Abwesenheit kam eine Riesenschlange gekrochen und fraß den Kleinen auf. Riesenschlangen, die Kinder fressen, versinnbildlichen die wilden Urkräfte der Natur, die

Kräfte der chtonischen Schwarzen Göttin. Es sind Kräfte des Chaos, die den Menschen aus den Alltag reißen, Kräfte der Sexualität, aber auch des Todes. Der wahre Held, der *hérós*, ist nach griechischer Auffassung derjenige, der den Mut und die Kraft hat, sich den schrecklichen Schlangen und Drachen der Todesgöttin zu widersetzen. So ist erklärlich, dass die Petersilie nicht nur Grabschmuck und Todessymbol war, sondern auch Symbol der Überwindung des Chaos und des Sieges des Lebens. Einem Helden wie Herkules gebührt es, auf dem Haupt einen Petersilienkranz zu tragen. In Nemea, wo Herkules einen gefährlichen Löwen besiegt hatte, wurden alle zwei Jahre Wettkämpfe und Spiele, Rennen zu Pferd und zu Fuß, zu Ehren des getöteten Archemorus veranstaltet. Beim Pferderennen flocht man den Pferden Petersilienkraut in die Mähnen, damit sie hurtiger laufen; die Sieger der Spiele wurden ebenfalls mit dem duftenden Kraut geschmückt.

Der heilige Petrus, Schutzpatron der Petersilie.

»Petersilie hilft den Mann aufs Pferd, der Frau aber unter die Erd'.« Das alte Sprichwort besagt, dass Petersilie ein wirksames Aphrodisiakum für Männer ist; bei den Frauen dagegen wirkt es – stark dosiert – als Abtreibungsmittel. Wieder einmal haben wir es hier mit einem Schirmblütler zu tun, der die Drüsen anregt.

Um die Impotenz des Mannes anzudeuten, sagten die Römer, »er habe Petersilie nötig«. Das Kräutlein lässt den »kleinen Helden«, das Pferdchen, den Petermann, den »Peter Lenz« wieder auferstehen, so dass er, wie die süddeutsche Redensart sagt, »ein Peterling in allen Suppen« sein kann. Das Bauerntanzlied »Nachbar Brosius« aus dem 15. Jahrhundert spricht es unverblümt aus:

»Die Petersilie, die ist gut,
Brosius steckts an seinen Hut,
Da wackelt ihm sein Federbusch,
Es daucht ihm leiden gut.«

Ein anderes Volkslied beschwört die Begehrte: »Petersilie, Sellerie; hübsches Mädchen komm zu mi'.« Petersiliengassen – oder englisch *parsley lanes* – hießen einst die Strassen der käuflichen Liebe. Und der Peterling, französisch *maître persil*, ist, wie in den Protokollen von Hexenprozessen vermerkt wird, ein geiler Teufel, vor dem sich die Frauen hüten sollten.

Auch für junge Mädchen birgt das Kraut Assoziationen mit dem unwiderstehlichen Liebesdrang. Die junge Frau darf Petersilie nicht schenken, denn dann gäbe sie das Liebesglück aus der Hand. Falls sie es doch verschenkt hat, kann sie das Glück wiedergewinnen, indem sie heimlich aus einem anderen Garten ein Sträußchen Petersilie stiehlt. Wenn ein Mädchen bei einer Tanzveranstaltung »Petersilie pflückt«, bedeutet das, dass sie keinen Tänzer findet, also lange auf eine Aufforderung warten muss. Sie ist ihre »Petersilie los«, wenn sie einen Tänzer (oder einen Liebhaber) gefunden hat. Von Erfüllung der Liebessehnsucht spricht ein alter Ringelreihenvers:

»Petersilie, Suppenkraut
Wächst in meinem Garten.
[Mädchenname] ist die Braut,
Soll nicht länger warten.
Hinter einem Holderbusch
Gab sie ihrem Schatz 'nen Kuss.
Weißer Wein, roter Wein
Morgen soll die Hochzeit sein.«

Die Petersilie, die Manneskraft verleiht, aber auch die Leibesfrucht abtreiben kann, hat etwas Unheimliches an sich, und man muss im Umgang mit der Pflanze vorsichtig sein. In England darf man beim Schneiden des Krauts nicht an seinen Liebhaber denken, sonst wird man in der Liebe betrogen. In Devonshire war man überzeugt, dass bestimmte Geister im Petersilienbeet lauern; deswegen war es tabu, die Pflanzen umzupflanzen, denn sonst würde der Familie oder einem selbst etwas Schlimmes zustoßen.

Petersilie, auch die Wurzelpetersilie, keimt äußerst langsam. In katholischen Ländern heißt es, der Same müsse nach Rom reisen, um beim heiligen Petrus die Erlaubnis zu bekommen aufzugehen; erst nach sechs Wochen ist er wieder da. Anderswo heißt es, der Same müsse zur Hölle und zurück, um zu keimen. Die Franzosen glauben, die Petersilie müsse von Lügnern gesät werden, dann gehe sie schneller auf. (Lügen kommen schnell ans Tageslicht.) Oder man solle zuerst in die Saatrille urinieren. Auf jeden Fall darf man beim Säen nicht den Namen eines Menschen aussprechen, sonst stirbt dieser. »Man pflanzt seinen besten

Freund oder die Frau ihren Mann in die Erde.« Oftmals, so der ländliche Aberglaube, seien absichtlich ungeliebte Menschen durch diesen Todeszauber aus dem Leben gefördert worden. Andererseits heißt es, wenn die Petersiliensaat gut und gleichmäßig aufgeht, dann gibt es bald ein Kind in der Familie. Beim Säen der Wurzelpetersilie soll man auf jeden Fall auf den Mond achten: Er soll abnehmend oder absteigend (»nidsigehnd«) sein, damit die Kraft nach unten in die Wurzel geht.

Bei den Slawen hat die Petersilie allgemein einen besseren Ruf. Sie kann Geister und Hexen fernhalten. Daher trägt die galizische Braut auf dem Weg zur Kirche Brot und Petersilie unterm Arm. In Mähren macht die am Johannistag gesäte Petersilie Hexerei gegen Kühe unwirksam. Petersilie und Knoblauch in einem Leintuch schützt auch die Wöchnerin vor Zauberei.

Als Heilpflanze wird die Petersilie als Harn treibendes Mittel eingesetzt; es reizt das Nierengewebe. Kraut, Wurzel, vor allem aber die Samen (Spaltfrüchte) enthalten ein ätherisches Öl, das so genannte Petersilienkamphor oder Apiol, das auch uterusanregend wirkt. Darauf basiert die menstruationsfördernde Wirkung, die bei Amenorrhöe und »verspäteter Monatsblutung« die Regel der Frau wieder in Gang setzt. Im Mittelalter waren die Samen ein nicht ganz ungefährliches Abtreibungsmittel. Schwangere sollten also vorsichtig mit dem Verzehr von Petersilie sein! Da Petersiliensamen die Druchblutung der Unterleibsorgane fördern, wurden sie von den Männern früher als eine Art »pflanzliches Viagra« verwendet – sie lassen die Schwellkörper praller werden (Van den Toorn 2002: 113). Das Apiol wird in Indien als Antimalariamittel verwendet (Bakhru 1993: 36).

Auch als Psychedelikum steht die Petersilie in Verdacht. Auf jeden Fall streckten die Hippies ihr Marihuana mit Petersiliengrün. Tatsächlich ist das Ölharz Myristicin ein Zentralnervengift, das schwindlig machen kann. Es diente als Ausgangsstoff zur illegalen Herstellung des Amphetamins »Herbal Ecstasy«. Einige Petersilienrassen enthalten mehr Myristicin als andere (Rätsch 1998: 431). Die ätherischen Öle, Apiol wie Myristicin, sind vor allen in den Samen vorhanden (bis zu 6%) und weniger in der Wurzel (0,5%). Sie sollen auch bei übermäßigem Gebrauch zu Leberverfettung führen.

Beim Genuss der Wurzelpetersilie als Suppe oder als Gemüse braucht man jedoch keine der erwähnten pharmakologischen Wirkungen zu befürchten. Bei den Mengen, die in einer gewöhnlichen Mahlzeit verzehrt werden, wird nie eine bedenkliche Dosierung erreicht.

Die Römer würzten mit dem grünen Kraut, aber vor allem verwendeten sie es – wie wir heute noch –, um die Leckerbissen auf den Platten beim Festschmaus elegant zu garnieren und zu dekorieren. Da sie glaubten, der Duft der Petersilie neutralisiere die alkoholischen Dämpfe des Weins und verhindere Trunkenheit, naschten sie ab und zu an den grünen Krausblättern. Das sollte auch den Mundgeruch verbessern, die Alkoholfahne und den unangenehmen Dunst der mit Knoblauch und Zwiebeln gewürzten Speisen unterdrücken. Es scheint tatsächlich etwas damit auf sich zu haben: Als Lausbuben schlichen wir gelegentlich in die lokale Brauerei und entwendeten einige Flaschen Bier. Dann ging es in den Schrebergarten, um Petersilie zu essen, denn ein verräterischer Mundgeruch hätte unweigerlich eine Tracht Prügel nach sich gezogen.

Petersilienwurzeln mit Koriandersauce

100 ml Gemüsebouillon • 200 g Lauch, fein geschnitten • 1 EL gemahlener Koriander • 1 EL Honig • einige Spritzer Tamarisauce • 500 g Petersilienwurzeln, ganz • 2 EL Olivenöl • 100 ml Rahm • 3 EL Sesamsamen • Meersalz, Pfeffer

Die Bouillon zusammen mit dem Lauch, dem Koriander und dem Honig in einen ofenfesten Topf geben, mit Meersalz, Pfeffer und Tamari abschmecken. Aufkochen und die ganzen Petersilienwurzeln hineingeben. Zudecken und im auf 200 Grad vorgeheizten Ofen 30 Minuten garen.

Das Olivenöl, den Rahm und den Sesam beigeben und nochmals 25 Minuten im Ofen weitergaren. Heiss servieren.

ZUCKERWURZEL

Sium sisarum

Familie: Doldengewächse, Schirmblütler
Andere Namen: Gierlen, Görlin, Gritzelmöhren, Kringelmöhren, Zuckermöhrlein, Nudeln, Zuckermerk
Heilwirkung: stärkend bei Konvaleszenz; Harn treibend, reinigend; günstig bei Gelbsucht
Symbolische Bedeutung: Jovialität, Lebenssüße
Planetarische Zugehörigkeit: Venus, Jupiter

Die Zuckerwurzel ist ein Doldengewächs wie die Möhre, Pastinake oder Petersilie. Sie stammt aus Asien. Wildformen sollen vom Kaukasus bis nach Sibirien heimisch sein. Vermutlich kam das Wurzelgemüse gegen Ende des Mittelalters über Russland nach Mitteleuropa. Zur Zeit des prachtliebenden Renaissancekönigs Heinrich VIII. sollen erstmals Kuchen (*pies*) und andere feine Gerichte aus der *skirret* genannten Zuckerwurzel an englischen Tafeln serviert worden sein. Allgemein glaubte man, schon der römische Kaiser Tiberius hätte die köstlichen Wurzeln – *siser* genannt – aus den Rheinprovinzen Germaniens importieren lassen. Wahrscheinlich liegt da aber eine Verwechslung mit der Pastinake vor, denn die Zuckerwurzel ist in Deutschland kein einheimisches Gewächs. Überhaupt weiß man nicht, ob sich die alten Benennungen der Pflanze, wie Gierlen, Gerle, Geyerlein (Tabernaemontanus), Gerla (Hildegard von Bingen) oder Görlin, überhaupt auf die Zuckerwurzel beziehen oder auf die Karotte, die Pastinake oder einen anderen Doldenblütler.[53]

Auf jeden Fall war das Wurzelgemüse zu Shakespeares Zeiten in England ein Hit. Ein Schlemmerrezept aus jener Zeit für *Skirret Pie* verlangt, dass die gekochten Wurzeln in mit Salz, Ingwer, Zimt und Muskat gewürztem Eigelb gewendet und dann zusammen mit geschälten Maronen und hart gekochten Eiern in einer geschlossenen Pfanne in Butter gebacken werden. Man kann die gekochten, geschälten Wurzeln auch mit Spinatsaft grün färben, anschließend in Butter mit Zucker und Orangensaft anbräunen und mit verschiedenen exotischen Gewürzen würzen. John Evelyn, der lange die Köche des britischen Königs-

53 Die alten Namen kommen vom französischen *girole*, was wiederum dem arabischen *kariwija* (Zuckerwurzel) entlehnt wurde.

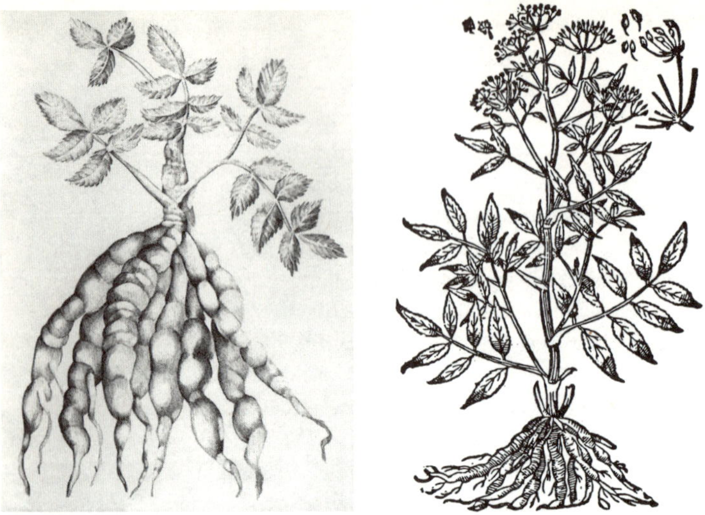

Zuckerwurzel (Abbildung rechts nach Joachim Camerarius, 1586).

hauses beriet, schwärmt für eine »Zuckerwurzelmilch«: Die gekochten Wurzeln werden passiert und mit Sahne oder mit Milch, in der Schinken gekocht wurde, zusammen mit Eiern, Zucker, Muskatblüte und anderen Gewürzen gekocht (Evelyn, »*Acetaria*«, 1699).

Leonhart Fuchs, Professor für Medizin und Botanik, bezeichnet in seinem »New Kreüterbuch« (1543) den »Sisern« oder »Gerlin« als »lieblich und süß, im Geschmack den gelen Rüben [Karotten] gleich«. Die Wurzeln seien »lieblich zu essen, dem Magen nützlich, treiben Harn und machen Lust aufs Essen«. Medizinisch sind sie auch nicht ohne: »Der Samen gedörrt, gepulvert und in Wein eingenommen ist gut, so den Heschen [das Schluchzen] haben und Grimmen im Leib. Sisem machen lust zu den ehelichen Werken, stärken das Herz[54], sind nützlich denen, so sich sehr erbrochen haben. Der Saft der zahmen Sisern mit Geissmilch getrunken stellt den Bauchfluss [Diarrhöe].«

Nicholas Culpeper gibt sich ebenfalls begeistert von der Zuckerwuzel, deren Geschmack, wie er sagt, derjenigen der Karotte weit überlegen ist. Da diese Pflanze »öffnend, reinigend und harntreibend« wirkt, stellt er sie unter die Herrschaft der Venus, der Regentin der

54 Unter »Herz« verstanden die alten Ärzte nicht so sehr das pumpende Organ, welches den Blutkreislauf aufrechterhält, sondern eher die seelisch-somatische Eigenschaft der Beherztheit, der Herzlichkeit und des Mutes (Courage).

Harnorgane. »Die Wurzel befreit die Blase von schleimigem Phlegma«, schreibt er, »sie hilft der Leber und stärkt die Verdauung.« In ihren Harn treibenden, »öffnenden«, die Drüsen anregenden, auch aphrodisierenden Eigenschaften steht sie den anderen Doldenblütlern nicht nach. Alle – Pastinake, Sellerie, Giersch, Dill, Liebstöckl, Koriander usw. – wirken irgendwie auf den »Flüssigkeitsorganismus« des Menschen, auf die Verdauungsdrüsen, die Milchdrüsen, Geschlechtsdrüsen.

Der astrologische Kräuterarzt Culpeper hätte die Zuckerwurzel aber ebenso dem Jupiter zugesellen können. Der Planetenkönig ist Herrscher der Leber und aller Süßigkeiten. Die weißen Wurzeln haben einen süßlichen Geschmack. Sie enthalten vier bis acht Prozent Saccharose (Rohr- oder Rübenzucker). Daher die Benennungen Zuckermerk, Zuckermöhrlein, niederländisch *suikerwortel*, englisch *skirrett* (von *sugar root*), französisch *racine sucrée*.

Die Zuckerwurzel kennt kaum jemand noch; die Karotte hat sie aus dem Garten verdrängt. Dennoch gibt es keinen Grund, sie nicht wieder anzubauen. Die Kringelmöhren brauchen einen sonnigen, mäßig feuchten Standort. Sie sind mehrjährig; man lässt also einige der kleineren Wurzeln im Beet, damit sie nachwachsen. Wie bei vielen Doldenblütlern dauert es eine halbe Ewigkeit, bis die Samen keimen, daher ist man besser beraten, sie über die Wurzeln zu vermehren. Man kann sie im Winter einmieten oder einfach im Beet lassen – aber Vorsicht, auch die Wühlmäuse mögen den süßen Geschmack.

Zuckerwurzelhamburger mit Liebstöckel

600 g Kartoffeln, grob gewürfelt • 600 g Zuckerwurzeln, gründlich gewaschen, ungeschält grob gewürfelt • Muskatnuss, Pfeffer, Kräutersalz • Liebstöckel, fein gezupft • 2 Eigelb • Paniermehl • 2 EL Olivenöl • 250 g Zwiebeln, fein geschnitten • 2 EL Butter • 100 ml Weisswein

Die Kartoffeln zusammen mit den Zuckerwurzeln in wenig Wasser auf kleiner Hitze gut weich dämpfen. Am Schluss sollte keine Flüssigkeit mehr vorhanden sein. Pürieren und die Masse erkalten lassen.

Die Masse mit Muskat, Pfeffer, Kräutersalz und Liebstöckel abschmecken. Die Eigelbe gründlich darunter mischen. Hamburger formen, im Paniermehl wenden und im Olivenöl braun braten.

Die Zwiebeln in der Butter braun braten, mit dem Weisswein ablöschen, mit Pfeffer abschmecken und zu den Hamburgern servieren.

Tipp: Servieren Sie dazu einen Rucolasalat.

Zuckerwurzeln mit Kräutern vom Grill

Zuckerwurzeln, gut gewaschen • Kartoffeln, nach Belieben • frische Kräuter, fein gezupft • Olivenöl, Frischkäse oder Butter • Meersalz, Pfeffer

Im Feuer einige flache Steine heiss werden lassen. Sobald eine schöne Glut vorhanden ist, die Zuckerwurzeln auf die heissen Steine legen und garen, bis sie weich sind.

Nach Belieben gleich einige Kartoffeln mitbraten.

Die Kräuter mit dem Olivenöl, Frischkäse oder Butter mischen, mit Pfeffer und Meersalz abschmecken.

Die Zuckerwurzeln und Kartoffeln zusammen mit der Sauce servieren.

Tipp: Ein Gericht, wie gemacht für ein Picknick in der freien Natur oder ein Grillfest im Garten – in der Einfachheit liegt die Raffinesse!

VERGESSENE, SELTENE UND WENIG BEKANNTE SALATE

Beim Thema der Pflanzen, die sich für den Salat eignen, weiß man gar nicht, wo man anfangen oder aufhören soll, so viele gibt es von ihnen. Einige von ihnen sät man ins Gartenbeet, wie verschiedene Kressearten, das Löffelkraut (*Cochleria officinalis*), den Hirschhornwegerich (*Plantago coronopus*), die Kapuzinerkresse (*Tropaelum majus*), den Gartenkerbel, den Koriander, den kultivierten Sauerampfer, den gezüchteten Löwenzahn und viele mehr. Dann gibt es die vielen so genannten Gartenwildkräuter, die vor Vitalität strotzen, dem Salat manch aufregende Note verleihen und das Essen zu einer einmaligen kulinarischen Symphonie machen, bei der jeder Bissen eine neue Geschmacksnuance hervorzaubert. Dazu gehören die sonst verachteten, herausgehackten oder weggespritzten »Unkräuter«, wie Giersch, Vogelmiere, Spitz- und Breitwegerich und im frühesten Frühling die glänzenden Blättchen des Scharbockkrauts. Oder man geht zum nahe gelegenen Bach, wo Bachehrenpreis (Bachbunge), Brunnenkresse und die jungen Blättchen des Mädesüß auf den Sammler warten. Noch einige Schritte weiter in der Wiese sind Wiesenschaumkraut, Scharfgarbenblättchen, Bibernelle und Pimpernelle, Ampferspitzen und viele andere Gaumenfreuden zu haben. Schließlich noch ein kurzer Abstecher an den Waldrand, wo wir den herrlichen Bärlauch finden, den Sauerklee, die Knoblauchrauke, das Ruprechtskraut und, ebenfalls im zeitigen Frühjahr, die zarten, leicht säuerlich schmeckenden, hellgrünen Blätter der Buche.

Im Folgenden wollen wir nur einige Beispiele herausgreifen, denen als Salatpflanzen wieder der ihnen gebührende Platz im Gemüsegarten gehört.

GARTENRAUKE, RUCOLA

Eruca sativa

Familie: Kreuzblütler

Andere Namen: Ruke, Rauke, Raukenkohl, weiße Senfrauke, Rockette, Rucola, Weißes Senfkraut, Senfkohl, Rickelsalat (Südtirol), Ölrauke, persischer Senf; ital. *rucola*, franz. *roquette*

Heilwirkung: antiskorbutisch, Brech reizerzeugend (in starker Dosierung), Harn treibend, aphrodisisch

Symbolische Bedeutung: Betrug (Blumensprache)

Planetarische Zugehörigkeit: Mars

Die Gartenrauke ist ein Kreuzblütler wie der Kohl, der Meerrettich, der Hederich oder der Senf. Die Kreuzblütler haben einen würzigen Geschmack, der bis ins Scharfe, Hitzige gehen kann und auf dem Vorhandensein von Senfölglykosiden beruht. Die jungen Blätter des Rucola sind jedoch relativ mild. Sie ergeben eine aufregende Salat-, Soßen- und Suppenwürze; klein gehackt wie Schnittlauch schmecken sie auch aufs Butterbrot gestreut, auf dem Sandwich, im Quark oder zu gekochten Kartoffeln sehr gut. Lange war die Gartenrauke als Salatpflanze vergessen, heutzutage wird sie jedoch von gesundheitsbewussten jungen Berufstätigen als Leckerbissen und Vitaminspender wieder entdeckt.

Die Heimat des Rucola erstreckt sich von Zentralasien über den Mittelmeerraum bis nach Marokko, wo er als Wildpflanze anzutreffen ist. Ursprünglich war die einjährige Pionierpflanze ein Saatunkraut in den Leinfeldern, wurde aber in Asien bald als eigenständige Kulturpflanze angebaut. In Mittelasien wird sie noch immer in Mischkulturen mit Lein (Flachs) angepflanzt, in Nordindien in Mischkultur mit der Baumwolle. In diesen letztgenannten Ländern ist sie jedoch nicht bloß Suppen- oder Salatgewürz, sondern wird auch wegen ihrer ölhaltigen Samen (etwa 32% Öl) angebaut. Das goldgelbe Öl, das in Indien als *Jamba-* oder *Taramira*öl bekannt ist, dient als Speiseöl, Brennöl und wird zu medizinischen Zwecken verwendet. In Indien nimmt man das Öl, das nach einigen Monaten seine Schärfe verliert, zum Einlegen von Gemüse, als Haaröl und volksmedizinisch als Diuretikum, Aphrodisiakum und Stimulans. In starker Dosierung ist es ein Brechmittel.

Die Römer und Griechen bauten die Rauke schon in der Antike an. In Nordeuropa kannte man die Pflanze jedoch nicht. Leonhart

Nicholas Culpeper, astrologischer Kräuterarzt (1650).

Fuchs (1543) ist einer der Ersten, der den »weiß Senff, lateinisch Eruca geheyssen« erwähnt. Er sagt, dieser weiße Senf sei erst neulich in unser Land gekommen. Er hält fest, dass die Blätter roh in guter Menge gegessen »reytzen zur Unkeuschheit«, treiben den Harn, kräftigen die Verdauung und machen einen »linden Bauch«. Man solle Lattichblätter dazutun, sonst machen sie Kopfschmerzen. Weiter berichtet dieser Botaniker, dass der Same dem Gift von Spinnen und Skorpionen widersteht und das Ungeziefer, das im Leib wächst, vertreibt. Mit den gemahlenen, mit Honig gemischten Samen lassen sich allerlei verunstaltende Gesichtsunreinheiten entfernen. Mit Ochsen- oder Kuhgalle vermengt, tilgen sie die schwarzen Flecken und mit Essig die Sommersprossen. Die meisten dieser Angaben beruhen weniger auf seinen eigenen Erfahrungen als vielmehr auf den Schriften des berühmten römischen Arztes Galen.

In praktisch denselben Worten beschreibt Nicholas Culpeper (1649), hundert Jahre später, die Eigenschaften der *rocket.* Man soll die Blätter der wild wachsenden Ölrauke nicht alleine essen, denn ihre scharfen Dämpfe würden in den Kopf steigen und Kopfschmerzen verursachen. Höchstens Choleriker oder Hitzköpfe könnten das ertragen, da ihr hitziges Blut ebenfalls vom zornigen Mars regiert wird. Der Raukensame mehrt das Sperma und die venerischen Gelüste, hilft der Verdauung, treibt stark den Harn, vertreibt Eingeweidewürmer und wirkt als Gegengift beim Biss von Skorpionen, Schlangen und Spitzmäusen. Das Kraut in etwas Zucker gekocht und öfter getrunken vertreibt den Husten der Kinder. Zudem verringert der Same, als Getränk eingenommen, den schlechten Geruch der Achselhöhlen. Mit Honig gemischt reinigt er das Gesicht von Flecken und Blattern. Culpepers Vorgänger John Gerard (»The Herbal«, 1597) erwähnt noch, wie man mit Hilfe der Raukensamen die Folter übersteht: Man soll die Samen einnehmen, dann spüre man die Peitschenschläge weniger.

In der Blumensprache der damaligen Zeit symbolisierte die weißliche Blüte den Betrug: Am Abend duftet sie lieblich, doch dann am Tag ist von dem Duft keine Spur übrig.

Für den Gärtner lohnt es sich, die Rauke in einem Zeitabstand von zwei bis drei Wochen immer wieder auszusäen. Dann hat man frische, zarte, noch nicht so scharfe Blätter, die so noch etwas mondhafte Milde und noch nicht den voll ausgebildeten hitzigen Charakter des Mars. Die Blüten, eine ergiebige Bienenweide, sind dennoch schön und können den Salat garnieren.

Zwiebelsalat auf Rucola mit Traubenessig und Ziegenkäse

300 g Zwiebeln, fein geschnitten • 100 g Trauben, halbiert • 2 EL Traubenessig • 3 EL Olivenöl • 1 EL Honig • 1 TL gemahlener Kümmel • 1 TL Kurkuma • Meersalz, Pfeffer • 4 kleine Ziegenkäse • 150 g Rucola

Die Zwiebeln mit den Trauben, dem Essig und Öl mischen. Mit Honig, Kümmel, Kurkuma, Meersalz und Pfeffer abschmecken.

Die Ziegenkäse in die Sauce einlegen und 6 Stunden marinieren.

Den Rucola anrichten, darauf die marinierten Käslein anrichten und mit der Sauce überziehen.

PORTULAK, BURZELKRAUT

Portulaca oleraceae

Familie: Portulakgewächse
Andere Namen: Burzel, Bürzlinger, Burgel, Poselein, Porzellkraut, Burgel, Fleischblatt, Fette Henne, Grensel, Saudätsch, Sauburzel, engl. *purselane*, franz. *pourpier*
Heilwirkung: kühlend bei Fieber und Entzündungen, gut für Herz und Kreislauf, immunstärkend
Symbolische Bedeutung: Ehestand, Verbindung von Gegensätzen (Blumensprache)
Planetarische Zugehörigkeit: Mond, Merkur

Das heiße kontinentale Sommerklima im Mittelwesten der Vereinigten Staaten – dort habe ich meine Kindheit verbracht – ist ideal für das Burzelkraut. Das zarte, aber überaus vitale Kräutlein überwuchert zum Verdruss der Farmer und Gärtner den Boden der Maisfelder und Gemüsegärten und wird daher verächtlich als Schweinekraut (*pigweed*) oder wie bei unseren amischen Nachbarn *Meisdreck* (Mäusedreck) bezeichnet. Als Junge konnte man sich leicht etwas Taschengeld verdienen, wenn man mithalf, das wuchernde Unkraut, diese unerwünschte Konkurrenzvegetation, aus den Maisfeldern zu hacken. Heutzutage hat man die Hacken durch Herbizide ersetzt. Dass die Pflanze einen Nutzen als humusschonende Bodenbedeckung hat und sogar essbar ist, wussten wir damals nicht. Auch nicht, dass das saftige, fette Kraut so viel aufgestaute Lebenskraft besitzt, dass die Samen der abgehackten Pflänzchen noch nachreifen und dann problemlos keimen können.

Das zarte Burzelkraut.

Erstaunt war ich, als ich viele Jahre später Griechenland besuchte und einen Salat bestellte. Was aufgetischt wurde, war eine Schüssel dieses Unkrauts, gemischt mit reifen Tomaten, Zwiebeln, Basilkum und anderen Gewürzkräutern, angemacht mit Olivenöl und Zitronensaft. Was für ein erfrischender Genuss in der Hitze des ägäischen Sommers! Noch erstaunter war ich, als ich in französischen Gemüsegärten eine gelbblättrige, relativ hoch wachsende Züchtung des Portulaks, den *pourpier doré*, antraf und erfuhr, dass er als Salat und als Suppenkraut beliebt ist. Portulak und Sauerampfer (*oseille*) sind Zutaten der »bonne femme«, einer beliebten Suppe der französischen Küche. Im Laufe der Zeit fand ich heraus, dass der Portulak fast überall auf der Welt gerne gesessen wird.

Das saftige Kraut mit seinen dickfleischigen, saftigen, runden Blättern und ebenso dicken rötlichen Stengeln mit kleinen, unscheinbaren gelben Blüten und schwarzen Samen, die von den Ameisen verschleppt und verpflanzt werden, ist ein Kosmopolit. Es wächst im südlichen Afrika, wo es bei den Eingeborenen als »Frauennahrung« gilt, ebenso wie im südlichen Asien, wo es kultiviert und auf den Märkten feilgeboten wird. Im Nahen Osten ist es Teil des *fattoush*, des gemischten Salats. In Mexiko heißt es *verdolaga* und wird für Salat und Suppe verwendet; in China frittiert man es zusammen mit Bohnensprossen in Sesamöl im Wok. Überall gilt das frische Kraut als kühlend, durstlöschend und besänftigend für ein allzu heißes Temperament. Die Griechen und Römer kannten es schon nicht nur als essbare Pflanze, sondern auch als Heilmittel. Dioskurides, der den Portulak *andrachni* nennt, empfiehlt ihn gegen Kopfschmerzen, bei Blasen- und Milzleiden, bei Magenbrennen und den Saft als Augenheilmittel. Galen und Plinius erweitern die möglichen Anwendungen bis ins schier Unendliche. Plinius erzählt, dass schon ein Amulett der Pflanze vor allerlei Übeln schützt.

Den Namen Portulak verdanken wir den Römern. Er kommt vom lateinischen *portula*, »kleines Türchen«, wahrscheinlich wegen der Samenkapseln, die sich mit einem Deckelchen öffnen. Burzel, Porzel und dergleichen sind Verballhornungen der lateinischen Bezeichnung.

Portulak scheint als Kulturfolger[55] mit den Römern in die wärmeren Gegenden nördlich der Alpen gekommen zu sein. Die frühesten Samenfunde stammen aus der Römerzeit in Neuss am Rhein. Noch immer ist das Burzelkraut im Rheinland in Gartenbeeten, auf Kartoffelfeldern und Spargelfeldern anzutreffen (Köber-Grohe 1987: 296). Hildegard von Bingen ist die Erste, die »Burtel« oder *portulaca* er-

55 Die Bezeichnung Kulturfolger oder Synanthrop bezieht sich auf Pflanzen, die durch den Menschen in ein Gebiet gelangt sind.

Portulak folgte den Römern, wo immer sie ihre Kolonien errichteten.

wähnt, und bei Wolfram von Eschenbach ist zu lesen, dass der Ritter Gawan es als Speise zu sich nahm. Generell jedoch scheint die Pflanze für die Nordeuropäer uninteressant gewesen zu sein. Das änderte sich im 16. Jahrhundert, als sie ein beliebtes Salatkraut wurde.

Leonhart Fuchs (1543) geht ausführlich auf das »Burtzelkraut« ein: Es sei feucht und kalt zum dritten Grad; mit Gerstenmalz gemischt als Umschlag auf den Kopf getan, nimmt es die Hitze und hilft bei entzündeten, roten Augen; gekaut nimmt es Zahnweh, heilt versehrte Nieren und Blase; der Saft zusammen mit Rosenöl hilft, wenn man damit den Kopf einreibt, bei Sonnenstich. Fuchs erwähnt auch, dass das Burzelkraut wie Oliven oder Kapern eingemacht wird und dass es, als Salat mit Öl und Essig gegessen, den Magen stärkt.

Culpeper, der es wegen seiner »kühlenden Eigenschaft« unter die Herrschaft des Mondes stellt, verschreibt den Saft bei Fieber, Entzündungen und innerlich gegen trockenen Husten. Es wirkt gegen den schädlichen Einfluss des heißen, negativ aspektierten Mars.

Wie eingangs erwähnt, haben die Amerikaner von dieser Begeisterung für die Pflanze wenig mitbekommen. So schreibt zum Beispiel der Gartenexperte W. Cobbett (»American Gardener«, 1819), das Burzelkraut sei »ein schelmisches Unkraut, das nur Franzosen oder Schweine fressen und nur dann, wenn sie nichts anderes bekommen. Beide nehmen es als Salat, in anderen Worten, roh, ungekocht« (Cobbett 1846: 157). Aber die Zeiten ändern sich; in den achtziger Jahren entdeckten die Yuppies, die junge, erfolgsorientierte, erfolgreiche Generation, den Portulaksalat und machten ihn neben Joghurt und Mineralwasser zu einem Bestandteil eines neuen Lebensgefühls. Sie hatten die Salatpflanze wahrscheinlich in irgendeinem überteuerten Pariser

Restaurant kennen gelernt und waren dann auch in den USA bereit, viel für den exklusiven Salat zu bezahlen.

Der Portulak soll aus Südasien stammen und sich von dort aus über den Globus verbreitet haben. Immerhin wurde die Pflanze (Hindi *khursa*) in Indien nachweislich schon seit Jahrtausenden angebaut und als Heilpflanze bei Leber-, Milz-, Nieren- und Blasenleiden verwendet. Dennoch bleibt die Frage, wie das Burzelkraut zu den Indianern kam, zumal es dort auch schon lange vor der Ankunft des Kolumbus wuchs. Samuel Champlain, der die französische Kolonialisierung Kanadas anregte, berichtet von seiner Reise nach Maine (1604–1610), dass unter dem Mais auf den Hügelbeeten der Indianer Portulak wächst, dass diese es aber nicht nutzen. Ethnobotaniker haben sich inzwischen näher umgeschaut und gesehen, dass die Pflanze sehr wohl von den amerikanischen Ureinwohnern als Gemüsepflanze genutzt wird. Sie sammeln die essbaren kleinen Samen und bewahren das getrocknete Kraut für den Winterbedarf auf. Auch als Heilpflanze nutzen sie es: Die Cherokee träufeln den Saft bei Ohrenschmerzen in die Ohren. Die Irokesen benutzen den Saft bei Verbrennungen und Prellungen und innerlich als Gegengift gegen »schlechte Medizin«. Bei den Navaho ist das Kraut ein Hilfsmittel bei fast jeder Krankheit; bei Scharlach reiben sie den Körper mit dem Saft ein (Moerman 1999: 434).

Die gesundheitsbewussten Yuppies tun gut daran, *purslane* in ihre Esskultur einzubeziehen. Das Kraut strotzt nur so vor Lebenskraft, es enthält reichlich Mineralien (Magnesium, Kalium, Phosphor, Eisen) und Vitamine, insbesondere die Vitamin C (18–25 mg), B_1, B_6, und Karotin. Portulak verdankt seinen erfrischenden Geschmack der Omega-3-Hepta-Linolsäure, die sonst auch in Fischölen und Lebertran vorkommt – in diesem Fall aber bedeutend besser schmeckt – und eine positive Wirkung auf Herz und Kreislauf hat und außerdem immunstimulierend wirkt.

Die Samen sind essbar. Sie werden zu Grütze gekocht, können mit dem Mehl gemahlen ins Brot gebacken oder ins Müesli gemischt werden. Man erntet die Samen, indem man das blühende Kraut abschneidet, in eine Tüte gibt und, wenn es getrocknet ist, die Tüte schüttelt. Auf diese Weise lassen sich die Samen leicht worfeln. Die fleischigen Stengel und Blätter eignen sich übrigens nicht nur als Salat und Suppeneinlage, sie können auch in Essig eingelegt werden.

Wenig ist über die Symbolik des Portulaks überliefert. In einem alten Büchlein heißt es jedoch: »Obwohl Portulak kalt und feucht ist,

ist er dennoch ein recht Sommerkraut und mag keine Kälte leiden. Es heißet im Sprich-Wort: Im Ehestand müssen allewegen zwei Ungleiche zusammenkommen. Gott der Herr weiß am besten, was dem Menschen dienet, dero wegen kommen oft Eheleute wunderbarlich zusammen, von einer Extremität der Welt zur anderen« (Axtelmeier 1705). Demgemäß versinnbildlicht das Burzelkraut den Ehestand.

Portulak mit Johannisbeeren

200 g Portulak • 100 g Johannisbeeren • 50 g Petersilie, gehackt

Sauce:
2 EL Johannisbeeressig, Rotweinessig oder Balsamicoessig • 4 EL Sesamöl • etwas Zimt, gemahlen • 1 TL Kurkuma • 2 EL geriebener Parmesan • Kräutersalz, weisser Pfeffer

Den Portulak zusammen mit den Johannisbeeren anrichten.

Alle Zutaten zur Sauce mischen, über den Salat verteilen und mit der Petersilie garnieren.

RAPUNZEL-GLOCKENBLUME

Campanula rapunculus

Familie: Glockenblumengewächse

Andere Namen: Ackerrapunzel, Rübenrapunzel, Gennefevaworzel[56] (Pfalz), Meckele, Mickele, engl. *rampion*, franz. *raiponce*, ital. *raponzolo*

Heilwirkung: appetitanregend, reinigend; Gesichtswasser; Hals- und Mandelentzündung

Symbolische Bedeutung: Treue; atavistisches Urwissen, Weisheit und Vitalität der Erde, Welt der Elfen und Wichteln, Blume der Veleda und Wala, Zank (Italien)

Planetarische Zugehörigkeit: Saturn

Bei der Rapunzel handelt es sich um eine wunderschöne Glockenblume. Von Juni bis August blühen die trichterförmigen, hell blaulila Blüten an schlanken Trauben oder Rispen. Man findet sie auf trockenen Wiesen, an Wald- und Wegrändern und gelegentlich im Ziergarten. Als Wildpflanze findet man sie von Europa bis Sibirien und bis nach Nordafrika. Dass die Rapunzel-Glockenblume vor langer Zeit eine der begehrtesten Salat- und Gemüsepflanzen war und zugleich den Zugang zur Urweisheit und der magischen Welt der Elfen und Wichteln symbolisierte, weiß wohl kaum jemand heutzutage.

Die Rapunzel wurde bis ins 17. Jahrhundert in fast jedem Bauerngarten angebaut; in der Schweiz und im Elsass fand man sie gelegentlich noch Anfang des 20. Jahrhundert als Kulturpflanze vor. Sie hat eine daumendicke, etwa acht Zentimeter lange, fleischige weiße Wurzel, die im Herbst, Winter oder Frühling geerntet wird: Die größeren Wurzeln werden wie Rüben gekocht und schmecken angenehm süßlich – manche sagen wie Walnuss –, die kleineren werden traditionell mit etwas Essig, Salz und Pfeffer gewürzt roh als Wintersalat gegessen. Die Rapunzel bildet im Herbst Blattrosetten, ähnlich dem Nüsslersalat, und wird auch oft mit diesem Feldsalat, der gelegentlich auch Rapunzel genannt wird, verwechselt. Die jungen Triebe im Frühling können wie Spargel zubereitet werden.

56 Benannt nach der Herzogstochter Genefeva, die sich im Ardenner Wald verbergen musste und sich dort von wild wachsenden Wurzeln ernährte.

Als Sinnbild hat die blau blühende Glockenblume Teil an dem Mysterium der »blauen Blume« der Romantik. Es ist das Blau des Himmels, der Ferne, der Sehnsucht, der Treue, der tiefen Weisheit; es ist in der christlichen Ikonografie der blaue, mit goldenen Sternen besetzte Mantel der Jungfrau Maria. Es ist aber auch der »Blues«, der aus dem tiefen, unaussprechlichen Leid und der Sehnsucht der aus dem fernen Afrika verschleppten Sklaven entsprang. Es ist der »blaue Dunst« des Trinkers, der dem Alltag entrückt ist, die »Fahrt ins Blaue«, von der man nicht weiß, wo sie endet. In der auf keltische Wurzeln zurückgehenden britischen Blumensprache symbolisiert die Glockenblume die »Anderswelt«, die Elfenwelt. Wer dort angekommen ist, weiß, dass die Glockenblumen nicht stumm sind; wie sanfte silberne Glöckchen läuten sie zum nächtlichen Tanz der Elfen.[57] In Kalabrien wird ein Märchen von einem Mädchen erzählt, das eine Rapunzelwurzel aus dem Erdboden zieht und darunter eine Treppe findet, die zu einem unterirdischen Feenpalast führt.

Rapunzel, im Mittelalter eine beliebte Gemüse- und Salatpflanze (Hieronymus Bock, 1546).

Blau ist die Farbe der Saturnsphäre, der Grenze zwischen der geschaffenen Welt und jener der ewigen Urbilder. Bei den Germanen und Kelten waren es die weisen Frauen, die *Walas* und *Veledas*, die – oft auf einem hohen Turm sitzend – in die jenseitigen Welten schauen konnten und dort die Urbilder, die tiefsten Weisheiten, wahrnehmen konnten. Heute würde man sie Schamaninnen nennen. Ihr Erleuchtetsein wurde durch langes, wallendes, goldenes Haar symbolisiert. Im Mädchen Rapunzel (siehe Seite 58, Nüssli- oder Feldsalat) mit seinem goldenen Haar, das zwanzig Ellen in die Tiefe reicht, klingen diese alten Überlieferungen an. Sie ist schön und voller Licht, aber weit der Erde entrückt. Die Rapunzelpflanze, nach der das Mädchen im gleichnamigen Märchen benannt wird, stellt nicht nur die himmlische Weisheit dar, sondern deutet mit ihrer Pfahlwurzel auch auf den notwendi-

57 »They tinkle while the fairies play, / with song and dance, the whole night long, / Till daybreak wakens, cold and grey, / And elfin music fades away« (Cicely Mary Baker, »The complete book of Flower Fairies«).

Rapunzel, die Märchenheldin mit dem langen Haar, wurde nach der Pflanze benannt.

gen Gegenpol, auf die Verbundenheit mit der Erde, mit dem Körper und der Materie. Das Mädchen braucht diese »Rübe«; sie brauchte sie schon, als sie noch im Bauch der Mutter war. Deswegen gelüstete es die schwangere Mutter nach den grünen Rapunzeln im Garten der Nachbarin, die eine Hexe war.[58] Auch die Hexe, als Symbol der dunklen Göttin, gehört mit zur Symbolik der Rapunzel-Glockenblume, denn diese kennt die Macht der Erde und ihre Vitalität. Himmlische Sternenweisheit und irdische Kraft, nicht als feindliche Gegensätze, sondern harmonisch vereint, machen erst die Ganzheit aus, die der Mensch als göttliches Wesen braucht. Darum geht es vor allem bei der Symbolik dieser Pflanze.

Der Gelehrte Leonhart Fuchs ordnet die Rapunzel unter der Kategorie »Rübe« ein. Das ist eigentlich nicht weit verfehlt, denn Rapunzel kommt vom lateinischen *rapum* und bedeutet »Rübe«. Er erwähnt, dass sie mit Salz und Essig als Salat gegessen appetitanregend und Harn treibend wirkt. »Eüßerlich gebraucht, fürnehmlich wan sie mit Feigbonen [Lupinensamen], Weizenmehl und Radtenmeel [gemahlene Kornradensamen[59]] vermischt werden, seubern sie das Angesicht, unnd den gantzen Leib.« Weiter schreibt er, dass der Saft zur

58 Heute weiß man, dass die sonderbaren Essgelüste der Schwangeren hormonell von den Embryonen gesteuert werden. Diese brauchen in bestimmten Phasen ihrer Entwicklung bestimmte Substanzen zum Aufbau ihrer Leiblichkeit.

59 Die rotblühende Kornrade (*agrostemma githago*) ist ein heute selten gewordenes, altes Getreideunkraut mit grossen Samen.

Zeit der Ernte (im August) gesammelt, mit Frauenmilch vermengt, die Augen lauter macht. Auch die Indianer setzten eine Abkochung der rundblättrigen Glockenblume zum Ausspülen schmerzender Augen ein (Moerman 1998: 135). John Gerard, der englische Kräuterarzt, verwendet eine Abkochung der Wurzel zum Gurgeln bei Halsschmerzen und Mandelentzündung. Ein altes Rezept verschreibt das destillierte Wasser der ganzen Pflanze als Gesichtswasser, um die Haut glatt und schön zu machen. Ob diese überlieferten Rezepte etwas auf sich haben, sei experimentierfreudigen Praktikern überlassen.

Noch einige Hinweise für den Gärtner: Der Rapunzel hat, wie der Tabak, ganz winzige Samen, so dass die Aussaat schwierig ist. Man säe sie daher mit der zwanzigfachen Menge feinen trockenen Sandes gemischt in Reihen von 20 bis 25 Zentimeter Entfernung auf das gerechte Beet. Die Saat wird nicht mit Erde zugedeckt. Die Glockenblume kann schattige Standorte vertragen und muss relativ feucht gehalten werden. Die jungen Pflänzchen müssen vereinzelt werden. Die Aussaat erfolgt im Mai, die Ernte der Wurzeln und Rosetten im Spätherbst.

Neben der Rapunzel-Glockenblume werden auch andere Glockenblumen und Glockenblumengewächse landläufig als Rapunzel bezeichnet und sind ebenfalls essbar. Darunter befinden sich die Teufelskrallen oder ährigen Glockenblumen (*Phyteuma spicatum*), deren Wurzeln, Blätter und Ähren gut schmeckende Wildgemüse ergeben. Auch die nah verwandte Ackerglockenblume (*Campanula rapunculoides*) hat verdickte Wurzeln und ist gut essbar. Da diese schönen Blütenpflanzen aber relativ selten sind, sollte man sie lieber lassen. Stattdessen besorge man sich die Samen der Rapunzel-Glockenblume und baue sie im Garten an.

Rapunzel-Glockenblumen-Salat auf Alfalfasprossen mit Kümmelsauce

Rapunzelblätter und -knospen • Alfalfasprossen • Kräuteressig • Haselnussöl • Wiesenkümmel, gemahlen • Meersalz, schwarzer Pfeffer

Die Rapunzelblätter und -knospen auf den Alfalfasprossen anrichten.

Für die Sauce Essig, Öl und die Gewürze mischen. Über den Salat giessen und mit einem frischen Olivenbrot servieren.

SCHLAFMOHN

Papaver somniferum

Familie: Mohngewächse
Andere Namen: Gartenmohn, Magsamen, Magi, Schlafblume, Ölblume
Heilwirkung: wirksames Schmerzmittel; wirksames Mittel bei Ruhr, Druchfall und Darmkoliken; Schlafmittel; hustenreizstillend, krampflösend, aphrodisierend
Symbolische Bedeutung: Fruchtbarkeit, Schlaf, Vergessen, Tod, Trost; Demeter/Ceres, Aphrodite, Kybele, Morpheus, Hypnos
Planetarische Zugehörigkeit: Mond

Mohnsamen auf Brötchen, Mohnschnitten und Mohnkuchen kennt wohl jeder. Aber Mohn als Salatpflanze? Sind die bläulich-grünen, bereiften Blätter nicht giftig? Enthalten sie nicht das verbotene Opium, das zu Wahnsinn und gar zum Tod führen kann? Nein, die Blätter der jungen Blattrosetten ergeben vielmehr, mit anderen Salatblättern gemischt, einen schmackhaften Salat. Beim Ernten der Samenkapseln fallen immer so viele der winzigen Körner auf den Boden, dass im folgenden Jahr überall die kleinen Pflänzchen keimen, auch dort, wo andere Blumen oder Gemüse hinkommen sollen. Anstatt sie auszujäten, kommen sie bei der Bäuerin in die Salatschüssel. Später erfuhr ich, dass dies im Languedoc und anderswo in Frankreich schon seit langem der Brauch ist. Auch François Couplan, der sich in Wildpflanzen für die Küche gut auskennt, bestätigt, dass man nicht nur die Rosetten des Klatschmohns (*Papaver rhoeas*) als Salatzutat verwenden kann, sondern auch die des Schlafmohns. Er schreibt, dass die jungen, zarten Blätter, die sich zu einem erlesenen Salat zubereiten lassen, ungiftig sind, da sie kaum Milchsaft enthalten (Couplan 1997: 73).

Mohn ist eine der ältesten Kulturpflanzen. Er scheint einheimisch zu sein, denn die archäologisch ältesten Funde stammen aus der jungsteinzeitlichen Bauernkultur der Bandkeramiker, die vor rund sechstausend Jahren im Rheinland siedelten. Viele Mohnsamen und -kapseln wurden auch in den Seeufersiedlungen der Pfahlbauern (ca. 3000–2000 Jahre v.u.Z.), etwa am Pfäffikersee bei Zürich, gefunden. Der Mohn wurde wahrscheinlich vor allem wegen der Samen angebaut, die keine Alkaloide enthalten, dafür aber viel Eiweiß und um die vierzig Prozent wertvolles Speiseöl. Das Öl enthält hoch ungesättigte, essenzielle (= lebenswichtige) Linolsäure. Vielleicht aßen die Steinzeitmenschen auch schon die Blattrosetten und verwendeten das Kraut als Heilmittel. Wir wissen aus dem Vergleich mit anderen Kulturen, dass die primitiven Bauern und Wildbeuter keinen grundsätzlichen Unterschied zwischen Heilpflanzen und Nahrungspflanzen machen. Der milchige Saft des Mohns enthält mehrere verschiedene Alkaloide, die außerordentlich heilkräftig sind. Der bittere Saft, Opium (griech. *opos* = Saft) genannt, ist einer der wirksamsten Schmerzstiller, zudem wirkt er je nach Dosierung euphorisierend oder entspannend bis einschläfernd. Opium ist auch, wie viele Reisende in den Tropen erfahren konnten, das allerbeste Mittel, um die Gedärme bei Ruhr, Durchfall und Darmkoliken zu beruhigen. Es ist nicht anzunehmen, dass die Pfahlbauern von der Anwendung des Milchsafts süchtig wurden. Auch die Bergstämme in Hinterindien, etwa die Miao in Vietnam, Burma und Thailand, die den Mohn anbauen und sogar als Genussmittel konsumieren, entwickeln keine physische Abhängigkeit.[60] Opium enthält um die zwanzig verschiedene Alkaloide, zum Teil in niedrigen Konzentrationen, oft mit inaktiven Bestandteilen verbunden, die die Freisetzung im Verdauungstakt verzögern. Die Gefahr einer Vergiftung oder Sucht entsteht vor allem durch die chemisch isolierten reinen Stoffe, insbesondere wenn sie durch die Spritze subkutan injiziert werden oder in großen Mengen geraucht werden (Weil 1988: 125).[61]

Der Schlafmohn, eine wichtige Nahrungspflanze: Blätter als Salat, Samen als Eiweissquelle.

In der spätminoischen Kultur vor über 3000 Jahren im bronzezeitlichen Kreta und in Zypern wurde der Mohn dann zur echten Kultpflanze. Immer wieder findet man Tonfiguren von Göttinnen, die angeritzte Mohnköpfe hinter dem Stirnband im Haar oder in den Händen tragen. Im antiken Griechenland wird die Pflanze mit der

60 Das wurde mir unter anderem persönlich von dem Wiener Ethnologen Graf Mannsdorf bestätigt, der bei den Miao mehrere Jahre Feldforschung betrieb.
61 Zu den raffinierten Alkaloiden im Mohn, die süchtig machen, gehören Morphin, das Schmerz stillend und einschläfernd wirkt, Codein, das Husten stillend wirkt, Papaverin, das krampflösend auf den Verdauungstrakt und auf die Harnwege wirkt, sowie Spuren von Narcotin, Thebain, Codamin, Rhoeadin und anderen.

Kornmutter Demeter und anderen Göttinnen wie Hera oder Kybele und auch mit Liebesgöttinnen wie Aphrodite assoziiert. Auch Morpheus, dem Gott der Träume, und seinem Vater Hypnos, dem Gott des Schlafes, weihten die Griechen diese schöne Blume. Seit Homers Zeiten (800 v.u.Z.) kennen die Ärzte *Nepenthes*, »das Mittel, das Kummer und Sorge vergessen macht«. Dioskurides (60 n.u.Z.) berichtet, dass die Samen ins Brot gebacken oder wie Sesam mit Honig verzehrt werden, dass man einen Schlaftrunk aus den gekochten Mohnköpfen bereitet, dass eine linsengroße Portion des getrockneten Safts als Schmerzmittel oder zur Beruhigung der Verdauung eingenommen wird, dass aber eine höhere Dosierung zu Schlafsucht oder gar zum Tod führen kann. (Eine Überdosierung lähmt das zentrale Nervensystem.)

Im europäischen Mittelalter wurde der Mohn vor allem wegen der nahrhaften Samen und deren Öl angebaut.[62] Die Ärzte bereiteten als Betäubungsmittel für chirurgische Eingriffe »Schlafschwämme« aus Opium und Bilsenkrautsaft. Auch unruhigen Kindern rührte man etwas von dem narkotischen Saft in den Brei, damit sie gut schlafen – daher der Gattungsname der Pflanze *Papaver* (lat. *pappa*, »Speise, Brei«). Als Rauschmittel an sich wurde die Pflanze weniger verwendet. Erst im Orient, im islamischen Kulturkreis, setzte sich Opium als Ersatz für den vom Koran verbotenen Wein als Rauschmittel, als Tranquilizer der Haremsdamen und als Mysteriendroge der Sufis durch. Von dort aus gelangte es allmählich nach Indien und China, wo es vor allem als »Lenzmittel« genommen wurde. Im 17. Jahrhundert, nachdem der Kaiser ihnen das Rauchen des amerikanischen Tabaks verboten hatte, fingen die Chinesen ebenfalls an, Opium zu rauchen. Britische Händler lieferten das in Indien billig produzierte Rauschgift. Als sich die kaiserliche Regierung dagegen wehrte, folgten unter dem Vorwand der »Freiheit für den Handel« drei für China demütigende Opiumkriege. Die erzwungenen Exporte leerten die Gold- und Silberreserven des Reichs der Mitte. Noch heute ist der Schlafmohn ein Faktor der Weltwirtschaft, bei der globale Machtpolitik, die Interessen der kriminellen Syndikate und der pharmazeutischen Megakonzerne mitspielen. Der Deva dieser menschenfreundlichen Nahrungs- und Heilpflanze – so die Vision einer hellsichtigen Frau – ist tief betrübt, er ist traurig, dass die Menschen oft in einem Leben nach dem anderen süchtig werden.

62 Das Öl der ersten Pressung ergibt ein hervorragendes Speiseöl, jenes der zweiten Pressung ein trocknendes Öl für Seifen oder Malerfarben.

In Ostdeutschland und in den slawischen Ländern ist Mohn jedoch eine heilige Pflanze geblieben. Mohngebäck – Mohnkuchen, Mohnbrote, Mohnstriezeln – ist Kultgebäck. Sie werden an den heiligsten Feiertagen, zu Weihnacht und Neujahr, vor allem aber zu Ostern und Pfingsten gebacken. In Schlesien erhielt auch der Hofhund am Heiligen Abend drei Mohnklöße, damit er recht stark wird. Die Wenden der Lausitz füttern den Hühnern in der Heiligen Nacht Mohnkörner; so viel sie aufpicken, so viele Eier werden sie im kommenden Jahr legen. Wenn man in der Weihnachtszeit viel Mohn isst, wird einem im folgenden Jahr das Geld nicht ausgehen. In schlesischem Volksbrauchtum wurde die Schüssel, in der die Mohnklöße für das Weihnachtsfest bereitet wurden, nicht ausgewaschen, sondern mit Wasser gefüllt. An den Mohnsamen, die oben schwimmen, konnte man erkennen, ob die nächste Ernte körnerreich wird. Am Andreasabend warfen die Mädchen Mohnsamen über sich, in der Überzeugung, dass sich dann der Liebste im Traum zeigen werde.

Die böhmischen Bauern streuten Mohnsamen auf ein frisch gestochenes Rasenstück vor der Stalltür im Glauben, dass eine unsichtbare Hexe nicht hineingehen würde, bis sie alle Samen gezählt hat. Selbstverständlich verzählt die Unholde sich dauernd und zischt beim Sonnenaufgang unverrichteter Dinge wieder davon. Ähnlich streuten die Kaschuben in Westpreußen den Toten Mohnkörner in den Sarg, denn auch ein Vampir steht unter neurotischem Zählzwang.

Schlafmohnblätter auf Löwenzahn

100 g Schlafmohnblätter • 100 g zarte Löwenzahnblätter • 1 EL Sesamsamen • 1 EL Kürbiskerne • 2 EL gehackte Mandeln

Sauce:
1 EL Balsamicoessig • 3 EL Haselnussöl • etwas Schnittlauch, fein geschnitten • Kräutersalz, Kreuzkümmel und Pfeffer

Den Schlafmohn mit dem Löwenzahn anrichten, mit dem Sesam, den Kürbiskernen und den Mandeln bestreuen.

Für die Sauce Essig und Öl mischen, den Schnittlauch dazugeben und mit Kräutersalz, Kreuzkümmel und Pfeffer abschmecken. Die Sauce über den Salat träufeln.

SENFBLATT

Weißer Senf: *Sinapis alba*, Schwarzer Senf: *S. nigra*, *Brassica nigra*, Indischer oder Sareptasenf: *B. juncea*, Ackersenf: *S. arvensis*

Familie: Kreuzblütler
Andere Namen: Geler Senf, Mostert, Mostrich, Gartensenf
Heilwirkung: Senfmehl: hautreizend, durchblutungsfördernd, erwärmend bei Rheuma, Ischias, Muskelschmerzen, Durchblutungsstörungen, Gelenkentzündungen, Bronchitis; Emetikum; *Senföl:* antiparasitisch; Nesselsucht, Ekzeme, Pilzinfektionen; Haarwuchsmittel
Symbolische Bedeutung: Himmelreich, geistige Gestaltungskraft, alchemistischer Löwe; dämonenvertreibend; Weiberherrschaft; unnützes Geschwätz; Agni, Shiva
Planetarische Zugehörigkeit: Mars, Sonne, Jupiter

Es gibt mehrere verschiedene Senfarten, die, was ihre kulinarischen Eigenschaften betrifft, alle ähnlich sind. Alle sind hier und da verwildert an Wegrändern, auf Schuttplätzen oder Brachäckern anzutreffen. Der Senf, der nahe mit dem Raps und der Rauke verwandt ist, ist eine einjährige Pionierpflanze mit schwefelig gelben Blüten und scharfen, kugeligen Samen (Senfkörnern), die in Schoten heranreifen. Alle Senfarten sind essbar.

Der Senf, ursprünglich ein Ackerunkraut in den Leinfeldern neolithischer Pflanzer, mauserte sich schon früh zur wichtigen Kulturpflanze. Die Kelten und Germanen kannten ihn schon als Blattgemüse, aber den Gebrauch der gemahlenen Samen als Gewürzpaste haben die nördlichen Barbaren erst von den Römern übernommen. Als Gewürz und Verdauungshilfe bei üppigen, eiweißreichen Mahlzeiten mazerierten die Römer die schwarzen und auch die milderen weißen Senfkörner in Most und schufen so unseren Tafelsenf oder Mostrich (lat. *mostrum* = Most, *ardens* = brennend). Noch heute ist der Senf von Wiener Würstchen, Knackwürsten, Bratwürsten, Klobassen, Hot Dogs und dem Grillfleisch nicht wegzudenken. Die Verwendung von Senfsamen als Gurkengewürz ist eine westslawische Erfindung.

Die jungen Blätter, aber auch die zarten jungen Blütenstände der Senfarten eignen sich hervorragend zum Salat. Sie wirken appetitanregend und sind reich an Proteinen, Provitamin A, Vitamin B und C sowie Mineralsalzen (Couplan 1997: 30). Dabei sind die Blätter des weißen Senfs etwas milder als die des schwarzen Senfs, der vor allem wegen der Senfsaat angebaut wird. Besonders große Blätter hat der indische Senf (*Brassica juncea*), der vor langer Zeit in Nordwestindien aus einer Kreuzung des Ackersenfs (*B. arvensis*) und des schwarzen Senfs (*B. nigra*) hervorgegangen ist. Diese Sorte wird in China und Indien als Spinatgemüse auf den Märkten verkauft. Sie lässt sich auch gut bei uns anbauen. Um immer junge Blätter für die Salatschüssel oder den Kochtopf zu haben, lohnt es sich, sie im Frühling und im Herbst alle paar Wochen erneut auszusäen. Man muss die Saat ausdünnen, damit die Pflänzchen genügend Platz haben, sich zu entwickeln.

Die Blättchen schmecken auch auf dem Sandwich gut; als *Tempura* nach japanischer Art in Bierteig frittiert und mit Soja gewürzt sind sie ein Leckerbissen. John Evelyn, ein großer englischer Gartenenthusiast und Salatfanatiker, der die Menschheit zur »gesunden und ursprünglichen Ernährungsweise« zurückführen wollte und des Königs Gärtner dazu veranlasste, siebzig verschiedene Blattsalatarten anzupflanzen, schreibt Folgendes über das Senfblatt (»Acetaria«, 1699): »Senfblätter, besonders die von den jungen Pflänzchen, sind unvergleichlich in ihrer Fähigkeit, den Geist zu beleben, das Erinnerungsvermögen zu stärken, die Schwermut zu vertreiben (...) das, neben ihrer erwiesenen antiskorbutischen Wirkung.«

Aus der indischen Küche ist Senf – *rái* genannt – nicht wegzudenken. Als Gewürz und Gemüse wird er schon 500 Jahre v. u. Z. in der »Acaranga Sutra« erwähnt. Senf gilt als »heiß«, er stärkt das innere Lebensfeuer (*agni*), öffnet und reinigt die subtilen »Kanäle«, die *srota*. Er wird vor allen in den Wintermonaten gegessen und soll Kraft geben. Zum Kochen und Frittieren verwenden die Inder neben Butterschmalz oder *Ghee* vor allem das aus den Senfkörnern gepresste Öl. Im Gegensatz zu Butterschmalz gilt das Senföl aber nicht als feine Speise. Es ist das Kochöl des einfachen Volks, der Shudras und der untersten Kasten. Es ist von dunklem (tamasischem) Charakter. Da im indischen Denken immer eine Verbindung zwischen Nahrungsmittel, Laune und Charakter besteht, ist es verständlich, dass auch die Speiseopfer an die tamasischen Götter, wie Shiva und seine Gefährten, mit Senföl bereitet werden. Die Speisen Vishnus, der voll Licht ist und einen guten Charakter besitzt, sind süß und werden mit Butter gemacht. Shiva dagegen bekommt wie die Armen Senfblattgemüse und in scharfem Senföl frittierte Auberginen, die mit bitteren Neem-Blättern gewürzt sind (Achaya 1998: 131).

Sulphur, der Geist im Senf (alchemistische Darstellung).

In der westlichen Esoterik und Alchemie gilt der Senf dagegen als alles andere denn als dunkel und gemein. Sie sahen den Senf mit seiner schwefelfarbigen Blüte als Träger des Licht- und Feuerprinzips, als vegetabilen Sulphur (lat. *sol* = Sonne, *ferre* = tragen), als »Sonnenträger«. Sulphur war für sie das *ignis terrae*, das »Feuer der Erde«, das erlösende Christuslicht, das in die Materie hinabgestiegen ist. Das Himmelreich selbst, in den Worten Jesus, gleiche einem Senfkorn.

Mustard oder die Senfblüte war die letzte der 38 Blütenessenzen, die der homöopathische Arzt Edward Bach entdeckte. Er verordnete das Blütenmittel in seelischen Notlagen, in denen ohne ersichtliche Ursache Schwermut und Traurigkeit aus den Tiefen des Unterbewusstsein hervorbrechen. Mustard, schreibt Bach, vertreibt Trübsal und bringt die Freude ins Leben zurück. Ohne die Schwefelkraft, ohne die geistige Sonne droht das Gemüt des Menschen in schwarzen Tiefen zu versinken.

Culpeper stellt die Senfpflanze ihrer Schärfe wegen unter die Herrschaft des Mars. Er verschreibt gemahlene Senfkörner, mit Honig zu kleinen Kügelchen gerollt und am Morgen nüchtern eingenommen oder unter die Nase und an die Schläfen gerieben, um »den Geist zu beleben und zu erwärmen«. Andere astrologische Kräuterärzte sahen in dem gelb blühenden, scharf schmeckenden Kreuzblütler die Signatur der Sonne. Wegen der Wirkung auf die Verdauung ist es eine von Jupiter gefärbte Sonne.

In der europäischen wie in der asiatischen Volksmedizin sind vor allem die Samen bzw. das Senfmehl ein wichtiges Heilmittel. Senf enthält Senfölglykoside, die sich, gemahlen und in warmem Wasser gelöst, in ihre Bestandteile trennen und eine brennende Schärfe sowie antibakterielle Wirkung entwickeln. Der besonders scharfe schwarze Senf wurde anscheinend schon von Hippokrates, dem »Vater der Naturheilkunde«, verwendet. Das Senfmehlpflaster wirkt als Hautreizmittel (Rubefaziens); es bringt das Blut an die Oberfläche, wirkt aber zugleich erhitzend bis tief ins Gewebe hinein. Die frisch gemahlenen Samen werden mit warmem Wasser angerührt – um die Schärfe zu kontrollieren, wird Roggenmehl beigemengt – und in ein Leintuch gepackt auf die erkrankten Körperstellen gelegt. Senfwickel kommen bei akuten Entzündungen in den Gelenken, bei Rheuma, Ischias, Muskelschmerzen, Lungen-, Rippenfell- und Gelenkentzündungen sowie Hexenschuss in Frage. Bei chronischer Verstopfung können sie auch auf den unteren Bauch gelegt werden. Ein Teelöffel Senfmehl in Wasser verrührt und eingenommen löst nach fünf bis zehn Minuten Brechreiz aus und wird bei Vergiftung oder Betrunkenheit angewendet. Senföl wirkt als antiparasitisches Einreibemittel bei Nesselsucht, Ekzemen und Pilzinfektionen.

Senf wurde aber auch magisch verwendet. Wer am Morgen auf nüchternen Magen Senfkörner isst, der soll an dem Tag vor Schlaganfall sicher sein. Und eine Frau, die im Haus das Regiment führen will, soll zu ihrer Vermählungszeremonie heimlich Senfsamen und Dill mitnehmen und, während der Pfarrer die Messe liest, folgenden Spruch murmeln: »Ich habe Senf und Dill, Mann, wenn ich rede, schweig du still!«

Im indischen Volksglauben spielt der Senf, insbesondere die Samen, eine Rolle als dämonenvertreibendes Mittel. Neugeborene werden mit Senfkörnern und anderen Schutzpflanzen beräuchert. Die Körner liegen in der Geburtskammer bereit und kommen mit ins erste Bad der Frau nach der Geburt. Beim Totenfest und der Ahnenspeisung (*shraddha*) reibt man sich die Handflächen und Fußsohlen mit dem Öl ein. Senföl, mit Hennablättern gekocht, ist auch ein beliebtes Haaröl, das in die Kopfhaut einmassiert wird, damit die Haare besser wachsen. Auch einigen unseren Redewendungen verleiht der Senf Schärfe. »Seinen Senf dazu geben« bedeutet ungefragt seine Meinung beisteuern. »Mach keinen Senf« heißt, »mach kein Theater«. »Dieser Senf steigt in die Nase«, sagt man in Deutschland, Holland und Frankreich, wenn ein Spaß zu grob ist. Wenn man im plattdeutschen Land jemandem eine Sache verleiden will, dann tut man »enem Semp up de Titt smeren«. Der Ausdruck bezieht sich auf die Entwöhnung eines Kindes von der Mutterbrust, wozu diese mit Senf bestrichen wurde. Aber wir wollen hier »keinen langen Senf machen«, keine weiteren weitschweifenden, überflüssigen Worte verlieren und beenden hiermit unsere Darstellung dieser interessanten Pflanze.

Senfblattlasagne mit Sauerkraut und Meerrettich

100 g Zwiebeln • 1 EL Olivenöl • 1 TL Honig • 250 g Sauerkraut, fein gehackt • Kräutersalz

Sauce:
800 ml Gemüsebouillon • 200 ml Weisswein • 4 Lorbeerblätter • 100 ml Rahm • 5 EL Linsenmehl • Muskatnuss

12 frische grüne Lasagneteigblätter • 100 g Senfblätter • 40 g Tannenschösslinge, grob gehackt • 1 TL Meerrettich • 100 g Reibkäse

Die Zwiebeln im Olivenöl gut anbraten, den Honig und das Sauerkraut beigeben. Abschmecken und vom Herd nehmen.

Für die Sauce die Bouillon mit dem Weisswein aufkochen, den Lorbeer beigeben und 10 Minuten kochen lassen. Die Sauce mit dem Rahm und dem Linsenmehl leicht binden. Mit Muskatnuss abschmecken.

In eine Gratinform zuerst eine Lage Lasagneblätter, dann eine Lage Senfblätter und darauf ein Drittel des Sauerkrauts geben, mit einem Drittel der Sauce begiessen. Noch zweimal wiederholen, die Tannenschlösslinge auf die letzte Schicht Sauerkraut geben. Mit der restlichen Sauce und dem Käse abschliessen.

Die Lasagne im auf 200 Grad vorgeheizten Ofen 1 Stunde backen. Sofort servieren.

WINTERPÖSTLEIN, KUBASPINAT

Claytonia perfoliata, Montia perfoliata

Familie: Portulakgewächse
Andere Namen: Blumendreiklapp, Tellerkraut, Grensel, Quellkraut, Claytonie, Winterportulak; amerik. *miner's lettuce*, engl. *winter purselane*, franz. *pourpier d'hiver*, span. *petota*
Heilwirkung: Breiumschlag aus frischen Blättern bei Rheuma, Augenmittel
Symbolische Bedeutung: Überleben, Neuanfang
Planetarische Zugehörigkeit: Merkur

Das Winterpöstlein wächst als Wildpflanze an den feuchten Berghängen der Westküste Nordamerikas, von Kalifornien bis nach Alaska. Es wurde zuerst von dem britisch-amerikanischen Botaniker John Clayton (1685–1773) beschrieben, daher der Name Claytonie. Es handelt sich um eine einjährige Pionierpflanze, um einen Lichtkeimer[63], der entblößte, aufgewühlte Böden mit seinem zarten Grün im Nu bedeckt. Es ist ein typisches Portulakgewächs: saftig, fleischig, zerbrechlich und dennoch äußerst vital. Das Kraut, das kleine Büschel bildet, blüht zwischen April und Juni. Es wird auch Tellerkraut genannt, da die beiden gegenständigen Blätter, die sich unterhalb der kleinen weiß blühenden Blütentrauben bilden, zum »Teller« oder Becher zusammengewachsen sind.

Als Salatpflanze kam die Claytonie um 1850 ins Bewusstsein der Gärtner. Da nämlich war der kalifornische Goldrausch voll im Gang. In ihrer unersättlichen Goldgier wühlten die Goldschürfer die Hänge der kalifornischen Berge auf. Das so verwüstete Land wurde sogleich mit dem Tellerkraut bedeckt. Zum Glück, denn oft waren die Goldsucher bitter arm und hungrig. Von den Indianern erfuhren sie, dass sich das Kräutlein gut essen ließ. Es enthält besonders viel Vitamin C sowie nennenswerte Mengen an Mineralstoffen wie Magnesium, Calcium und Eisen. Es rettete viele der Abenteurer vor dem Verhungern, daher nennt man es in Amerika *minor's lettuce* (Goldschürfersalat). Wie die Bluejeans ist diese wertvolle Salatpflanze ein Nebenprodukt des Gold-

63 Der Same keimt nur, wenn er Licht bekommt. Er darf beim Säen also nicht mit Erde bedeckt werden.

rauschs.[64] Bald wurde *minor's lettuce* auch an der Ostküste als gesundheitsfördernder Wintersalat angebaut. Anscheinend kam er dann über Kuba nach Europa, weshalb man ihn vielerorts als Kubaspinat (franz. *claytone de Cuba*) bezeichnet. Inzwischen verwildert er an der Nordseeküste: Das feuchte und im Winter eher milde Klima und die sandigen Böden behagen ihm sehr. In den Baumschulen in Holland und Niedersachsen ist er praktisch zur dominanten Bodenbedeckung beziehungsweise zum »Unkrautproblem« geworden.

Die Indianer der Westküste aßen den Kubaspinat roh oder gekocht. Um die Rohkost fein säuerlich zu würzen, legten sie das gepflückte Kraut auf Ameisenhaufen, ehe sie es verspeisten. Da sie keinen Essig kannten, diente ihnen die Ameisensäure als Ersatz. Auch als Heilpflanze benutzten sie den Kubaspinat. Bei Gliederreißen legten die Shoshonen die frisch zerstampften Blätter als Breiumschlag auf die betroffenen Stellen. Die Thompsonindianer in British Columbia benutzten die Pflanze bei Augenleiden.

Der Kubaspinat, *petota* genannt, gehörte zu den traditionellen Speisen der Mexikaner, die schon lange vor den Yankees in Kalifornien lebten. Ein Lieblingsgericht war und ist ein leckerer Salat von *petota* zusammen mit den in Streifen geschnittenen Früchten des Feigenkaktus (span. *tuna*), gewürzt mit Olivenöl, Salz, Pfeffer und Essig.

Winterpöstlein wird im August ausgesät. Die Pflanze braucht feuchten Boden und kann bis zum Frost mehrmals geerntet werden.

64 Auch der aus Bayern eingewanderte jüdische Schneider Levi-Strauss wollte am Goldrausch mitverdienen. Er beabsichtigte, den Goldsuchern Segeltuch für Zelte und Planwagen zu verkaufen, sah aber, dass sie eher feste, strapazierbare Hosen brauchten. Also nähte er aus den Planen Hosen, die nicht so schnell durchscheuerten. Die von ihm blau eingefärbten Hosen waren die ersten Jeans.

Winterpöstleinsalat mit Kichererbsenmus

Winterpöstlein

Kichererbsenmus:
2 Auberginen • 200 g gekochte Kichererbsen • 1 TL gemahlener Koriander • 1 TL Rosenpaprika • 1 Prise Chilipulver • Kräutersalz, Pfeffer

Sauce:
4 Zweige Rosmarin, Nadeln fein gehackt • 2 Knoblauchzehen, fein gehackt • 2 EL Heidelbeeressig oder anderer Obstessig • 4 EL Olivenöl • Kräutersalz

Die Auberginen rundherum mit einer Gabel einstechen. Im auf 240 Grad vorgeheizten Ofen 1 Stunde backen. Herausnehmen, die Haut abziehen und zusammen mit den Kichererbsen in eine Schüssel geben. Mit einer Gabel zu Mus zerdrücken. Mit dem Koriander, dem Rosenpaprika, dem Chili, Kräutersalz und Pfeffer würzen.

Für die Sauce den Rosmarin und den Knoblauch im Olivenöl braten, leicht abkühlen lassen.

Den Essig und das Olivenöl beigeben und mit dem Kräutersalz würzen.

Vom Kichererbsenmus kleine Kugeln formen und in Winterpöstleinblätter einwickeln. Anrichten und die Sauce dazu servieren.

KOSMISCH KOCHEN: DIE PLANETARISCHE KÜCHE DES ARTHUR HERMES

Noch im 96. Lebensjahr stieg Arthur Hermes mehrmals im Monat den steilen Waldpfad durch Tannen und Buchen hinunter zum nächstgelegenen Bahnhof. Den weiten Mantel um die Schultern, das wallende, schneeweiße Haar unter dem abgegriffenen, breitkrempigen Hut verborgen und die verschlissene Aktenmappe mit obskuren Notizen darin unter den Arm geklemmt, glich er jenem »alten Weisen« des Märchenbuchs. Jeder Anfrage, jedem Hilferuf kam er nach. Niemand wurde abgewiesen, denn die Einsichten, die ihm die »geistige Führung« hatte zukommen lassen, durfte er niemandem verwehren. So kam es, dass überall in der Schweiz, in Süddeutschland und im Elsass Ärzte, Pädagogen, Studenten, Pfleger von Kranken und Behinderten, aber vor allem Bauern und Gärtner seinen Worten lauschten und bald vieles davon – ohne unbedingt ihre Quelle zu erwähnen – in die Praxis umsetzten.

Schulwissenschaftler mit Scheuklappen taten sich natürlich schwer mit seinen Formulierungen, die von der »Mutter Erde«, von »helfenden Elementarwesen« oder »dem Einwirken der Toten in das ätherische Geschehen« sprachen. Aber sie waren dennoch von seiner Vitalität und Ausdruckskraft beeindruckt und nachdenklich gestimmt. Zu den Landwirten sprach er über aus Kräuterpräparaten hergestellte Medizin für den Boden, lehrte die Betrachtung der Pflanzengemeinschaften und der kosmischen Rhythmen beim Pflügen, Pflanzen und Ernten. Er wusste schier alles über Tiere – ja er schien sogar mit ihnen sprechen zu können. Den Ärzten und Heilern erzählte er von den therapeutischen Kräften der Farben, Töne, Pflanzen und Steine, von krankheitsvorbeugenden Kräutertees und Heilmeditationen. Man bewunderte ihn, als sei er ein wiederauferstandener Paracelsus oder besser ein wiederauferstandener Druide. Schließlich liegt sein Waldhof auch auf einem alten megalithischen Kultplatz, wo auch Druiden einst ihre Zeremonien abhielten.[65]

65 Der Bauernhof »Les Biolles« liegt auf einer Waldlichtung im waadtländischen Jura oberhalb des Neuenburgersees und unterhalb des Berges Mont Aubert. Dazu Näheres in W.-D. Storl: »Der Druide«, in: »Wie die alten Götter weiterleben«, hrsg. v. Willi Dommer, Verlag Hermann Bauer, Freiburg i.B. 1990.

Seine Jahre waren Arthur Hermes nicht anzusehen. Wer sein Alter erfuhr, wunderte sich, wie es denn möglich sei, den Körper so kräftig zu halten und zugleich ein solch weitgespanntes Bewusstsein zu wahren. »Es ist die Meditation, die immer wieder aus der Urquelle schöpft«, gab er zur Antwort, und eine Ernährungsweise, »die dem Geist Kraft zur Meditation gibt«.

Hermes war Vegetarier und mied den Fusel: »Alkohohl konserviert und mumifiziert ausgediente Gedanken. Er hemmt, was ganz zart, fein und ätherisch vor dem Seelenauge erscheinen will.« Sein Vegetarismus war aber nicht fanatisch und engstirnig. Gegen Milch und Käse – »unschuldige, mondhafte Substanzen, voller frischer Lebenskräfte« – hatte er nichts einzuwenden. Und dass jemand Fleisch isst, um »die Kraft eines Ochsen zu bekommen«, konnte er auch verstehen. »Nur muss man sich im Klaren sein, dass man – karmisch gesprochen – dem Tiergeist, der dieses Opfer bringt, etwas schuldig bleibt!«

Wie es jedoch genau um seine Kost stand, offenbarte er einmal, als man ihn wegen seiner wertvollen Ratschläge in die inzwischen aufgelöste therapeutische Dorfgemeinschaft »Village Aigues Vertes« einlud. Die Siedlung an der Rhone, südlich von Genf, nahm geistig Behinderte auf und versuchte ihnen ein freundliches, geschütztes Arbeits- und Lebensmilieu zu bieten. Die Behinderten gingen verschiedenen Handwerken nach und wohnten als »jüngere Brüder und Schwestern« in den Häusern der Mitarbeiter. Von den Mitarbeitern forderte diese Arbeit viel Opfermut und Dienstbereitschaft. Mit Meditation, Kunst und bewusster Seelen- und Gedankenhygiene (z. B. Verzicht auf Fernsehen) versuchte man der schwierigen Lebensaufgabe gerecht zu werden und die Schwächeren mitzutragen. Trotz dieser Maßnahmen wurden Geduld und Gesundheit häufig überstrapaziert. Deswegen musste der alte Weise aus den Bergen kommen. »Da hilft nur eines«, donnerte dieser, »da müssen die Planeten in den Kochtopf!«

»Wir verspeisen den Kosmos!«, gab er seinen verblüfften Zuhörern zu bedenken und erklärte ihnen weiter, dass Pflanzen in ihrem stofflichen Aufbau zu über neunzig Prozent aus Wasser und Luft bestehen. Der mineralische Rest, die Asche, die nach der Verbrennung übrig bleibt, ist verschwindend gering. Nun wussten schon die alten Alchemisten und wissen auch die Homöopathen, dass Wasser und Luft »sensible« Elemente sind. Sie sind empfänglich für Schwingungen und Strahlungen aller Art und prägen sich diesen ein. Die wässrigen Pflanzenorgane, die Früchte und Gemüse, sind also bestens geeignet, vielfältige rhythmische und zyklische Impulse zu empfangen, die von der Sonne (Photosynthese), vom Mond (Keimung, Wachstumsschübe), aber auch von den Planeten und Fixsternen ausgehen. Die im Saft gelösten Mineralien können – bildlich gesprochen – als »Köder« oder Verstärker bestimmter kosmischer Schwingungen angesehen werden.

Beziehungen zwischen Planeten und Erdenstoffen waren schon in früheren Zeiten beobachtet worden und fanden Einlass in altüberlieferten Lehrgebäuden. Hermes war nicht jemand, der unkritisch Altes übernahm; für ihn stand jedoch außer Zweifel, dass solche Beziehungen bestehen, dass zum Beispiel die Mondkräfte im Metall Silber einen Vermittler haben, Sonnenkräfte im Gold, dass im Eisen der Mars mitschwingt, im Zinn der Jupiter, im Blei Saturn, im Kupfer Venus oder im Quecksilber Merkur. Zudem wirken die erdnahen Planeten (Mond, Merkur, Venus) über den Kalk im Boden stoffwechselanregend und substanzaufbauend auf die Vegetation. Die erdfernen Planeten (Mars, Jupiter, Saturn) dagegen vermitteln über das Silizium (Quarz, Kiesel) den Pflanzen jene Eigenschaften, die unsere Sinne als Aroma, Farbe, Geschmack, Haltbarkeit und Qualität wahrnehmen. Inzwischen haben nicht nur die Hersteller von Computerchips die Kräfte der Quarzkristalle entdeckt. Sensitive meinen, dass Quarz hohe geistige Schwingungen vermitteln kann. Er ist auch den Völkerkundlern keineswegs entgangen, dass Schamanen gerne Quarzkristalle tragen.

»Mit Hilfe dieser Elemente sind Pflanzen Antennen oder Sinnesorgane der Mutter Erde«, sagte Arthur Hermes. »Sie nehmen die kosmischen Schwingungen auf und wandeln sie um, so dass sie den Menschen und Tieren als Nahrung dienen können. Gesunde Nahrungspflanzen, besonders die kieselhaltigen Getreide, naturgedüngt und nach Sternenzeichen ausgesät, sind mit Himmelskräften gesättigt. Sie bilden die Grundlage unseres geistigen Schaffens, öffnen uns den wahren geistigen Imaginationen und geben dem Willen die Kraft, notwendige Anstrengungen zu vollbringen. Das können die mit Kunstdünger und Giften aufgepäppelten Gewächse kaum. Sie quellen schwammartig auf und werden schwer, aber die unwägbaren Qualitäten mögen sie kaum so richtig vermitteln.«

Leider aber machen wir oft mit unseren Koch- und Essgewohnheiten wieder zunichte, was Biobauern so sorgfältig erarbeitet haben. Auch beim Ernten und beim Zubereiten der Speisen sollte man die kosmischen Rhythmen beachten. Weitläufig erklärte er, wie das anzustellen sei. Der Reigen des Sternenzelts spiegelt sich im Wachstum der

Die sieben Planeten als Herren der sieben Wochentage, aus dem »Calender of Shepherdes«, 1503.

Pflanzen. In ihrem Sprossen und Sprießen, Blühen und Fruchten folgen sie dem Jahreslauf der Sonne. Jeder Vollmond gibt neue Wachstumsschübe, und diese wiederum haben jeweils eine andere Qualität, entsprechend dem Sternbild, in dem sich der Mond befindet. »Der Mond«, so Hermes, »vollendet seinen Gang durch den Tierkreis in knapp 28 Tagen. Das sind die vier Wochen des Monats. Die Siebentagewoche ist also keine bloß willkürliche Erfindung, sondern beruht auf einem kosmischen Geschehen. In den sieben Tagen spiegeln sich die mit Götternamen versehenen sieben Urkräfte, die unsere Erdenwelt durchpulsen und sich in den sieben sichtbaren Wandelsternen, den sieben Metallen, den sieben Tönen der Oktave, den sieben Farben des Regenbogens, den sieben Lebenszentren (Chakren) im Leib, ja auch in den sieben Zwergen (den Elementarkräften) manifestieren.«

Es kommen in den sieben Tagen der Woche also sieben verschiedene Qualitäten zum Ausdruck. Der Naturkenner Hermes akzeptierte demzufolge auch die alte Einteilung der Pflanzen in sieben große Gruppen – je nachdem, welche planetarischen Eigenschaften in ihnen überwiegen. Siebenfach ordnete er die Gemüse, Heilkräuter und Gewürzpflanzen, die er im Garten, auf der Wiese und im Wald sammelte.

Am Montag pflückte er »Mondgemüse« für seinen Kochtopf. Mondgemüse sind alle wässrigen, aufgedunsenen, schlingpflanzenähnlichen Gemüse wie Gurken und Melonen oder solche mit Milchsaft wie die Haferwurzel oder der Kopfsalat.

Am Dienstag sind die »Marspflanzen« an der Reihe, also rotfarbene Gemüse und solche mit Stacheln, Dornen, tiefen Pfahlwurzeln oder hitzigem Geschmack, wie Möhre, Rettich, Brennnessel oder Lauch. Auch seine Wundkräuter pflückte er am Tag des Mars.

Am Mittwoch gibt es die »Merkurpflanzen«. Es handelt sich dabei um schnell sprießende, schleimige oder auch besonders heilkräftige Gewächse wie Portulak, Fenchel, Zwiebel, Abelmosch (Okra) oder Malvenarten. Am Tag des Merkur sammelte er auch die Lungenheilkräuter, denn dieser Planet beherrscht im menschlichen Mikrokosmos die Atmungsorgane.

Die Mahlzeit am Donnerstag enthält die aromatisch-würzigen oder süßen »Jupitergemüse« wie Pastinake, Klettenwurzel oder Schwarzwurzel oder auch gelb- und orangefarbige Gemüse wie den Kürbis. Leberheilpflanzen werden ebenfalls am Jupitertag gepflückt.

Am Freitag, dem Tag der Venus, kommen die grünen, zarten, kühl lindernden Gemüse wie Erbsen, Brechbohnen oder Spargel in Betracht. Gleichzeitig werden die »venerischen« Heilkräuter für urogenitale, die Harn- und Geschlechtsorgane betreffende Beschwerden an diesem Tag der holden Göttin gepflückt.

Samstags stiftet Saturn die bitteren oder salzigen Gemüse wie Sellerie, Mangold oder Melde. Auch dunkle und bläuliche Gemüse wie der Blaukohl kommen samstags in den Topf.

Sonntags kommen dann die feinen, weißen Gemüse, wie etwa der Blumenkohl oder die Schinkenwurzel, aber auch solche, die schön gelb blühen und stärkend wirken, wie Topinambur, auf die Speisekarte. Um mit den kosmischen Schwingungen im Einklang zu leben, gilt es aber nicht nur den Siebentagesrhythmus im Kochtopf nachzuvollziehen, sondern auch den jahreszeitlichen Rhythmus der Natur. Indem man isst, was die Jahreszeit zu bieten hat, wandert man kulinarisch mit der Sonne durch den Tierkreis. Im Frühjahr also gilt es, um den Körper nach langer Winterkost zu entschlacken und von seinem skorbutischen Zustand (Vitaminmangel, Zahnfleischbluten, Frühjahrsmüdigkeit) zu befreien, frische Wildgemüse und Wildsalate zu sammeln, die den Stoffwechsel und die Drüsenaktivität anregen. Es folgen die Blut bildenden Blattgemüse des Sommers, und dann die süßen Früchte des Herbstes, die den Körper mit Vitaminen aufladen und die Abwehrkräfte für die kommende kalte, nasse Jahreszeit mobilisieren. Eine würzige Holundersuppe, die Gabe der Frau Holle, darf auf keinen Fall fehlen. Im Spätherbst verbinden die Pilzgerichte die Seele mit dem Geist der Erde. In der Winterkälte sind es dann besonders die kalorienreichen Nüsse, Samen, Knollen und Wurzelgemüse.

Kopfsalat, Gurken oder gar frische Erdbeeren im Winter waren Hermes ein Greuel, ein Zeichen der Entfremdung des Menschen von der Natur: »So etwas chaotisiert die fein auf den Naturkreis abgestimmten inneren Sinne. Zudem ist das ökologisch gar nicht vertretbar, wenn man bedenkt, wie viel Fremdenergie dafür aufgebracht werden muss und wie viel Chemie, weil sich die Natur mittels Schimmel und Pilz gegen solche Abnormitäten wehrt!«

»Man esse täglich die *ganze* Pflanze«, ist ein weiterer Lehrsatz, den Hermes verkündete, »man esse Wurzelhaftes, Stengelhaftes, Blatthaftes sowie Frucht und Samen, denn die ganze archetypische Pflanze steht in Korrespondenz zum ganzen Menschen. Der Kopf, die Sinne und Nerven brauchen die Salze, die in der Wurzel zu finden sind; Atmung und Kreislauf bedürfen des Blattgrüns, welches das pflanzliche Spiegelbild des roten Hämoglobins ist; Stoffwechsel- und Fortpflanzungsorgane brauchen Blüten- und Samenkraft.« In der Praxis bedeutet das schlicht, dass man zur Roten Bete oder Karotte (Wurzel) und dem Getreide (Samen) noch einen Salat (Blatt) bereitet und mit einem Obstkompott (Frucht) abschließt. So kommt man der Forderung nach der »ganzen Pflanze« leicht nach.

Mit der sorgfältigen Auswahl der Zutaten stehen wir jedoch erst am Anfang der planetarischen Kochkunst. »Planetarisches Kochen ist die reinste Alchemie, ist Verwandlungs- und Veredlungskunst. In der Alchemie spielten immer die Sonne und der Mond eine Hauptrolle, ebenso wie in der großen Natur, in den klimatischen, jahreszeitlichen und biologischen Vorgängen. Die Sonne ist wärmend, trocknend, reifend, aufzehrend. Der Mond dagegen ist kühlend, quellend, befeuchtend, gärend.«

Diese von Hermes in die planetarische Küche eingewobene universale Dialektik ist auch in anderen Kulturen bekannt. In Ostasien wurden diese Gegensätze in der Dynamik des Yin und Yang veranschaulicht, in Amerika und Indien als die Spannung zwischen Adler und Schlange. Für Hermes stellt jedes Erhitzen, jedes Backen, Rösten, Dörren einen »Sonnenprozess« dar, ein alchemistisches Fortführen des in der Natur begonnenen Reifevorgangs. Jede Wasserbehandlung, jedes Einweichen oder Säuern, stellt einen »Mondprozess« dar. Durch das Umhüllen des Nahrungsmittels mit Wasser schützt der Mond gegen zu starke Sonnenwirkung (Verbrennen, Verkohlen, Verwelken).

Auf die Art der Wärmequelle legt die planetarische Küche besonderen Wert. Das Holz, Gas oder die Kohle sind ja nichts als gespeicherte Sonneneinstrahlung. Jede Hitze hat aber ihre eigentümliche Qualität. »Es ist wirklich primitiv, Hitze nur auf die Temperaturskala zu reduzieren«, meinte Hermes. »Ich habe das untersucht, habe Steigbilder von verschiedenen Wärmequellen gemacht.[66] Gas und Kohle ergeben hübsche rhythmische Muster, elektrischer Storm dagegen unsympathische flache Linien. Am harmonischsten sind aber die Muster, die man vom brennenden Holz bekommt. Jede Holzart hat ihre typischen Muster. Eigentlich kann man diese in sieben Gruppen ordnen, denn auch die Bäume gehören den sieben Planeten an. Buche brennt lange, Tanne brennt heiß. Wer also sein Süppchen mit Saturnwärme kochen will, sollte den Ofen mit Buchen- oder Tannenholz heizen. Jupiterwärme bekommt man vom Ahorn, auch von der Eiche (die gleichfalls Marswärme enthält). Das Eschenholz, das zu reiner, weißer Asche verbrennt, strahlt Sonne aus, der aber Merkur beigemengt ist. In der Ulme und Haselstaude ist Merkur vorhanden. Kirsche, Pappel und Weide geben eine angenehme kühlere Mondwärme ab. Birke und Linde enthalten eine sehr heilkräftige Venuswärme. Ich habe das Glück, im Wald zu leben, und kann mir meine ›Planeten im Ofen‹ aussuchen. Der Städter kann das nicht. Trotzdem sollte er wissen, dass die verschiedenen Arten von Holzfeuern heilend wirken. Ab und zu sollte er sich ein Feuer machen und die Glut auf sich wirken lassen. Damit lassen sich viele Leiden lindern – hat doch jeder mal erlebt, wie entspannend es ist, in ein lebendiges Holzfeuer zu blicken. Fängt man diese Ausstrahlung mit dem Kochtopf ein, ist es noch besser!«

Wasser als Träger des »Mondenprozesses« ist für Arthur Hermes nicht einfach H_2O. Jeder Brunnen, Teich, Bach oder jede Quelle hat eine besondere Qualität. Das weiche, lebendige Regenwasser, besonders wenn es um den Vollmond fällt, ist stark von ätherischen Lebenskräften durchdrungen – »es bringt die Saat zum Keimen«. Schneeschmelzwasser dagegen ist mit kristallinen Kräften aus hohen Sternenregionen geschwängert. Frisches Quellwasser ist das beste, chloriertes Leitungswasser das schlechteste Wasser. Arthur Hermes selbst musste im trockenen Jura mit Zisternenwasser vorlieb nehmen.

66 Um die sonst unsichtbaren Gestaltungskräfte, die zum Beispiel in den Säften der Pflanzen wirken, »sichtbar« zu machen, entwickelte die anthroposophische Wissenschaftlerin Lili Kolisko die Papierchromatografie oder Kapillar-Dynamolyse. Die zu untersuchende Flüssigkeit steigt im Filterpapier durch die Kapillarität nach oben. Wenn sie getrocknet ist, lässt man eine Metallsalzlösung folgen. Auf diese Weise erscheint eine Anordnung von Formen und Farben, die sich über die Fläche des Papiers breitet und die verborgenen charakteristischen Eigenschaften der Flüssigkeit offenbart. So entsteht das so genannte Steigbild. Siehe dazu: Agnes Fyfe: »Die Signatur des Mondes im Pflanzenreich«, Verlag Freies Geistesleben, Stuttgart 1967.

Vollkorngetreide steht im Mittelpunkt der planetarischen Mahlzeit. Um das sonnenhafte Getreide gruppieren sich die Gemüse, Milchprodukte und Salate wie planetarische Trabanten. Nur das Fleisch fehlt. Der Kochvorgang beginnt mit dem Mondenprozess: Am Abend zuvor wird das jeweilige Getreide eingeweicht. Auch die Gemüse können – müssen aber nicht unbedingt – den Mondprozess durchmachen. Am nächsten Morgen kommt dann der Sonnenprozess zum Zuge, indem die vorgequollenen Körner langsam auf niedriger Hitze, den Reifevorgang weiterführend, gegart werden. Die Gemüse bleiben ungeschält und werden in grobe, mundgroße Stücke geschnitten. Sie werden nie zerrieben oder zerstampft. Das würde – so Hermes – die Nahrungsqualität beeinträchtigen. Ein Drittel davon wird kurz vor der Mahlzeit ein paar Minuten in Fett gedünstet, wie die Chinesen es zu tun pflegen. Die restlichen zwei Drittel werden – wie in der traditionellen indischen Küche – langsam im selben Wasser, in dem sie eingeweicht waren, gar gekocht.

Setzen wir uns nun an seinen selbst gezimmerten Bauerntisch zu einer planetarischen Mahlzeit nieder. Eine rafaelische Madonna lächelt milde von der Wand; eine Bienenwachskerze und ein Wildblumenstrauß auf dem Tisch tragen zur guten Stimmung bei. Keine Mahlzeit beginnt ohne dankende Besinnung auf die Güte der Mutter Erde und der Sonne. Zuerst gibt es eine Hand voll Rohkost, um die Verdauungssäfte anzuregen. Nun folgt die magenwärmende Suppe: Es ist das Gemüsewasser, garniert mit zerriebenem Käse und frischen Wildkräutern. Nun kommt der Hauptgang: gekochtes Vollkorngetreide mit dem Tagesgemüse und Quark. Dazu gibt es Brot aus dem eigenen Backofen. Das Getreide dazu wird im Herbst zur Tagundnachtgleiche eigens von Hand als »Michaelskorn« ausgesät.

Die Gewürze – wie auch der Kräutertee – kommen aus dem Garten, der nahe gelegenen Wiese und dem Wald. Nach Hermes sind die in ihnen enthaltenen aromatischen Öle und Bitterstoffe den erdfernen Planeten zugehörig. Sie können die schweren Kohlehydrate, die mit den erdnahen Planeten zusammenhängen, ausgleichen. Scharfe Gewürze wie Kresse oder Meerrettich gehören dem Mars, aromatische dem Jupiter und bittere, salzige dem Saturn.

Das Salznäpfchen fehlt auf dem Tisch. »Salz ist zwar wichtig für unsere Erdinkarnation, aber zu viel davon schadet den Nieren, erhöht den Blutdruck und verhärtet das Denken. Es ist besser, das Salz in pflanzlicher Form über die Wurzelgemüse aufzunehmen.«

Dasselbe gilt für den Zucker. Wurzeln und Obst können ohne weiteres den Zuckerbedarf des Menschen decken. Bringt jedoch einer der vielen Besucher einen Kuchen mit, freut sich der alte Meister trotzdem und dankt mit dem üblichen Spruch: »Dafür kommst du in den Himmel!«

Zum Kuchen braut er eine Kanne »Gift« (Kaffee). »Heiß wie die Hölle und schwarz wie die Seele soll er sein«, sagt er augenzwinkernd, »das Gift verdrängt den vegetativen Schlummer und rüttelt das Denken wach.« Bei der Gelegenheit erzählt er von der Mittagsfrau, einem schönen Elfenwesen, das den Bauern nach dem Essen erschien und flehte: »Erlöse mich!« Das tat der Bauer, indem er aufwachte und einen Schluck Kaffee nahm. Da war der Spuk verschwunden. »Man soll Kaffee nur nach dem Mittagessen trinken. Am Morgen soll man genügend kosmische Kräfte aus dem Schlaf mitgebracht haben, um diesen Schub nicht zu benötigen.«

Angeregt durch das Getränk wandert sein Geist durch die Ernährungsgeschichte der Menschheit: »Im goldenen Zeitalter lebten die Menschen von Milch und Honig und süßem Obst. Mit dem fortschreitenden Abstieg des Menschengeistes in die Materie wurden die kraftspendenden Getreide immer wichtiger. Die höchsten geistigen Wesenheiten offenbarten sich in den Getreidegräsern – Christus im Korn, die Indianergottheiten im Mais, Freya in der Hirse, Donar im Hafer, Buddha im Reis. Auch die Planeten drückten den Getreiden ihre Siegel auf. Ist nicht der bleiche, im Wasser wachsende Reis mondenhaft, die zum Brauen geeignete Gerste jupiterhaft und der Weizen sonnenhaft? Hat der hitzige Hafer, den die Pferde lieben, nicht etwas vom Mars und der schwere Mais nicht etwas vom bleiernen Saturn? Nun aber ist das »Kali Yuga«, das dunkle Zeitalter, gekommen. Da braucht der Mensch zunehmend diejenigen Kräfte, die das Erdendunkel durchstoßen können: die Wurzelgemüse.

Hermes dachte kaum in Begriffen wie Vitamine, Aminosäuren, Wärmeeinheiten oder molekulare Bestandteile, sondern er fragte sich: »Habe ich genügend Venus? Mangelt es an Jupiter?« Einem blassen Fräulein verschrieb er eine Venus-Mars-Diät, einem Phlegmatiker eine Mars-Merkur-Diät. »Die enggefasste schulwissenschaftliche Ernährungskunde verkriecht sich ins Mikroskop und schneidet den Menschen von seinen kosmischen Wurzeln ab«, sagte er. »Die Expertentheorien verändern sich ja sowieso laufend!«

Als er in Village Aigues Vertes zum Mittagessen eingeladen war, fing er an zu lachen, als er sah, dass man sich ohne Nährwerttabelle und Kalorienwaage kaum an den Tisch wagte. »Dann schon lieber sich auf die Instinkte verlassen. Aber besser noch, die ewigen kosmischen Gesetzmäßigkeiten bewusst erkennen und danach leben«, kommentierte er.

Mag der unvoreingenommene Ernährungsexperte den kosmischen Zusammenhängen auch nicht so recht folgen, so muss er doch eingestehen, dass die planetarische Kochkunst des Arthur Hermes vielfältig und ausgewogen ist. Die Haushalte in dem therapeutischen Dorf, die seine Ratschläge zu Herzen nahmen, wurden in der Tat überzeugt. Schon nach einer Woche verschwanden Migränen, Blähungen, Verstopfungen und viele andere gesundheitliche Beschwerden.

Hermes: »Eine Idee ist erst gut, wenn sie sich in der Praxis bewährt.«

Bibliografie

Achaya, K. T.: *Indian Food*, Delhi: Oxford India Paperbacks 1998.

Axtelmeier, Stanislao Reinhardo: *Der nutzbaren Gewächse Sinnsprüche und Sinnbilder*, Augsburg 1705.

Bächtold-Stäubli, Hanns: *Handwörterbuch des deutschen Aberglaubens*, Berlin/New York: Walter de Gruyter 1987.

Bakhru, H. K.: *Foods that Heal*, New Delhi: Orient Paperbacks 1995.

Ders.: *Herbs that Heal*, New Delhi: Orient Paperbacks 1993.

Bankhofer, Hademar: *Die Naturheilkunde der Seefahrer*, Düsseldorf: Albatros 2001.

Beuchert, Marianne: *Symbolik der Pflanzen*, Frankfurt a.M./Leipzig: Insel 1995.

Bornemann, Ernest: *Sex im Volksmund*, Reinbek bei Hamburg: Rowohlt 1991.

Brill, Steve und Evelyn Dean: *Identifying and Harvesting Edible and Medicinal Wild Plants*, New York: Quill 1994.

Brosse, Jacques: *Magie der Pflanzen*, Olten/Freiburg i.Br.: Walter 1992.

Bürger, C. F.: *Die Blumensprache*, Würzburg: Stürtz Verlag 1995.

Carper, Jean: *Nahrung ist die beste Medizin*, Düsseldorf: Econ 1996.

Clause, L.: *Guide Clause – Traité pratique du jardinage*, Brétigny-sur-Orge: Société anonyme pour la culture des graines d'élite 1979.

Cobbett, William: *The American Gardener*, New York: 1846.

Couplan, François: *Wildpflanzen für die Küche*, Aarau: AT Verlag 1997.

Culpeper, Nicholas: *The Complete Herbal*, Delhi: Sri Satguru Publications 1999.

Dastur, F. N. I.: *Medical Plants of India and Pakistan*, Bombay: D.B. Taraporevala Sons & Co. 1962.

Engel, Fritz-Martin: *Zauberpflanzen – Pflanzenzauber*, Hannover: Landbuch-Verlag 1978.

Foster, Steven: *Herbal Renaissance*, Salt Lake City: Gibbs-Smith 1993.

Foster, Steven und Yue Chongxi: *Herbal Emissaries*, Rochester, Vermont: Healing Arts Press 1992.

Franke, Wolfgang: *Nutzpflanzenkunde*, Stuttgart: Thieme 1997.

Fuchs, Leonhart: *New Kreüterbuch*, Basel: Michel Isingrin 1543.

Fyfe, Agnes: *Die Signatur des Mondes im Pflanzenreich*, Stuttgart: Verlag Freies Geistesleben 1967.

Glob, P. V.: *The Bog People*, Frogmore, St. Albans: Paladin 1969.

Grieve, M.: *A Modern Herbal*, New York: Dover 1982.

Grimé, William Ed: *Ethno-Botany of the Black Americans*, Algonac, Michigan: Reference Publications Inc. 1979.

Grimm, Jacob: *Deutsche Mythologie*, Frankfurt a.M./Berlin: Ullstein 1981.

Grimms Märchen, Frankfurt a. M./Leipzig: Insel 1991.

Halpin, Anne Moyer: *Unusual Vegetables*, Emmanus, PA: Rodale Press 1978.

Hartmann, Thom: *The last Hours of ancient Sunlight*, New York: Three Rivers Press 2000.

Hedrick, U. P. (Hg.): *Sturtevandt's EdiblePlants of the World*, New York: Dover 1972.

Heil, Alexander: *Gartengestaltung mit essbaren Stauden*, Berlin, Diplomarbeit, TU Berlin, Institut für Ökologie und Botanik, 2001.

Höfler, Max: *Volksmedizinische Botanik der Germanen*, Berlin: VWB 1990.

Hollerbach, Elisabeth und Karl: *Kraut und Unkraut zum Kochen und Heilen*, München: Hugendubel 1998.

Hsu, Hong Yen: *How to treat Yourself with Chinese Herbs*, Long Beach, CA: Oriental Healing Arts Institute 1986.

Kaminski, Patricia und Richard Katz: *Handbuch der kalifornischen und englischen Blütenessenzen*, Aarau: AT Verlag 1996.

Kölbl, Konrad: *Kölbl's Kräuterfiebel*, München: Reprint-Verlag Konrad Kölbl 1993.

Körber-Grohne, Udelgard: *Nutzpflanzen in Deutschland*, Stuttgart: Theiss 1987.

Koschtschejew, A. K.: *Wildwachsende Pflanzen in unserer Ernährung*, Leipzig: VEB Fachbuchverlag 1990.

Lötschert, W. und G. Beese: *Pflanzen der Tropen*, München: BLV 1992.

Mabey, Richard: *Das neue BLV Buch der Kräuter*, München/Wien/Zürich: BLV 1993.

Magister Botanicus: *Magisches Kreuterkompendium*, Speyer: Die Sanduhr 1995.

Mansfeld, Rudolf: *Verzeichnis landwirtschaftlicher und gärtnerischer Kulturpflanzen*, Berlin: Akademie-Verlag 1986.

Marzell, Heinrich: *Wörterbuch der deutschen Pflanzennamen*, Leipzig: S. Hirtzel 1943.

McIntyre, Anne: *Das große Buch der heilenden Pflanzen*, München: Hugendubel 1998.

Mercatante, Anthony: *Der magische Garten*, Zürich: Schweizer Verlagshaus 1980.

Mességué, Maurice: *C'est la nature qui a raison*, Paris: Robert Laffont 1972.

Moerman, Daniel E.: *Native American Ethnobotany*, Portland, Oregon: Timber Press 1999.

Most, Alfred: *Von Aubergine bis Zuckermais*, Leipzig: VEB Fachbuchverlag 1990.

Müller, Irmgard: *Die pflanzlichen Heilmittel bei Hildegard von Bingen*, Freiburg i.B. 1993.

Panati, Charles: *Universalgeschichte der ganz gewöhnlichen Dinge*, München: dtv 1998.

Patnaik, Naveen: *The Garden of Life*, New Delhi: Aquarian 1993.

Pelikan, Wilhelm: *Heilpflanzenkunde*, 3 Bde., Dornach (Schweiz): Philosophisch-Anthroposophischer Verlag 1975.

Pollmer, Udo, Andrea Fock, Ulrike Gonder und Karin Haug: *Prost Mahlzeit! Krank durch gesunde Ernährung*, Köln: Kiepenheuer & Witsch 1994.

Rätsch, Christian: *Enzyklopädie der psychoaktiven Pflanzen*, Aarau: AT Verlag 1998.

Ders.: *Indianische Heilkräuter*, München: Eugen Diederichs 1996.

Robbins, Tom: *Jitterbug Perfume*, New York: Bantam 1984 (deutsch: *Pan Aroma*, Reinbek bei Hamburg: Rowohlt 2000).

Röhrich, Lutz: *Lexikon der sprichwörtlichen Redensarten*, Freiburg/Basel/Wien: Herder 2001.

Sahlins, Marshall: *Stone Age Economics*, New York: Aldine 1972.

Schwanitz, F.: *Die Entstehung der Kulturpflanzen*, Berlin: Springer-Verlag 1957.

Scotto, Elisabeth: *Les légumes oubliés*, Paris: Editions du Chêne, Hachette Livre 1995.

Simpson, Beryl B. and Molly Conner-Ogorzaly: *Economic Botany*, New York: McGraw-Hill, Inc. 1986.

Storl, Wolf-Dieter: *Berserker und Kuschelbär*, Braunschweig 1992.
Ders.: *Kräuterkunde*, Braunschweig: Aurum 1996.
Ders.: *Heilkräuter und Zauberpflanzen zwischen Haustür und Gartentor*, Aarau: AT Verlag 2000.
Ders.: *Götterpflanze Bilsenkraut*, Solothurn: Nachtschattenverlag 2000.
Ders.: »Die Werkzeuge der Wurzelgräber«, in: *Rituale des Heilens*, hrsg. v. Franz-Theo Gottwald und Christian Rätsch, Aarau: AT Verlag 2000.
Ders.: *Pflanzen der Kelten*, Aarau: AT Verlag 2001.
Ders.: *Der Kosmos im Garten*, Aarau: AT Verlag 2001.
Tacitus, Publius Cornelius: *Agricola/Germania/Dialogus de Oratoribus*, Wiesbaden: VMA-Verlag 2000.
Tergit, Gabrielle: *Kaiserkron und Päonien rot*, München: Knaur 1963.
Treben, Maria: *Aus meiner Hausapotheke*, München: Heyne 1988.
Uyldert, Mellie: *Verborgene Kräfte der Pflanzen*, München: Hugendubel 1984.
Van den Toorn, Piet: »Heilpflanzenfamilien. Doldenblütler – Apiaceae/Umbelliferae«, in: *Naturheilpraxis*, München: Pflaum 2002.
Van Wyk, Ben-Erik and Nigel Gericke: *People's Plants*, Pretoria SA: Briza Publ. 2000.
Vogel, Virgil: *American Indian Medicine*, Norman, Oklahoma: University of Oklahoma Press 1982.
Walter, Hilma: *Die Pflanzenwelt*, Arlesheim (Schweiz): Natura 1971.
Weil, Andrew: *Heilung und Selbstheilung*, Weinheim/Basel: Beltz 1988.
Werdin, Sitha: *Gemüse-Apotheke*, München: Irisana 1995.
Wheelwright, Edith Grey: *Medical Plants and their History*, New York: Dover 1974.
Willfort, Richard: *Das große Handbuch der Heilkräuter*, Hamburg: Nikol 1997.
Wolters, Bruno: *Agave bis Zaubernuß*, Greifenberg: Urs Freund Verlag 1996.
Zoller, Andreas und Hellmuth Nordwig: *Heilpflanzen der Ayurvedischen Medizin*, Heidelberg: Haug 1997.

Rezeptverzeichnis

Stichwortverzeichnis

Weitere Bücher von Wolf-Dieter Storl

Das Herz und seine heilenden Pflanzen
248 Seiten, über 50 Farbfotos,
zahlreiche Abbildungen schwarzweiß

Erkenne dich selbst in der Natur
Gespräche unter dem Regenbogen,
aufgezeichnet von Rébecca Kunz
192 Seiten, zahlreiche Fotos

Borreliose natürlich heilen
Ethnomedizinisches Wissen,
ganzheitliche Behandlung und
praktische Anwendungen
264 Seiten, zahlreiche Abbildungen

Borreliose natürlich heilen / Hörbuch
Ethnomedizinisches Wissen,
ganzheitliche Behandlungen und
praktische Anwendungen
Gesamtspieldauer: 73 Minuten,
Musik: Andreas Gutzwiller

Das Wesen der Pflanzen / Hörbuch
Nachrichten aus dem
stillen, grünen Zauberreich
Gesamtspieldauer: 74 Minuten
Musik: Bruno Bieri

Naturrituale
Mit schamanischen Ritualen zu
den eigenen Wurzeln finden
312 Seiten, mit Zeichnungen
und einigen Farbfotos

Pflanzen der Kelten
Heilkunde, Pflanzenzauber, Baumkalender
368 Seiten, reich illustriert

Der Kosmos im Garten
Gartenbau nach biologischen
Naturgeheimnissen als Weg
zur besseren Ernte
380 Seiten, zahlreiche Illustrationen

Heilkräuter und Zauberpflanzen
zwischen Haustür und Gartentor
180 Seiten, farbige Abbildungen

Pflanzendevas
Die geistig-seelischen Dimensionen
der Pflanzen
Mit praktischen Anleitungen
zu Pflanzenmeditationen
240 Seiten, zahlreiche Illustrationen

Der Bär
Krafttier der Schamanen und Heiler
280 Seiten, durchgehend illustriert

Pendo

Andreas Hoppe
Allein unter Gurken

Mit Jacqueline Roussety. Mein abenteuerlicher Selbstversuch, mich regional zu ernähren. 272 Seiten. Klappenbroschur

100 Kilometer. Das ist der Radius, aus dem Essen mit dem Siegel »regional« stammen sollte. Denn klimaneutral und ökologisch korrekt reicht nicht mehr. Wer im Winter in eine Südfrucht beißt, sollte sich fast schon schämen – Pastinake und Löwenzahn sind angesagt. Andreas Hoppe hat ausprobiert, ob es für Normalsterbliche machbar ist, konsequent regional zu essen – und vor allem, ob es schmeckt. Und er stellt fest: »local food« ist alltagstauglich, macht einen Heidenspaß, und man kann vor allem grandios scheitern. Denn wie kommt man nach einem Zehn-Stunden-Drehtag an Tomaten aus der Region? Muss man wirklich seinen Balkon mit Gurken begrünen, oder tut's auch der Wochenmarkt? Und was, wenn die Lust auf einen Espresso überhand nimmt? Ein kulinarischer Selbstversuch mit Hindernissen – amüsant und gut fürs Gewissen.

09/1042/01/R

Dirk Maxeiner und Michael Miersch

Biokost und Ökokult

Welches Essen wirklich gut für uns und unsere Umwelt ist. 240 Seiten. Piper Taschenbuch

Jeder will gesund essen und legt Wert darauf, dass unsere Lebensmittel möglichst umweltschonend hergestellt werden. Also gibt es Biolebensmittel inzwischen in jedem Supermarkt. Doch hat »bio« in puncto Gesundheit, Qualität, Umweltverträglichkeit und Tierschutz tatsächlich die Nase vorn? Dirk Maxeiner und Michael Miersch vergleichen die Vor- und Nachteile von Bio- und konventionellen Lebensmitteln und zeigen: Wer »normales« Essen kauft, muss noch lange kein schlechtes Gewissen haben.

»Die Autoren hauen uns unser gutes grünes Gewissen ganz schön um die Ohren. Und entlarven die Biosiegel als Marken-PR, die vor allem auf die Sehnsüchte der Kundschaft zielt.«
Stern

05/2623/01/L

Leo Hickman

Fast nackt

Mein abenteuerlicher Versuch, ethisch korrekt zu leben. Aus dem Englischen von Theda Krohm-Linke. 320 Seiten. Piper Taschenbuch

Fair-Trade-Apfel aus Übersee oder heimischer Bioapfel? Was halten auswaschbare Windeln aus? Ein Jahr lang hat der Londoner Journalist Leo Hickman versucht, ohne schlechtes Gewissen zu leben: gesunde Ernährung, schonender Umgang mit natürlichen Ressourcen und der Versuch, bestimmten Großkonzernen seine Kaufkraft zu entziehen. Mit viel Witz berichtet er davon, wie er und seine Familie sich erfolgreich umgestellt – und damit ihr Leben von Grund auf umgekrempelt haben.

»Der ziemlich britische Versuch, mit Humor und gesundem Menschenverstand abstrakte Prinzipien auf die Probe zu stellen.«
Frankfurter Allgemeine Sonntagszeitung

05/2374/01/R

Vita Sackville-West

Mein Frühlingsgarten

Aus dem Englischen von Gabriele Haefs. 144 Seiten mit 10 Farbfotos von Marion Nickig.
Piper Taschenbuch

Der Garten von Sissinghurst Castle zieht jährlich über eine halbe Million Besucher an. Vita Sackville-West (1892–1962), Schriftstellerin und begnadete Gärtnerin, hat nicht nur diesen Garten geschaffen, sondern ihre Liebe zur Natur auch in charmanten Gartenkolumnen festgehalten. In ihrem »Frühlingsgarten« breitet sie einen farbigen Blumenteppich vor uns aus und lädt zu einem Rausch von Farben und Düften ein.

»Auch aus dem kleinsten Garten läßt sich mit Phantasie etwas machen. Das ist keine Frage der Flächen, sondern eine Frage von Geschmack, Vision, Design, Farbsinn und Anordnung.«
Vita Sackville-West

05/1970/02/L

Vita Sackville-West

Mein Sommergarten

Aus dem Englischen von Gabriele Haefs. 144 Seiten mit 10 Farbfotos von Marion Nickig.
Piper Taschenbuch

Der Garten von Sissinghurst Castle zieht jährlich über eine halbe Million Besucher an. Vita Sackville-West (1892–1962), Schriftstellerin und begnadete Gärtnerin, hat nicht nur diesen Garten geschaffen, sondern ihre Liebe zur Natur auch in charmanten Gartenkolumnen festgehalten. In ihrem »Sommergarten« erzählt sie von alten, märchenhaften Rosen und weiß den großen Blumenrausch dieser Jahreszeit zu hinreißenden Sträußen zu binden.

»Je länger wir gärtnern, um so mehr lernen wir; und je mehr wir lernen, um so häufiger geht uns auf, wie wenig wir wissen.«
Vita Sackville-West

05/1971/02/R

Dr. Peter J. D'Adamo, Catherine Whitney

4 Blutgruppen
Vier Strategien für ein gesundes Leben

Aus dem Amerikanischen von Michael Benthack, Maren Klostermann, Lexa Katrin von Nostiz und Erica Mertens-Feldbausch. 431 Seiten mit Rezeptteil. Piper Taschenbuch

Weshalb Sie unbedingt Ihre Blutgruppe kennen sollten, das erfahren Sie in diesem Buch: Dr. Peter J. D'Adamo, einer der führenden Naturheilmediziner der USA, sagt Ihnen, wie Sie sich richtig ernähren und welche körperlichen Aktivitäten für Sie sinnvoll sind. So können Sie Ihre Vitalität und Gesundheit durch ein Ernährungs-, Fitneß- und Lebenskonzept erhöhen, das genau auf Ihre Blutgruppe abgestimmt ist.

4 Blutgruppen
4 Ernährungsweisen
4 Bewegungskonzepte
4 Strategien für ein gesundes Leben

05/1641/02/L

Dr. Peter J. D'Adamo, Catherine Whitney

4 Blutgruppen
Richtig leben

Das individuelle Konzept für körperliches und seelisches Wohlbefinden. Aus dem Amerikanischen von Christa Broermann, Erica Mertens-Feldbausch, Elsbeth Ranke und Werner Roller. 559 Seiten. Piper Taschenbuch

Mit seinem Bestseller zum Blutgruppen-Konzept hat Dr. Peter J. D'Adamo schon zahllose Menschen überzeugt. Hier erklärt er auf der Basis von neuesten Forschungsergebnissen und Patientenberichten, daß es für beinahe jeden Lebensaspekt ein blutgruppenspezifisches Profil gibt. Unsere Blutgruppe gibt uns Hinweise dazu, wie wir besser und gesünder leben können. Dr. D'Adamo zeigt geeignete Strategien für die richtige Lebensweise und den emotionalen Ausgleich, beschreibt die passende Zwei-Stufen-Diät für jede Blutgruppe und erklärt individuelle Diätrichtlinien und Therapien für chronische Krankheiten.

05/1642/02/R

Robert L. Wolke

Was Einstein seinem Koch erzählte

Naturwissenschaft in der Küche. Mit Rezepten von Marlene Parrish. Aus dem Amerikanischen von Helmut Reuter. 391 Seiten. Piper Taschenbuch

Verdunstet der Alkohol wirklich beim Kochen? Sind geräucherte Lebensmittel roh oder gegart? Warum gehört Salz ins Nudelwasser? Fragen über Fragen. Menschen, die kochen, könnten einen Naturwissenschaftler vom Kaliber Einsteins gut gebrauchen. Der Chemiker Robert Wolke übernimmt die Rolle des Küchenwissenschaftlers und beantwortet informativ und unterhaltsam viele Fragen rund ums Kochen und Garen. Mit den eingestreuten ungewöhnlichen Rezepten von Marlene Parrish bietet er zudem eine Art Laborpraktikum, dessen Ergebnisse man essen kann.

»Ein Nachschlagewerk mit großem Unterhaltungswert!«
Business Hotels

05/1812/02/L

Susanne Grüning
mit Heike Schmidt-Röger

Das alte Wissen der Kräuterfrauen

Die wirksamsten Kräuter- und Heilrezepte. 224 Seiten mit zahlreichen Abbildungen. Piper Taschenbuch

Oft eher unscheinbar, entfalten viele Heilkräuter eine hohe Wirksamkeit bei der Linderung von Beschwerden, und das meist ohne große Nebenwirkungen. Doch nicht nur in der Kräuterheilkunde haben die kleinen Pflanzen seit Jahrhunderten ihren festen Platz, auch aus der Küche sind sie nicht wegzudenken. Ob in der Hausapotheke, beim Kochen, bei der Körperpflege oder im Haushalt – Kräuter haben erstaunliche Qualitäten. Hier erfahren Sie alles Wissenswerte über Basilikum, Kamille, Ringelblume & Co. Ein wunderschönes Geschenk für alle, die mit den geheimen Kräften der Natur leben wollen.

05/1988/02/R

Udo Pollmer und Susanne Warmuth

Lexikon der populären Ernährungsirrtümer

Missverständnisse, Fehlinterpretationen und Halbwahrheiten von Alkohol bis Zucker. 388 Seiten. Piper Taschenbuch

Zu viel, zu süß, zu fett, zu salzig – die Verbote der gesunden Ernährung machen die Lust aufs Essen nicht selten zum Frust. Dabei beruhen viele dieser Ernährungsweisheiten auf Mißverständnissen, Fehlinterpretationen und Halbwahrheiten, sagen Udo Pollmer und Susanne Warmuth. In der um viele Stichworte aktualisierten Neuausgabe ihres Bestsellers werfen sie einen kritischen Blick auf unsere liebgewonnenen Ernährungsrituale, untersuchen den Wahrheitsgehalt von Kampagnen der Nahrungsmittelindustrie und nehmen zahlreiche andere Fehlinformationen aufs Korn: von A wie Alkohol bis Z wie Zucker.

05/2597/01/L

Udo Pollmer

Eßt endlich normal!

Das Anti-Diät-Buch. 304 Seiten. Piper Taschenbuch

Die Diskussion um Deutschlands dicke Kinder und all die Pfunde, die wir alle angeblich zuviel auf den Rippen haben, trägt hysterische Züge. Der renommierte Ernährungsexperte Udo Pollmer zeigt, daß unser Schlankheitswahn in Wirklichkeit krank macht, und beweist, daß die Epidemie der Dicken nicht existiert. Essen und Gewicht hängen weniger stark zusammen, als wir glauben. Es gibt keine Diät und keine Sportart, mit der wir dauerhaft abnehmen würden, ganz im Gegenteil: Unser Schlankheitswahn macht krank.

»In seinem Buch räumt Pollmer mit zahlreichen Vorurteilen auf und widerlegt detailliert die Panikmache der Schlankheitspropheten. Ihr Körper weiß viel besser als alle Gesundheitsapostel, was für Sie gut ist.«
Deutschlandradio

05/2179/02/R

Udo Pollmer, Gunter Frank, Susanne Warmuth

Lexikon der Fitneß-Irrtümer

Mißverständnisse, Fehlinterpretationen und Halbwahrheiten von Aerobic bis Zerrung. 432 Seiten. Piper Taschenbuch

Fit, jung und dynamisch bis ins hohe Alter mit Power-Walking, Hormonkuren und gesunder Ernährung? Vieles von dem, was Sport-Gurus und Fernsehmagazine über den Segen der Fitneß behaupten, gehört ins Reich der Irrtümer und Halbwahrheiten. Die Autoren konfrontieren die Legenden um Sport, Körperkult und Gesundheitswahn mit der Realität und warnen vor Bewegungsterror und Wellness-Hysterie. Ein wohltuendes Plädoyer für einen pfleglichen Umgang mit dem eigenen Körper, das immun macht gegen die vollmundigen und meist kostspieligen Versprechen der Gesundheitsindustrie.

05/1925/02/L

Dr. Peter J. D'Adamo, Catherine Whitney

4 Blutgruppen

Das Kochbuch für ein gesundes Leben

Aus dem Amerikanischen von Erica Mertens-Feldbausch. 351 Seiten. Piper Taschenbuch

Wenn Sie die Ratschläge von Dr. D'Adamo zu seinem revolutionären Blutgruppen-Konzept stärker in Ihren Alltag einbeziehen wollen, wenn Sie etwas für Ihre Gesundheit und Ihr körperliches Wohlbefinden tun wollen, dann sollten Sie dieses Kochbuch lesen. Es enthält nicht nur zahlreiche schmackhafte Rezepte, die mit namhaften Küchenchefs entwickelt wurden, und eine kurze Einführung in die Blutgruppendiät, sondern auch für jede der vier Blutgruppen einen ausführlichen Speiseplan über einen ganzen Monat.

»Eine anregende Fibel für bewußte Ernährung, keine Bibel, an die man sich sklavisch zu halten hat. Sie können daran glauben oder einfach lustvoll danach kochen.«
Bayerischer Rundfunk

05/1643/02/R